Marian Kratz

*Das psychosoziale Erleben
des Jungen in der Familie*

»Es ist ein Junge!« Mit diesem Ausruf und der damit verbundenen Feststellung des männlichen Genitals werden die meisten Jungen in eine Welt hineingeboren, die geschlechtsspezifisch dualistisch vorstrukturiert ist. Dabei wird ihnen schon vor der Geburt ein persönlichkeitsprägender Platz in der Familie reserviert. Gleichzeitig weckt diese Feststellung des männlichen Genitals Vorstellungen und Phantasien und reaktiviert frühe Wünsche und Ängste bei den Eltern.

Anhand von Fallanalysen aus Familienbeobachtungsprotokollen und Elterninterviews geht Marian Kratz der Frage nach, wie die frühe geschlechtsspezifische Lebenspraxis der kleinen Jungen erlebt wird und sich als persönlichkeitsprägende Erfahrung in ihr Selbstkonzept einschreibt. Dabei werden die LeserInnen für eine kindliche Wahrnehmung der Welt sensibilisiert, die voller beeindruckender Körperbilder und körpernaher Erfahrungen ist.

Der Autor:

Marian Kratz, Dr. phil., Dipl.-Soz. Arb., geb. 1987, ist wissenschaftlicher Mitarbeiter am Fachbereich Erziehungswissenschaften der Goethe-Universität Frankfurt und Lehrbeauftragter am Fachbereich Soziale Arbeit und Gesundheit der Frankfurter University of Applied Sciences. Seine Forschungsschwerpunkte liegen im Bereich psychoanalytischer Geschlechter- und Kulturforschung sowie in Theorien der Subjektgenese. Mehrere Veröffentlichungen in wissenschaftlichen Publikationen zu Sonderpädagogik und Psychoanalyse.

Marian Kratz

Das psychosoziale Erleben des Jungen in der Familie

Differenzerfahrungen
und die körpernahe Formung des Selbst

Mit einem Geleitwort von Hans Hopf

Brandes & Apsel

Auf Wunsch informieren wir Sie regelmäßig über Neuerscheinungen in dem Bereich Psychoanalyse/Psychotherapie – Globalisierung/Politisches Sachbuch/Afrika – Interkulturelles Sachbuch – Sachbücher/Wissenschaft – Literatur.

Bitte senden Sie uns dafür eine E-Mail an info@brandes-apsel.de mit Ihrem entsprechenden Interessenschwerpunkt.

Gerne können Sie uns auch Ihre Postadresse übermitteln, wenn Sie die Zusendung unserer Prospekte wünschen.

Außerdem finden Sie unser Gesamtverzeichnis mit aktuellen Informationen im Internet unter: www.brandes-apsel.de

wissen & praxis 177

1. Auflage 2016
© Brandes & Apsel Verlag GmbH, Frankfurt a. M.
Alle Rechte vorbehalten, insbesondere das Recht der Vervielfältigung und Verbreitung sowie der Übersetzung, Mikroverfilmung, Einspeicherung und Verarbeitung in elektronischen oder optischen Systemen, der öffentlichen Wiedergabe durch Hörfunk-, Fernsehsendungen und Multimedia sowie der Bereithaltung in einer Online-Datenbank oder im Internet zur Nutzung durch Dritte.
Korrektorat: Alice Gotzhein, Brandes & Apsel Verlag, Frankfurt a. M.
DTP und Umschlag: Felicitas Alt, Brandes & Apsel Verlag, Frankfurt a. M. unter Verwendung eines Fotos von © Maygutyak – Fotolia.com
Druck: STEGA TISAK d.o.o., Printed in Croatia
Gedruckt auf einem nach den Richtlinien des Forest Stewardship Council (FSC) zertifizierten, säurefreien, alterungsbeständigen und chlorfrei gebleichten Papier.

Die Deutsche Nationalbibliothek verzeichnet diese Publikation in der Deutschen Nationalbibliographie; detaillierte bibliographische Daten sind im Internet über www.dnb.de abrufbar.

ISBN 978-3-95558-171-8

Inhalt

Dank 9
Geleitwort von Hans Hopf 10

I. Einleitung und Vorbau 15
  »Unruhige Jungen« – Ursprung von Frage und Erkenntnis 15
  Material und Erkenntnisinteresse 19
  Disziplinäre Bezüge 20

1. Historische Hinführung – das Ende der »Latenzzeit«
   im dualen Geschlechterdiskurs 23
   1.1 Körper, Geschlecht und Kontroverse
       in der psychoanalytischen Entwicklungsgeschichte 25
       1.1.1 Der Körper im Affekt-Trauma-Modell 26
       1.1.2 Der Körper und die Phantasie in der Triebtheorie 29
       1.1.3 Vom Körper zu den Objektbeziehungen 31
       1.1.4 Der Körper in der allgemeinen Verführungstheorie 34
       1.1.5 Fazit 36
   1.2 Drei Thesen über die Ausrichtung männlicher Differenzforschung 39

2. Methodologie und Methode 48
   2.1 Gegenstand und Erkenntnisinteresse der Studie –
       die Green-Stern-Kontroverse 51
   2.2 Tiefenhermeneutik – eine Synthese
       von empirischer Sozialforschung und klinischer Psychoanalyse 54
   2.3 Gedanken über die Beziehung von innerer
       und äußerer Realität in Erfahrungsprotokollen 58
       2.3.1 Zur Struktur des Erfahrungsprotokolls 59
       2.3.2 Innere Anpassungsprozesse
             und deren Bezug zur äußeren Realität 61
       2.3.3 Fazit 69

3. Forschungspraxis – von der Fallkonstruktion bis zur Ergebnisdarstellung 72
   3.1 Die Fallkonstruktion 72
   3.2 »Zugänglichkeit« als Kriterium der Fallauswahl 74

	3.2.1	Zugang zum Material	74
	3.2.2	Der Zugang zum Feld –	
		Parallelen zum psychoanalytischen Erstgespräch	75
3.3	Neubestimmung des Forschungsfeldes	78
3.4	Psychoanalytisch orientierte Familienbeobachtungen	79
3.5	Das Elterninterview	82
3.6	Auswertungsmethode der Tiefenhermeneutik	83
	3.6.1	Laien in der Tiefenhermeneutik	84
	3.6.2	Der Anspruch der Wissenschaftlichkeit	86
3.7	Der fokussierende heuristische Rahmen	89
3.8	Fallsystematisierung und Kontrastbestimmung	90

II. Empirie – Tiefenhermeneutische Fallnovellen 95

1. Der Fall Tom Schwarz 97
   1.1 Vorstellung der Familie Schwarz 97
   1.2 Eine tiefenhermeneutische Analyse 101
   1.3 Zusammenfassende Fallrekonstruktion und erste Hypothesen 116
   1.4 Eine kontrastierende tiefenhermeneutische Analyse 119
   1.5 Limitation und Differenzierung der Fallstrukturhypothesen 128
   1.6 Zusammenfassung der Beziehungsmuster 129
       1.6.1 Der Beobachter in der Familie 129
       1.6.2 Die Familie Schwarz 130
       1.6.3 Die Mutter-Sohn-Beziehung 131
       1.6.4 Die Vater-Sohn-Beziehung 132
   1.7 Das psychosoziale Erleben von Tom – die Thesen 133

2. Der Fall Yannis Fischer 135
   2.1 Vorstellung der Familie Fischer 135
   2.2 Eine tiefenhermeneutische Analyse 138
   2.3 Zusammenfassende Fallrekonstruktion und erste Hypothesen 157
   2.4 Eine kontrastierende tiefenhermeneutische Analyse 162
   2.5 Limitation und Differenzierung der Fallstrukturhypothesen 172
   2.6 Zusammenfassung der Beziehungsmuster 173
       2.6.1 Die Beobachterin in der Familie 173

2.6.2	Die Familie Fischer	174
2.6.3	Die Mutter-Sohn-Beziehung	176
2.6.4	Die Vater-Sohn-Beziehung	178
2.7	Das psychosoziale Erleben von Yannis – die Thesen	179

III. Erkenntnis, Relevanz und Konsequenz 182

1. Das innerfamiliäre Selbst- und Fremderleben des Jungen in der Familie   186
   - 1.1 Soziale Konstruktion und die Sprache der Körper   186
   - 1.2 Differenzerfahrungen und die Sehnsucht nach dem Vater in der geschlossenen Mutter-Sohn-Dyade   192
   - 1.3 Erkenntnis, Relevanz und Konsequenz   197

2. Aggression und Geschlecht   201
   - 2.1 Geschlechtsspezifische Formung aggressiver Selbstanteile   202
   - 2.2 Ungeformte Aggression in der Mutter-Sohn-Beziehung   208
   - 2.3 Erkenntnis, Relevanz und Konsequenz   211

3. Männer verändern sich! Väter nicht?   216
   - 3.1 Ambivalente Egalität   218
   - 3.2 Das widerständige Subjekt – bekannte Erklärungsfiguren   219
   - 3.3 Die traditionalisierenden Folgen der Urszene – eine integrative Erklärungsfigur   227

4. Psychoanalyse in der empirischen Hochschulforschung   235

5. Fazit und Ausblick   239
   - 5.1 Erziehungswissenschaftliche Relevanz der Studie   239
   - 5.2 Entwicklungspsychologische Relevanz der Studie   240
   - 5.3 Sozialpolitische Relevanz der Studie   241
   - 5.4 Wissenschaftstheoretische Relevanz der Studie   242

Literatur   244
Abbildungen   259
Tabellen   259

Dank

> There is no such thing as a baby – meaning that if you set out to describe a baby, you will find you are describing a baby and someone. A baby cannot exist alone but is essentially part of a relationship. (Winnicott 1987: 88)

Wenn Donald Winnicott in seinem berühmten Bonmot davon spricht, dass man ein Baby nicht ohne eine Bezugsperson beschreiben kann, wird der Leserin oder dem Leser mit einem Mal wieder vor Augen geführt, wie körpernah und intim unsere ersten Tage, Monate und Jahre waren. Den Raum betreten zu dürfen, an dem diese Intimität eine Lebenspraxis rahmt, ist ein Privileg. Ihn einem forschenden Blick zugänglich zu machen, ist keine Selbstverständlichkeit. Ich möchte deshalb an erster Stelle den Familien und den engagierten Studierenden danken, die das empirische Fundament dieser Studie zusammengetragen haben.

Besonders danke ich Prof. Dieter Katzenbach, der meine Studie mit einem gewissen Vertrauensvorschuss angenommen und dann voller Interesse begleitet hat. Auch danke ich ihm dafür, dass er mir ein berufliches Umfeld geboten hat, in dem ich die vorliegende Studie zielführend bearbeiten konnte.

Ganz herzlich danke ich Prof. Frank Dammasch, bei dem ich lange studiert habe und der das Promotionsvorhaben im Kontext des Forschenden Lernens an der University of Applied Sciences Frankfurt erst ermöglicht hat. Neben seiner fachlich-inhaltlichen Expertise hat mich vor allem sein Vertrauen in mein Promotionsvorhaben bei jedem Arbeitsschritt bestärkt.

Darüber hinaus bedanke ich mich bei allen Teilnehmerinnen und Teilnehmern des Doktorandenkolloquiums von Prof. Katzenbach und Prof. Urban sowie bei allen Teilnehmerinnen und Teilnehmern des Internationalen Psychoanalytischen Kolloquiums um Prof. Leuzinger-Bohleber, Prof. Datler, Prof. Ahrbeck und Prof. Hamburger. Hier konnte ich meine Arbeitsprozesse viele Male vor- und vor allem zur Diskussion stellen.

Für ihre zugewandte und gleichsam kritische Begleitung und Kommentierung meines Promotionsvorhabens danke ich Dr. Robert Bernhardt, Dr. Caroline Bonnes, Janina Alice Börner, Felix Buchhaupt, Julia Gasterstädt, Bettina Reich-Semmler, Kerstin Rinnert, Hannah Schott-Leser, Juliane Wolf und ganz besonders Dr. Nadine Schallenkammer. Von Herzen danke ich auch meiner Familie, meinen Freundinnen und Freunden und, allen vorweg, meiner Frau!

Geleitwort

Im Jahr 348/347 v. Chr. schreibt der Philosoph Platon in seinem Buch *Nomoi* folgendes über Jungen: »Der Knabe ist aber unter allen Geschöpfen das am schwierigsten zu behandelnde; denn je mehr er eine Quelle des Nachdenkens besitzt, die noch nicht die rechte Richtung erhielt, wird er hinterhältig und verschlagen und das übermütigste der Geschöpfe. Darum gilt es, durch mannigfache Zügel ihn zu bändigen.«

Folge ich meinen klinischen Erfahrungen als Kinder- und Jugendlichen-Psychoanalytiker oder den Erzählungen von Eltern und Erzieherinnen und Erziehern, so scheint sich an dem Bild des Jungen, das uns Platon zeichnet, wenig geändert zu haben. Auch in der Allgemein- und Fachliteratur ist die Frage nach dem Übermut der Jungen und dem der jungen Männer weiterhin sehr aktuell.

Selbstredend sollte eine Eingrenzung des Jungen aber nicht mit Platons »drakonischen« Maßnahmen geschehen, Jungen »durch mannigfaltige Zügel zu bändigen«. Meine Erfahrung aus vielen Jahren psychoanalytischer Behandlungen von Jungen ist, dass sie neben einer empathischen, mütterlichen Haltung, wie ich sie nennen möchte, liebevolle und grenzsetzende väterliche Haltungen benötigen, mit denen sie sich identifizieren können. Dann werden sie auch keine Medikamente gegen ADS/ADHS brauchen.

Wir wissen als Psychoanalytiker inzwischen einiges über Jungen und deren Entwicklungen, aber es gibt auch noch viele ungeklärte Bereiche. Das vorliegende Buch von Marian Kratz birgt mit seiner wissenschaftshistorischen Analyse psychoanalytischer Geschlechterforschung über Jungen einen reichhaltigen Schatz. In seinem Buch werden einleitend ausgewählte Untersuchungen zur Männlichkeitsentwicklung des Jungen, insbesondere zur Vaterbeziehung zitiert, diskutiert und analysiert. In seinem empirischen Teil nimmt er die Leserinnen und Leser mit in den intimen Raum der Familie, in dem er die Entwicklung von Jungen qualitativ beforscht.

In Kürze möchte ich, angeregt durch das Buch, einige eigene Aussagen zum Jungen bringen: Jungen erscheinen nach außen aggressiver und kämpferischer als Mädchen. Klinische Erfahrungen und Beobachtungsstudien zeigen, dass sie stärker rivalisieren und im Spiel höhere Risiken eingehen. Ihre Konflikte verlagern sie in die Außenwelten, dies gilt für Gefühle, Motivationen und Handeln. Fachlich wird ein solches Geschehen auch Externalisieren genannt. Bei entsprechend störenden Konflikten werden sich soziale Störungen entwickeln.

Kulturelle und subjektiv-biographische Bilder von Männlichkeit scheinen bereits Risikofaktoren für die Persönlichkeitsentwicklung von Jungen zu sein. Tatsächlich kann zwischen dem Jungen und seinen Eltern schon im ersten Lebensjahr eine schwierige und ambivalente Beziehung entstehen, denn sie sind schon vom ersten Tag an anders als Mädchen. Zumindest wissen wir sicher, dass ihr Verhalten in der

Regel anders interpretiert wird und es mit der Geburt eines Jungen zu geschlechtsspezifischen Abstimmungsprozessen kommt. Da die ersten Lebensjahre von Kindern auch heute noch vorwiegend von Frauen begleitet werden, möchte ich diesen Gedanken der schwierigen und ambivalenten Beziehung mit einem näheren Blick auf die Mutter-Sohn-Beziehung fortführen.

Mit ihrem für Mütter – überwiegend unbewusst bleibendem – häufiger befremdlichem Verhalten und den damit verbundenen Assoziationen, so ist zu vermuten, lösen Jungen von Anfang an wahrscheinlich auch andere Phantasien bei ihren Müttern aus als es die Mädchen tun. Die mütterliche Ambivalenz verstärkt sich sukzessive: In unserer dualistischen und heterosexuell strukturierten Kultur können Mütter ihre Jungen wegen ihrer Andersartigkeit zwar attraktiv und faszinierend finden, sie können jedoch auch fremd und bedrohlich erscheinen. Der Säugling wird von Geburt an – je nach Geschlecht – unbewusst willkommen und begehrt sein oder Ablehnung erfahren und gefürchtet werden. Er wird dies im Gesicht der Mutter und an ihrem Verhalten spüren.

Das Kriminologische Institut Niedersachsen hat Befragungen von über tausend Müttern über ihre Beziehung zu Töchtern und Söhnen durchgeführt. Die Ergebnisse dieser Studie möchte ich nutzen, um zwei Forschungsdesiderate aufzuzeigen, denen Kratz in seinem Buch begegnet. Ein zentrales Ergebnis der kriminologischen Studie ist, dass sich Mütter von Jungen, wenn sie im Interview danach gefragt werden, signifikant häufiger am Ende ihrer Kräfte fühlen als die Mütter der Mädchen. Töchter wurden als fröhlicher empfunden als Jungen und bereiteten der Mutter mehr Freude. Mit dem Heranwachsen des Kindes verstärkten sich diese Unterschiede noch. Im Alter von dreißig Monaten wurden die Mädchen von ihren Müttern unter anderem als fröhlicher, gesprächiger, empathischer und gesünder als die Jungen eingeschätzt. Vor allem wurden die Jungen in ihrem Verhalten weniger beaufsichtigt und kontrolliert als die Mädchen. Sie übten später, so die Studie weiter, mehr Gewalt aus und erzielten schlechtere Schulleistungen. Diese empirischen Untersuchungen bestätigen einige klinische Beobachtungen innerhalb von psychoanalytischen Behandlungen. Es ist eine lohnenswerte Aufgabe, sich diesen Unterschieden und ihren Ursachen forschend zu nähern.

Hat sich die psychoanalytische Forschung nach dem Tod Sigmund Freuds bekanntlich eher einseitig auf die Bedeutung der Mutter für die Entwicklung von Kindern konzentriert, so stellt sich inzwischen immer mehr die Frage, welche Aufgaben dem Elternpaar, dem Vater und anderen Bezugspersonen bei der Entwicklung von Jungen (und natürlich auch Mädchen) erziehungspraktisch zukommen. Wie kann die Erfahrung, einen Sohn zu haben, positiver besetzt und eingeschätzt werden? Welche innerfamiliären Ressourcen können die Beziehung zwischen Mutter und Sohn »entschärfen«? Marian Kratz geht dieser Frage empirisch nach, indem er Familien mit Söhnen in ihrem häuslichen Setting teilnehmend beobachtet und Interviews mit den Eltern führt.

Neben der Ausblendung des Vaters und dessen erziehungspraktischer Relevanz lässt sich mit einem Blick auf die psychoanalytische Geschlechterforschung ein weiteres Desiderat erkennen: Die psychoanalytischen Hypothesen über die männliche Entwicklung wurden in der Regel innerhalb der Kinderpsychoanalyse im klinischen Setting an gestörten Jungen und retrospektiv gebildet. Das Normale wurde gemäß dem Junktim von Forschen und Heilen von der Störung abgeleitet. Auf dieses herausragende Problem weist Marian Kratz in seinem Buch hin. Wir gehen zwar davon aus, dass psychische Strukturen und Verarbeitungsmuster im psychosozialen Raum der Familie geformt und gefestigt werden. Dennoch ist dieses Forschungsfeld bei der Theoriebildung rund um den Jungen kaum berücksichtigt worden, denn »wenn Familie beforscht wird, dann nicht unter dem Aspekt der Geschlechtsspezifität. Wenn Geschlecht beforscht wird, dann nicht in der Familie«, meint Kratz.

Aus seinen Überlegungen heraus formuliert er darum die folgenden Fragestellungen: 1. Welche Geschlechterkonzepte sind in Familien wirkmächtig und strukturieren die Interaktionsabläufe, in denen Jungen sich und ihre Gegenüber erleben? 2. Welche Beziehungserfahrungen sammeln Jungen in der Familie? 3. Welche Schlüsse lassen sich über das innerfamiliäre Selbst- und Fremderleben bei Jungen ziehen?

In seiner Studie beforscht Kratz, gemäß seiner Arbeitshypothese, eine dualistisch strukturierte, geschlechtsspezifische Erfahrungswelt von Jungen. Dazu fanden teilnehmende Beobachtungen in 46 Familien statt, sowohl in der Familie, im Kindergarten/in der Krippe, und es wurden Interviews mit 25 Elternpaaren durchgeführt. Die Analyse dieser Datensätze sollte ein möglichst differenziertes Bild des Jungen in der Familie explorieren. Kratz folgt dabei Alfred Lorenzers Sprach- und Symboltheorie.

Es ist ungemein spannend, den Expeditionen und Entdeckungen von Kratz zu folgen. Ich will beispielhaft zwei zentrale herausgreifen, die bislang unklare Zusammenhänge ganz neu »beleuchten«. Die Leserinnen und Leser können sich ausführlich darüber informieren. In seinem ersten von zwei ausführlich dargestellten Fallanalysen, dem Fall Tom, erlebt sich der dreieinhalbjährige Junge in einer starr dualistisch organisierten Lebenspraxis und durch die Zuschreibungen seiner Mutter als männliches Subjekt und seine Mutter als weibliches. Bei einem ganztägig abwesenden und aus der Erziehung ausgeschlossenen Vater erzeugt diese Lebenspraxis ein Fremdheitserleben in einem von der Mutter dominierten Erfahrungsraum. Die gelebten Welten Mutter-Erziehung und Vater-Arbeit bleiben einander fremd und unverbunden. Die Erkundung der Umwelt von Tom wird durch die Mutter gelenkt und beschränkt, genauso auch die Erkundung des Selbst und der Objekte. Wo mit wem und mit was sich befasst wird, bestimmt die Mutter.

Um dem ausschließlichen Wirkungsraum der Mutter zu entkommen und den Gefühlen der Fremdheit in der Zweierbeziehung Herr zu werden, wird der Jungen sehr kreativ und fantasiert sich in einer Beobachtungssequenz den Vater in diesen

Wirkungsraum hinein. Er versucht, sich gedanklich mit einem Bild, das er von ihm hat, zu identifizieren.

Die Interpretationen von Kratz lassen zum einen erkennen, warum die hohe Ambivalenz zwischen Mutter und Sohn nur schwer aufgelöst werden kann, wenn dyadische Beziehungsmuster persistieren. Gleichzeitig wird mit diesem Fall deutlich, wie bedeutend es ist, dass Jungen in der Familie und im familialen Nahraum Frauen *und* Männer psychisch und physisch erleben können. Die Entwicklungen in Kindertagesstätten und Schulen sind, bereits aus dieser Sicht, höchst bedenklich.

Tom erlebt auch, so zeigt es Kratz an anderer Stelle, dass aggressive innere Selbstanteile über Externalisierungen genutzt werden können, um eigene Interessen durchzusetzen. Sie können aber auch zu Ausschlusserfahrung und Distanz führen, wenn sie von den Eltern als Hilfs-Ich nicht geformt werden können. Schafft es eine reifere Psyche nicht, wie in der Fallanalyse anhand mehrerer Mutter-Sohn-Interaktionen beschrieben, eine Verbindung zu schaffen und sich in die affektive, auch aggressive Welt des Jungen einzulassen, können sich aus einer solchen Haltung Distanzierung und Aggressivierung entwickeln.

Anhand der Fallanalyse konnte weiter gezeigt werden, wie hilfreich ein zugewandter Dritter sein kann und wie die Entwicklung externalisierender Störungen möglicherweise vermieden werden kann.

Die hierauf folgende These ist die Konsequenz aus den beiden vorherigen: Ein männliches Selbstgefühl wird in der Differenz zur Mutter geformt, nicht in der Erfahrung der Gleichheit mit dem Vater. Am Fall Tom zeichnet Kratz nach, wie sich ein männliches Selbstgefühl bzw. die Bearbeitung der Differenzerfahrung aus Stereotypen und wenig konkreten und greifbaren Vorstellungen von Männlichkeit bilden muss, wenn der Zugang zum Dritten von beiden Seiten nicht genügend gut vermittelt wird. Diese Hypothese kann aus klinischer Sicht ergänzt werden: Erlebt ein Junge keinen zugewandten Vater oder andere männliche Dritte, so ist er gezwungen, grandiose Vorstellungen von Männlichkeit zu entwickeln, um Differenzerfahrungen zu bearbeiten. Er kann dann, so habe ich es 2014 in der *Psychoanalyse des Jungen* ausführlich beschrieben – unter entsprechenden Bedingungen – »hyperphallisch« werden.

Der zweite Fall der Studie, der 3,5-jährige Yannis, den ich kurz beschreiben will, unterscheidet sich vom ersten bereits äußerlich. Zum einen ist der Vater sehr präsent, zum andern war die Mutter zunächst schwanger, und es wurde im Beobachtungszeitraum ein Bruder geboren. Kratz beschreibt die familiäre Alltagspraxis der Familie, die von einem modern erscheinenden Geschlechterkonzept der Partnerschaftlichkeit und Parität inspiriert wird. Yannis findet in beiden Elternteilen eine Repräsentanz des Anderen. Dieser Fall ist geeignet, um aufzuzeigen, wie die harmonischen Repräsentanzen der Eltern, des Sohnes und der Familienkonstellation sowie das Begehren die Basis einer gelungenen Triangulation bilden. Ich halte die Aussage von Kratz, die er aus seinen Analysen des Falles entwickelt hat, für höchst bedeutsam: Die Qualität der elterlichen Beziehung liefert die Atmosphäre zugewandter Verbundenheit, in der Yannis, an der Seite seines Vaters und im Spiegel der Mutter, männliche und weibliche Anteile in sein Selbstkonzept integrieren kann. Daran schließt er die allgemeine Aussage: »Sind Mutter und Vater, männliche und weibliche Bezugspersonen, mitsamt ihrer Beziehung zueinander, konkret verfügbar, zugewandt und somit körperlich und psychisch erlebbar, wird der psychosoziale Erfahrungsraum des Jungen facettenreich.« Diese Aussage ist von hoher Bedeutung.

Das Buch von Marian Kratz bringt uns wiederum ein erhebliches Stück weiter, die Entwicklung von Jungen im familiären Wirkungsraum besser zu verstehen. Ich wünsche diesem Buch mit seinen mannigfaltigen neuen Erkenntnissen viele Leserinnen und Leser.

Hans Hopf
Mundelsheim, im Sommer 2016

I. Einleitung und Vorbau

»Unruhige Jungen« – Ursprung von Frage und Erkenntnis

Sind die »Jungen in der Krise« (Dammasch 2008a) oder sind sie »die neuen Verlierer« (Rose, Schmauch 2005)[1]? Diese Fragen nach der männlichen Generationenfolge und ihrer Anpassungsfähigkeit an aktuelle gesellschaftliche und besonders schulische Anforderungen verleihen dem Phänomen der »Unruhigen Jungen« wissenschaftliche Aktualität und Brisanz (vgl. Hopf 2014, Kucklick 2008, 2014, Kaufmann, Kimmel 2011, Matzner, Tischner 2008, Rohrmann 2009, Diefenbach 2008).[2] Neben sozialwissenschaftlich-feministischen Reaktionsmustern, die in dem neuen Benachteiligungsparadigma des Jungen vordergründig das Konstrukt eines raffinierten »geschlechterpolitischen Rückschlags« (Rose 2005: 20) verorten, zeigen die statistischen und klinischen Befunde der vergangenen Dekade eindrucksvoll, dass männliche Kinder und Jugendliche auch neben einem gesellschaftlichen Stimmungsbild nachweislich zu einer wachsenden[3] Problemgruppe avanciert sind (Diefenbach 2008: 92ff., Ihle, Esser 2002). Neben den durch die *PISA-Studie 2012* (vgl. OECD 2014), die *IGLU-Studie 2011* (vgl. Bos 2012a) und die *TIMSS-Studie 2011* (vgl. Bos 2012b)[4] gemessenen Leistungsdiskrepanzen zwischen Jungen und Mädchen, die zu Ungunsten der Jungen attestiert sind,[5] zeigen sich bei Jungen »durchgehend höhere Raten von

---

[1] Die Liste solcher Titel ließe sich leicht weiterführen (siehe bspw. die Übersicht bei Rose, Schmauch 2005).

[2] Bereits 1918 und 1945, nach Kriegsende, sind (vaterlose) Jungen als »verhaltensauffällig« wahrgenommen, jedoch nicht langfristig im wissenschaftlichen Diskurs verankert und beforscht worden (vgl. Hopf 2014: 17, Radebold 2001, 2009).

[3] Der Begriff des »Wachsens« kann hier differenziert werden: Einerseits wird in der Debatte um die »Unruhigen Jungen« hervorgehoben, dass die Zahl der Jungen, auf welche Diagnosen psychosozialer Störungen angewandt werden, insgesamt angewachsen sei (vgl. Hopf 2014: 28). Auf der anderen Seite wird betont, dass lediglich die Qualität der Störungen wachse und nicht die Anzahl der Etikettierten (vgl. Göppel 2013: 69).

[4] Siehe zur Übersicht der geschlechterbezogenen Vergleichsstudien weiterführend Matzner, Tischner 2008 und besonders Diefenbach 2008. Hier lohnt sich vor allem ein Blick auf die Daten zur »männlichen« Hochbegabung in Mathematik, die ebenfalls kontroverse Diskussionen anregen können (siehe bspw. Baron-Cohen 2004, 2009).

[5] Jungen bekommen länderübergreifend seltener eine Gymnasialempfehlung und sind umgekehrt in den Haupt- und Sonderschulen überrepräsentiert (vgl. Dammasch 2008a: 13). Zudem werden Jungen später eingeschult und wiederholen häufiger die Klasse (vgl. Bos

hyperkinetischen Störungen, von dissozialen Störungen, Störungen durch Substanzgebrauch sowie monosymptomatische Störungen wie Tics und Enkopresis« (Hopf 2008: 39). Die psychiatrische Diagnose ADHS wird bei Kindern im Grundschulalter erstaunlicherweise zu 85% an Jungen vergeben (vgl. Hopf 2014: 306, Dammasch 2008a: 9ff.). Insgesamt sind die Jungen nachweislich nicht nur Bildungsverlierer, sondern auch überrepräsentiert bei den psychosozialen Störungsbildern (ebd.).

Diese Tatsache bleibt jedoch nicht unbemerkt. So zeichnen sich die Geschlechterdebatten des 21. Jahrhunderts (nachlaufend auch die empirische Geschlechterforschung) zunehmend durch zwei konträre (Interessen-)Lager[6] aus. Maßgeblich beeinflusst durch die Arbeiten Judith Butlers von 1990 und Robert Connell von 2006, werden einerseits die Geschlechterdichotomie insgesamt in Frage gestellt und die Dualität von Männlich und Weiblich, Mann und Frau mitsamt ihrer Verhaltenserklärungen dekonstruiert (vgl. auch Quindeau 2014), andererseits rücken Jungen in den Fokus wissenschaftlicher Debatten und erfahren eine disziplinübergreifende, geschlechtsspezifische Betrachtung (vgl. Hopf 2014, Matzner, Tischner 2008, Hüther 2009, Rohrmann 2009 u. v. a.). So sind rund um das Phänomen der »Unruhigen Jungen« disziplinübergreifend Forschungsarbeiten aufgestellt, die sich mit der Entwicklung des Jungen befassen. Dabei verweisen neurologische (vgl. Roth, Strüber 2014, Hüther 2009, Baron-Cohen 2004, 2009), bindungstheoretische (vgl. Turner 1991, Scheidt, Waller 2007, Johnson et al. 2013) und auch psychoanalytische Forschungsarbeiten (vgl. Dammasch 2008a, 2009c, Hopf 2014) übereinstimmend auf die persönlichkeitsprägende Determinante früher innerfamiliärer Beziehungen. Vor allem frühe identitäts- und strukturbildende Beziehungserfahrungen werden dabei sowohl auf psychischer als auch auf neurophysischer Ebene unter Konzeptbegriffen wie Embodiment, Bindung, Selbsterleben, Resilienz und Triangulierung mit Bedeutung gefüllt und mit dem Phänomen der »Unruhigen Jungen« erklärend in Verbindung gebracht (vgl. Leuzinger-Bohleber 2006, 2009, Aigner 2001, von Klitzing 2008, Stern, Krege, Vorspohl 2010, Hüther 2009, Freyberg, Wolff 2006).

Federführend initiiert durch die Arbeiten psychoanalytischer Kultur- und Geschlechterforschung, werden diese Beziehungserfahrungen zunehmend verstanden und verortet in die Atmosphäre zeitgenössisch-gesellschaftlicher Bedingungen (vgl. Brunner et al. 2012: 35). In dieser dialektischen Wechselbeziehung von Innen und Außen wird die Ursache und die Lösung des Phänomens der »Unruhigen Jungen« lokalisiert. Empirische Nachweise hierzu stehen bislang aus. So wird den innerfamiliären Beziehungserfahrungen von Jungen, ihrem (Selbst- und Fremd-)Erleben und den frühen Determinanten der Persönlichkeitsentwicklungen in der Familie das

---

2012b: 204). Auch diese Befunde ließen sich angesichts der reichen Datenlage leicht weiter auflisten (vgl. weiterführend Diefenbach 2008).

[6] Hier wird bewusst auf Begriffe wie *Forschungs*lager, -perspektiven oder -richtung verzichtet, um die geschlechterpolitische Auflading zu betonen.

Interesse der vorliegenden Studie gewidmet. 46 Einzelfälle einer qualitativ-psychoanalytischen Beobachtungsstudie bilden dabei die empirische Ausgangslage (s. u.). Diesem Interesse folgend, wird hinführend eine grundlegende Frage bearbeitet, die innerfamiliäre Umgangsformen mit gesellschaftlichen Bedingungen identifizieren und abbilden soll:

Welche Geschlechterkonzepte sind in Familien wirkmächtig und strukturieren die Interaktionsverläufe, in denen Jungen sich und ihre Gegenüber erleben?

Aus der Perspektive der Objektbeziehungstheorien (vgl. bspw. Winnicott 2002, Klein 2011: 187ff.) und der Selbstpsychologie (vgl. Fonagy et al. 2004, Stern 2010) bildet der frühe psychosoziale Raum der Familie den Urgrund der Persönlichkeitsentwicklung. Hier werden psychische Strukturen und Verarbeitungsmuster geformt und gefestigt. Umso erstaunlicher ist es, dass dieses Forschungsfeld bei der Theoriebildung rund um den männlichen Bildungsverlierer bislang unberücksichtigt ist;[7] wenn Familie beforscht wird, dann nicht unter dem Aspekt der Geschlechtsspezifität. Wenn Geschlecht beforscht wird, dann nicht in der Familie.

> Bei keiner der aufgeführten Untersuchungen [der Objektbeziehungstheoretikerinnen und -theoretiker, M. K.] wurde im natürlichen Umfeld der Kinder gearbeitet. Deshalb gibt es wenig wissenschaftlich relevantes Wissen über den Alltag und die Beziehungsaufnahme der Kinder in ihrer gewohnten häuslichen Umgebung, über die komplexen Prozesse, wie Beziehungen gestaltet werden, wenn die Familie in ihrer Wohnung oder in ihrem Haus ist. Die Tradition der Psychoanalyse, vorwiegend Zweierbeziehungen in der klinischen Situation zu erforschen, ist erst in den letzten Jahren zu komplexeren Fragestellungen ausgedehnt worden […]. (Metzger 2000: 84)

Dies irritiert vor allem mit einem Blick auf die moderne, psychoanalytische Säuglings- und Kleinkindforschung (vgl. Stern 2010, Dornes 2011), die als eines der drei Standbeine psychoanalytischer Entwicklungspsychologie[8] primär den realen Säugling bzw. das Kind in das Zentrum ihres Interesses stellt und dabei dennoch den forschenden Schritt in die Familie mit einem geschlechtsspezifischen Fokus weitestgehend unbegangen lässt. Familie als geschlechtsspezifischer Sozialisationsort und forschungsrelevanter Bezugsrahmen, in dem Säuglinge und Kleinkinder mit ihren primären Bezugspersonen alltägliche[9], natürliche und vor allem kontinuierliche Be-

---

[7] Ausnahmen bilden: Herzog 1991, 1998, Metzger 2000. Sie führten Familienbeobachtungsstudien durch und trafen dabei auch Aussagen über den Jungen. Lediglich die Arbeit von Dammasch, Kratz 2012 beforschte dezidiert die Entwicklung des Jungen in der Familie unter dem Primat der Geschlechtlichkeit.

[8] Die anderen Standbeine sind bekanntermaßen die Rekonstruktionen aus Erwachsenenerzählungen und die Kinderanalysen (vgl. Dornes 2011: 20).

[9] Der Begriff »alltäglich« zielt hier auf reale, nicht-experimentelle Erfahrungen, die über Direktbeobachtungen erfasst werden können. Sie sollen mit dieser Studie als Ergänzung zu

ziehungserfahrungen sammeln, scheint in der psychoanalytischen Säuglings- und Kleinkindforschung als ein »dark continent«. Dabei können gerade in den alltäglichen Interaktionspraxen des Familienlebens geschlechtsspezifische Beziehungserfahrungen beobachtet, als Manifestationen biografisch-subjektiver und gesellschaftlich-kollektiver Geschlechterkonzepte verstanden und mit dem Erleben des Jungen verbunden werden (vgl. Dammasch, Kratz 2012, zur Debatte um die Relevanz von Beobachtungen für die Psychoanalyse siehe Kap. I, 2, sowie Poscheschnik 2005a). Mit dem modernen, psychoanalytischen Methodeninventar der Direktbeobachtungen (vgl. Kap. I, 3.4), mit seinem »doppelten Fundament« (Morgenroth 1990: 37) bestehend aus »psychoanalytischer Persönlichkeitstheorie und kritischer Gesellschaftstheorie« (ebd., siehe auch Brunner et al. 2012), können methodologisch sinnvolle Fragen nach Geschlecht und dem, was Eltern und Kinder subjektiv daraus machen, entwickelt und methodisch kontrolliert bearbeitet werden. Dieses vernachlässigte Potenzial wird in der vorliegenden Studie aufgegriffen.

Neben dem Forschungsdesiderat einer direkten, psychoanalytischen Säuglings- und Kleinkindbeobachtung unter dem Primat der Geschlechtlichkeit in der Familie insgesamt, muss zudem konstatiert werden, dass der Entwicklung des Jungen bislang primär mit einem genuin psychoanalytisch-pathomorphen Forschungsinteresse begegnet wird. So wird vor allem Regulationsstörungen in der frühen Mutter-(Vater)-Sohn-Beziehung im Setting der psychoanalytischen Situation von Kinderanalysen das forschende Interesse gewidmet (vgl. Dammasch 2009b, Hopf 2014). Forschungsarbeiten, welche die Entwicklung des realen, klinisch unauffälligen Jungen von klein auf direkt in den Blick nehmen und seine Entwicklung eingebettet in innerfamiliäre, geschlechtsspezifische Beziehungserfahrungen konzeptualisieren, sucht man bislang vergeblich. Sie gilt es in dieser Studie nachzuholen und mit dem Diskurs zur »Krise der Jungen« zu kontextualisieren.

Von konzeptioneller Seite stellt das auf der Zeitachse psychoanalytischer Theorien noch sehr junge Konzept der Triangulierung (begonnen bei Abelin 1971), das sich zunehmend in die Theoriebildung zur männlichen Identitätsentwicklung etablieren kann (vgl. Dammasch 2008b), einen innovativen Rahmen, in dem die Entwicklung des Jungen beforscht werden kann. Standen bislang vor allem dyadische Beziehungsmodi im psychoanalytisch forschenden Fokus, so ist es mit dem Konzept der Triangulierung möglich, Mutter-Vater-Sohn-Beziehungen in ihren Verbindungen und Bedingungen ganzheitlich forschend zu erschließen.[10]

»konstruierten Kindheitsmythen« (in Anlehnung an Dornes 2011: 27) in psychoanalytische Subjekttheorien einfließen.

[10] Mit Dammaschs Ausdifferenzierung des Konzeptes der Triangulierung hin zur »Gender-Triangulierung« (vgl. Dammasch 2008b: 31) kann sich vor allem die Frage nach der Bedeutung des an- bzw. abwesenden gleichgeschlechtlichen Elternteils in den Mittelpunkt des psychoanalytischen Erkenntnisinteresses stellen (vgl. auch Bürgin 1998a).

Dass dabei theorie- und praxisrelevante Erklärungsansätze und Verstehenszugänge für das Phänomen der »Unruhigen Jungen« geschaffen werden können, konnte in der Vorstudie dieser Arbeit bereits nachgewiesen werden (vgl. Dammasch, Kratz 2012). So stehen die inhaltlich-zentralen Forschungsfragen der hier vorliegenden Studie auf einem zielführenden Fundament.

Welche Beziehungserfahrungen sammeln Jungen in der Familie?
Welche Schlüsse lassen sich über das innerfamiliäre (Selbst- und Fremd-)Erleben bei Jungen ziehen?

Die hier vorgestellten Vorgehens- und Forschungsfragen bilden den fragenden Einstieg in das empirische Material. Im Rahmen der qualitativ-zirkulären Forschungsstrategie dieser Studie werden sie sich sukzessive zu spezifischen Fokusfragen an die Empirie entfalten.

Da die Erforschung des Erlebens immer schon eine methodologische Herausforderung gewesen ist (vgl. Kap. I, 2), versteht sich diese Studie als Pilotstudie, die in jedem Arbeitsschritt die Frage nach dem »Wie« und »unter welchen Bedingungen« stellt und den Weg der Erkenntnisgewinnung zu reflektieren versucht. Es ist hier zu betonen: Die Studie ist auf methodologischer und forschungspraktischer, aber auch auf inhaltlicher Ebene eine Pilotstudie.

Material und Erkenntnisinteresse

Wurde die frühe Entwicklung des Jungen (Identitätsproblematiken, Lernschwierigkeiten, aggressive Verhaltensweisen und psychosoziale Störungen) in früheren Arbeiten mit einem fokussierten Blick auf sogenannte »high-risk-milieus« und »high-risk-families« beforscht, so zeigt Leuzinger-Bohleber 2009 im Rahmen der repräsentativen Frankfurter Präventionsstudie auf, dass inzwischen auch Kinder aus sogenannten »normalen Verhältnissen« gehäuft dissoziale Verhaltensweisen bereits in frühen Kindesjahren aufweisen (vgl. Leuzinger-Bohleber 2009: 20). Dass es sich bei diesem Forschungsergebnis primär um Jungen handelte, ist ein nicht beachtetes Nebenergebnis dieser Arbeit. Aus diesem ergibt sich allerdings, mit einem Blick auf den Sozialisationsort Familie, die dringende und grundlegende Frage, ob *Männlichkeit* als lebenspraktisch angewandte Kategorie in der frühen Kindheit als Risikofaktor der Persönlichkeitsentwicklung begriffen werden muss?

Mit der Arbeitshypothese einer dualistisch strukturierten, geschlechtsspezifischen Erfahrungswelt des Jungen liegen dieser Studie, auf dem Niveau einer Sekundäranalyse, Familienbeobachtungen und Eltern(paar)interviews von klinisch unauffälligen Jungen und deren Familien zugrunde (N=46).[11]

---

[11] Genaue Angaben zur Datenmenge und Materialart finden sich in Kap. I, 2 und 3.

Familien	Teilnehmende Beobachtungen in der Familie	Teilnehmende Beobachtungen im Kindergarten/Krippe	Diskussionsprotokolle	Elterninterviews
46	131	40	92	25

Tab. 1: Empirisches Fundament[12]

Die Analyse dieses Datensatzes soll ein möglichst differenziertes Bild der *normalen* Entwicklung des Jungen in der Familie explorieren, wobei auf mögliche Weichenstellung männlicher Persönlichkeitsentwicklungen aufmerksam gemacht wird. Dezidiert und methodisch kontrolliert soll in der Analyse des Materials das komplexe Ineinanderwirken von gesellschaftlichen, entwicklungspsychologischen und vor allem familiären Faktoren der Persönlichkeitsentwicklung bei Jungen erschlossen werden. Übergeordnet geht es dabei um das dringende makrosoziologische Anliegen, die Entwicklung des Jungen von klein auf in ihrer sozialen und gesellschaftlichen Einbettung wissenschaftlich in den Blick zu nehmen. Der methodologischen Herausforderung wird sich in Kap. I, 2 angenommen.

Disziplinäre Bezüge

Die vor allem erziehungswissenschaftlich relevanten Ergebnisse der Studie lassen sich, durch das psychoanalytische Selbstverständnis, die methodologische Orientierung und das methodische Vorgehen der Studie, in mehreren disziplinären Bezügen diskutieren. Eine eingrenzende Unterscheidung in Rubriken von Relevanz ist daher angezeigt.

Im Zentrum dieser Studie stehen die vor allem *erziehungswissenschaftlich* relevanten Fragen nach Konzepten und Praxen von Geschlechtlichkeit in Erziehungs- und Beziehungskontexten. Die in dieser Studie forcierten, inhaltlichen Forschungsinteressen widmen sich:

- der Beziehung zwischen innerfamiliären Lebens- und Beziehungsformen und dem psychosozialen (Selbst- und Fremd-)Erleben des Jungen,
- der Frage nach dem Erleben von Geschlechtlichkeit in der frühen Kindheit,
- der Frage nach dem Selbstagieren, -Inszenieren und Ko-Konstruieren von Geschlecht in geschlechtsspezifischen, familiären Beziehungen.

Ergebnisse der Studie können zur empirisch fundierten Verständniserweiterung des Phänomens *Junge* (vgl. Dammasch 2009b, Brandes 2011: 21) und einer in diesem

---

[12] Der Datensatz entstammt der Vorstudie der vorliegenden Studie. Sie wurde mit Unterstützung der Lotte-Köhler-Stiftung von 2009–2012 unter der Leitung von Prof. Dr. Frank Dammasch an der University of Applied Science Frankfurt durchgeführt (vgl. Dammasch, Kratz 2014). Das Material wird in Kap. I, 2 und 3 ausführlich und mehrperspektivisch diskutiert.

Kontext viel geforderten, geschlechterbewussten Pädagogik führen (vgl. Kap. III, 1, und u. a. Matzner, Tischner 2008, Aigner, Poscheschnik 2011, Rose 2005). Ein Spezifikum dieser Studie stellt die Verbindung *gesellschaftswissenschaftlicher und entwicklungspsychologischer* Perspektiven dar, die einer tiefenhermeneutischen Studie inhärent ist (vgl. Kap. III, 2). Die Ergebnisse der Studie können in einen Dialog mit folgenden gesellschaftswissenschaftlichen und entwicklungspsychologischen Fragen führen:

- Welche Beziehungserfahrungen formen das männliche Selbst derart, dass Jungen nachweislich häufiger zu störend-auffälligem und symptomatisch-pathologischem Verhalten neigen (vgl. Dammasch 2008a: 10, Matzner 2008, Hopf 2014, Hüther 2008)?
- Bezogen auf den interdisziplinären Diskurs um die Verweiblichung psychosozialer Berufsfelder (vgl. Rohrmann 2009, Dammasch 2008a, Hopf 2014), der mit der Krise der Jungen erklärend in Verbindung gebracht wird und zu einem politisch-diskursfähigen Ruf nach mehr Männern in der Beziehungsarbeit führt (vgl. Aigner, Poscheschnik 2011, Rose, Schmauch 2005, Wippermann 2013), kann die Studie dazu beitragen, die Bedeutungsaufladung des Männlichen, des Vaters und des Väterlichen empirisch kritisch zu beleuchten.

Auf *sozialpolitischer* Ebene (vgl. Kap. III, 3) kann mit den Ergebnissen der Studie zart die Frage nach den Bedingungen aktiver Vaterschaft angeregt werden (vgl. Richter 2012), da die Studie in ihrem Design die Frage nach den innerfamiliären Sozialisationsbedingungen und daraus resultierenden Beziehungserfahrungen nicht ohne den Kontext sozialpolitischer Zusammenhänge betrachten kann.

Im Diskurs um aktive Vaterschaften, welcher unter einer progressiven Propaganda, wie *Neue Väter, andere Kinder* (Bambey, Gumbinger 2009), *Neue Väter hat das Land* (Jansen 2011) oder *Der neue Vater. Bilder einer Figur im Wandel* (Kirchhoff 2013 siehe auch Müller-Commichau 1995), firmiert, wird das Postulat einer restaurierten Männlichkeit und Väterlichkeit aufgestellt, die sich zielstrebig auf dem Weg einer Geschlechter- und Chancengleichheit befinden.

- Mit einem forschenden Blick auf den Aushandlungsort Familie, in dem sich Wege und Hürden aktiver Vaterschaft manifestieren, können über die Ergebnisse der Studie Wünsche und Widerstände von Müttern und Vätern aufgedeckt und kritisch reflektiert werden. Damit leistet die Studie einen Beitrag zur Bearbeitung des von Ulrich Beck aufgedeckten Phänomens »verbale(r) Aufgeschlossenheit bei weitgehender Verhaltensstarre« (1986: 169) von Männern und Väternbei der Übernahme kindbezogener Aufgaben.

Auf *wissenschaftstheoretischer Ebene* (vgl. Kap. III, 4) kann über die Argumentation des methodologischen Selbstverständnisses und der Reflexion der Methodenanwendung ein Beitrag zur Diskussion um den Wissenschaftsstatus der Psychoanalyse und deren Beziehung zur empirischen Hochschulforschung geleistet werden (vgl. Leuzinger-Bohleber 2014). Anlass für diesen Anspruch liefert die Beobachtung, dass die Psychoanalyse als akademische Disziplin nach ihrer »Blütezeit in den 1970er und 1980er Jahren« (ebd.: 23) an den Universitäten zunehmend marginalisiert wird. Das muss aktuell zwangsläufig auch zu der Erkenntnis führen, dass das forschende Selbstverständnis der Psychoanalyse als sinnverstehende Erfahrungswissenschaft (vgl. Gerspach et al. 2014: 9)[13] in der Hochschulforschung verloren geht.[14]

- Es wird ein Beitrag zur Frage nach dem Gegenstand und dem Erkenntnisinteresse der Psychoanalyse geleistet und ein neuer Impuls in die Kontroverse zwischen empirischer Beobachtungsforschung und psychoanalytisch-novellistischer Forschung eingeführt. Dieser soll einen Beitrag dazu leisten, die Verbindung zwischen psychoanalytisch-empirischer Forschung und akademischer Hochschulforschung zu sichern.

Dabei zielt diese Studie mit ihrer argumentierten, psychoanalytischen Forschungshaltung nicht zuletzt darauf ab, dass der Körper und die Sexualitäten (und das Begehren) als einflussnehmende Größen und Räume der Sinnkonstruktion nicht nur innerhalb der psychoanalytischen Subjekttheorien, sondern auch in der Hochschulforschung erhalten bleiben.

Die hier aufgezeigten Rubriken von Relevanz werden von den Ergebnissen der Studie lediglich berührt. Es ist nicht das Anliegen der Studie, die hier angerissenen disziplinübergreifenden Fragen zu beantworten. Sie soll weiterführende Fragen und Forschungen anregen.

Entgegen einer wahrscheinlichen Leseerwartung beginnt nun das erste Kapitel nach der Einleitung nicht mit einem theoretisch-inhaltlichen Vorbau. Stattdessen wird über eine wissenschaftshistorisch operierende Analyse eine Begründung der Fragestellungen und der Forschungsstrategien vorgelegt. Sie bereitet den Boden vor, auf dem der Weg der Erkenntnisgewinnung von Anfang an, auch in seinen historischen Bezügen, nachvollzogen werden soll. Die Lücke, die der fehlende theoretisch-inhaltliche Vorbau hinterlässt, wird hier strategisch so verstanden, dass der empirische Teil möglichst wenig theoriegeleitet gelesen werden kann und sich eigene kritische Denkräume in der Auseinandersetzung mit dem Material, den Analyseschritten und der Schlussfolgerung öffnen können (vgl. Kap. II und III).

---

[13] Der Wissenschaftsstatus der Psychoanalyse wird in Kap. I, 2 ausführlich diskutiert.

[14] Diese Arbeit ist im Zeitraum ihrer Schaffung (2012–2015) die einzige an der Goethe Universität, die mit dem Instrument des »Szenischen Verstehens« (vgl. Kap. I, 2 und 3) forscht und dabei eine methodologische Auseinandersetzung aufgreift. Die letzte Dissertation, die sich mit dem »Szenischen Verstehen« befasst, wurde 2011 von Ute Schaich veröffentlicht.

1. Historische Hinführung – das Ende der »Latenzzeit« im dualen Geschlechterdiskurs

Auf der Achse dualer Geschlechterdiskurse kommt es um die vergangene Jahrtausendwende nach einer »gewissen Latenzzeit« (Rose, Schmauch 2005: 9) zu einer Neuverhandlung der Geschlechterthemen. Sie wurde in der Einleitung dieser Studie bereits angerissen. Maßgeblich befördert durch die interdisziplinäre Diskursfähigkeit des Benachteiligungsparadigmas von Jungen,[15] gerät die sozialkonstruktivistisch-etablierte Vorstellung, »die immer schon davon ausgeht, dass es auf jeden Fall Mädchen und Frauen sind, die benachteiligt sind« (Rose 2005: 199), zunehmend in die Kritik (vgl. auch Bütow, Nentwig-Gesemann 2002: 196, Kuhlmann 2002: 237ff., Brückner 1996: 275ff.). Auch die männliche Dividende (vgl. Connell 2006), die als Trägheitskraft bislang half, eine Benachteiligung des Männlichen in wissenschaftlichen und gesellschaftlichen Diskursen scheinbar selbstsicher auszuschließen, beginnt in Wissenschaft und Gesellschaft zu zerfallen (vgl. Böhnisch 2008: 65). Die Geschlechterdiskurse bekommen eine neue Dynamik (vgl. Quindeau, Dammasch 2014, Hopf 2014, siehe auch Reiche 1997). Sie geht auch an den Ausrichtungen der heutigen Geschlechterforschung nicht vorbei (vgl. weiterführend Winter 2014).

Während seit den 1990er Jahren einerseits die Gender Studies eine radikale Akademisierung erfahren, in der das geschlechteregalitäre Programm einer Dekonstruktion der Zweigeschlechtlichkeit in Gesellschaft und Wissenschaft forciert wird (vgl. Fausto-Sterlin 2000, Hammer, Lutz 2002, Quindeau 2008a, b, 2014), gerät andernorts, offenbar gegensätzlich, eine *neue*, männliche Geschlechtsdifferenz in den Blick der Geschlechterforschung und weckt wissenschaftliche und politische Verantwortungs- und Zuständigkeitsgefühle (vgl. Hüther 2009, Dammasch 2009b, Matzner, Tischner 2008, Rohrmann 2009, Wippermann 2013, Metzger 2015, Aigner 2015).

Mit einem Blick auf diese zwei konträren Forschungsperspektiven und die spannungsreichen Kontroversen, die sie anregen, fällt auf, dass das forschende Interesse an männlicher Differenz, vor allem im sozialwissenschaftlich-akademischen Diskurs, nicht selten mit der Zuschreibung eines antifeministischen und rückwärtsgewandten Charakters behaftet wird. Das Auffinden und Beschreiben von Differenz scheint hier, vor allem wenn es naturwissenschaftlich kontaminiert erscheint, offensichtlich unmodern und wird mitunter als reaktionär verurteilt.[16] Der psychoana-

---

[15] Vor allem im Bereich öffentlicher Bildung (vgl. Kap. I).
[16] Dass prominente populistische oder populärwissenschaftliche Autoren, wie bspw. Mathias Matussek (1997) oder Gabriele Kuby (2008, 2012), immer wieder Erkenntnisse der männ-

lytische Jungen-, Männer- und Väterforscher Josef Aigner konstatiert 2015 diesbezüglich:

> Eine Autorin wie Bischof-Köhler (vgl. 2008), […], die Unterschiedlichkeit der Mädchen- und Jungenentwicklung aufzeigt, wird vor dem Hintergrund der sozialkonstruktivistischen Diskurse entweder gänzlich ignoriert oder in den Bereich eines finsteren reaktionären Biologismus verdammt. (2015: 2)

Nicht zuletzt durch den leicht herzuleitenden Vergleich mit den progressiven und innovativen Ausrichtungen und Begründungsfiguren feministischer Differenzforschung der 1960er, -70er und -80er Jahre, die aus einer Stimmung des Aufbruchs heraus (vgl. Brückner 1996: 17) Altbekanntes[17] infrage stellten und, geleitet von ihrem emanzipativen Interesse, revolutionäre weil befreiende Erkenntnisse[18] generierten (vgl. Horney 1949, de Beauvoir 1951, Butler 1990, Connell 2006, Quindeau 2014), lässt sich die *männliche Differenzforschung*[19] in den Geschlechterkontroversen leicht als unmodern titulieren und als Reproduktionsstätte patriarchaler blinder Flecken ablehnen.

Dass sich, hinter unmodern erscheinenden Forschungsperspektiven und -erkenntnissen, aktuellen Forschungsdesideraten in einer weiterhin geschlechtlich-dualistisch strukturierten Lebenswelt angenommen wird, moderne Forschungsdesigns entwickelt und innovative Forschungsallianzen gegründet werden, findet im sozialwissenschaftlich akademischen Umfeld hingegen auffallend wenig Anklang. Hier scheint sich vielmehr ein Trend durchzusetzen, aktuelle Studien und Erkenntnisse interdisziplinärer Differenzforschung (vgl. Kap. I), die der Geschlechterforschung eigentlich Aktualität und Brisanz verleihen, als geschlechterpolitische Rückschläge inhaltlich zu entkräften und zu überdecken. Sozialwissenschaftliches Denken in einer konstruktiven Verbindung von Leib und Kultur bildet Ausnahmen (vgl. Winter 2014). Dass dadurch eine inhaltliche Diskussion und Geschlechterkontroverse ausgebremst wird, ist naheliegend. So wird die oben behauptete *neue Dynamik* der

---

lichen Differenzforschung strapazieren, um ihre häufig sexistisch, homophob oder religiös motivierten Haltungen zu propagieren, trägt sicher zu dieser Verurteilung bei. Andererseits wird der Raum, in dem sich eine produktive Auseinandersetzung mit der männlichen Differenzforschung entwickeln kann, sicher auch dadurch klein gehalten, weil in vielen Differenzstudien selbst Erkenntnisse zu überstrapazierten Schlussfolgerungen bspw. über geschlechtsspezifische *Fähigkeiten* führen (vgl. Baron-Cohen 2004).

[17] Bekanntlich galt die Kritik der Women's und Gender Studies dieser Zeit dem *Altbekannten* über die Geschlechter, dass Männer über Frauen publizierten.

[18] Die Frauenbewegungen dieser Zeit verstanden sich, folgt man Ulrike Schmauch, als Erziehungs- und Befreiungskonzepte (vgl. 1987: 61).

[19] Wenn in dieser Arbeit von männlicher Differenzforschung gesprochen wird, ist dies als Versuch zu lesen, psychoanalytische Jungen-, Männer- und Väterforschung auf einen Begriff zu bringen.

Geschlechterdiskurse in der vorliegenden Studie verstanden als Dynamik zwischen den Polen der Verleugnung und der Überhöhung eines Gegenstandes: Duale Geschlechtlichkeit (vgl. weiterführend Kap. I, 1.2).

Dieser dynamische Raum der Geschlechterkontroversen wird in den folgenden Kapiteln I, 1.1 und I, 1.2 geöffnet, und es wird sich der Frage nach der Ausrichtung der männlichen Differenzforschung selbstkritisch angenommen. Im Kern werden dabei drei Fragerichtungen verfolgt:

> 1. *Inwiefern ist männliche Differenzforschung geschlechterpolitisch motiviert?*
> 2. *Entspringt ihre auch naturwissenschaftliche Orientierung einer alten (Freudschen) Sehnsucht nach einer physiologischen Erklärung des Psychischen und Geschlechtlichen?*
> 3. *Ist ihre interdisziplinäre Ausrichtung letztlich doch mit einem aktuellen Vernetzungstrend und steigenden Vernetzungsdruck benachbarter Wissenschaftsdisziplinen zu erklären?*

Gerahmt werden diese Fragerichtungen durch eine Analyse der Diskursbewegungen in der inzwischen über 120-jährigen Entwicklungsgeschichte psychoanalytischer Geschlechtertheorien und ihrer Kontroversen.[20] Schließlich hat bereits Freud dazu geraten, die Psychoanalyse samt ihrer Theorien in ihrem historischen Geworden-Sein zu betrachten, da sie nur so verstanden werden kann (vgl. List 2009: 25). Mit einer Selbstverortung im breiten Spektrum der Forschungsperspektiven und der Offenlegung des Selbstverständnisses der vorliegenden Studie schließt dieses Vorhaben in Kap. I, 1.2 ab.

1.1 Körper, Geschlecht und Kontroverse in der psychoanalytischen Entwicklungsgeschichte

Die Urszene der Psychoanalyse zeigt bekanntlich einen Mann, der seinen Blick analytisch auf den Körper und die Psyche einer jungen heranwachsenden Frau richtet, Berta Pappenheim – eine Arzt-Patienten-Konstellation, die Ende des 19. Jahrhunderts wenig irritiert, schnell und nachhaltig, aber zu *einem* Kernpunkt feministischer Kritik an einer phallozentrischen Ausrichtung der Freudschen Psychoanalyse avancieren soll: Ein Mann im Patriarchat konzeptualisiert die andere, die weibliche Sexualität der Frau?! Diese kritische Frage nach der Bedeutung des Geschlechts von Analytiker und Analysandin, bei der Theoriebildung, der therapeutischen Haltung und dem Therapieverlauf, findet ihren Einzug in die Psychoanalyse mit und vor allem initiiert durch die ersten weiblichen Analytikerinnen, Anfang des vergangenen

---

[20] Zur ausführlichen Auseinandersetzung sei u. a. auf die Arbeiten von List 2009, Kutter 2000, Quindeau, Dammasch 2014 verwiesen.

Jahrhunderts (vgl. Sayers 1994, Koellreuter 2000). Die kritische Frage nach *männlichen* Theorien über die Weiblichkeiten der Frauen soll später über die Women's Studies eine eigene Forschungsdisziplin finden.

Seitdem es Männer *und* Frauen in der Psychoanalyse gibt, existiert die kritische Frage nach einer Geschlechtsspezifität der Psychoanalyse. Eng mit ihr verbunden ist die Frage nach der psychoanalytischen Konstruktion der Geschlechter insgesamt.

Werden die Geschlechterfragen in ihrer Blütezeit der 1920er Jahre *zwischen* den Geschlechtern noch emotional aufgeladen, offen und vor allem kontrovers diskutiert, so gehen sie in der psychoanalytischen Diskussion mit der Zeit allmählich verloren. Eine analytisch-mütterliche Haltung setzt sich in der therapeutischen Praxis durch, die Analytiker werden im Sinne der unendlichen Analyse zunehmend geschlechtslos. Theorien der Weiblichkeit lösen den Phallozentrismus in der Psychoanalyse nachhaltig ab. Bis in die 1970er Jahre ist Weiblichkeit das zentrale und Männlichkeit kaum ein Thema der Psychoanalyse.[21]

1.1.1 Der Körper im Affekt-Trauma-Modell

»Wenn in Betracht gezogen wird, daß die Hysterie als typische Frauenneurose galt, kann die Psychoanalyse, eigentlich von allem Anfang an, nicht ohne die Auseinandersetzung mit der Weiblichkeit auskommen.« (Koellreuter 2000: 48) Von Beginn an war die Psychoanalyse eine Theorie der Geschlechter. Und obgleich sie sich im Kern mit jungen Frauen und deren »hysterischer« Weiblichkeit auseinandersetzte, zeichnete sie bereits in ihren Anfängen auch ein *neues* Bild vom Mann und der Beziehung der sozialen und körperlichen Geschlechter zueinander.[22]

Die Entwicklungsgeschichte der Psychoanalyse, wenn man sie nicht auf die Publikation der Traumdeutung nachdatiert, begann bekanntlich mit Freuds Kollegen, Finanzier und Mentor Joseph Breuer, der in den 1880er Jahren während seiner Behandlung der damals Anfang 20-jährigen Berta Pappenheim entdeckte, dass ihre hysterischen Symptome verschwanden, wenn es ihr unter Hypnose gelang, den Moment ihres ersten Auftretens zu erinnern.[23] Über die Analyse der Erzählungen dieser und anderer Patientinnen konzipierten Breuer und Freud das Affekt-Trauma-Modell mit der Hypothese, dass hysterische Symptome ihren Ursprung in realen Verführungen und überwältigenden Gewaltanwendungen hatten (vgl. Kutter 2000:

---

[21] vgl. zur wenig beachteten Männlichkeit/Väterlichkeit in der Psychoanalyse nach dem Tod Sigmund Freuds v. a. Aigner (vgl. 2001: 76ff.).

[22] Von Beginn an schwangen, mal mehr, mal weniger manifest, Begriffe wie Macht, Zwang, Herrschaft und Heteronormativität mit.

[23] Sigmund Freud, bzw. seine Patientin Berta Pappenheim, nannte diesen Einblick in die Ätiologie der Neurose »Talking-Kure«, ihren heilenden Effekt »Kathartisch« (vgl. Storr 2004: 17ff., Freud, Breuer 1895). Das bekannte Junktim von Forschung und Heilen wurde aufgestellt.

23). Damit schlossen sie sich der damaligen naturwissenschaftlichen Lehrmeinung über Hysterie an, dass ein äußeres Erlebnis von traumatischer Qualität das Auftreten einer hysterischen Störung begünstige (vgl. Mentzos 2000: 7ff.). Getragen wurde das Affekt-Trauma-Modell von den Erzählungen der Hysterikerinnen, in denen Erwachsene, vornehmlich männliche, erschienen und sie überwältigten, *meist* mit sexueller Absicht (vgl. ebd.). »Traumen als Zustände hilfloser Überwältigung galten in diesem Modell als Hauptursache von pathogenen Affektstauungen, d. h. von Stauungen nicht abgeführter Erregung« (List 2009: 67). Diese traumatischen Erfahrungen schrieben sich, so waren sich Breuer und Freud sicher, als »Reminiszenzen« (Freud, Breuer 1895: 31) ein, als jene seelischen Spuren, die für die Symptome der Hysterikerinnen ursächlich waren.[24]

Breuer und Freud führten die Erkrankung der Hysterikerinnen im Affekt-Trauma-Modell offen und primär zurück auf männlich-sexuellen Tatendrang. Hysterie wurde erkannt als psychosomatische Reaktion auf eine übergriffige Realerfahrung mit männlich genitalen Ansprüchen. So eröffnete und unterhielt die Psychoanalyse in ihrer Anfangszeit kurzzeitig eine Bühne, auf der generationsübergreifende Missbrauchserfahrungen von Männern an Mädchen offen thematisiert werden konnten. Das Affekt-Trauma-Modell machte aufmerksam auf die (sexuelle) Situation von Frauen und bot eine Andockstelle für die damaligen Frauenbewegungen (vgl. Kollreuter 2000).

Breuers und Freuds erstes (und einziges gemeinsames) psychoanalytisches Neurosenmodell zeichnete 1895, neben der Darstellung der innovativen, psychoanalytischen »Talking-Cure« und der neuen Ätiologie der Hysterie, ein erstes psychoanalytisches Bild des männlichen und des weiblichen Geschlechts (Sex). Der männliche Körper wurde aktiv, eindringend und überwältigend dargestellt. Phallische Männlichkeit erhielt eine Konnotation der Gefahr, der Macht und Täterschaft. Die Frau und ihre Weiblichkeit wurde hingegen mehr als Triebobjekt denn als Träger eines eigenständigen, sexuellen Motivationssystems verstanden.

Zusammenfassend standen im Fokus des psychoanalytischen Interesses der Anfangszeit junge Frauen, Mädchen und deren *meist* körperliche Erfahrungen mit sexuell reiferen Männern – beide in den ausladend familiären Kreisen des 19. Jahrhunderts. Das anfänglich noch eher zufällig als systematisch gewählte Gesprächs- und Forschungssetting konzentrierte sich zunehmend auf ein klinisch-therapeutisches.

In diesem sollte Freuds Vermutung im Affekt-Trauma-Modell, dass der Hysterie *meist* sexuelle Erfahrungen zugrunde lägen, zur Gewissheit werden und ihn noch

---

[24] Mentzos wird diesen Gedanken später als »revolutionäre wissenschaftliche Hypothese« würdigen (2000: 8); die Tatsache hinnehmend, dass sie aus novellistischen Fallgeschichten entnommen wurde, aus einem Pool unbestimmter Fallzahlen und einer subjektiven Lesart. Dem Wissenschaftsstatus der Psychoanalyse wird in Kap. I, 2 ausführlich nachgegangen.

lange Zeit begleiten. Mit zunehmenden methodischen Modifikationen (vgl. Mertens 2000) und wachsenden Erfahrungen mit der Ätiologie weiterer Hysterikerinnen, kam Freud zu einer absoluten Schlussfolgerung.

> Von welchem Fall und von welchem Symptom immer man seinen Ausgangspunkt genommen hat, *endlich gelangt man unfehlbar auf das Gebiet des sexuellen Erlebens* [...] Ich stelle also die Behauptung auf, zugrunde jedes Falles von Hysterie befinden sich – durch die psychoanalytische Arbeit reproduzierbar, trotz des Dezennien umfassenden Zeitintervalles – ein oder mehrere Erlebnisse von vorzeitiger sexueller Erfahrungen, die der frühsten Jugend angehören. Ich halte dies für eine wichtige Enthüllung, für die Aufdeckung eines caput Nili der Neuropathologie. (Freud 1896: 439)

Die Vermutung des *meist sexuellen* wurde zur Gewissheit des *unfehlbar sexuellen* Erlebens als Ursache der Hysterie.[25] Diese These führte letztlich zur Trennung von Breuer, der die Ausschließlichkeit des Sexuellen in der Neurosenlehre mit Freud nicht teilen konnte. Freud war überzeugt, unbeirrbar und spezifizierte das Affekt-Trauma-Modell zur Verführungstheorie. Darin differenzierte Freud, dass die Symptome seiner Patientinnen ausschließlich auf verfrühte, sexuelle Missbrauchserfahrungen in der Kindheit zurückzuführen seien, die überwältigende und im Unbewussten wirksame Affekte auslösten. Der erwachsene Mann, vornehmlich der Vater, wurde im Dienste der Neuropathologie zur perversen und pädophilen Hauptperson psychoanalytischer Erkundungen. Seine sexuellen Übergriffe firmierten sodann unter dem Konzept der »infantilen Verführung« (vgl. Koellreuter 2000: 88). Laplanche konstatierte 1988 rückblickend: »Bis zur globalen Verleugnung seiner Theorie wird Freud nicht von dem perversen Charakter ›des Vaters der Hysterischen‹ loslassen.« (1988: 203)

Der Ort der Verführung und das Interesse psychoanalytischer Therapie und Forschung zentrierten sich auf die Kernfamilie. Im weiterhin klinischen Setting suchte Freud nach psychischen Niederschlägen frühzeitiger sexueller, körperlicher Erfahrungen und verband Körper, Psyche und Kultur in seinem Verständnis männlicher und weiblicher Innenwelten.[26]

---

[25] Freud erklärte das hysterische Leiden als Ausdruck verdrängter, sexueller Erfahrungen, die vom Bewusstsein dissoziiert und in einem »Hypnoidbewusstsein« (2000: 35), einem zweiten Teil der Psyche, verdeckt aber weiter wirksam seien. In diesem Modell der Psyche konzipierte Freud das Unbewusste als etwas pathologisch-Gewordenes, das im Kern sexuell ist.

[26] Die moderne, psychoanalytische Familienforschung (vgl. Herzog 1998, Metzger 2000, Dammasch, Kratz 2012) geht zurück an den Ort, an dem bereits Freud den Ursprung psychostrukturierender Erfahrungen verortete.

1.1.2 Der Körper und die Phantasie in der Triebtheorie

Am 21. September 1897 bekundete Freud inoffiziell seine »herzzerreißende«, wie sie Laplanche später dramatisieren sollte (1988: 210), Revision der Verführungstheorie. An seinen Freund Fließ schrieb er: »Ich glaube an meine Neurotica nicht mehr.« (Freud 1897 zit. nach Masson 1984: 137)[27]

Die Aufgabe der Verführungstheorie führte nun zu einem Paradigmenwechsel, weg von der (äußeren) realen, körperlichen Verführung zur (inneren) Phantasie des Kindes. Freud verstand die Erzählungen seiner Patientinnen nun nicht mehr als Erinnerungen von Realereignissen, sondern als Ausdruck kindlicher triebhafter Phantasien (vgl. Laplanche 1996: 34). Damit drehte Freud die Täter-Opfer-Konstellation der Verführung auf den Kopf und zeichnete gleichsam ein neues Bild der Geschlechter. Kutter greift und bewertet diesen Schritt pointiert so:

> In der Traumatheorie werden das äußere Trauma und der folgende innere seelische Schock betont. In der Triebtheorie dominieren die inneren Motive. Im ersten Fall ist der Patient Opfer äußerer Umstände, im zweiten Fall Täter: Ein folgenschwerer Unterschied, der bis in die Gegenwart hinein und sicher auch die Zukunft der Psychoanalyse weiter bestimmen wird. (Kutter 2000: 22)

Durch die Revision der Verführungstheorie erfuhren der Vater und die männliche Sexualität eine Aufwertung. Der Vater und die männliche Sexualität wurden in ein neues Licht gestellt. Die bedeutende Rolle des Vaters bei der Ätiologie hysterischer Störungen verkehrte sich in die bedeutsame Rolle eines Liebesobjektes, das sich das Mädchen in der Phantasie sexuell anzueignen versuche. Freud war sich sicher, dass die Reifung des Sexualtriebs am Genital die ödipalen Phantasien der Verführung durch den gegengeschlechtlichen Elternteil evozierten. Bei seiner konzeptionellen Auseinandersetzung mit dem Sexualtrieb, der seiner Meinung nach den sexuellen Phantasien energetisch zur Seite stand, zentrierte Freud dann allerdings sehr engsichtig den Jungen. Freud verpasste den prinzipiell emanzipativen Ansatz seiner Triebtheorie, die den Trieb in gleichem Maße bei Jungen und Mädchen annahm. Und so ist Kutters Prognose sicher zutreffend, dass die Triebtheorie Freuds eine offene Einladung für eine grundlegende Kritik an der Psychoanalyse und ihren triebhaften Körpern war. Mit seiner Triebtheorie steuerte Freud die Psychoanalyse über einen ungleichen, biologischen Dualismus in das Fahrwasser feministischer Kritik,

---

[27] Warum Freud den Glauben an seine Verführungstheorie verlor, geht aus keiner seiner Veröffentlichungen dezidiert hervor. Die Erkenntnis, dass in fast allen Fällen von Hysterie, auch in seinem engsten Bekanntenkreis, der Vater als perverse Hauptfigur erkannt werden musste, trug sicher dazu bei, schlussfolgert Lang (2011). Hinweise hierfür finden sich in seinem Brief an Fließ vom 21. Sep. 1897. Zudem hat Lang 2011 darauf hingewiesen, dass »es vor allem Freuds Selbstanalyse war« (2011: 44), die zur Aufgabe seiner Verführungstheorie beigetragen hat.

das durch die Abwendung von der Realverführung bereits an Fahrt gewonnen hatte. Denn »Männlichkeit wird als Vergleichsmaßstab für die weitere Theoriebildung genutzt […], wobei das Mädchen immer als Pendant zum Knaben begriffen wurde.« (ebd.: 26)

Es ist naheliegend, dass ein skeptischer Blick auf eine auch naturwissenschaftliche Ausrichtung heutiger, männlicher Differenzforschung hier seine Begründung finden kann. Denn Anfang des 20. Jahrhunderts zog mit der Triebtheorie eine neue Männlichkeit in die Psychoanalyse ein und wurde zum Gegenstand einer Theorie des Menschlichen. Die machtvolle Konstruktion des Männlichen ging nun über die des eindringenden Verführers hinaus und transformierte zur herrschaftlichen Konstruktion des Mann-Menschen, von dem sich das Weibliche ableiten ließ.

In Freuds Triebtheorie stand der Penis (Vater/Mann) nicht mehr als Werkzeug eines Täters, mit dem hysterische Symptome hervorgerufen werden konnten. Er wurde zum Phallus, zum Symbol des vollkommenen Menschen im Mittelpunkt einer ebenso männlichen Welt. Macht, Herrschaft und Normativität wurden zum manifesten Gegenstand des psychoanalytischen Diskurses. Freud selbst pointierte seinen Phallozentrismus ungeschönt einprägsam: »Sie hat es gesehen, weiß, dass sie es nicht hat, und will es haben.« (Freud 1925: 261) Das psychoanalytische Bild von Mann und Frau änderte sich brachial und die psychoanalytische Konstruktion des Körpers schien zu einer bedrohlichen Geschlechterdichotomie aufzukeimen. Im O-Ton liest sich dieser ungleiche Dualismus der Geschlechter bei Freud so:

> Beide gehen vom Allgemeinvorkommen des Penis aus. Aber jetzt scheiden sich die Wege der Geschlechter. Der Knabe tritt in die Ödipusphase ein, er beginnt die manuelle Betätigung am Penis mit gleichzeitigen Phantasien von irgendeiner sexuellen Betätigung desselben an der Mutter, bis er durch Zusammenwirken einer Kastrationsdrohung und des Anblicks der weiblichen Penislosigkeit das größte Trauma seine Lebens erfährt, das die Latenzzeit mit allen ihren Folgen einleitet. Das Mädchen erlebt nach vergeblichem Versuch, es dem Knaben gleichzutun, die Erkenntnis ihres Penismangels oder besser ihrer Klitorisminderwertigkeit mit dauernden Folgen für die Charakterentwicklung; infolge dieser ersten Enttäuschung in der Rivalität häufig mit erster Abwendung vom Sexualleben überhaupt. (Freud 1938: 50f.)

Freuds Wahl der Worte zeigt deutlich, wie er das kulturelle Prestige des Männlichen, als Kind seiner Zeit, unkritisch in seine Konzeption dualer Geschlechtlichkeit integriert. Dass dies einen nicht zu unterschätzenden Einfluss auf die weitere Entwicklungsgeschichte psychoanalytischer Geschlechterkontroversen nimmt, ist naheliegend. Dies wurde, die historische Hinführung einleitend, bereits aufgeführt: »Ein Mann im Patriarchat konzeptualisiert die andere, die weibliche Sexualität der Frau?!« (vgl. Kap. I, 1.2)

Die Forschung blieb, von den konzeptionellen Neuerungen unbeeinflusst, beschränkt auf das klinische Setting. Betrachtet wurde dort weiterhin das gesprochen Wort und das Retrospektiv. Durch den konzeptionellen Dreischritt Trieb, Triebversagung und Sublimierung befasste sich die Psychoanalyse mit Triebunterdrückung und Kulturstiftung. Sie begann, sich neben ihrem kurativen und subjektverstehenden Interesse als Kulturkritik zu erproben.

1.1.3 Vom Körper zu den Objektbeziehungen

In den 1920er und 1930er Jahren begann sodann eine Blütezeit psychoanalytischer Kontroversen, Theorierevisionen und Schulbildungen. Die ersten Frauen erkämpften sich den Weg in die Psychoanalyse und trugen wesentlich zu deren heutigem Facettenreichtum bei. In diese Zeit fallen zugleich beachtenswerte Verschiebungen geschlechtsspezifischer Differenzlinien. Mit der ersten Generation weiblicher Psychoanalytikerinnen änderten sich die Psychoanalyse und ihr Blick auf die Geschlechter von Grund auf (vgl. Sayers 1994: 11f.).

Als zentrale Figuren waren es Helene Deutsch, Karen Horney, Anna Freud und Melanie Klein, deren Arbeiten zu einer fundamentalen Restauration der Psychoanalyse und der Geschlechterverhältnisse und -verständnisse in psychoanalytischer Theorie und Therapie führen sollten. Der kulturstiftende Dritte (vgl. Kap I, 1.1.2) geriet dabei in den Hintergrund. Er wurde abgelöst von der präödipalen Mutter der frühen Kindheit.

Karin Horney, die vor allem mit ihren Werken *Die Psychologie der Frau* (1948) und *Neue Wege in der Psychoanalyse* (1951) feministische Akzente in der Psychoanalyse setzte, leitete den Paradigmenwechsel vom Vater- zum Mutterzentrismus der 1920er Jahre ein. Er hält bis heute an.[28] Dass seelische Unterschiede zwischen den Geschlechtern auf anatomische Unterschiede zurückzuführen seien und sexuelle Anforderungen an die Psyche Grundpfeiler geschlechtsspezifischer Charakterzüge sein sollten, kritisierte sie als Ausdruck kultureller Unwissenheit und Überschätzung evolutionstheoretischer Schlussfolgerungen.[29] Mit dieser Arbeitshypothese verschob sich die Psychoanalyse, auf die Freud als Naturwissenschaftler stolz war, ein gutes Stück in die Soziologie. »Meiner Meinung nach sollte man nicht nach biologischen sondern nach kulturellen Gründen [für die Sexualität und den Charakter der Frau, M. K.] suchen.« (ebd.: 91) Psychoanalyse, emanzipative und feministische Interessen kamen wieder zusammen.

Über das Thematisieren kultureller Bedingungen des Frau-Seins zeigte Horney auf, wie weibliche und männliche Eigenschaften als Reaktionsmuster auf kulturelle Verhältnisse verstanden werden können. Neben dieser Dezentrierung des körperli-

---

[28] Ihre feministische Kritik setzt vor allem an Freuds »biologischer Orientierung« (Horney: 1977: 30) und dualistischen Auslegung der Psychoanalyse an (vgl. ebd.: 32).

[29] Die Entschärfung Freuds evolutionistisch-triebtheoretischer Geschlechterverständnisse kann als Lebenswerk Horneys gefasst werden. Mit diesem traf Horney auf einen breiten Zuspruch der Frauenrechtlerinnen jener Zeit, die dafür einstanden, dass sich Frauen von Männern eine Beurteilung nicht mehr gefallen ließen (vgl. Koellreuter 2000: 46).

chen Subjekts, die sich strukturell in die Mädchen- und Frauenforschung verankern sollte (vgl. Kap. I, 1.2), schärfte Horney zugleich den Blick für die frühe Mutter-Tochter-Beziehung.[30] In einer offenen Kritik an Freud bestand sie auf der Konzeption einer eigenständigen Bedeutung der Mutter-Kind-Beziehung, anstatt diese von der Vater-Kind-Beziehung abzuleiten. So holte sie die Mutter aus der Fußnote der freudschen Psychoanalyse in den Mittelpunkt psychoanalytischen Interesses. In ihren Arbeiten forderte Horney eine je eigene Bedeutung der männlichen und weiblichen Körper und ihrer genitalen Besetzungen. Dem Männlichen stellte sie etwas eigenständig Weibliches auf Augenhöhe gegenüber. Der Dualismus der Geschlechter blieb.

Durch eine Restauration der Freudschen phallozentristischen Triebtheorie und der Konzeption eines eigenständigen, weiblich-sexuellen Motivationssystems standen Männlich und Weiblich, Väterlich und Mütterlich in den 1920er und 1930er Jahren eine Zeit lang nebeneinander auf der Bühne geschlechtsspezifischer Kontroversen. Hier wurde beiden geschlechtlichen Körpern (Sex) eine persönlichkeitsprägende Rolle zugesprochen. Während Freud hier den Körper fokussierte, gewichtete Horney die Kultur als wesenserklärende Dimension. Zentral für das Verständnis des Erkenntnisreichtums dieser Zeit und ihrer Kontroversen ist die geteilte Anerkennung einer Relevanz der drei subjektkonstituierenden Dimensionen: Körper, Psyche und Kultur.

Bis auf Freuds Beobachtungsbeschreibungen aus privaten, familiären Erinnerungen, blieb die Psychoanalyse auch bei Horney rekonstruktiv und beschränkt auf die psychoanalytische Situation. Ihr Interesse erweiterte sich über die konkrete Beziehungsebene hinaus auf die Familie in ihrer sozialen und ökonomischen Situation und deren Einfluss auf die Persönlichkeitsentwicklung der Kinder. »Insbesondere machte sie auf die Belastungen aufmerksam, denen Eltern seitens der Gesellschaft ausgesetzt sind, und auf ihre schlimme Auswirkung, durch die die Persönlichkeit ihrer Kinder verformt wird.« (Sayers 1994: 90) Dieser Faden wurde später von Anna Freud aufgegriffen.

---

[30] Durch das subjektive Festhalten an der eigenen, als prägsam erfahrenen Mutter-Tochter-Beziehung, deren Idealisierung (vgl. Sayers 1994: 73ff.) und Fokussierung, war Horney sensibilisiert für das, was Freud in seiner Triebtheorie als den »dark continent« unbelichtet ließ. In ihren Frau-zu-Frau-Analysen erkannte sie die Bedeutung der Mütter für die psychische und psychosexuelle Entwicklung von Kindern, respektive Mädchen. Die hier anklingende Frage, ob es eine Frau zur mütterlichen Übertragung benötigt, wird aktuell von Ilka Quindeau und Frank Dammasch (2014) in dem unlängst erschienenen Buch »Männlichkeiten« aufgegriffen. Glaubt man dem Tagebucheintrag von Freuds Analysandin Hilda Doolittle, dann hat bereits Freud geahnt, dass es mit der mütterlichen und der väterlichen Übertragung etwas Spannendes, Geheimnisvolles und möglicherweise auch Ängstigendes auf sich hat, das als Trägheitsmotiv bei der Frage nach der Mutter wirkte. In ihrem Tagebuch erinnert sie seine Gedanken: »Ich mag es nicht, in der Übertragung die Mutter zu sein […], es überrascht mich stets und schockiert mich ein bißchen [sic!]. Ich empfinde so sehr männlich:« (Doolittle 1933 zit. nach Sayers 1994: 15)

Anna Freud, die vor allem mit ihren Arbeiten zur Kinderanalyse, ihren Kontroversen mit Melanie Klein und ihrem Hauptwerk *Das Ich und die Abwehrmechanismen* (1992 [1936]) großen Einfluss auf die psychoanalytische Therapieentwicklung ausübte, hat neben ihrer Mitbegründung der Ich-Psychologie (vgl. List 2009: 139ff.) ebenfalls zu einer Neuverhandlung geschlechtsspezifischer Bedeutungen und Differenzlinien beigetragen. In der Auseinandersetzung mit einem eigenständigen Verfahren der Kinderanalyse setzte sich Anna Freud mit der psychischen Struktur des Kindes und gleichsam mit dessen Entwicklung auseinander. Über die junge Klientel der Kinderanalyse erkannte Anna Freud die Bedeutung der realen Objekte der Gegenwart für die Entwicklung und Strukturierung des Ich.[31] Zeitgemäß bereitete sie mit ihrem Interesse an der Objektwelt des Kindes auch den Boden vor, aus dem heraus der Mutterzentrismus der Psychoanalyse weiter erwachsen konnte. Denn das helfende Objekt an der Seite des Kindes war in aller Regel die Mutter. Über ihre Erfahrungen im Kriegskinderheim erkannte sie die Bedeutung der Objektbeziehungen und deren Antipode der Trennungen (vgl. Freud, Burlingham 1980). Die Bedeutung beider Qualitäten (Bindung und Trennung) begann sie im Hier und Jetzt der Erfahrung psychoanalytisch zu verstehen (ebd.). Margaret Mahler (1993 [1954]) sollte mit ihrer Theorie der psychischen Geburt damit beginnen, diese Gedanken auszubauen. Winnicott (2002), Spitz (1976) und andere sollten später folgen.

Melanie Klein, die mit noch jüngeren Kindern analytisch arbeitete, trieb das Projekt einer bedeutsamen Mutter der frühen Kindheit weiter voran (vgl. List 2009: 145) und trug mit dazu bei, dass der Vater einerseits und die biologische Verankerung der Triebe andererseits von der Bildfläche psychoanalytischer Entwicklungstheorien verschwanden. In ihrer Theorie der Teilobjekte subsumierte sie zudem Jungen und Mädchen unter dem geschlechtslosen Begriff des Kleinkindes und Säuglings (vgl. Thorner 2011: 187). Während sie dabei die Triebausrichtung des Säuglings ganz auf die Mutterbrust fokussierte, konnte der Vater weiter in eine Bedeutungslosigkeit der frühen Kindheit versinken.

Bei Klein und ihren Nachfolgern kennzeichnet die Psychoanalyse vor allem ihr Interesse an Kindern (geschlechtslos) und die Frage nach den Bedingungen, unter denen Frauen Mütter werden.

Mit einem Blick auf die Arbeiten der Pionierinnen in der Psychoanalyse kann hier konstatiert werden, dass es in der psychoanalytischen Entwicklungsgeschichte seit den 20er Jahren einen Trend gibt, die Geschlechtlichkeit der Kinder in der prä-

---

[31] Ihre Erkenntnisse publizierte sie in der »Einführung in die Technik der Kinderanalyse« (A. Freud 1973). Darin postulierte sie, dass das Kind im Vergleich zum Erwachsenen ein unreifes und abhängiges Wesen sei, das angewiesen wäre auf eine helfende Umwelt. Die Psychoanalyse bekam bei ihr so eine pädagogische Ausrichtung und wurde auch anwendbar als Handlungsforschung. »Die Instanzen des triebhaften Es und des Über-Ich traten dabei verhältnismäßig zurück.« (List 2009: 141)

ödipalen Zeit zu vernachlässigen und der Mutter gleichsam eine Bedeutungshoheit zuzuschreiben.[32] Mit einem Blick auf die aktuelle Auslegung der zentralen Arbeiten Jean Laplanches, zur »Allgemeinen Verführungstheorie« durch dessen geistige Schülerin und anerkannte Weiterdenkerin Ilka Quindeau, lässt sich nun abschließend nachzeichnen, wie sich psychoanalytische Geschlechterforschung aktuell in einer radikalkonstruktivistischen Denkrichtung zu einer psychoanalytisch-akademischen Gleichheitsforschung entwickelt.

1.1.4 Der Körper in der allgemeinen Verführungstheorie

Ende der 1980er Jahre legt Jean Laplanche mit seinem Hauptwerk *Die Allgemeine Verführungstheorie und andere Aufsätze* (1988) eine Revision der Freudschen Verführungstheorie vor, in der die klassisch-psychoanalytischen Dualismen von Männlich- und Weiblichkeit zur Disposition gestellt werden. Dafür stellt Laplanche in geistiger Folge Sandor Ferenczis eine neue Differenzlinie auf, die zwischen dem sexuell unreifen Kind und dem sexuell reifen Erwachsenen unterscheidet (vgl. weiterführend Bayer 2004).

Das Thema der allgemeinen Verführungstheorie ist bei Laplanche, in Abkehr zum Freudschen, nicht die Interaktion (die Verführung) zwischen den Geschlechtern, sondern die transgenerationale Interaktion zwischen Eltern und Kind (die Versorgung) (vgl. Laplanche 1988: 217). Auch die Begriffe von Aktivität und Passivität verlieren ihre geschlechtsspezifische Zuweisung und werden, mit dem Fokus auf die Versorgung, auf die Pole Kind-Passiv und Erwachsener-Aktiv verteilt (vgl. ebd.: 200ff.). Nachdem die Auflösung der Geschlechtsdifferenz bei Kindern bereits in den Objektbeziehungstheorien durchgesetzt wurde, bieten die Arbeiten Laplanches ein Konzept an, das die Auflösung der Geschlechterdifferenz auch bei den erwachsenen Geschlechtern denkbar werden lässt.[33]

Im Kern wird in Laplanches Weiterentwicklung und so verstandenen retrospektiven Kuration[34] der Freudschen Verführungstheorie die infantile Verführung nach einem knappen Jahrhundert wieder real und mit psychoanalytischem Wissen des späteren 20. Jahrhunderts auf ihr Wesen hin untersucht (vgl. Laplanche 1988, 1996).

---

[32] So schreiben Kutter und Müller (2008) bspw. von einer mütterlichen Welt des Kleinkindes. Zuvor hat schon Nancy Chodorow (1994) das Dogma aufgestellt, die Welt des Kindes sei eine weibliche.

[33] Sie findet ihre Rezeption in besonderem Maße in der feministisch-dekonstruktivistischen Psychoanalyse und den Queer-Theorien (vgl. Kap. I, 1.2, Quindeau 2008b, siehe hierzu auch die kritischen Arbeiten von Metzer 2015 und Aigner 2015).

[34] Diese Anmerkung spielt darauf ab, dass Laplanche seine Theorie als Resultat einer Anwendung der Psychoanalyse auf die Psychoanalyse selbst versteht. Seiner Meinung nach war es ihm möglich, in guter Form zu Ende zu denken, was Freuds Widerstände ihm versagten (vgl. Laplanche 1988: 218).

Der sexuell überwältigende Andere wird aus der Phantasie zurückgeholt; Täter und Opfer stehen sich bei Laplanche wieder real gegenüber, allerdings unter einem kriminologisch-gereinigten Verständnis darüber, was sich zwischen dem Aktiven und dem Passiven abspielt. Über seine Frage nach der inneren Verarbeitung von körperlichen Versorgungserfahrungen, die er als Verführungserfahrungen fasst, entwickelt Laplanche eine Theorie des Sexuellen, welche die dogmatische Unterscheidung zwischen Männlich und Weiblich infrage stellt. Seine Theorie beschreibt er unter dem Konzept der normalen[35] infantilen Verführung.

Im Gegensatz zu Freud verortet Laplanche in der (realen) allgemeinen, infantilen Verführung nicht die determinierende Rolle in der Ätiologie der Neurosen. Er greift sie vielmehr als allgemeine und notwendige psychostrukturierende Erfahrung, die das Kind (Passiv) in der Interaktion mit einem Anderen, einem Erwachsenen (Aktiv) sammeln muss. Dabei definiert Laplanche die Verführung weniger als traumatische Körperüberwältigung denn als psychisch-strukturelle Überforderung eines passiven Kindes durch einen aktiven Erwachsenen, bspw. im Rahmen von Pflegehandlungen. Aufgrund seiner psychosexuellen Unreife sei das Kind dem erwachsen-lustvollen Motiv der elterlichen Versorgung und der dabei mitschwingenden, sexuellen Besetzung erogener Körperzonen (dem Begehren) nicht gewachsen. Mit seinem vielzitierten Satz »Was will sie von mir?« (Laplanche 1988: 224, siehe auch Koellreuter 2000, Quindeau 2008b) veranschaulicht Laplanche in seiner Theorie, dass das Kind in normalen Interaktionen über die Fehlleistungen Erwachsener mit der Lust derselben konfrontiert werde. Nicht immer könnten Eltern die sexuelle Bedeutung des Geschlechts übersehen, so Laplanche (vgl. 1988: 89). Mit den Wörtern Ilka Quindeaus lässt sich dieser komplexe Anspruch an die Leserin oder den Leser besser verdauen:

> Über die »rätselhaften Botschaften« mit ihrem unzweifelhaft sexuellen Charakter wird das Kind mit dem Begehren eines Erwachsenen konfrontiert, mit unbewussten sexuellen Phantasien, die unvermeidlich durch diese intime Beziehung mobilisiert werden. Dieser letzte Punkt ist noch einmal zu betonen: In der Beziehung zum Kind werden unbewusste *Phantasien* angesprochen, die den Eltern selbst nicht zugänglich sind und als rätselhafte Botschaften fungieren; keinesfalls geht es bei diesen Überlegungen in konkretistischer Weise um sexuelle *Handlungen*. (2008b: 32)[36]

Lustvolle Besetzungen des Körpers finden bei Laplanche Eingang in die frühen Interaktionen. Das Kind erfahre die Lust der Erwachsenen, zurück bleibe der Wunsch nach Wiederholung, die sexuelle Lust.

---

[35] Mit dem Begriff des Normalen kann die allgemeine Verführungstheorie von der pathologisierenden Freuds getrennt werden.

[36] Laplanche zeigt, für feministische- und Queertheorien besonders anregend, auf, wie variabel das Objekt der sexuellen Begierde ist. Das Heteronormative der Objektwahl lässt sich mit dem Konzept der allgemeinen Verführung entmachten.

Die allgemeine Verführung sieht Laplanche in der gegenseitigen Stimulierung, bei der der/die Erwachsene seine/ihre unverstandenen, sexuellen Phantasien in das Kind injiziert. Ging Freud davon aus, dass die Sexualität des Kindes (Mädchens) bei der infantilen Verführung in traumatisierender Weise (durch den Vater) zu früh angesprochen würde, so geht Laplanche von einer Transplantation des Sexuellen aus. »Das Begehren des Kindes entsteht als Antwort auf die Anforderung des sexuell reiferen Erwachsenen.« (Quindeau 2008b: 36) Den Trieb und seine Erscheinung im Begehren, konzipiert Laplanche als eine an den Instinkt angelehnte Hinterlassenschaft. Hier liegt der Unterschied im Detail, lässt sich die allgemeine Verführungstheorie auch ohne eine biologische Verankerung der Triebe und somit auch geschlechtslos (gender ohne sex) formulieren. Der Wunsch nach Wiederholung, das Sexuelle, ist hier die Hinterlassenschaft einer Begegnung mit dem Sexuellen des Erwachsenen. Die klassisch-psychoanalytische Frage, ob dieser Erwachsene männlich oder weiblich ist, kann mit diesen Gedanken als künstliche und nachträgliche Überformung verstanden werden.

Die Triebtheorie, als genuin psychoanalytische Theorie des Unbewussten und des Sexuellen, wird bei Laplanche empfänglich für konstruktivistische Formbarkeitstheorien. Das Sexuelle und das Unbewusste werden verstehbar als die »Signifikanten des Anderen« (Laplanche 1988: 224) und benötigen keine biologischen Quasi-Tatsachen mehr (vgl. Quindeau 2008b: 17). Eine Zweigeschlechtlichkeit ist subjektkonstituierend theoretisch bei Laplanche nicht notwendig, die Betrachtung der Geschlechter im Einzelnen nicht angezeigt. Geschlechtlichkeit kann, weg vom Körper, gänzlich in den Diskurs verschoben werden. Jean Laplanche »sieht die menschliche Sexualität als vollständig strukturiert durch etwas von außen Kommendes: durch die Beziehung der Eltern und deren sexuelles Begehren« (Quindeau 2014: 24).

Die Relevanz dieser Entwicklung soll in einem Fazit herausgearbeitet werden. Dabei kann gleichzeitig weiter zu den drei Fragerichtungen geführt werden, die in Kap. I, 1 beschlossen wurden.

1. Inwiefern ist männliche Differenzforschung geschlechterpolitisch motiviert?
2. Entspringt ihre auch naturwissenschaftliche Orientierung einer alten (Freudschen) Sehnsucht nach einer physiologischen Erklärung des Psychischen und Geschlechtlichen?
3. Ist ihre interdisziplinäre Ausrichtung letztlich doch mit einem aktuellen Vernetzungstrend und steigenden Vernetzungsdruck benachbarter Wissenschaftsdisziplinen zu erklären?

1.1.5 Fazit

Eingeleitet wird die historische Hinführung der Studie mit der Frage nach dem Charakter und der auch naturwissenschaftlichen Ausrichtung männlicher Differenzforschung, die im psychoanalytischen Geschlechterdiskurs aktuell eine Wiederbelebung erfährt. Der Anlass zur Frage wird dabei im Wesentlichen in einer sozialwissenschaftlich-akademischen Kritik gefunden, männliche Differenzforschung sei per se Werkzeug und Praxis eines geschlechterpolitischen Rückschlags. Dass dieser eindimensionale Blick für die vorliegende Studie nicht unproblematisch ist, wird damit begründet, dass er eine inhaltliche und methodische Auseinandersetzung mit aktuellen Forschungsdesideraten, vor allem aber die inhaltliche Diskussion von Ergebnissen und Relevanzen verzerrt. Er engt die Flexibilität, Durchlässigkeit oder Zulässigkeit der Diskussionsebenen in Geschlechterdiskursen ein.

Im Verlauf der historischen Hinführung lässt sich, über einen Einstieg mit den frühen Arbeiten Freuds, begründen, warum bei der männlichen Differenzforschung überhaupt von einer »Wiederbelebung« gesprochen werden kann (vgl. Kap I, 1.1.1–1.1.2). Zudem wird über eine Kurzdarstellung der Freudschen phallozentristischen Geschlechterdualismen ein wesentliches Motiv für die eindimensionale Rezension männlicher Differenzforschung im sozialkonstruktivistisch dominierten Geschlechterdiskurs offengelegt (vgl. ebd.).

Im Rahmen der Auseinandersetzung mit dem Paradigmenwechsel vom Vater- zum Mutterzentrismus in der Psychoanalyse kann unter anderem aufgezeigt werden, wie im Verlauf des 20. Jahrhunderts sukzessive geschlechtsspezifische Differenzlinien konzeptionell verschoben oder aufgelöst werden (vgl. Kap. I, 1.3). Dabei wird ein zentrales Merkmal psychoanalytischer Geschlechterkonzepte und der Kontroversen ihrer Zeit hervorgehoben. Die jeweiligen Konzepte und Kontroversen beziehen sich auf einen gemeinsamen, triadischen Orientierungsraum: Körper, Psyche und Kultur. Dieser gemeinsame Orientierungsraum wird hier verstanden als eine Ressource der »Blütezeit« psychoanalytischer Geschlechterkonzepte, -theoriebildungen und -kontroversen.

Über die Auseinandersetzung mit den modern gewordenen Gendertheorien der 1980er und 1990er Jahre, die in Kap. I, 1.4 an den aktuellen Auslegungen der Arbeiten Jean Laplanches eine Darstellung finden (vgl. weiterführend Quindeau 2014), wird abschließend die Entwicklung der Geschlechterkontroversen dahingehend problematisiert, dass der Orientierungsraum Körper, Psyche und Kultur in psychoanalytisch-konstruktivistischen Denkansätzen eine Kastration erfährt. Anstelle einer produktiven und für die Psychoanalyse typischen *Umgewichtung* der drei Dimensionen, kommt es hier zu einem *Ausschluss* des Körperlichen (vgl. zur Gegenbewegung Winter 2014).

Warum diese Entwicklung für die vorliegende Studie von besonderer Bedeutung ist und ihre Kenntnisnahme die Strukturierung und den Stil der historischen Hinführung mitgestaltet, soll nun dargestellt werden, bevor weiter der Frage nach der Ausrichtung der männlichen Differenzforschung allgemein nachgegangen wird.

Mit dem Programm körperloser Geschlechtlichkeit steht das genuin psychoanalytische Erkenntnisinteresse am Konflikt zur Diskussion und mit ihm ein Teil psychoanalytischer Identität (vgl. weiterführend Kap. I, 2). So wie diese Entwicklung hier verstanden wird, verschiebt sich psychoanalytisches Interesse und mit ihm die Geschlechterforschung, scheinbar modern, aus ihrer einzigartigen Zwischenposition (Naturwissenschaften, Psychologie und Gesellschaftswissenschaften) hinein in die Soziologie. Beides richtet sich hier auf Kultur und Diskurs, auf Performativität aus. Dabei droht das affektive Begehren einerseits und die Leibsymbolik andererseits aus dem Geschlechterdiskurs ausgeklammert zu werden, was einem Verstehen von subjektivem und kollektivem Erleben nicht dienlich sein kann.

Mit dieser Bewegung und Ausrichtung verbunden ist eine Dezentrierung oder gar der Verlust des im Körper zentrierten Subjekts in der (dann noch psychoanalytischen?) Geschlechterforschung. Zumindest muss eine Forschungsarbeit, die sich dieser modernen Entwicklung nicht ganz anschließt und Differenzen zum Thema macht, in Kauf nehmen, dass ihre Forschungshaltung als unzeitgemäß vorgefasst wird.

Da in der vorliegenden Studie mit einer am Subjekt interessierten Haltung das Feld der Familie beforscht wird, Jungen und Mädchen, Mütter, Väter, Großmütter oder Großväter teilnehmend beobachtet und auch in ihren Differenzen beschrieben werden, bleibt die Studie von dem Trend, männliche Differenzforschung als geschlechterpolitischen Rückschlag abzutun, nicht unbeeindruckt.

Nicht zuletzt deshalb ist die historische Hinführung dieser Studie aus einer gewissen Rechtfertigungshaltung heraus formuliert und enthält eine gewisse Spannung. Im Kern können zwei Wissensbestände benannt werden, die den Kapiteln diese Spannung verleihen.

Einerseits besteht das Vorwissen, dass über den empirischen Teil der vorliegenden Studie Indizien verfolgt werden, die für eine gewisse persönlichkeitsprägende Bedeutung körperlicher, sogar leiblicher Differenzen (Körperbilder) sprechen. Die Studie erscheint somit »naturwissenschaftlich kontaminiert« (Kap. I, 1: 10). Dieser Wissensbestand führt zu einer eher defensiven Haltung oder anders formuliert zur Vorwegnahme einer erwarteten Kritik.

Andererseits wirkt in die Kapitel das Vorwissen hinein, dass mit dem herangezogenen Methodeninventar der Studie (vgl. Kap. I, 3) relevante Beiträge zu aktuellen Forschungsdesideraten (vgl. Kap. I, Einleitung) geleistet werden können. Dies konnte in der Vorstudie von Dammasch und Kratz 2012 bereits nachgewiesen werden.

Man kann dem Jungen hermeneutisch begegnen und Aussagen über ihn treffen, wenn man diese Hermeneutik gleichzeitig und kritisch auch als Subjektivierungspraxis offenlegt und hinterfragt. Man kann forschend nach Männlichkeit und Weiblichkeit und nach geschlechtsstereotypen Formungspraxen von Affekten fragen und über Differenz schreiben, ohne dabei in eine essentialistische Schnellschuss-Rhetorik zu verfallen (vgl. vertiefend Kap. III, 4). Eine Gelingensbedingung dafür ist, dass man speziell im Forschungsprozess und allgemein in dem Gerüst der Objektbeziehungstheorien kritisch danach fragt, welche Deutungsfolien das Subjekt und das Objekt als männliches oder weibliches hervorbringen.

Dieser Wissensstand begründet die progressive und widerständige Haltung, die an der einzigartigen Zwischenposition der Psychoanalyse in ihrem triadischen Orientierungsraum Körper, Psyche und Kultur festhält.

Das Selbstverständnis dieser Studie bis hier her festhaltend, kann nun weiter der grundsätzlichen Fragen nachgegangen werden, warum ein Standbein psychoanalytischer Geschlechterforschung den Blick über die männliche Differenzforschung zurück zu den Naturwissenschaften führt. Indem die einleitend formulierten drei Fragen an den Charakter der männlichen Differenzforschung zu drei Thesen umformuliert werden, lässt sich diese Frage im folgenden Kapitel bearbeiten und das Selbstverständnis der Studie weiter ausdifferenzieren.

1.2 Drei Thesen über die Ausrichtung männlicher Differenzforschung

Die Entwicklungsgeschichte psychoanalytischer Geschlechterdiskurse kennzeichnet die Frage nach der Qualität männlicher und weiblicher Geschlechtlichkeit. Es geht um Konstruktionen und Dekonstruktionen von Sex und Gender oder, um den aktuellen Trend nochmals zu betonen, von Sex *in* Gender (siehe zur Vertiefung Aigner 2015, Metzger 2015, Reiche 1997). Die Entwicklungsgeschichte findet ihre eigentümliche Dynamik über die Arbeiten und Leistungen einzelner (geschlechtsspezifischer) Individuen und ist vor allem in den Kontroversen der 1920er und -30er Jahre offenkundig motiviert durch das Bedürfnis einer positiven und (zumindest) gleichwertigen Besetzung der eigenen Geschlechtlichkeit (vgl. Kap. I, 1.3).

Mit der Verjüngung der psychoanalytischen Klientel in der Kinder- und Jugendlichenpsychoanalyse scheint dieses Motiv zur Kontroverse und Theorieentwicklung eine gewisse Überdeckung zu erfahren. Über die Auseinandersetzung mit Geschlechterkonzepten aus der Kinderanalyse tritt die Verbindung in den Hintergrund, dass psychoanalytische Geschlechterkonzepte immer auch die Frage der eigenen erwachsenen Geschlechtlichkeit verhandeln und dass sie immer auch geschlechterpolitisch-motivierte Aussagen treffen. Hans Hopf erinnert 2014 an diese Wechselwirkung zwischen Subjekt und Theoriebildung, als er schreibt: »Theorien, insbesondere der Psychoanalyse, enthalten *immer* [Hervorhebung M. K.] ein subjektives Element.« (2014: 279)

Mit dem Wiederaufleben männlicher Differenzforschung ist nun aktuell zu beobachten, wie die Frage nach dieser Wechselwirkung eine Aktualisierung erfährt und zu einem zentralen Orientierungspunkt der Geschlechterkontroverse aufkeimt. Mit der Frage nach dem Jungen und der männlichen Differenz werden die Fragen nach dem Fragenden, seinem Geschlecht und seinem Motiv wieder so zentral, wie sie bereits in der Kontroverse um den phallischen Monismus bei Freud waren (vgl. Kap. I 1). Sie werden heute innerhalb der bekannten, und in Kap. I, 1.1 nachgezeichneten, »nature-nurture«-Polarisierungen verhandelt und sind dabei ausgestattet mit der Qualität altbekannter Spannungen (vgl. Sayers 1994, Rose, Schmauch 2005, Quindeau, Dammasch 2014).

Drei Thesen sollen an dieser Stelle Erklärungsfiguren für die Motivation und die Ausrichtung männlicher Differenzforschung anbieten. Sie helfen dabei, die Ausrichtung und das Selbstverständnis der vorliegenden Studie auszudifferenzieren und arbeiten dem Anspruch selbstreflektierter Forschung zu.

These I: Männliche Differenzforschung bemüht sich, traditionelle Rollenbilder zu erhalten, um die (eigene) Identität abzusichern. Damit steht sie einer modernen Genderperspektive konträr gegenüber.

2015 fasst Aigner, als bekannter Vertreter des männlichen Differenzparadigmas, seine Irritation und skeptische Haltung bezüglich einer modernen Genderperspektive in die folgende Einleitung seiner Gegenrede:

> Obwohl im Bereich der Sexualforschung und auch der Humanwissenschaften generell eigentlich Übereinstimmung darüber herrscht, dass es sich bei Geschlechtlichkeit und Sexualität um *bio-psycho-soziale-Phänomene* handelt […], scheint die Debatte um Geschlechterdichotomie versus Auflösung der Zweigeschlechtlichkeit davon weitgehend nichts wissen zu wollen. Dort ist *auf einmal* [Hervorhebung M. K.] alles nur mehr »sozial« durch erzieherische und sozialisationsbedingte Prägung […] entstanden. (2015: 1)

Offensichtlich trägt dieses Zitat eine persönliche Spannung des Autors. Die komplette Argumentationskette der Genderperspektive, die bekanntlich hoch intellektuell begründet wird, ganze Forschungsinstitute unterhält und 2011 deutschlandweit mit 173 Genderprofessuren im Wissenschaftsbetrieb vertreten ist (vgl. Martenstein 2013), wird mit den zwei Worten »auf einmal« zur Hybris erklärt und entkräftet.

Ein zentrales Motiv für diese Art der Gegenrede kann darin gefunden werden, dass die modern gewordene Genderperspektive mit ihrem Anspruch der Dekonstruktion tradierter, dualer Geschlechterkonzepte[37] Unverständnis, Irritation und Spannung vor allem bei jenen freisetzt, die befürchten, dass die Besetzung der eigenen Geschlechtlichkeit beschädigt wird. Im modernen Gender-Mainstream sehen sie sich mit einer »Demontage des Ansehens ihres Geschlechts« (vgl. Matzner, Tischner 2008: 10) konfrontiert. Es wundert nicht, dass sich vor allem Autoren kritisch zu Wort melden, die in ihrer Berufspraxis mit der Perspektive und der Lebenswelt von »unruhigen« Jungen befasst sind. Mit Jungen, die mühevoll versuchen, ihr Geschlecht mit Bedeutung zu versehen, die auf Orientierungssuche sind (vgl. weiterführend Dammasch 2008a, b, Hopf 2014). So erklärt der Kinder- und Jugendlichen-

---

[37] In den Arbeiten der Objektbeziehungstheoretikerinnen und -theoretiker wurde eine Neutralisierung der kindlichen Geschlechter bereits vorgenommen. Jungen und Mädchen transformieren in den Objektbeziehungstheorien zu geschlechtslosen Kindern und Säuglingen.

psychoanalytiker Frank Dammasch seine Differenz anerkennende und betonende Betrachtung der Geschlechter bspw. auch damit, dass er mit Kindern und Jugendlichen arbeitet, »die mitten drin stecken in Entwicklungsprozessen« (2014: 17). Kinder- und Jugendlichenpsychoanalytiker, die täglich mit den Meilen- und Stolpersteinen oder, passender formuliert, mit der »Montage« männlicher Identitätsentwicklungen befasst sind, sehen in dem Programm einer Geschlechterdekonstruktion sicher eher (und vordergründig) eine verunsichernde Arbeitsanforderung für die Psyche, als dies bei akademischen Gendertheoretikern, Vertretern der Queer-Theorien oder anderen Kulturtheoretikern der Fall wäre (weiterführend in Kap. IV, siehe auch die Arbeit von Metzger 2015, Aigner 2015 oder Dammasch 2009c). Und so lassen sich hinter dem männlichen Differenzparadigma vielleicht auch nicht zufällig jene Gruppen finden, die den neuen Spielräumen der Geschlechteridentitäten im Gender-Mainstream nicht entsprechen, die ihre individuelle und kollektive Seins-Begründung (Heteronormativität, Männlichkeit und Weiblichkeit) bei sich oder ihrem Klientel gefährdet sehen. Sie tun sich offensichtlich schwerer damit, an der Stelle eines befürchteten Orientierungsverlustes, die propagierten Aspekte der Vielfalt und Multioptionalität im Gender-Mainstream wertzuschätzen.

Ein anderes Motiv, das die Spannung der Gegenreden erklären kann, mag in der sozialkonstruktivistischen Dominanz im Geschlechterdiskurs gefunden werden. Vertreter des männlichen Differenzparadigmas sehen sich (ihre Theorien und ihr biografisches Selbstverständnis) im Wissenschaftsbetrieb zunehmenden mit einem neuen Herrschaftsdiskurs kultureller Formung konfrontiert (vgl. Kap. I, 1). Angriff und ablehnende Gegenrede scheinen hier die gewählte und vielleicht notwendige Verteidigungsstrategie. Sie erinnern nicht zufällig an die Strategien der Frauenbewegungen und ihre Antiherrschaftsdiskurse der 1970er Jahre (vgl. Schmauch 2005: 26f.).

Wenn diese Erklärungsfiguren zutreffend sind, ergibt sich daraus folgender Auftrag an die vorliegende Studie. Sie muss selbstkritisch und skeptisch beachten, dass sie aus der Perspektive eines Subjekts geschrieben ist, das in einer dualistisch vorstrukturierten Welt nicht von der Herausforderung, die eigene Geschlechtlichkeit zu besetzten, befreit ist. Auch die Fragen, Perspektiven und Schlussfolgerungen dieser Studie »enthalten immer ein subjektives Element« (Hopf 2014: 279). Kennzeichnet die Studie durch ihre Themenwahl bereits eine »narzisstische Erhöhung« (Poscheschnik 2005a) ihres Gegenstandes, der männlichen Differenz, ist es umso mehr von zentraler Bedeutung, dass sie sich bereits im Schaffensprozess einer kritischen Kommentierung durch beide Geschlechter unterzieht. Nicht zuletzt ist die Auswertung des Materials auch deshalb in Interpretationsgruppen durchgeführt worden, denen sowohl Männer als auch Frauen angehörten. Auch die Ergebnisse und deren Auslegungen wurden von Männern und Frauen kommentiert und in heterogenen Gruppen diskutiert. Dabei sollte einer subjektiven (männlichen) Verzerrung kritisch begegnet werden und eine zentrale These George Devereuxs in eine Forschungspraxis aufgenommen werden. Devereux schreibt:

»Nicht die Untersuchung des Objekts, sondern die des Beobachters eröffnet uns einen Zugang zum *Wesen* der Beobachtungssituation.« (George Devereux 1984: 20, vgl. weiterführend Kap. I, 2 und 3)

These II: Die naturwissenschaftliche Ausrichtung männlicher Differenzforschung wird getragen von einer »männlichen Dividende«.

Über das Postulat eines männlichen Benachteiligungsparadigmas wird psychoanalytische Gleichstellungs- und Gleichheitsforschung, die bis dahin von einer feministisch-soziologischen Ausrichtung her bestimmt ist, zurückgezogen in die Sphären naturwissenschaftlicher Bezugssysteme. Einer Sphäre von der sich, über einen breiten Konsens hinweg, mühevoll distanziert wurde. Warum wird Gleichstellungs- und Gleichheitsforschung über die Frage nach dem Männlichen wieder zur dualistischen und körpernahen *Geschlechter*forschung?

Diese Entwicklung beruht im Kern möglicherweise auf einem ungleichen Umgang mit geschichtlichen Erfahrungswerten; auf einer unterschiedlichen Introjektion der Geschlechterverhältnisse. Gemeint ist damit, dass die Gleichstellungs- und Gleichheitsforschung ihrerseits von Beginn an als Standbein feministischer Emanzipation agiert und dementsprechend ausgerichtet ist. Sie ist offen (und gut begründet) geschlechterpolitisch motiviert und verfolgt das Ziel einer Dekonstruktion der »männlichen Dividende« (Connell 2006). Das Erfahrungsgut einer ungleichberechtigten Lebenspraxis und Wissenschaft gibt der Forschung ihren Anlass, lenkt ihre Ausrichtung und legt die Richtung der Ergebnisformulierung fest. Die Naturwissenschaften und ihre biologischen Erklärungsfiguren des dualistisch Geschlechtlichen sind hier als biologische Herrschaftsinstrumente strukturell ausgeklammert. Winter fasst dies 2014, unter Bezugnahme auf Maihofer (1995) wie folgt zusammen: »Die Angriffe auf diesen Dualismus durch konstruktivistische Ansätze sprachen der Biologie jede Erklärungskraft ab und kamen in der Tendenz zu dem Ergebnis, dass über das außerdiskursive Sein des Leibes nicht nur nichts ausgesagt werden könne, sondern dass dieses als wirkmächtiges gar nicht existiere.« (Winter 2014: 44)

In ganz anderer Wirkungsweise schafft das Introjekt einer »männlichen Dividende« in der männlichen Differenzforschung die Selbstsicherheit, dass naturwissenschaftlich begründete Geschlechterdifferenzen nicht derart besetzt sind, dass sie systematisch einer Verleugnung oder Dekonstruktion unterzogen werden müssen. Vielleicht kann männliche Differenzforschung auch wegen dieses Introjekts dualistische, naturwissenschaftliche Arbeiten zur Kenntnis nehmen, die eigentlich bereits von ihrem Titel her eine männliche Negativdifferenz postulieren und entmachtend klingen. Gerald Hüthers Buch *Männer, das schwache Geschlecht und sein Gehirn* (2009) zählt hier bspw. zur Standardlektüre. Vielleicht spiegelt sich im männlichen Differenzparadigma, das eine männliche Dividende offen hinterfragt, ja gerade der Ausdruck ihrer weiterhin aktuellen, psychischen Wirksamkeit?

Mit einem Blick auf die hier sehr aufschlussreiche Arbeit von Georges Devereux kann das Selbstverständnis männlicher Differenzforscher weiter ausformuliert werden. 1998 schreibt Devereux über die »Angst in der verhaltenswissenschaftlichen Forschung« (1998: 67ff.), von der Reziprozität zwischen Forscher und Objekt. Der grundlegende Gedanke Devereux ist dabei, dass die Psyche des Forschers, seine Ängste, Wünsche und Phantasien in der Beziehung zu seinem Forschungsgegenstand einen verzerrenden Einfluss sowohl auf das Erkenntnisinteresse als auch auf die Erkenntnisfähigkeit ausüben. Er schreibt:

> Auf einer subjektiven Ebene wird Angst durch Material erregt, das a. die grundsätzliche Verwundbarkeit (Gefahr für Leib und Leben, Kastrationsdrohung usw.) aller menschlicher Wesen auf bedrohliche Weise fühlbar werden läßt [...] b. idiosynkratische Ängste wiedererweckt, die mit vergangenen Erfahrungen verknüpft sind [...] c. wesentliche Abwehrhaltungen oder Sublimierungen zu unterminieren droht [...] d. aktuelle Probleme verschärft usw. (ebd.: 68)

Dass naturwissenschaftliches Material in der Gleichstellungs- und Gleichheitsforschung mehr Angst erregt als in der männlichen Differenzforschung, ist naheliegend und geschichtlich nur plausibel. Pinker hat 2008 hierzu treffend darauf hingewiesen, dass die Erforschung von körperlicher Differenz nicht zwangsläufig zu Lasten der Frau fallen muss, dass dies aber Erfahrungsgut ist (vgl. 2008: 332ff.).

Hier nun greift die Argumentation der auch naturwissenschaftlich orientierten männlichen Differenzforschung. Sie formuliert den Vorwurf, dass die Angst vor der Differenz den Blick der Geschlechterforschung verzerrt hat, eine Lücke in der Forschung entstanden ist und ein möglicher Dialog mit dieser Nachbardisziplin vermieden wurde. Dementsprechend kritisieren Bütow und Nentwig-Gesemann 2002 bspw., dass im Mittelpunkt der meisten empirischen Untersuchungen über Mädchen »deterministische und strukturelle theoretische Prämissen [stehen, M. K.]« (2002: 195). Bis heute erscheine Mädchen- und Frauenforschung vor allem als ein Standbein feministischer Analyseverfahren, die kapitalistische, sexistische und patriarchale Unterdrückungsmechanismen zu ihrem Gegenstand machen (ebd.). Die Benachteiligungsanalyse des Mädchens manifestiert sich in der sozialwissenschaftlichen Fachliteratur als kritische Analyse des »Männlich-Äußeren«, geleitet von dem Interesse einer progressiven Gleichstellungspraxis. So kritisieren auch Matzner und Wyrobnik 2010 im Handbuch *Mädchen-Pädagogik*, dass

> die deutschsprachige Frauenforschung den real existierenden Mädchen bemerkenswert wenig Aufmerksamkeit geschenkt [hat, M. K.]: Bislang ist kein Buch erschienen, in dem der Gegenstandbereich »Mädchen und junge Frauen« systematisch, mehrperspektivisch, interdisziplinär und umfassend dargestellt wird (2010: 10, vgl. Bütow, Nentwig-Gesemann 2002: 195).[38]

---

[38] Auch die Feministin Margrit Brückner konstatiert schon 1996, dass es wenig differenzierte Forschung in der Frauen- und Mädchenforschung gäbe (vgl. 1996: 19).

Ist diese Erklärungsfigur zutreffend, dass männliche Differenzforschung auf eine »männliche Dividende« zurückgreift, die dabei hilft, die Furcht vor biologischen Dualismen zu überwinden und blinde Flecken in der Geschlechterforschung zu beleuchten, ergibt sich aus ihr die Notwendigkeit zur kritischen Selbstreflexion. »Ängste, Wünsche und Phantasien« (Devereux 1998: 67ff.) engen auch die Erkenntnismöglichkeiten dieser Studie ein. Wird die naturwissenschaftliche Ausrichtung darüber begründet, dass sie eine Lücke in der Geschlechterforschung darstellt, in der naturwissenschaftliche Differenzforschung ausgeklammert wurde, ist damit umgekehrt die Gefahr verbunden, Differenz zu *suchen* und überzu*bewerten*, wo sie *vermeintlich* übersehen wurde. Über die Reflexion und sukzessive Auseinandersetzung mit den eigenen Erkenntnisprozessen begleitet diese Studie immer die Frage, ob Spuren und Indizien dualistischer Geschlechtsdifferenzen dem Forscher oder dem Material entspringen. (Nach der Beziehung zwischen Forscher und Material wird in Kap. 2 gefragt.) In der Studie wird später, bezogen auf die Analyse des Materials, kritisch gefragt, welche Deutungsfolien das Subjekt, das Objekt und die »sinnvollen Lesarten« in der hier vorliegenden, psychoanalytisch operierenden Forschung hervorbringen (vgl. Kap. I, 2 sowie II und III).

These III: Jungenforschung und das Leitbild der wissenschaftlichen Interdisziplinarität fallen zeitlich zusammen.

Es ist doch erstaunlich, dass in der Mädchen- und Frauenforschung Begriffe der Performation (vgl. Butler 1990, 1995, Connell 2006), Prägung und Normierung dominieren, während in der Jungen- und Männerforschung von XY-Chromosomen, Testosteron (vgl. Hüther 2009, Dammasch 2009c, Dammasch 2014), Genen und Zellen (vgl. Pinker 2008) und Gehirntypen (vgl. Baron-Cohen 2004, 2009) die Rede ist. Neben einer verunsicherten und widerständigen Gegenbewegung zur Sicherung dualer Geschlechterkonzepte, lässt sich eine recht einfache Erklärungsfigur für die Inanspruchnahme naturwissenschaftlicher Erkenntnisse in einem zeitlichen Zusammenfall finden: die Wiederentdeckung der Männlichkeit als forschungsrelevanter Bezugsrahmen mit dem Vernetzungsdruck der Wissenschaftsdisziplinen. Das Benachteiligungsparadigma des Jungen fällt zeitlich zusammen mit dem Wissenschaftstrend, einem Leitbild der Interdisziplinarität und evidenzbasierter Forschung zu entsprechen. Begleitet wird dieser zeitliche Zusammenfall von Antinomien in den unterschiedlichen Disziplinen. Sie haben in den naturwissenschaftlichen und den sozialwissenschaftlichen Disziplinen dazu geführt, dass sich beide für die Perspektiven des Anderen geöffnet haben. Diese Bewegungen lassen sich gut nachzeichnen.

Der Paradigmenwechsel hin zur sozialen Formbarkeit des Organismischen in der Medizin, der davon Abstand nimmt, den Körper als geschlossenen System zu begreifen, führt zu einer Öffnung der Naturwissenschaften hin zu den Sozialwissenschaften. So ließen sich in den vergangenen zehn Jahren überzeugende methodische

Entwicklungen in den Naturwissenschaften beobachten, bei denen u. a. über bildgebende Verfahren (fMRT/MRT oder PET) innere Verarbeitungsmechanismen mit äußeren Reizen in Verbindung gebracht werden konnten (vgl. Strüber 2008, Hüther 2009). »Entsprechend hält die Hirnforschung verstärkt Einzug in die Untersuchungen geschlechtsspezifischer Unterschiede.« (Strüber 2008: 34) Hier ist eine deutliche Bewegung der Naturwissenschaften in die Sozialwissenschaften zu verzeichnen, die, bezieht man sich auf Fausto-Sterlings, auch damit zusammenhängt, dass die Naturwissenschaften die Betrachtung des Körpers als autarkes System verändern mussten (vgl. 2000: 115).

Auch mit der Entdeckung der Plastizität und Formbarkeit des Gehirns war es zur interdisziplinären Dialogaufnahme nicht mehr weit.

> Alles was im Verlauf der menschlichen Entwicklung auf der biologischen Ebene abläuft, wird durch die jeweils herrschenden geistigen, kulturellen und sozialen Gegebenheiten beeinflusst, ermöglicht und in bestimmte Richtungen gelenkt. (Hüther 2009: 4)

So kann hier festgehalten werden, dass sich durch die bildgebenden Verfahren aus der Hirnforschung (ein Überblick findet sich in Strüber 2008: 34ff.) und die Messverfahren aus der Hormonforschung (ein Überblick findet sich in Bischof-Köhler 2004, Dammasch, Kratz 2012) über die Jahrtausendwende eine neue wissenschaftliche Plattform errichten ließ. Über die Möglichkeit, abbilden zu können, wie sich soziale Erfahrungen biologisch einschreiben (vgl. Leuzinger-Bohleber 2009) und wie hirnbiologische Aktivitäten das Verhalten beeinflussen (vgl. Baron-Cohen 2004, Hüther 2009), ließ sich ein Anlage-Umwelt-Paradigma[39] aufstellen, das einer (auch) materialistisch-psychoanalytischen Geschlechterforschung eine tragfähige Bühne liefert (vgl. Hopf 2014). Denn der Ort, an dem die Begegnung zwischen Natur und Kultur den kürzesten Weg hat, ist die Psychoanalyse mit ihrer ursprünglich doppelten Verortung zwischen den Natur- und Geisteswissenschaften (vgl. Kap. I 1.1.5).

Etwa zeitgleich ist eine Öffnung der Sozialwissenschaften zu erkennen, die ihrerseits ebenfalls auf Antinomien stoßen, die sie, fernab ihrer Erklärungshorizonte, nicht greifen können. Auch sie kommen zu der prinzipiellen Erkenntnis, dass durch die klassische Abgrenzung der Disziplinen bestimmte Phänomene in Wissenschaft und Gesellschaft nicht hinreichend erklärt werden können. Ein hier gut passendes Beispiel ist das Phänomen männlich-dominanter Jungen aus den Kinderläden, das Bischof-Köhler 2004 pointiert zusammenfassen kann (siehe zur Idee der Kinderläden Schmauch 1987):

> Eindeutige Evidenz, dass Gleichbehandlung nicht notwendiger Weise zum angestrebten Effekt führt, ergab sich unabsichtlich aus einem großangelegten Experiment mit Kindern

---

[39] Hier herum haben sich Stützen aus statistisch-psychologischen Beobachtungs- und Befragungsstudien verankert, die das Gewicht der Erkenntnisse stabilisieren (vgl. Maccoby 2000, Bischof-Köhler 2004).

im Vorschulalter. Im Zusammenhang mit der Achtundsechziger-Bewegung hatten sich einschlägig engagierte Eltern zusammengetan und in leerstehenden Läden antiautoritäre Kindergärten eingerichtet, für die sich die Bezeichnung »Kinderläden« einbürgerte. Ziel war es, Vorschulkinder gemeinsam aufwachsen zu lassen und dabei bestimmte von der Tradition abweichende Erziehungsideale zu realisieren. Zu diesen zählten in erster Linie eine repressionsfreie Erziehung und die Förderung der Selbstregulierung innerhalb der Gruppe. Die Erzieher sollten also möglichst wenig eingreifen, Formen der Konfliktbewältigung waren zu fördern, bei denen es keine Opfer geben sollte, Kooperationen und Solidarität standen im Vordergrund. Und nicht zuletzt wollte man eben auch auf die Einübung von Geschlechterrollen verzichten, in der Hoffnung, dass dies von selbst zur Angleichung der Geschlechter führen werde. […] Zur Enttäuschung der Untersucher […] erwies sich das Erziehungsziel der geschlechtlichen Angleichung als voll verfehlt […] Die Jungen in den Kinderläden lösten ihre Konflikte vorzugsweise mit brachialer Gewalt, während die Mädchen sich bereitwilliger zurückzogen und noch ängstlicher und abhängiger agierten als ihre Geschlechtsgenossinnen im »bürgerlichen« Kindergarten. (Bischof-Köhler 2004: 12f.)

Erklärungsfiguren der Formbarkeitstheorien können hier scheinbar nicht hinreichend dabei helfen, diese Phänomene zu erklären (vgl. zur Kritik an dieser These Quindeau 2014). Sie laden ein zu einer Öffnung hin zu evolutionären und biologistischen Beiträgen (weitere Beispiele für Antinomien in den Formbarkeitstheorien finden sich in Hopf 2014 und Maccoby 2000).

Sicherlich hat auch das Übersetzungsgeschick von Autoren, wie Gerald Hüther (2009) oder Daniel Strüber (2008), dazu beigetragen, dass die Geisteswissenschaften sich den Naturwissenschaften zuwenden können. Bischof-Köhler (2004) stellt die passende These auf, dass Geisteswissenschaftlerinnen den Dialog mit den Naturwissenschaften auf den »Sankt-Nimmerleinstag« (ebd.: 375) vertagten, weil sie einerseits misstrauisch seien (vgl. Kap. I, 1.2: These 2) und anderseits die diffizile Auseinandersetzung mit der Biologie meiden wollten. Die interdisziplinäre Dialogfähigkeit der genannten Neurobiologen hat sicherlich zu einem besseren Verständnis der Naturwissenschaften beigetragen.

Dem mancherorts formulierten Eindruck, die männliche Differenzforschung sei regressiv und beharre auf bereits zu Freuds Lebzeiten verworfenen, quasibiologischen Erklärungsfiguren, lässt sich an dieser Stelle eine alternative Lesart zur Seite stellen. Denn aktuelle naturwissenschaftliche Beiträge scheinen manche, auch bereits von Freud beschriebene, materialistische Geschlechterkonzepte rückwirkend mit Bedeutung aufzuladen. Und so schlägt die vorliegende Studie bei der Frage nach der auch naturwissenschaftlichen Ausrichtung männlicher Differenzforschung eine Lesart der Nachträglichkeit vor. Die Berücksichtigung der materiellen Seite des Subjekts wird nicht zuletzt in dem Anspruch eines interdisziplinären Dialogs und der möglichen Überwindbarkeit von Antinomien in der Geschlechterforschung gefunden.[40]

---

[40] Interessant ist überdies, dass durch die Jungenforschung und die Interdisziplinarität aktuell auch die Biologie wieder zum Mädchen findet und hilft, dieses besser zu verstehen

Nachdem nun die Begründung einer sozialwissenschaftlichen Geschlechterforschung und die Frage nach dem Jungen mit Argumentationsfiguren abgesichert wurden, lässt sich die nächste Herausforderung dieser Studie in Angriff nehmen. Wie lässt sich Geschlechterforschung methodologisch und methodisch sauber durchführen, in einer Disziplin, die seit jeher mit dem Vorwurf der Unwissenschaftlichkeit belegt ist oder von sich selbst behauptet, keine *herkömmliche* Wissenschaft zu sein? (vgl. Green 2000: 438ff.)

(vgl. Matzner, Wyrobnik 2010). Dabei scheint inzwischen auch bezogen auf das Mädchen die folgende Forschungsfrage die leitende: »Wie realistisch ist die Erwartung, dass eine Frau ›so ist wie ein Mann‹, wenn wir berücksichtigen, was uns Forschungsbereiche, wie Psychologie, Neurobiologie und Wirtschaftswissenschaft, in denen man alleine im letzten Jahr zu einer Fülle von erstaunlichen Erkenntnissen gelangt ist, über menschliche Entscheidungsprozesse und Verhaltensweisen sagen?« (Pinker 2008: 11)

2. Methodologie und Methode

Die Erhebungs- und Auswertungsmethode der vorliegenden Studie beanspruchen, psychoanalytische zu sein. Die hier angewandte Erhebungsmethode wird »psychoanalytisch orientierte Familienbeobachtung« genannt (Kap. I, 3.4), die Auswertungsmethode firmiert unter dem Titel der »Tiefenhermeneutik« (vgl. Kap. I, 3.6) oder der psychoanalytischen Textinterpretation (vgl. König 2008, Lorenzer 1986). Zugleich beansprucht die Studie, ihre Methoden sozialwissenschaftlich anzuwenden. Damit berührt sie eine empfindliche Frage, die so alt ist wie die Psychoanalyse selbst – die Frage nach dem Wissenschaftsstatus der Psychoanalyse.

Die Vermeidung einer diesbezüglichen Auseinandersetzung ist prinzipiell möglich. Die Studie könnte u. a. auf die aktuellen Arbeiten von Rohrmann et al. (2012) oder Poscheschnik (2005a) verweisen, die, zumindest auf die Datenauswertung bezogen, eine eindeutige Integration der jeweiligen Ansprüche (von Psychoanalyse und Sozialforschung) vorgenommen und argumentiert haben. Rohrmann schreibt selbstbewusst: »Die *Datenauswertung* erfolgt im Rahmen psychoanalytischer Methoden – nicht anders als bei anderen Methoden der qualitativen Sozialforschung – in einem mehrgliedrigen, regelgeleiteten Prozess« (2012: 142). Der Wissenschaftsstatus der Psychoanalyse scheint hier geklärt.

Da die vorliegende Studie allerdings von dem Verständnis geleitet ist, dass die Anwendung einer Methode immer im Kontext ihrer Fragestellung, ihres Erkenntnisinteresses und Forschungskontextes zu bewerten ist, ihr Wissenschaftsstatus also nicht per se zu übernehmen ist, werden, nach der Ausformulierung eines Problemaufrisses, drei methodologische Fragen aufgeworfen, zu denen sich positioniert wird. Dabei will die Studie ihren Wissenschaftsanspruch argumentativ begründen und einige Anmerkungen zu den methodologischen Herausforderungen und deren Umgangsformen vorstellen.

Problemaufriss

> Angeregt durch eine zufällige Beobachtung forschen wir seit einer Reihe von Jahren bei den verschiedensten Formen und Symptomen der Hysterie nach der Veranlassung, dem Vorgange, welcher das betreffende Phänomen zum ersten Male, oft vor vielen Jahren, hervorgerufen hat. (Freud, Breuer 1895: 27)

In der *Vorläufigen Mitteilung* zu den *Studien über Hysterie* kündigen Breuer und Freud in ihren einleitenden Sätzen an, dass es sich bei ihrem medizinischen Forschungsprogramm um eines mit streitbarer, wissenschaftlicher Güte handeln wird. Die Entwicklungsgeschichte der Psychoanalyse ergibt sich durch eine »zufällige Beobachtung« (ebd.). Auch die Wahl des Settings bleibt eher dem Zufall überlassen, als dass sie wissenschaftlich begründet und systematisch getroffen würde[41]. Von Beginn an steht der anstößige Wissenschaftsstatus der Psychoanalyse im Zentrum eines kritischen Selbstbewusstseins. Dieses soll zu immer neuen Debatten führen, die nicht weniger auf die Waage legen, als die Identität der Psychoanalyse und deren Kern – ihren (fiktiven oder empirischen?) Gegenstand.

Aktuell sind es vor allem die wiederaufgenommenen und von Freud erhofften Dialoge (vgl. Quindeau, Dammasch 2014) zwischen Neurowissenschaft und Psychoanalyse, die der Identitätsdebatte im 21. Jahrhundert neuen Wind verleihen (vgl. Kap. I, 1.2 und weiterführend Leuzinger-Bohleber, Bähr 2010, Kandel 2006, Solms, Turnbull 2007). Stellvertretend auch für die Beziehung zu anderen Wissenschaftsdisziplinen verhandeln diese Dialoge die Frage, ob die Psychoanalyse einen Ertrag von Dritten für sich verwerten, eigene Beiträge für Dritte leisten oder sich gar mit ihnen »Amalgamieren« (Dornes 2005: 148) kann.[42] Anders formuliert wird die Frage gestellt, ob sich die Psychoanalyse ihrer Identität selbst so sicher ist, dass sie ihren Blick für das Fremde[43], die empirischen Wissenschaften und deren Gütekriterien öffnen kann. Kann sie sich einer Interdisziplinarität zugänglich machen »ohne daß ihr anstößiges, radikal am Subjekt orientiertes kritisches Potential verloren ginge?« (Dammasch 2000: 93). *Ein* Fazit oder *einen* Common Sense findet man in der psychoanalytischen Fachliteratur diesbezüglich, und das ist wenig verwunderlich, nicht (vgl. Dornes 2005, Stern 2000, Green 2000). Vielmehr macht ein Blick auf die Kontroversen um den Wissenschaftsstatus der Psychoanalyse deutlich, dass jede Studie, die einen psychoanalytischen Selbstanspruch behaupten will, sich kritisch der Frage stellen muss, ob ihre Anwendung »[…] psychoanalytischer Methoden – [tatsächlich, M. K.] nicht anders als bei anderen Methoden der qualitativen Sozialforschung [ist, M. K.]« (Rohrmann 2012: 142). Die Herausforderung des vorliegenden Kapitels kann dementsprechend auch dahingehend verstanden werden, dass der Versuch ei-

---

[41] Gut zeigt sich dies an der Krankengeschichte der jungen Katharina, der bei »einem Ausflug in die Hohen Tauern […] eher ungünstiger Weise begegnet wird« (Freud, Breuer 1991: 143ff.). Unerwähnt sollte auch nicht bleiben, dass die beiden Autoren ihr Werk, das den Anspruch einer neuen Neurosenlehre begleitet, einleiten mit der Bitte um Nachsicht, dass die wesentlichen Beweise für die Ätiologie der Hysterie aufgrund von Persönlichkeitsrechten nicht aufgeführt werden können. Nach empirischer Wissenschaftlichkeit und Systematik sucht man bei ihrer Hypothesengenerierung und Beweisführung vergeblich.

[42] Vorweggenommen werden kann hier die Information, dass die Psychoanalyse erst aus einem Dialog mit Nachbardisziplinen und einer Unzufriedenheit mit dem dort formulierten Weltwissen als eigene Disziplin entstehen konnte.

[43] Die Verwendung des Begriffs »Fremde« in Bezug auf die Wissenschaftsdisziplinen verweist hier auf die Haltung André Greens, der die empirischen Nachbardisziplinen der Psychoanalyse als »Fremde« in seiner »multikulturellen Familie« (2000: 440) (den psychoanalytischen Schulen) begreift.

ner Synthese zwischen empirischer Sozialforschung und Psychoanalyse *für diese Studie* unternommen werden soll.

Bei diesem Vorhaben ist eine Fokussierung der Kontroverse zwischen der empirischen Beobachtungsforschung und der klinischen Psychoanalyse von besonderer Relevanz. Sie findet ihren Ursprung, so Dornes 2005, in der Kontroverse um die Monographie von Siegfried Bernfeld (1925) über Psychoanalyse und Säuglingsforschung (vgl. Dornes 2005: 146). Seit 1997 wird sie in der Green-Stern-Kontroverse fortgeführt und legt, sowohl für als auch gegen das Vorhaben einer Synthese, maßgebliche Argumente vor (vgl. ebd.). Da in dieser Kontroverse die Frage nach der Beziehung zwischen »›Wissenschaftlicher Wahrheit‹ und ›Psychoanalytischer Kohärenz‹« (Stern 2000: 467) verhandelt wird und ihr Gegenstandsbereich dem der vorliegenden Studie am Nächsten steht, ist ihre Relevanz für die vorliegende Studie gut begründbar.

Die Fragen, welche die Kontroverse anregen, können, bis auf kleinere Differenzierungen, fast eins zu eins übernommen werden. Können psychoanalytisch orientierte Familienbeobachtungen relevante Beiträge für die Psychoanalyse leisten? Kann eine Beobachtungsstudie ihr Vorgehen in einer Weise begründen, dass der Selbstanspruch einer psychoanalytischen Orientierung mehr ist als ein Etikettenschwindel (so bspw. die Frage von André Green 2000, s. u.)?

Differenzierung in drei methodologische Fragen

In seinem Kommentar zur Green-Stern-Kontroverse hält Martin Dornes 2005, in einer Fußnote, eine für diese Studie wichtige Differenzierung fest. Dort abstrahiert Dornes zwei Lager, die sich in der Debatte um den Wissenschaftsstatus der Psychoanalyse gegenüberstehen. Institutionell verankerte Wissenschaftler, wie Daniel Stern, plädieren für eine »verschärfte Verwissenschaftlichung« (Dornes 2005: 145) der Psychoanalyse, für eine Öffnung nach außen und eine Entzerrung ihres Gegenstandes. Gerald Poscheschnik nutzt für dieses Lager den passenden Begriff der »empirischen Forschung in der Psychoanalyse« (2005b: 16). Klinische Psychoanalytiker, wie André Green, so ist es bei Dornes weiter zu lesen, plädieren für die »Abkopplung vom Wissenschaftsbetrieb« (2005: 145) und eine exklusive, autarke Ausrichtung nach innen, für einen Gegenstand, welcher nur der Psychoanalyse eigen ist. Auch hier findet Poscheschnik die passenden Worte, wenn er von der »poetischen Forschung in der Psychoanalyse« (2005b: 16) spricht. Wobei er bei seiner Begriffswahl offensichtlich an Freud denkt, als dieser verwundert schrieb, dass sich seine psychoanalytischen Fallgeschichten wie »Novellen« lesen lassen (vgl. weiterführend Datler 2004).

Die Frage, wie die vorliegende Studie, die als Dissertationsschrift wissenschaftlich und institutionell verankert sein muss, in dieser Kontroverse positioniert ist, ob sie *empirisch* oder *poetisch* ist, erscheint mit einem Blick auf die beiden Lager obsolet. Sie muss für eine empirische Ausrichtung der Psychoanalyse plädieren und wird die Argumentationskette Sterns übernehmen. Dem ist nicht so. Trotz des Zwanges zur Anpassung an die empirische Wissenschaft kann über die Bearbeitung von drei methodologischen Fragen ein eigenes Plädoyer formuliert werden.

a) Sind Gegenstand und Erkenntnisinteresse der vorliegenden Studie psychoanalytisch (Kap. I, 2.1)?

b) Entspricht die genutzte Auswertungsmethode der Tiefenhermeneutik in ihrer Anwendung sozialwissenschaftlichen Gütekriterien (Kap. I, 2.2)?

c) Was kann eine tiefenhermeneutische Analyse von Familienbeobachtungsprotokollen zur Bearbeitung des Erkenntnisinteresses der Studie beitragen bzw. wie lassen sich Aussagen über das psychosoziale Erleben des Jungen in der Familie begründen (Kap. I, 2.3)?

2.1 Gegenstand und Erkenntnisinteresse der Studie – die Green-Stern-Kontroverse

In einer wissenschaftlichen Untersuchung, die mit ihrem Titel implizit den Anspruch erhebt, einen psychoanalytischen oder zumindest für die Psychoanalyse relevanten Beitrag zu leisten, wird die Leseerwartung herausgefordert, dass der Gegenstand der Untersuchung ein psychoanalytischer sein muss. Das allerdings würde naiv vorwegnehmen, dass es einen, zumindest inneren Konsens über den Gegenstand (oder die Gegenstände?) der Psychoanalyse gäbe, auf den sich diese Untersuchung beziehen könnte. Gleichsam müsste naiv davon ausgegangen werden, dass sich dieser Gegenstand empirisch untersuchen ließe, er unter Anerkennung der Paradigmen qualitativer Sozialforschung zu fassen wäre. Beides ist nicht der Fall. Vielmehr scheitern beide Annahmen zwangsläufig an dem davor liegenden Dilemma, dass sich *die Psychoanalyse* von jeher als Konglomerat aus Uneindeutigkeiten zu erkennen gibt (vgl. Poscheschnik 2005b).[44] Die Leseerwartung muss als naive vorerst unbestätigt bleiben, bis sie durch eine Verortung der Studie in »dieser verwirrenden, teils schimmernden Ästhetik« (ebd.: 11) der Psychoanalyse eine Klärung findet. Hier wird noch einmal deutlich, dass die vorliegende Studie ihren Wissenschaftsstatus in einem so unbestimmten Feld nicht unkritisch von Dritten übernehmen kann.

Der fehlende Common Ground – ein Potenzial zur Synthese

a) Sind Gegenstand und Erkenntnisinteresse der vorliegenden Studie psychoanalytisch?

Auch gute 110 Jahre nach ihrer Begründung gibt es im Inneren, im Kreis der Psychoanalytiker, keinen Konsens darüber, was der Common Ground der Psychoanaly-

---

[44] Vielleicht macht genau das ihren Reiz aus.

se ist und sein soll. Genauso wenig ist ihr Gegenstand oder ihr Wissenschaftsstatus geklärt.

Eine Erklärungsfigur für die Uneindeutigkeit der Psychoanalyse, kann einerseits darin gefunden werden, dass »[...] schon Freud zu Lebzeiten vierzehn sich zum Teil widersprechende Definitionen dessen gegeben hat, was Psychoanalyse ist [...]« (Dornes 2005: 150). Andererseits kann die Uneindeutigkeit auch darin begründet sein, dass Psychoanalyse hinter der Tür des Analytikers immer wieder neu in der Auseinandersetzung mit subjektiven Lebenspraxen und der eigenen Subjektivität des Analytikers (vgl. Kap. I, 1.2) definiert wird. An der Stelle eines Common Grounds haben Psychoanalytiker unterschiedliche Schulen, in den Worten André Greens »spirituelle Familien« (2000: 440) hervorgebracht, die Psychoanalyse also geteilt in »verschiedene Bewegungen wie Ich-Psychologie, Selbstpsychologie, Kleinianer, Winnicottianer, Lacanianer etc. [...]« (ebd.).[45]

Mit dem Entwurf einer gemeinsamen Außengrenze dieser »verschiedenen Bewegungen« (ebd.) macht sich Green stark für eine »Abkopplung vom Wissenschaftsbetrieb« (Dornes 2005: 145) und den Erhalt eines Alleinstellungsmerkmals der Psychoanalyse, abseits empirischer Wissenschaftskriterien. Er stellt dabei die Prämisse eines gemeinsamen genuin psychoanalytischen Gegenstandes auf: Der »Gegenstand« der Psychoanalyse ist »das Unbewusste wie es sich in der analytischen Situation zeigt« (Dornes 2005: 147 mit Verweis auf Green 2000: 160f.). Dieser Gegenstand ist, da er sich außerhalb der Psychoanalyse nicht *zeigt*, außerhalb der Psychoanalyse auch nicht zu *erschließen*. Green zieht in seinem Entwurf eine unüberwindbare Grenze zwischen die Psychoanalyse und die empirische Beobachtungsforschung. Das Unüberwindbare wird umso deutlicher, wenn vergegenwärtigt wird, dass der Gegenstand einer empirischen Wissenschaft ein nachprüfbares soziales Phänomen sein muss, auf das sich, für Dritte nachvollziehbar, sozialwissenschaftliche Methoden anwenden lassen (vgl. Lamnek 2010).

Bei seinem Entwurf einer generalisierten Grenzziehung in seiner Kontroverse mit Stern übersieht Green allerdings, dass die Psychoanalyse von Beginn an zu der Tendenz neigt, sich abzugrenzen, zu diversifizieren und »verschiedene Bewegungen« (Green 2000: 440) zu bilden, sobald ein Dogma (auch wenn es sich auf den Gegenstand bezieht), den Blick auf das Subjekt einzuengen droht.[46] (Es wurde bereits in Kap. I, 1.2 beschrieben, dass sich die Psychoanalyse außerdem dadurch kennzeichnet, Konflikte zu bearbeiten und sie nicht durch Vereinheitlichung zu beseitigen.). Dass Green versucht, die Psychoanalyse über ihren Gegenstand zu vereinheitlichen, obgleich sie sich durch innere Abgrenzungen konstituiert, scheint widersprüchlich.

---

[45] Die Komplexität der Fragen nach dem Sein, dem Gegenstand und dem Status der Psychoanalyse geht dabei bereits aus den unterschiedlichen Schulbezeichnungen hervor.

[46] Erinnert sei in diesem Zusammenhang bspw. an die in Kap. I, 1.1.2, nachgezeichnete Trennung zwischen Freud und Breuer.

So verwundert es auch nicht, dass Greens Entwurf *der einen Psychoanalyse* mit ihrem *vereinenden Gegenstand* in den Kommentierungen der Green-Stern-Kontroverse eher wenig Anklang findet. Innerhalb der Psychoanalyse, mitsamt ihrer unterschiedlichen Schulen, scheint es vielmehr einen Konsens darüber zu geben, dass das Gemeinsame der Psychoanalyse nicht in ihrem »Gegenstand«, sondern in ihrem ehrgeizigen Anspruch zu finden ist, das Subjekt in »all seiner Widersprüchlichkeit und Komplexität« (Poscheschnik 2005b: 14) zu verstehen.

Diese dialogfähige Position, die in der Argumentationskette Sterns fest verankert ist, hat sich weitgehend durchgesetzt. Das zeigt sich nicht zuletzt darin, dass kurz nach der Publikation der Green-Stern-Kontroverse zahlreiche, psychoanalytische Beobachtungsstudien publiziert wurden (vgl. Herzog 1998, Metzger 2000, Lazar 2000, eine detaillierte Übersicht findet sich in Diem-Wille, Turner 2009). Sie finden bis heute großen Anklang innerhalb und außerhalb der psychoanalytischen Community und sind im Begriff, sich zu etablieren (vgl. ebd.).

Das mag sicher auch daran liegen, dass sich die von Stern propagierte, offene Ausrichtung der Psychoanalyse stark macht für die Anerkennung empirischer Gegenstände, die ihren Ausgang außerhalb der psychoanalytisch-therapeutischen Situation finden (vgl. Stern 2010: 16). Diese Psychoanalyse ist, da sie dialogfähig ist, für Dritte (Disziplinen) *interessant* und wird deshalb zunehmend auch als überlebensdienliche Anpassungs*notwendigkeit* der Psychoanalyse verstanden – in einer Wissenschaftsepoche geforderter Interdisziplinarität (vgl. Kap. I, 1.2).

Neben dem Plädoyer einer Öffnung und Anschluss*notwendigkeit* und *-bereitschaft* der Psychoanalyse, legen empirische Forscher innerhalb der Psychoanalyse, in Nachfolgerschaft Sterns, inzwischen zunehmend auch Konzepte zur Anschluss*fähigkeit* vor. Sie nutzen dabei die flexiblen Begriffe ihres eigenen Vokabulars. Das Unbewusste, das Green rigoros als einzig wahren »Gegenstand« der Psychoanalyse verteidigt und dabei alle psychoanalytischen Skeptiker zu »psychoanalytisch Geschulten« (2000: 443) degradiert, wird bei dem Psychoanalytiker und empirischen Jungenforscher Frank Dammasch bspw. als Prämisse, als spezifisches »Erkenntnisinteresse« entschärft (Dammasch 2000: 92). Die Psychoanalyse grenze sich durch ihr Interesse am dynamischen Unbewussten von den »übrigen Humanwissenschaften« (ebd.) ab, so Dammasch, nicht in letzter Instanz durch ihren Gegenstand! Dammasch formt hier mit seinem Verständnis des Unbewussten als genuin psychoanalytisches »Erkenntnisinteresse«, eine anschlussfähige Außenhaut, die verbindet.

Was bedeutet dies letztlich für die vorliegende Studie? Durch ein Verständnis des Unbewussten als gedankliche Prämisse wird es möglich, ein so verstandenes psychoanalytisches Erkenntnisinteresse an einen empirischen Gegenstand heranzutragen, welcher den Sozialwissenschaften vertraut ist. Der Anspruch, psychoanalytisch orientiert zu forschen, ist über das Erkenntnisinteresse am Unbewussten begründet. Durch die Ausgangslage der Forschung an einem empirischen Gegenstand, einem Protokoll (Protokolle sind der klassische Gegenstand der Sozialwissenschaften, vgl. Lamnek 2010), kann der Forschungsprozess von Beginn an kritisch verfolgt, kommentiert und hinterfragt werden. Durch die empirische Ausgangslage können poetisch-novellistische Ergebnisformulierungen vorgestellt werden, die, bei gebotener Sorgfalt und Regelgeleitetheit, prüfbar bleiben und zugleich die Frage nach dem Unbewussten behandeln können (vgl. Kap. I, 3.6).

Die Studie nimmt die Prämisse des dynamischen Unbewussten in ihr Erkenntnisinteresse auf. Ihr Gegenstand ist ein in der Empirie verankertes Beobachtungsprotokoll.

2.2 Tiefenhermeneutik – eine Synthese von empirischer Sozialforschung und klinischer Psychoanalyse

Im vorliegenden Kapitel kann, da über das Erkenntnisinteresse und den Gegenstand der Studie der Versuch einer Synthese in Gang gekommen ist, der zweiten methodologischen Frage nachgegangen werden.

> *b) Entspricht die genutzte Auswertungsmethode der Tiefenhermeneutik in ihrer Anwendung sozialwissenschaftlichen Gütekriterien?*

Den Einstieg kann hier erneut die Frage nach dem Gegenstand, auf den die Methode der Tiefenhermeneutik angewandt wird, bilden. Gegenstand der Untersuchung sind psychoanalytisch orientierte Beobachtungsprotokolle. Genauer betrachtet sind es Erfahrungsprotokolle einer miterlebten sozialen Lebenspraxis (vgl. Kap. I, 2.3.3). Es sind Sätze, Wörter und Zeichen.

Der Gegenstand der Studie ist typisch sozialwissenschaftlich und dem Medium, auf das sich die klinisch-psychoanalytische Forschung beruft, nicht fremd (vgl. Lorenzer 1973: 105ff.).[47] Dieser Vergleich ist deshalb interessant, weil er dabei hilft, sich einer empirischen Forschung anzunähern, ohne dabei bereits über den Gegenstand ein psychoanalytisches, »radikal am Subjekt orientiertes kritisches Potential« (Dammasch 2000: 93) zu verlieren.

Was den Analytiker in der klinischen Situation interessiert, ist die »Subtilität des Austauschs von Worten« (Freud 1916–17a: 9 zit. nach Dornes 2005: 147) oder, um es mit Lorenzer zu sagen, ihn interessiert »ungeschmälert nur dasjenige, was der Patient ihm sagt.« (Lorenzer 1973: 106). Über das Medium der Sprache werden in der Analyse aktuelle und vergangene Erfahrungen sprachsymbolisch dargestellt. Eine grundlegende Parallelität zum Erfahrungsprotokoll der Beobachtungsforschung ist

---

[47] Zugleich kann der Vergleich dazu beitragen, sich der engen Beweisführung Greens zu entziehen, die der Direktbeobachtung Sterns ihren psychoanalytischen Anspruch aberkennt (vgl. Green 2000).

damit gegeben (ausführlich in Kap. I, 3.4 und 3.4.1). Weißt Green diese Parallelität zwischen klinischer und alltäglicher Situation von sich, weil er das analytische Setting, man könnte sagen, narzisstisch erhöht, findet sie sich in den metatheoretischen Arbeiten von Alfred Lorenzer (insbesondere 1986) strukturell begründet. Hier lohnt sich ein genauer Blick:

Lorenzer postuliert eine, prinzipiell immer mögliche, Doppelbödigkeit menschlicher Ausdrucksformen und verortet das Unbewusste somit auch im sprachlichen Ausdruck außerhalb der klinischen Situation. Im Kern »unterstellt Lorenzer eine *Doppelbödigkeit* sozialer Handlungen, ein *Wechselspiel bewusster* und *unbewusster Sinnebenen* die hinter menschlichen Ausdrucksformen wirksam sind« (Kratz, Ruth 2016: 241). Die Analyse dieser Doppelbödigkeit menschlicher Ausdrucksformen hat Lorenzer methodologisch ausgelotet, methodisch erprobt und als tiefenhermeneutische Kulturanalyse begründet (vgl. 1986, 2006). Mit der Konzeptualisierung des psychoanalytischen Verstehens, das unter dem Begriff des Szenischen Verstehens firmiert, hat Lorenzer die psychoanalytische Subjektforschung aus dem undurchsichtigen Korsett der klinischen Situation befreit.

Besonders hervorzuheben ist für die Synthese zwischen Psychoanalyse und Sozialwissenschaft, dass Lorenzer mit der Tiefenhermeneutik eine *psychoanalytische Erforschung empirischer Gegenstände* ermöglicht, auf die auch andere Disziplinen Zugriff haben.[48] Die Tiefenhermeneutik bietet ein Instrument zur psychoanalytischen Rekonstruktion subjektiver Erfahrungen außerhalb der klinischen Situation. »Der Analytiker und der Textinterpret befinden sich in derselben Lage« (Lorenzer 1973: 88) ist der entscheidende Leitspruch.

Mit welcher Argumentationsweise aber wird das Szenische Verstehen in der vorliegenden Studie als eine Methode verhandelt, die den Gütekriterien der empirischen Sozialforschung genügen kann?

Sie soll über einen Dialog der methodologischen Arbeiten von Alfred Lorenzer (1986) und Gerald Kleining (1982) vorgestellt werden.

Lorenzer leitet das Szenische Verstehen aus einer *Alltagstechnik* des Menschen ab, die der psychoanalytische Forscher zu disziplinieren weiß. Diese Ableitung und die Idee der Disziplinierung kann mit Kleining und dessen Verständnis von der Beziehung zwischen Alltagskompetenz und empirisch-sozialwissenschaftlichen Verfahren weitergedacht werden. Im *Umriss einer Methodologie qualitativer Sozialforschung* von 1982 schreibt er:

> Die Alltagstechniken sind das Reservoir für *alle* sozialwissenschaftlichen Methoden. Sie werden aus ihnen entwickelt, durch Ausgrenzung, durch Absonderung aus ihrem Alltags-Zusammenhang, durch Abstraktion. Beispielsweise experimentieren wir mit Subjekten oder

---

[48] Auf Lorenzers Konzept des Szenischen Verstehens als »Anwendbare Psychoanalyse« wird im Methodenteil ausführlich eingegangen. Hier soll vorerst die Verbindung zwischen Lorenzers Methode und der empirischen Sozialforschung vorgenommen werden.

Objekten im Alltag, wir erzeugen Situationen, die Menschen oder Gegenstände auf die Probe stellen. Auch das Spiel hat den Reiz des Ausprobierens. Auf wissenschaftlicher Ebene prüfen wir ein Objekt unter kontrollierten Bedingungen in eingeengter, auf wenige Aspekte reduzierter Weise. Das wissenschaftliche Experiment ist eine Abstraktion des alltäglichen Experimentierens. Gleiches geschieht mit der Beobachtung. Im Alltagsleben erfahren und erkennen wir die Umwelt nicht nur, indem wir uns mit ihr auseinandersetzen, sondern auch indem wir sie betrachten. Geschieht das unter kontrollierten Bedingungen, also unter Ausgliederung vieler und Konzentration auf wenige Aspekte, so nähern wir uns dem Verfahren der wissenschaftlichen Beobachtung. Oder nehmen wir die Technik der Befragung. Sie hat ihren Ursprung im Gespräch, im Dialog, der wechselseitigen Äußerung [...]. Die sozialwissenschaftlichen Verfahren zur Erkenntnis der Umwelt sind also nicht aufgesetzt auf natürliche Techniken, ihnen nicht fremd, nicht deduziert aus in sich widerspruchsfreien Gedankengebilden, sondern nach den gleichen Regeln funktionierend wie die natürlichen. (1982: 225)

Alle Techniken empirisch-wissenschaftlicher Sozialforschung sind nach Kleining Abstraktionen aus der alltäglichen Auseinandersetzung mit der Umwelt. Alle sind sie Disziplinierungen der Alltagstechniken. Hier nun lässt sich das Szenische Verstehen Lorenzers einordnen und das psychoanalytische Verfahren der Erkenntnisbildung mit empirisch-qualitativer Sozialforschung verbinden. Lorenzer beschreibt das szenische Verstehen als eine von drei alltäglichen Verstehensmodi.

Die manifeste Ebene eines Sprachausdrucks wird bei Lorenzer mithilfe des logischen Verstehens erfasst. Im Vollzug des logischen Verstehens werden überindividuelle Bedeutungen, sprich Sprachsymbole, verstanden. Im ersten Verstehensmodus wird die Verlautbarung einer gemeinsamen Sprache als sinnvolle Aussage erkennend aufgenommen (vgl. Lorenzer 1973: 106). Bei Lorenzer liest sich das wie folgt: »Sagt der Patient ›Apfel‹, so wird die Lautfolge dem Analytiker als sinnvolles Wort evident. Die ›logische Evidenz‹ sichert also die Kommunikation innerhalb der gemeinsamen Sprache. Mehr nicht.« (ebd.) Dieser Verstehensmodus ist dem Alltagsmenschen offenkundig nicht fremd.

Über den Vollzug des psychologischen Verstehens werden Sprach- und Lautäußerungen als Ausdruck innerer Verfasstheit interpretiert. Die Konnotation und phonetische Begleitung der Sprach- und Lautäußerungen bieten, so Lorenzer, Indizien an, die etwas über den inneren, den psychologischen Zustand eines Sprechers verraten. Dabei funktioniert das psychologische Verstehen, wie schon beim logischen Verstehen, über den Mechanismus des Evidenzerlebnisses. Nur wenn Äußerungen als »bekannte sinnvolle Gesten« (ebd. 109) erkannt werden, können sie zum Verstehen des psychologischen Zustands führen. Sprach- und Lautäußerungen lassen sich alltagstechnisch logisch und psychologisch über Evidenzerlebnisse verstehen.

Nun begreift Lorenzer den Ausdruck des sinnvollen Wortes, dessen sinnvolle Konnotation und phonetische Begleitung, als Transmitter von subjektiv sinnvollen Erlebnisinhalten, die er »szenische Episoden« (ebd.) nennt. Diese, so Lorenzer, können wiederum im Vollzug des Szenischen Verstehens evident verstanden werden.

Er schreibt:

> Dem szenischen Verstehen sind die beiden anderen Verstehensprozesse untergeordnet, das szenische Verstehen wird damit auch von beiden [dem logischen und psychologischen Verstehen, M. K.] abhängig. Um es kurz zu illustrieren: Der Analytiker muß die Sprachäußerung und Gesten des Analysanden wahrnehmen, um die Szene »in seinem Kopf aufbauen« zu können. Er deutet die Materialien der beiden anderen Verstehensarten erst im Verständnis der Szene. Indem die beiden ersten in den Dienst des szenischen Verstehens gestellt werden, wird der Sinn ihrer Aussage von selbst szenisch. (ebd. 111)

Vielleicht lässt sich der Anspruch dieses Zitates an die Leserin und den Leser mit dem Beispiel verdauen, dass beim alltäglichen Lesen eines Krimis oder Dramas, also dem Erkennen von Sprachsymbolen im Buch, innere Szenen entstehen, die den Krimi oder das Drama in einen inneren Film übersetzen, der selbst sinnvoll ist.

Im Vollzug auf Narrative bearbeitet das Szenische Verstehen die Frage »warum die Mitteilung so und nicht anders geäußert wurde und verfolgt das Ziel auch unbewusste Dimensionen der biografischen Erzählung zu erschließen« (Morgenroth 2010: 55). Werden die Ausdrucksgestalten logisch, psychologisch und szenisch verstanden, kann sich der inneren Realität der Sprecherin oder des Sprechers angenähert werden. Es geht beim Szenischen Verstehen also um die Erschließung von subjektivem Sinn in menschlichen Ausdrucksformen (vgl. weiterführend Kratz, Ruth 2016)[49]. Es kann an dieser Stelle folgendes festgehalten werden:

Psychoanalytisches Verstehen entspringt demselben Ursprung wie alle anderen sozialwissenschaftlichen Methoden; den Alltagstechniken. Es fragt nach den unbewussten Elementen von Ausdrücken. Das Szenische Verstehen kann, als Methode menschlicher Alltagstechnik, wie alle anderen Alltagstechniken auch, über Disziplinierung sozialwissenschaftlich werden. (Die konkrete Disziplinierung des Szenischen Verstehens wird in Kap. I, 3.6 nachgewiesen).

Nun zielt das Erkenntnisinteresse dieser Studie aber in letzter Instanz nicht auf das Verstehen eines Sprechers. Ihr Erkenntnisinteresse gilt dem Gegenüber (dem Jungen), mit dem die Sprecherin/der Sprecher (Beobachter/-in, Protokollant/-in) in der Familie Gegenwartsmomente teilt. Wenn Lorenzer postuliert, dass die Sprecherin oder der Sprecher über seine Sprache mithilfe des Szenischen Verstehens in seiner

---

[49] Die Aufgabe eines deutenden Forschers, der mit dem Konzept des Szenischen Verstehens arbeitet, liegt nun darin, »sich im Rahmen einer Dynamik von Beteiligung und Distanz auf das Übertragungsangebot eines Textes (Bildes oder Filmes) einzulassen« (Gerner 2011: 99). Während in der psychoanalytischen Praxis Erzählungen des Patienten gesammelt werden, dabei die zugrundeliegende Szene gesucht wird, bis sich ein Evidenzerleben einstellt, ist es in der Forschung ein hermeneutischer Zirkel, eine Sammlung von Lesarten und sich erweiternder Textverständnisse, die einen Zugang zu den latenten Sinnebenen von Texten, Bildern und Filmen ermöglichen (vgl. zur Ausführung Kap. I, 3.6.2).

Widersprüchlichkeit und Komplexität verstanden werden kann, bleibt die Frage nach der Durchführbarkeit der Studie unbeantwortet. Kann über die tiefenhermeneutisch orientierte Analyse eines Erfahrungsprotokolls eine Aussage über die Beobachtete oder den Beobachteten getroffen werden oder bleibt der Verstehensprozess zwangläufig auf der Ebene des Sprechers stehen? Die diffizilste methodologische Frage bleibt dem folgenden Kapitel vorbehalten.

2.3 Gedanken über die Beziehung von innerer und äußerer Realität in Erfahrungsprotokollen

Die Studie startet, von einer psychoanalytischen Prämisse geleitet, einen methodisch kontrollierten Blick auf das Abbild eines empirischen Gegenstandes. Sie blickt über das Erfahrungsprotokoll sowohl auf das beobachtende als auch auf das beobachtete Subjekte in seiner »Komplexität und Widersprüchlichkeit« (Poscheschnik 2005b: 14).[50] Ein Ziel dieses forschenden Blickes ist es, Aussagen über die »innere Realität« (vgl. Lorenzer 1986), oder einfacher formuliert, das psychosoziale Erleben des beobachteten Subjekts zu treffen. Dass dieses Vorhaben mit einer besonderen Herausforderung verbunden ist, wurde, diese Studie einleitend, bereits beschrieben:

> Da die Erforschung des Erlebens immer schon eine methodologische Herausforderung gewesen ist [...], versteht sich diese Studie als Pilotstudie, die in jedem Arbeitsschritt die Frage nach dem »Wie« und »unter welchen Bedingungen« stellt und den Weg der Erkenntnisgewinnung zu reflektieren versucht (Kap. I Einleitung und Vorbau: 19).

Das vorliegende Kapitel muss dementsprechend strenggenommen mehr verhandeln als »Gedanken über die Beziehung zwischen innerer und äußerer Realität in Erfahrungsprotokollen« (s. o.). Es muss die dritte methodologische Frage bearbeitet werden, die in Kap. I, 2 vorgestellt wurde:

> c) *Was kann eine tiefenhermeneutische Analyse von Familienbeobachtungsprotokollen zur Bearbeitung des Erkenntnisinteresses der Studie beitragen bzw. wie lassen sich Aussagen über das psychosoziale Erleben des Jungen in der Familie begründen?*

Um diesem Anspruch gerecht zu werden, wird eine zweigliedrige Argumentationskette aufgezogen. Das erste Glied behandelt die Frage nach der Struktur des Erfahrungsprotokolls (vgl. Kap. I, 2.3.1). Das zweite Glied nimmt sich der Frage nach dem Erkenntnispotenzial von Erfahrungsprotokollen an (vgl. Kap. I, 2.3.2).

---

[50] Dabei geht sie, Lorenzer folgend, davon aus, dass das Subjekt seine Konstitutionsbedingungen zwischen Kultur und Natur findet (vgl. 1972).

Eine illustrierte Gesamtübersicht über den Erhebungs- und Auswertungsprozess bietet sich für den Einstieg in die komplexe Bearbeitung der dritten methodologischen Fragestellung an.

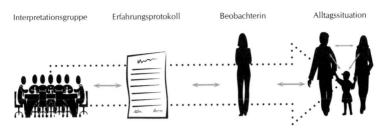

Abb. 1: Der Forschungsprozess im Überblick

2.3.1 Zur Struktur des Erfahrungsprotokolls

Die Studie kann sich in den Erfahrungsprotokollen nicht auf die Qualität von Primärdaten verlassen (vgl. Kap. I, 3.4). Der forschende Blick der vorliegenden Studie ist, bezogen auf dieses Material, in mehrfacher Hinsicht ein indirekter.

Die Studie muss sich hier auf eine empirische *Verankerung* konservierter, subjektiver Erfahrungen stützen – auf subjektive Erfahrungsprotokolle, die ihren Ausgang in einer empirisch nachweisbaren Situation finden. Den Gegenstand der Untersuchung bilden vom Subjekt *gewählte* Sätze, Wörter und Zeichen, die ein Abbild einer äußeren Realität darstellen.

Solche Erfahrungsprotokolle sind genuiner Gegenstand psychoanalytischen Fallverstehens (vgl. Argelander 1968) und zunehmend auch Gegenstand psychoanalytischer Forschungs- und Ausbildungsprogramme (vgl. zur Übersicht Diem-Wille, Turner 2009, Datler 2004). Sie sind hinreichend beschrieben. In ihrer Struktur und ihrem Erkenntnispotenzial können sie aber nur im Kontext ihrer Entstehung und Anwendung verstanden werden. Es macht einen Unterschied, ob ein Analytiker seine klinischen Erfahrungen mit dem Ziel eines erweiternden Fallverständnisses und zur Theoriebildung niederschreibt (vgl. bspw. Dammasch 2000), ob ein psychoanalytischer Ausbildungskandidat für seine Ausbildung Erfahrungen aus einem Familienbeobachtungskontext zu Papier bringt (vgl. Bick 2009, Datler 2008, 2009) oder ob eine Forschergruppe Erfahrungen aus Familienbeobachtungen konserviert, um Datenmaterial für eine Form *empirischer* Sozialforschung zu generieren (vgl. Dammasch, Kratz 2012, Metzger 2000). In der vorliegenden Studie ist Letzteres der Fall. So wird an dieser Stelle, begonnen mit einer kurzen Retrospektive, ausgeführt, wie die Struktur des vorliegenden Materials zu verstehen ist.

Im Rahmen der Studie haben Studierende der Sozialen Arbeit (vgl. Kap. I, 3.2) fünf einstündige Beobachtungen von Alltagssituationen im *naturalistischen* Setting der Familie durchgeführt (vgl. hierzu kritisch Kap. I, 3.3). Ihre Erfahrungen im Feld haben sie in Erfahrungsprotokollen erinnert und konserviert.

Das Erfahrungsprotokoll ist dementsprechend die Manifestation einer subjektiven Erfahrung, die eine Beobachterin in der Begegnung mit einer bestimmten Familie macht. Biografische Erfahrungen auf der einen Seite, sie sollen hier (noch) Deutungsfolien heißen, aber auch *bestimmte* Erfahrungen im Moment der Beobachtung auf der anderen Seite, füllen die mentalen Kapazitäten der Beobachterin. Sie werden zusätzlich in Anspruch genommen von den Vorstellungen der Leserschaft (Interpreten), für die das Erfahrungsprotokoll angefertigt wird. Hier liegt ein zentraler Unterschied zum psychoanalytisch-klinischen Protokoll. Er lässt sich mit einem Zitat von Dammasch identifizieren:

> Genauer betrachtet, besteht der Text [aus der psychoanalytisch-klinischen Situation, M. K.] aus der verschrifteten Rekonstruktion der innen Niederschläge eines Beziehungserlebnisses, die sich ursprünglich in einer empirisch nachweisbaren Situation sowohl sprachlich wie szenisch-körperlich entfalten, von der Wahrnehmungsstruktur des Therapeuten schon im Prozeß der teilnehmenden Beobachtung unbewußt geordnet werden, sich in der Vergegenwärtigung des Erinnerns schließlich intrapsychisch verknüpfen mit der affektiven und kognitiven Struktur des Schreibenden und dann in Worte gegossen aufs Blatt gebracht werden. Also ein rekonstruierter und zugleich kreativer Vorgang, der einen Text erstellt, der hoch verdichtet ist. (2000: 99)

Beide Protokollarten finden ihren Ausgangspunkt in der Empirie und der Auseinandersetzung mit dem Gegenüber. Im Gegensatz zum Protokoll des Therapeuten aber wirken hier bereits bei der Wahrnehmungsbereitschaft im Feld (Erkenntnismöglichkeit) einerseits und dem anschließenden Erinnern andererseits die Repräsentationen der Leserschaft (vgl. Abb. 1 und 2) in die »affektive und kognitive Struktur des Schreibenden« (ebd.) hinein. Gemeint ist damit der Mentalisierungsvollzug, der im Inneren wirksame Dialog: »Wie wird mein Text gelesen? Was gilt es mitzuteilen und wie muss es geschrieben sein, damit die Leserin oder der Leser einen kohärenten Text vor sich liegen sieht, der ihm einen annähernden Eindruck davon vermittelt, was ich beobachtet habe?«

Der Unterschied liegt in der kognitiven Überarbeitung der Einfälle und ihrer affektiven Begleiter. Die Leserin und der Leser werden beim Schreiben mitgedacht. Das führt nicht zuletzt dazu, dass das Protokoll für Dritte facettenreicher wird, denn ähnlich den Erfahrungen aus der Narrativforschung gerät der Protokollant beim Schreiben in den Zugzwang der Erzählung (vgl. weiterführend Lamnek 2010: 327ff.). Andererseits muss berücksichtigt werden, dass der Dritte nicht nur mitgedacht wird, er fungiert auch als innerer Gatekeeper bei der Protokollierung des affektiven Selbsterlebens. Dennoch wird ein Protokoll erzeugt, dass auch bei Dritten innere Bilder entstehen lässt, die affektiv aufgeladen sind. Das affektive Selbsterleben findet immer seinen Weg auf das Papier. Die Doppelbödigkeit der menschlichen Ausdrucksform lässt sich nicht in Gänze reflektieren (vgl. Lorenzer 1986).

Das Protokoll ist in seiner Struktur nicht nur »kreativ« (s. o.) und verzerrend. Es enthält immer auch eine Rekonstruktion der in der Erinnerung repräsentierten Erfahrung mit der *bestimmten* Familie. Die bestimmten Erfahrungen mischen sich in die Wahl der Worte und Zeichen sowie in die Formung der Sätze ein. Dabei wird zwangsläufig auch die Repräsentation des erinnernden und erlebenden Selbst aktualisiert: »Was habe ich beobachtet? Wie bewerte ich das Beobachtete? Was hab ich mir gemerkt? Wer bin ich im Spiegel meines Gegenübers?«

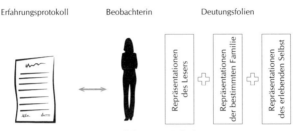

Abb. 2: Deutungsfolien im Erhebungsprozess

Das Protokoll ist das Ergebnis mannigfaltiger, innerpsychischer Verarbeitungsprozesse. Rekonstruktiv und kreativ ist der Akt des Protokollierens.

Wie aber ist das Verhältnis zwischen der Rekonstruktion und der Kreation zu fassen? Inwiefern lassen sich Aussagen über das Erleben des Anderen begründen, wenn das Beobachtbare bereits in der Beobachterin A. durch die subjektive Erfahrung (selektive Wahrnehmung), B. durch die psychische Bearbeitung beim Erinnern (subjektive Verdichtung und Verzerrung) und C. in der Übersetzung von Bild und Ton in Schrift, je verändert wird? Wie kann der Andere (das Gegenüber) betrachtet, wie das Erkenntnisinteresse der Studie befriedigt werden? Ein weiterer Zoom auf die Trias von Beobachterin (Psyche als Aufnahmegerät), innerfamiliären Interaktionen (empirische nachweisbare Situation) und Protokoll (der Gegenstand als hoch verdichtetes Abbild eines rekonstruktiven und kreativen Schaffensprozesses) ist notwendig.

2.3.2 Innere Anpassungsprozesse und deren Bezug zur äußeren Realität

Im Kern verhandelt die Frage nach den Erkenntnismöglichkeiten dieser Studie eine ganz allgemeine, metatheoretische Frage der Psychoanalyse: »Wie gewinnt der Psychoanalytiker eine zuverlässige Kenntnis des Fremdpsychischen?« (Lorenzer 1995: 80). Gleichzeitig muss sie über diese hinaus gehen und im übertragenden Sinn fragen, wie ein Psychoanalytiker eine zuverlässige Kenntnis des Fremdpsychischen gewinnt, wenn er den Fremden von einem Kollegen beschrieben bekommt. (Eine interessante aber eher praktische Arbeit in diesem Zusammenhang wurde 2014 von Quindeau und Dammasch herausgegeben.)

Es bietet sich an, Arbeiten zu Rate zu ziehen, die sich dieser metatheoretischen Frage bereits angenommen und dabei Lösungs- und Orientierungsvorschläge angeboten haben. Neben Lorenzers Arbeiten zur Metatheorie der Psychoanalyse, die in Kap. I, 3 und III, 3 eine ausführliche Würdigung erfahren, haben sich methodologische Überlegungen von Katzenbach (1992) als zielführende erwiesen. Katzenbach kommt zu dem Schluss, dass es der Psychoanalyse hilfreich ist, wenn sie bei der Darlegung ihrer Erkenntnisbildung »auf den theoretischen Rahmen der genetischen Psychologie rekurriert« (1992: 214). Dieser Orientierungsrahmen, der durch neue Erkenntnisse aus der Neurobiologie wieder an Aktualität gewinnt (vgl. Hüther 2009), soll hier aufgegriffen werden. Das Assimilationskonzept Piagets, das Katzenbach zur »Explikation der Möglichkeitsbedingungen« (1992: 211) psychoanalytischer Erkenntnisbildung verstanden haben will, ist dabei der zentrale Bezugspunkt. Eine kurze Einführung der Assimilations- und Akkommodationsbegriffe und ihrer Erklärungsmöglichkeiten scheint daher angezeigt.

> Assimilation nennt er [Piaget, M. K.] die Anwendung von subjektiven Schemata oder Strukturen auf Gegenstände, die dabei diesen Strukturen angeglichen werden. […]. Gewissermaßen als Kehrseite dieser Assimilationen weisen alle Aktivitäten akkommodative Komponenten auf, durch die sich die angewandten Schemata und Strukturen an die Besonderheit der assimilierten Realität anschmiegen. (Scharlau 1996: 86f.)

Übertragen auf die Wahrnehmungs-, Erkenntnis- und Vermittlungsfähigkeit des beobachtenden, interpretierenden und beschreibenden Subjekts, wird Assimilation hier verstanden als aktive, psychische Leistung, bei der etwas Äußeres (wieder-) erkannt wird, das in einer Vorform innerpsychisch bereits repräsentiert ist. Der Begriff der Vorform wird, in Anlehnung an Piagets bekanntes »Handlungsschema« (vgl. 2003 [1970]), folgend übersetzt in »Wahrnehmungsschema«.

Der Begriff der Akkommodation wird hingegen beansprucht, um sprachlich zu fassen, dass bei Prozessen der Assimilation, durch die Bearbeitungsnotwendigkeit einer prinzipiellen Distanz zwischen äußerer Realität und innerem Wahrnehmungsschema, eine Anpassung des Wahrnehmungsschemas vollzogen werden muss. Keine Erfahrung im *bestimmten Zusammensein* mit der oder dem Anderen deckt sich eins zu eins mit einer Erwartung (vgl. Scharlau 1996: 87). Assimilativ und akkommodativ ist die beobachtende Auseinandersetzung mit der Umwelt. Dieser Argumentationslogik folgend, enthalten Erfahrungsprotokolle immer Elemente subjektiver *Verzerrung* (Assimilation) und Elemente der *Anpassung* des Subjekts an eine äußere Realität (Akkommodation).

Unter Bezugnahme des Assimilationskonzepts lässt sich die in Kap. I, 2.3.1 offengebliebene Frage, inwiefern das Erkenntnisinteresse der Studie befriedigt werden kann, beantworten. Mit dem Assimilationskonzept als theoretischem Gerüst lässt sich beschreiben und argumentieren, wie in dieser Studie die Prozesse verstanden werden, bei denen das Beobachtbare, die äußere Realität mit der Psyche der Beobachterin aufgenommen und abgebildet wird – und zwar in einer Weise, die Aussagen über das psychosoziale Erleben des Jungen begründen kann.

Innere Abbilder einer empirisch nachweisbaren Situation
Um nach der äußeren Realität, dem Fremden, in Erfahrungsprotokollen fragen zu können, muss beim Bekannten, beim beobachtenden Subjekt begonnen werden. Vor dem Beginn einer ersten Beobachtung trägt eine Beobachterin bereits ein erfahrungsbasiertes *Wahrnehmungsschema* in sich. Dieses Wahrnehmungsschema beinhaltet ein biografisch gebildetes Repertoire, das eine subjektiv-normative Erwartung an die noch anzutreffende Familie formuliert. Die Beobachterin ist in aller Regel selbst in einer bestimmten Familie sozialisiert. Darüber hinaus ist sie über kulturell etablierte Bilder von »einer Familie« informiert (vgl. Abb. 3).[51] Die fremde Familie ist ihr unbekannt und bekannt zugleich.

Im Moment der ersten Begegnung wird sie die Familie, ihrem Wahrnehmungsschema entsprechend, erkennen. Sie nimmt die Familie subjektiv wahr und verzerrt die äußere Realität, indem sie bestimmte Nuancen wahrnimmt; Nuancen, die vor dem Hintergrund ihres Wahrnehmungsschemas vertraut oder nicht vertraut erscheinen. Über ihre subjektive Wahrnehmung der Familie bildet sie ihre Erfahrung. Sie bildet ihr Material, mit dem sie später ein Protokoll verfassen wird, das einzigartig ist.

Gleichzeitig wird die bearbeitende Auseinandersetzung mit der Familie, aufgrund der Bestimmtheit des Erfahrbaren, nicht in Gänze in das Wahrnehmungsschema der Beobachterin zu integrieren sein. Die *bestimmte* Familie lässt sich nicht bruchlos einordnen in das Wahrnehmungsschema *einer* Familie (vgl. Abb. 3). Der Integrationsversuch der Erfahrung oder, um es mit Piaget zu sagen, des »externen Elements« (1970: 32) führt zu einem »Anschmiegen« (Scharlau 1996: 87) des Wahrnehmungsschemas an die äußere Realität.

Es ist hier festzuhalten, dass diese Prozesse wechselseitiger Verformung sowohl auf bewusster als auch auf unbewusster Ebene vollzogen werden. Aus der persönlichen Anwesenheit der Beobachterin in der Familie ergibt sich das Spezifikum, dass bewusste und unbewusste soziale Rollen, Zuschreibungen und Erwartungen (entsprechend ihrer Wahrnehmungsschemata) an ihre Gegenüber herangetragen werden. Die Beobachterin wird von der fremden Familie, von ihrer Dynamik, Eigenart, Ver-

---

[51] Ihr Wahrnehmungsschema ist in Familienbeobachtungen – im Gegensatz zur Beobachtung fremder Kulturen – einmal mehr bedeutsam, da die Beobachterin mit potenziell vertrauten und ihr bekannten Interaktionen konfrontiert wird. Die Familie ist ihr in der Beobachtung fremd und vertraut zugleich. Während dadurch einerseits die Gefahr des Mitagierens und der Wahrnehmungsverzerrung besteht, liegt hier andererseits die Chance, subjektiv authentische familiäre Beziehungsmuster, so unmittelbar wie in einer nicht klinischen Forschungssituation nur möglich, zu erfassen (vgl. Dammasch 2009: 5).

trautheit und Fremdheit emotional erreicht, überträgt andererseits aber auch eigene innere Beziehungsmuster auf die beobachtete Probandengruppe (vgl. Friebertshäuser 1997: 520ff.) Man könnte dies sicher auch mit dem psychoanalytischen Konzept von Übertragung-Gegenübertragung übersetzen. Auf bewusster und unbewusster Ebene stellen sich im Zuge der bestimmten Erfahrungen im Zusammensein mit der bestimmten Familie zielgerichtete Assimilations- und Akkommodationsprozesse ein. Das Wahrnehmungsschema der Beobachterin drängt, genau wie das Wahrnehmungsschema der Beobachteten, nach Wiederholung, nach »Vollendung« (vgl. Katzenbach 1992: 145).

Mit einem Blick auf diese Erklärungsfigur zeichnet sich an dieser Stelle eine Bedingung des Erkenntnispotenzials von Erfahrungsprotokollen ab. Das Erkenntnispotenzial reicht immer nur so weit, wie das beobachtende Subjekt psychisch in der Lage ist, sein inneres Wahrnehmungsschema einer äußeren Realität anzupassen. Dieser Bedingung, die sich auch als Limitation oder Grenze der Erkenntnismöglichkeiten fassen lässt, wird in Kap. III, 4 ausführliche Beachtung geschenkt. Hier soll zunächst weiter nach dem Erkenntnispotenzial eines Erfahrungsprotokolls gefragt werden.

Wie sich eine äußere Realität, in Abhängigkeit von der inneren Verarbeitungsfähigkeit des Subjekts, abbildet, soll nun, unter Hinzuziehung zweier Protokollausschnitte, nachgezeichnet werden.[52] Dabei wird sich zeigen, dass das innere Abbild einer äußeren Realität, also die bestimmte Erfahrung, eine bestimmbare empirische Verankerung besitzen kann. Diese Verankerung stellt das Erkenntnispotenzial bereit, um Aussagen über die bestimmte Familie und, darüber hinaus, Aussagen über das psychosoziale Erleben des Jungen zu begründen. Zwei Skizzen sollen den Weg der Verständnisentwicklung begleiten (s. u.). Bevor das Abstraktionsniveau über das konkrete Material heruntergebrochen wird, gilt es eine bislang nur angedeutete These zu explizieren:

Wenn Erfahrungen als bestimmte Anpassungs- und Veränderungsprozesse über das Verstehen des Sprechers (vgl. Lorenzer 1986) verstanden werden können, kann sich mit dem Verstehen des Sprechers der bestimmten Realität angenähert werden, die diese Anpassungs- und Veränderungsprozesse bewirkt haben.

---

[52] Dabei folgen alle Deutungen der Textinhalte vor allem dem Anspruch einer Plausibilisierung des Erkenntnispotenzials und nicht dem einer empirischen Beweisführung.

Zwei Szenen

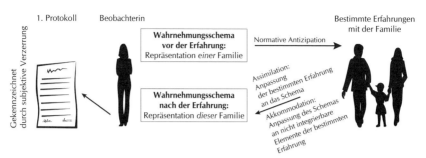

*Abb. 3: Assimilations- und Akkommodationsprozesse
im Zuge einer bestimmten Erfahrung*

Im Folgenden wird anhand des ersten Absatzes eines ersten Erfahrungsprotokolls nachgezeichnet, wie das subjektive Wahrnehmungsschema einer Beobachterin (vgl. Abb. 3) zunächst ein Abbild der bestimmten (in diesem Protokoll kurdischen) Familie (ver-)formt. Über die Analyse dieser (Ver-)Formung kann sich dem Wahrnehmungsschema der Beobachterin angenähert und eine Grundlage geschaffen werden, auf der sich später Prozesse der »Anschmiegung« (Scharlauch 1996: 87) an die äußere Realität nachzeichnen lassen. Die Beobachterin eröffnet ihr Protokoll wie folgt:

Ich klingele um fünf vor fünf an der Haustür der Familie Mahou. Über eine Lautsprechanlage bittet mich Frau M. in den ersten Stock des Mehrfamilienhauses. An der Eingangstür begrüßt mich Frau M. mit einem Lächeln. Sie bittet mich die Schuhe auszuziehen. Das sei nötig, wegen der Vorbildfunktion für den Jungen. Ich ziehe die Schuhe aus und denke an den kulturellen Hintergrund der Familie, mit dem ich mir das »Schuhe ausziehen« erkläre. Hinter Frau M. steht ihr Mann im Trainingsanzug und lächelt mich an. Er hat die kleine Tochter (18 Monate) in den Armen. Wir begrüßen einander. Er wirkt freundlich.

Nachdem die Beobachterin ihre wahrnehmende Linse als »Ich« identifiziert hat, füllt sie die ersten Zeilen ihres Protokolls. Sie nimmt bestimmte Nuancen selektiv auf, die vor dem Hintergrund ihrer subjektiv-normativen Antizipation eine Bedeutung erhalten. Die Beobachterin erinnert und beschreibt den Weg in die Familie. Nun ist interessant, dass dieser Weg in der Erinnerung zu Frau M. führt, die sie, so schreibt es die Beobachterin, mit einem Lächeln begrüßt. Dass die Frau lächelt, hat für die Beobachterin eine Bedeutung. Ebenso verhält es sich mit der Beschreibung des lächelnden Vaters, die ihren ersten Protokollabschnitt abschließt. Dass die Eltern lächeln, sie freundlich wirken, hat für die Beobachterin eine Bedeutung. Dieser bestimmte Eindruck findet den Weg in ihr Material. Ob der Junge freundlich wirkt, erfährt die Leserin oder der Leser nicht.

Über eine Analyse des Absatzes lässt sich herausarbeiten, dass die Beobachterin dem Lächeln von Mutter und Vater eine Bedeutung zuschreibt, weil sie sich vielleicht als Fremde, als Eindringling begreift. Der innere (bewusste oder unbewusste) Dialog ließe sich vielleicht so fassen: »Hoffentlich ist man mir gegenüber wohlgesonnen.« Das ist einerseits vor dem Hintergrund plausibel, dass die Beobachterin in einer ihr fremden Art und Weise Gast in einer ebenfalls fremden Familie ist, andererseits scheint auch der kulturelle Hintergrund, den die Beobachterin assoziiert (Islam?) ein Gefühl der Fremde herzustellen. Das Zusammenspiel einer subjektiv-normativen Erwartung und der Konfrontation mit der äußeren Realität führt zu einer bestimmten, subjektiven Erfahrung. Das Abbild der äußeren Realität ist subjektiv verzerrt durch die selektive Wahrnehmungsausrichtung der Beobachterin. Diese Wahrnehmungsausrichtung (subjektiv-normative Antizipation) ist bedingt durch das »Wahrnehmungsschema vor der Erfahrung« (vgl. Abb. 3).

Dieser kurze Versuch, die Beobachterin über ihre gewählten Wörter, Zeichen und Sätze zu »verstehen«, kann einen Eindruck davon schaffen, wie über innerpsychische Prozesse ein subjektives Abbild einer *bestimmten* Realität konstruiert wird. Es ist deutlich, dass das Erkenntnispotenzial dieses ersten Protokollabschnitts sehr auf das annähernde Verstehen der Beobachterin und ihre Wahrnehmungsschemata beschränkt scheint. Die Leserin oder der Leser erfährt etwas über die subjektiv-normative Antizipation der Beobachterin und das dahinterliegende Wahrnehmungsschema. Die ersten Zeilen einer ersten Begegnung können vermitteln, welches Bild von Familie die Beobachterin vor dem Hintergrund ihrer Wahrnehmungsschemata zeichnen *kann*. Die Ausgangslage für die Frage nach der äußeren Realität ist geschaffen, eine Aussage über die Gleiche ist hingegen noch wenig möglich.

Nun wird in dieser Studie davon ausgegangen, dass die Psyche der Beobachterin im Zuge der unzähligen Erfahrungen, im konkreten Zusammensein mit der bestimmten Familie, zahlreiche Anpassungs- und Akkommodationsprozesse vollzieht. Assimilationen bedingen immer auch Prozesse akkommodativen Charakters (vgl. Abb. 3). Mit einem Blick auf das dritte Beobachtungsprotokoll der Beobachterin kann nun gezeigt werden, wie die Bedingungen der äußeren Realität in der Psyche der Beobachterin zunehmend Raum ergreifen. Bestimmte Erfahrungen zeichnen zunehmend innere Abbilder, die sich einer äußeren Realität immer weiter und gleichzeitig nie gänzlich annähern. Ob etwas bedeutsam ist und sich als Erfahrung niederschlägt, wird zunehmend vor dem Hintergrund eines sich anpassenden Wahrnehmungsschemas entschieden.

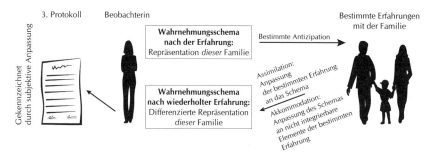

*Abb. 4: Assimilations- und Akkommodationsprozesse
im Zuge wiederholter Erfahrungen*

Der Szene aus einem dritten Beobachtungsprotokoll gehen zahlreiche Beschreibungen von Interaktionen zwischen Mutter und Sohn voraus, die von der Beobachterin als angespannte und konfliktreiche wahrgenommen und beschrieben werden. Sie führen zu einer Szene, in der die Mutter den Raum verlässt und den Jungen mit der Beobachterin alleine lässt. Ist die Wahrnehmung einer Anspannung und eines Konfliktes nun ebenfalls nur eine subjektive Verzerrung oder kann aus dem Material rekonstruiert werden, dass die bestimmte Wahrnehmung eine empirische Verankerung besitzt? Die Beobachterin erinnert und schreibt:

Mit dem offenen Edding läuft er wieder auf die Couch zu. Ich sage ihm noch, dass der Edding sehr schwer zu entfernen sei und er aufpassen müsse. Er läuft vorsichtig und hält den Edding weit von sich weg. Dann beginnt er ein paar Striche zu malen und legt den Stift weg. Nun greift er nach einem Bleistift und spitzt ihn. Ich sage ihm, dass er nicht über der Couch spitzen solle, sondern wenigstens über seinem Blatt. Er tut es. In diesem Moment kommt die Mutter aus dem Bad, sieht Dennis und schimpft. »Warum spitzt du über dem Blatt, dass sollst du nicht, darauf willst du doch noch malen!« »Ich darf das!« entgegnet Dennis. Ich fühle mich ertappt und unsicher.

Es gilt kurz festzuhalten, dass die Beobachterin ihr »subjektives Wahrnehmungsschema nach der Erfahrung« (vgl. Abb. 4), über den Zeitraum von zwei einstündigen Beobachtungen und ihrem Zusammensein mit der bestimmten Familie, sukzessive differenzieren konnte. Ihr Wahrnehmungsschema »diese Familie« (ebd.) hat sich im bestimmten *Zusammensein mit* der Familie historisch verändert. Der Junge hat inzwischen einen Namen. Der Junge, der im ersten Protokoll gar nicht beschrieben wurde (s. o.), ist über den Zeitraum von drei Beobachtungen *der bestimmte* Junge geworden, »Dennis«.

Dennis läuft, in der Beschreibung der Beobachterin, vor ihren Augen mit einem offenen Edding auf die Couch zu. Die Beobachterin erinnert eine Bewegung. Sie hat sich beim Erinnern und Schreiben als bedeutsame gegen andere durchgesetzt (Assimilation). Sie will sie den Leserinnen und Lesern zeigen, sie scheint ihr relevanter als andere. Sie erwartet etwas. Das liegt allerdings nicht daran, dass diese Bewegung vor dem Hintergrund eines Wahrnehmungsschemas von *einer* Familie interessant erscheint (so wie dies in den ersten Sätzen der ersten Beobachtung gezeigt wurde), sondern weil der Bewegung vor dem angepassten Hintergrund eines (inzwischen) bestimmten Wahrnehmungsschemas eine Bedeutung zugeschrieben wird (Bestimmte Antizipation). Die bestimmte Antizipation führt zu einer bestimmten Interpretation, einer bestimmten Bedeutungsaufladung. Sie führt dazu, dass die Beobachterin ihre passive Haltung verlässt.[53] Sie lässt sich zum Mitagieren verleiten und so entsteht ein verhaltenswirksamer und anleitender Dialog zwischen der Beobachterin und Dennis. »*Ich sage ihm noch, dass der Edding sehr schwer zu entfernen sei und er aufpassen müsse. Er läuft vorsichtig und hält den Edding weit von sich weg*«. Sie erinnert sich, wie Stern (2010) sagen würde, an die Repräsentation des Selbst in einer bestimmten Beziehungslage, die sie aus ihrer passiven Rolle herauslockt. Eine solche Beschreibung ist für die Beobachterin, wie sie sich bislang in ihrer Art zu schreiben zeigte, untypisch. Sie hat sich in ihrer Art innerlich und handlungspraktisch mitzuagieren verändert. Sie hat sich angepasst (Akkommodation).

Ohne es zu wissen, ist die Beobachterin in eine Interaktionsdynamik eingestiegen, die sie in den vorangegangenen Beobachtungen nicht nur beobachtet hat. Die bestimmten Erfahrungen mit Mutter und Sohn und deren Beziehungsdynamik haben dazu geführt, dass die Beobachterin in der dritten Beobachtung in einer ähnlichen Weise auf den Jungen blickt, wie dies die Mutter *erfahrungsgemäß* tut. Sie reagiert in Abwesenheit der Mutter in einer Weise, die sie auch von der Mutter selbst erwartet. Die Szene zeigt, und das lässt sich gleich fundieren, dass die Beobachterin die Beziehungsdynamik zwischen Mutter und Sohn in den vorangegangenen Beobachtungen nicht nur subjektiv beobachtet hat. Die Beziehungsdynamik hat sich in das innerpsychische Wahrnehmungsschema »diese Familie« eingeschrieben. Die Beobachterin hat sich mit der Rolle und dem Blick der *bestimmten* Mutter identifiziert, die ihr mit dem Verlassen des Zimmers auf latenter Ebene die Aufsicht überlassen hat. Durch die bestimmten Interaktionserfahrungen geht die Beobachterin, wie die Mutter, davon aus, dass der Junge die Couch beschmieren oder den Boden mit Spänen übersähen würde. Sie *nimmt inzwischen* anders war, hält die Spannung der Szene kaum aus[54] – die Spannung, die durch das historische und empirische

---

[53] Die Beobachterin erinnerte und ergänzte in diesem Zusammenhang, dass sie sich vorgestellt hatte, wie der Junge auf die Couch malen könnte und dafür großen Ärger von seiner Mutter bekäme.

[54] Lehner und Sengschmied schreiben hierzu, dass über den Anspruch an den Beobachter in emotional schmerzhaften und beängstigenden Situationen »selbst nicht aktiv zu werden, [...] der Schmerz und die Angst in besonders intensiver Weise spürbar werden« (2009:

»*Zusammensein mit der Familie*« erst wahrnehmbar wurde. Stern (2010) würde hier vielleicht von einer Fusion mit dem Anderen sprechen. Diese Hypothese, deren Fundierung noch aussteht, lässt sich unter Hinzuziehung von Primärdaten nun festigen (vgl. zirkuläre Forschungsstrategie in Kap. I, 3). Im Elternpaarinterview, das erst nach den Beobachtungen durchgeführt wurde, hat die Mutter eine konflikthafte Beziehungsdynamik in der Mutter-Sohn-Beziehung thematisiert, ohne danach gefragt worden zu sein. Immer müsse sie ihren Sohn beschränken, weil er sonst etwas kaputt mache, sagte sie. Diese Primärdaten stützen die Lesart, dass die Beobachterin mit ihrer Wahrnehmung in der Familie auf etwas reagiert, das ursprünglich außerhalb ihres Wahrnehmungsschemas lag. Die Beobachterin ist mit dem Feld identifiziert, von der fremden Familiendynamik und den Beziehungsmustern innerlich erreicht.

Das Erfahrungsprotokoll beinhaltet das Bestimmte, das Fremde. Es kann in seiner Bestimmtheit als neues Element über das Verstehen des Sprechers annähernd rekonstruiert werden. Im Beispiel ist dieses Bestimmte, Fremde der Generalverdacht der Mutter an den Sohn, der unbewusst Einzug findet in das Erlebnisprotokoll der Beobachterin. Die empirische Verankerung der Erfahrung konnte rekonstruktiv erschlossen werden.

2.3.3 Fazit

Die Frage, ob die Studie ihr Erkenntnisinteresse am psychosozialen Erleben des Jungen über die Analyse von Erfahrungsprotokollen bearbeiten kann, ist begründet mit ja zu beantworten. Es konnte in den vorangegangenen Kapiteln dargelegt werden, dass Erfahrungsprotokolle, unter bestimmten Bedingungen, das Erkenntnispotenzial bereithalten, Aussagen über den Dritten und das Fremdpsychische zu treffen. Die psychische Verfassung und mentale Kapazität des beobachtenden Subjekts wurde dabei als Bedingung der Erkenntnisbildung in Kap. I, 2.3.2 besonders hervorgehoben (vgl. weiterführend Kap. III 4). Um sich dem Fremden (dem Beobachteten) zu nähern, muss beim Bekannten (dem beobachtenden Subjekt) begonnen werden (in Anlehnung an Devereux 1986, siehe auch Bosse 2010).

Das Erfahrungsprotokoll ist das Ergebnis mannigfaltiger, innerpsychischer Verarbeitungsprozesse. Rekonstruktiv und kreativ ist der Akt des Protokollierens (vgl. Kap. I, 2.3.1). Über die Analyse von Erfahrungsprotokollen kann der Sprecher (beobachtendes Subjekt) verstanden werden. Wenn wiederum protokollierte Erfahrungen als bestimmte Anpassungs- und Veränderungsprozesse über das Verstehen

---

132). Sie beziehen dies auf Situationen der frühen Mutter-Kind-Beziehung und sprechen von einem Zugang zu der Gefühlswelt Dritter, doch lässt sich dieser Ansatz auch auf das hier beobachtete Phänomen übertragen. Die Aufgabe der passiven hin zur aktiven Beobachterrolle schützt den Beobachter vor dem »emotionalen Echo« (ebd.: 131), das die Zurückhaltung des Impulses in der Situation verstärkt hätte.

des Sprechers (vgl. Lorenzer 1986) verstanden werden können, kann sich mit dem Verstehen des Sprechers der bestimmten Realität angenähert werden, die diese Anpassungs- und Veränderungsprozesse bewirkt haben. Das Erfahrungsprotokoll beinhaltet das Bestimmte, das Fremde, den Dritten. Es kann in seiner Bestimmtheit als neues Element über das Verstehen des Sprechers annähernd rekonstruiert werden. Dafür müssen Inferenzsprünge in Kauf genommen werden, wie sie auch im Umgang mit Primärdaten nicht vermieden werden können. Kurz: Die Studie kann ihr Interesse am psychosozialen Erleben des Jungen in der Familie, mit dem ihr zugrunde liegenden Gegenstand, bearbeiten.

Festzuhalten ist darüber hinaus, dass die Studie das Verhältnis zwischen subjektiver Verzerrung und Anpassung von Fall zu Fall und von Protokoll zu Protokoll mit einem sorgfältigen Blick auf die Beobachterin oder den Beobachter prüfen muss. Dass die Abbilder des Jungen, die sich sozusagen im Rahmen dieser Prüfung abzeichnen, in der Regel nicht derart verzerrt sind, dass sich dem Dritten nicht angenähert werden kann, konnte in einer Vorstudie bereits nachgewiesen werden. Diese These soll kurz ausformuliert werden.

Im Rahmen einer dreijährigen Vorstudie wurden Jungen einerseits mit dem Methodeninventar der Bindungstheorie klassifiziert (Videoaufzeichnung des Jungen). Andererseits wurden ihre Beziehungs-, Fremd- und Selbstrepräsentationen mit dem hier angewandten, psychoanalytischen Methodeninventar herausgearbeitet (Erfahrungsprotokolle). Beide Verfahren blieben dabei jeweils in Unkenntnis über die Ergebnisse des Anderen. Da die psychoanalytische Grundannahme der relativen Konstanz verinnerlichter, frühkindlicher Erfahrung mit der Bindungstheorie geteilt wird (intrapsychische Repräsentanzen versus internale Arbeitsmodelle), wurde tiefenhermeneutisch orientierte Beobachtungsforschung mit standardisierter Bindungsforschung in Einzelfällen kombiniert und die jeweiligen Ergebnisse miteinander verglichen. Dabei konnten die jeweiligen Aussagen über den Jungen, trotz des unterschiedlichen Vokabulars und der unterschiedlichen Datensorten, im Kern gegenseitig bestätigt werden (vgl. Dammasch, Kratz 2012: 134 f.). Das Erkenntnispotenzial von Erfahrungsprotokollen, bezogen auf das Fremdpsychische des Jungen, scheint hier nachgewiesen. Die bildliche Oberfläche, welche die Bindungstheorie zur Klassifikation nutzt, scheint sich, bezogen auf ihr Erkenntnispotenzial, nicht maßgeblich von der bildlichen Oberfläche zu unterscheiden, die Erfahrungsprotokolle zeichnen können. Obgleich Ersteres Primärdaten zeichnet, scheint das Zweite diese nicht so weit zu verzerren, dass sie den Blick auf den Jungen und das Fremdpsychische verunmöglichen.[55]

---

[55] Vielleicht gibt dieses Ergebnis hier die Sicherheit, die dazu führt, dass die methodologische Auseinandersetzung um das Erkenntnispotenzial von Erfahrungsprotokollen nicht vermieden wird. Das wäre sicher möglich, wenn man dieses Kapitel vom Ergebnis der Vorstudie her aufgezogen hätte.

Die folgenden Kapitel sollen nun prüfen, ob die methodologischen Ansprüche an die Arbeit forschungspraktisch umgesetzt werden konnten. Diese Prüfung bemüht sich, den gesamten Forschungsprozess kritisch zu reflektieren und transparent darzustellen. So beginnt sie mit der Frage nach der Fallkonstruktion (Auf was/wen richtet sich der forschende Blick). Angrenzend stellt sie das Methodeninventar vor, mit dem 46 Einzelfälle erhoben und ausgewertet wurden. Abgeschlossen wird die Prüfung mit der Begründung einer Auswahl von zwei idealtypisch-kontrastiven Fällen, die einer vertiefenden mikroanalytischen Analyse unterzogen wurden. Diese Fälle werden sodann den weiteren Verlauf und die Ausrichtung der vorliegenden Studie festlegen.

3. Forschungspraxis –
von der Fallkonstruktion bis zur Ergebnisdarstellung

In der Bestimmung des methodologischen Selbstverständnisses der Studie konnte festgehalten werden, dass die Studie

> *a) die Prämisse des dynamischen Unbewussten in ihr Erkenntnisinteresse aufnimmt. Sie folgt Lorenzers Postulat einer Doppelbödigkeit menschlicher Ausdrucksformen.*
> *b) ihren Gegenstand als empirischen nachweist, dem sie sich mit dem Instrument des Szenischen Verstehens sozialwissenschaftlich annähern kann.*
> *c) ihren Gegenstand als spezifisches Erfahrungsprotokoll definiert. Mit diesem kann das Erkenntnisinteresse der Studie durch die bestimmte Erfahrung im »Zusammensein mit« Jungen in der Familie bearbeitet werden.*

Die Anforderungen dieses methodologischen Selbstverständnisses an die forschenden Umsetzungsstrategien müssen sich in der methodischen Anwendung wiederfinden. Dies nachzuweisen ist die Aufgabe des vorliegenden Kapitels. Dabei wird die Leserin oder der Leser durch die Darstellung und Reflexion des Forschungsprozesses geführt. »Neben der Erfüllung von Gütekriterien wissenschaftlicher Forschung legt die empirische Forschung in der Psychoanalyse Wert darauf, den gesamten Forschungsprozess kritisch zu reflektieren.« (Poscheschnik 2005b: 18) Der Prozess beginnt hier mit der Frage nach der Fallkonstruktion. (Die Entwicklung der Fragestellung wurde in Kap. I bereits ausführlich dargestellt.)

3.1 Die Fallkonstruktion

> Um einen systematischen Zugriff auf Daten in qualitativen Untersuchungen zu gewinnen, müssen zwei Voraussetzungen erfüllt sein: Erstens muss eine Vorstellung über den Fall vorliegen [meint Fallkonstruktion, M. K.], der untersucht werden soll, und zweitens müssen nachvollziehbare Techniken bei der Ziehung der Stichprobe von Personen, Ereignissen oder Aktivitäten dokumentiert werden. (Merkens 2008: 290)

Der »*Vorstellung über den Fall*« (s. o.) liegen, wie in Kap. I einleitend und ausführlich beschrieben, sowohl klassisch-psychoanalytische als auch objektbeziehungstheoretische Arbeitshypothesen zugrunde.[56] Es wird davon ausgegangen, dass sich Kinder, respektive Jungen, im Rahmen früher identitäts- und strukturbildender Be-

---

[56] Sicher teilen auch andere Disziplinen diese Annahme. So z. B. die Bindungstheoretiker Grossmann und Grossmann 2003.

ziehungserfahrungen entwickeln. Der Ort der Familie, mit seiner *Kontinuität durch Alltägliches* und mit seinen sozialen Strukturen der Alltagshandlung, ist bei der Frage nach dem Selbst- und Fremderleben bei Jungen von besonderer Forschungsrelevanz (vgl. Fonagy et al. 2004, Dornes 2011, Stern 2010, Winnicott 1998, Mahler 1993, siehe auch Kap. I).[57] Der Ursprung für die ebenfalls in Kap. I dargestellten Geschlechtsdifferenzen zwischen Jungen und ihnen gleichaltrigen Mädchen wird, dieser Argumentationslogik folgend, (auch) in frühen geschlechtsspezifischen Beziehungserfahrungen in der Familie vermutet (vgl. Dammasch 2008b).[58]

Der Faktor Familie ist eine bestimmte Variable der Fallkonstruktion, wobei die Familienform unbestimmt bleibt.

Da bei einem Interesse am *Alltäglichen* der Familie der Annahme gefolgt wird, dass geschlechtsspezifische Beziehungserfahrungen sich nicht einseitig, sondern im Rahmen von (Ko-)Konstruktionen gestalten, Jungen und Eltern gemeinsam das *Alltägliche* konstruieren, ist das Alter der zu beforschenden Jungen aus psychoanalytischer Perspektive eine weitere forschungsrelevante Variable. Mit dem Eintritt in die ödipale Phase, etwa um das vierte oder fünfte Lebensjahr herum, ändern sich die Beziehungslagen zwischen Jungen und ihren Eltern grundlegend, da die bis dahin gebildeten »dyadischen und triadischen Repräsentanzen geschlechtsspezifisch und triebdynamisch aufgeladen werden« (Dammasch 2008b: 29). Das *Alltägliche* der Beziehungen wird um die ödipale Phase herum neu verhandelt.

Als weitere Variable wird das Alter der zu untersuchenden Jungen auf bis vier Jahre, also auf die prä-ödipale Zeit festgelegt.[59]

---

[57] Ein Nebenergebnis dieser Studie ist, dass – in Anschluss an Bürgins Frage von 1998a, ob es grundlegende Unterschiede zwischen der Funktionsweise von Zweier- und Dreierbeziehungen gibt – Triaden seltener vorkommen als Dyaden. Sie scheinen anstrengend zu sein. Dyaden haben scheinbar auch die Funktion, Bindung herzustellen und einem Dritten Beziehungspausen zu ermöglichen, um sich anderem zu widmen. Dyaden schaffen Freiheit für den Dritten. Möglicherweise sind daher Vater-Sohn-Dyaden auch für die Mutter sehr wichtig, weil sie durch diese aus der dritten Perspektive und mit Abstand das Kind als getrenntes Wesen erkennen kann.

[58] Die These des Menschen als bio-psycho-sozialem Wesen ist bedeutsam, hat aber bei der Fallkonstruktion nur dahingehend eine Bedeutung, dass sich explizit einem Geschlecht angenommen wird.

[59] Vgl. auch Winnicott, der Symptombildungen vor allem in den Jahren vor der Latenz, also bis zum fünften Lebensjahr, verortet (vgl. 1998: 73ff.). Neben dem alles umordnenden Eintritt in die ödipale Phase, lassen sich in dem Altern vor der Latenz die meisten neurotischen Symptome ursprünglich festmachen, so Winnicott weiter (ebd.).

Im Sinne eines ethnopsychoanalytisch orientierten Ansatzes und dem Anspruch eines möglichst hohen Maßes an Offenheit gegenüber den Beforschten, wurden lediglich diese zwei Variablen zur Fallkonstruktion bestimmt (1. Setting Familie, 2. Bis vierjährige Jungen).

3.2 »Zugänglichkeit« als Kriterium der Fallauswahl

Nach der Bestimmung des Falls muss das Kriterium der Zugänglichkeit im Rahmen dieser Studie in doppelter Hinsicht Betrachtung finden. Einerseits kann mit dem Begriff der Zugänglichkeit nach dem Forschungsrahmen und dem *Materialzugang* gefragt werden (vgl. Kap. I, 3.1.1) – ohne Materialzugang keine Auswertung.

Andererseits kann der Begriff die prinzipielle Schwierigkeit des Feldzuganges betonen, die eine Fallauswahl über das Kriterium *der Zugänglichkeit des Felds* begründet (vgl. Kap. I, 3.1.2) – ohne Feldzugang keine Erhebung.

3.2.1 Zugang zum Material

An der Fachhochschule Frankfurt a. M. wird, im Rahmen Deutschlands größten Studiengangs der Sozialen Arbeit, seit 2009 fortlaufend das zweisemestrige Modul *Forschendes Lernen* von Prof. Dr. Dammasch und Dr. Kratz angeboten. Unter dem Forschungstitel *Die Entwicklung des Jungen und des Mädchen in Familie, Krippe und Kindergarten* werden hierbei, mithilfe psychoanalytisch orientierter, teilnehmender Beobachtungen in der Familie (im Wesentlichen orientiert an den Prämissen von Metzger 2000, Datler 2008, Lazar 1986, 2000) und leitfadengestützten Elterninterviews mit narrativen Anteilen (vgl. Lamnek 2010: 327), Interaktionsmuster von kleinen Jungen und Mädchen mit unterschiedlichen kulturellen Hintergründen beforscht. Steht dabei der Anspruch an erster Stelle, Studierenden bereits im Studium die Möglichkeit zu bieten, die Vielfältigkeit von Familie und Subjektivität sowie die Komplexität von Erziehung und Sozialisation zu erleben und in individuell-historischen Zusammenhängen zu verstehen[60], so ist für diese Studie das manifeste Produkt dieses Lehr- und Forschungsprojektes von besonderer Bedeutung.[61] Über das Engagement der Studierenden und die enge wissenschaftliche Begleitung durch

---

[60] Ergänzt werden muss hier ferner der Anspruch, Studierenden vertiefende theoretische und forschungspraktische Erfahrungen mit Methoden qualitativer Sozialforschung anzubieten (Zur weiteren Seminarkonzeption vgl. Dammasch, Kratz 2014.)

[61] Nicht unerwähnt soll bleiben, dass neben diesem Anspruch der Lehre auf einer Metaebene, auch kritische methodologische und methodische Fragen und Weiterentwicklungen durch Studierende angeregt werden, die in diese Studie eingeflossen sind und sie bereichert haben.

die Dozenten wurde eine Fülle an Datenmaterial generiert, das anders so nicht zu erheben wäre (vgl. Tabelle 2).[62]

Familien	Teilnehmende Beobachtungen in der Familie	Teilnehmende Beobachtungen im Kindergarten/Krippe	Diskussionsprotokolle	Elterninterviews
46	131	40	92	25

Tab. 2: Erhobenes Datenmaterial

Es ist hier zu betonen, was das Spezifische an dem Material studentischer Forscherinnen und Forscher ist und warum der Zugang zu diesem Material so erwartungsträchtig ist.

Im Gegensatz zum klinisch-psychoanalytischen Therapeuten oder Ausbildungskandidaten trägt die oder der Studierende im 2. oder 3. Semester vor allem Alltagswissen an das Feld heran. Die Deutungsfolien sind Alltagsfolien, sie entspringen kulturell vermittelten Alltagstheorien. Somit liegt eine Begründung für die Auswahl des Materials nicht zuletzt in der Chance, über dieses »akademisch unkontaminierte« Material kritische Kulturforschung zu betreiben. Für was hat der Alltagsmensch (in Abgrenzung zum Therapeuten, Akademiker, Wissenschaftler) einen Blick? Wie strukturiert Kultur (Sozialisation) das Wahrnehmungsschema (Erkenntnismöglichkeiten) des Subjekts, bevor es in Studium und Ausbildung professionalisiert wird?

Material zu erlangen, das A. aus dem Feld entspringt, das durch seine Intimität schwierig zu begehen ist, und B. von einem Subjekt erhoben wird, das mit einem naiven Blick Neues entdecken kann, fast frei von sozialwissenschaftlichen Bezugssystemen, ist eine Chance erster Güte für explorative Forschung.

Der Zugang zu diesem erwartungsträchtigen Material begründet die Auswahl des Materials in hervorstechender Weise. Dass die Naivität der studierenden Forscherinnen und Forscher über die Möglichkeit der Kulturforschung hinaus auch bei der Frage nach dem Feldzugang von zentraler Bedeutung ist, wird im folgenden Kapitel beschrieben (siehe zur Vertiefung Dammasch, Kratz 2012, 2014).

3.2.2 Der Zugang zum Feld –
Parallelen zum psychoanalytischen Erstgespräch

Bei der Suche nach Familien mit Kindern im forschungsrelevanten Alter können unterschiedliche Zugänge gewählt werden (Aushänge in Kindertagesstätten, Anfragen über soziale Netzwerke u. v. m.). Als besonders effektiv erwies sich die Informati-

---

[62] Der Autor der vorliegenden Studie hat erst als Student, später als wissenschaftlicher Mitarbeiter selbst Familienbeobachtungen im Rahmen des Seminars durchgeführt und zur Generierung der Daten beigetragen.

onsstreuung einer Familiensuche im entfernten Verwandten- und Bekanntenkreis, die zu einem Schneeballeffekt führen konnte. Über private Kontakte konnten Familien vermittelt werden und doch eine anzustrebende, objektive Fremdheit zwischen den Familien und den Beobachtenden eingehalten werden. Über den Verwandten- und Bekanntenkreis, aber auch durch die Tatsache, dass die Forschenden noch lernend, unerfahren und naiv waren, ließ sich außerdem ein gewisses Maß an Vertrautheit weiterleiten, das einer, wie anzunehmen ist, natürlichen Distanz, *Fremde* in den privaten Raum einzuladen, entgegenzuwirken schien. Die Vorstellung, Studierenden beim Studium zu helfen, scheint motivierender als die Vorstellung, Teil eines Forschungsprozesses zu sein.

Obwohl sich die Familien und die Beobachtenden, die bislang in keiner näheren Verbindung standen, objektiv betrachtet fremd waren, ließ sich durch die Vermittlung über gemeinsam-bekannte Mittelsmänner bereits eine gewisse Verbundenheit, Verbindlichkeit und Vertrautheit herstellen. Eine Vertrautheit im *Zusammensein* mit Studierenden steht einer Skepsis im *Zusammensein* mit Expertinnen und Experten gegenüber. Da es dennoch auch für die Studierenden nicht einfach ist, eine Familie zu finden, die sich dem Rahmen der Forschung annimmt und eine gewisse Zeigelust über fünf Beobachtungstermine aufrecht erhält (vgl. Dammasch, Kratz 2012), ist der Zugang zu einer Familie ein weiteres Kriterium der Fallauswahl.

Der konkrete Zugang

Der strukturelle Ablauf im Anschluss an die Fallakquise gestaltete sich bei allen Beobachtern nach einem einheitlichen Regelwerk. Dabei lassen sich interessante Parallelen zum psychoanalytischen Erstgespräch beobachten.

Es gibt einen Erstkontakt, bei dem Familie und Beobachterin oder Beobachter einander kennenlernen können. Hierbei gibt es für die Familie die Möglichkeit, offene Fragen zu klären und sich ein Bild von der beobachtenden Person und dem Projekt zu machen. Vorstellung und Realität können abgeglichen, ein Arbeitsbündnis geschlossen werden. Die oder der Beobachtende hat hierbei die Möglichkeit, ihre bzw. seine Rolle und den Rahmen, die Anzahl der Beobachtungen sowie die zeitliche Struktur zu thematisieren. Dieses Vorgehen schafft eine Grundlage, die zu einer sehr niedrigen Drop-Out-Quote und zu einem zielführenden Erhebungsverlauf beizutragen scheint.[63]

Gleichsam begegnen sich bei diesem Treffen zwei fremde Parteien. Dies erinnert an das psychoanalytische Erstgespräch[64] über das Laimböck schreibt:

---

[63] Lediglich 2 von insgesamt 46 Familienbeobachtungen wurden seitens der Familie abgebrochen.

[64] Die Verwendung des Begriffes »psychoanalytisches Erstgespräch« lässt vermuten, es gäbe nur eine Art des psychoanalytischen Erstgespräches. Dass dem nicht so ist, beschreibt Laimböck 2000. Hier wird der Begriff in Anlehnung an Laimböck verwandt, die bei ih-

Keiner von beiden Beteiligten weiß etwas um das zu erforschende Terrain, beide tasten sich gleichermaßen vor, ohne zu wissen, was die nächste Wendung bringt, denn für den Einzelfall sind die zur allgemeinen Orientierung angelegten Karten zu grob. (2000: 16)

Als Karten können, hier auf das Kennenlerntreffen bezogen, individuelle, familiäre Erwartungen seitens der Beobachtenden und individuelle Erwartungen an den Beobachtenden und die Beobachtungssituation seitens der Familie verstanden werden.

Die Kennenlerntreffen werden, genau wie die eigentlichen Beobachtungen, erinnert und dokumentiert, da sie den konkreten Beginn des Erhebungsprozesses und den indirekten Einstieg ins Feld darstellen. Das Kennenlerntreffen ist der Beginn eines hermeneutischen Erzeugens von Sinn und Verständnis (vgl. Kap. I, 2.3).[65]

Ähnlich den Erfahrungen aus den von Bick u. a. beschriebenen Infant Observation Seminaren (vgl. 2009: 20ff., siehe auch Köhler-Weisker 1980: 630ff.) sind die Widerstände von Eltern, sich zu einer Familienbeobachtung bereit zu erklären, auch bei dieser Art der Sozialforschung, und wesentlich begründet über den Aspekt der Beziehung zur oder zum Studierenden, erstaunlich gering. Gerade Mütter oder Vätern mit Kleinkindern und Geschwisterkindern im Säuglingsalter scheinen sich über die kontinuierlichen Besuche der studierenden Beobachterinnen und Beobachter regelrecht zu freuen. Insbesondere bei Einelternfamilien kann dies mit einer potenziellen Aufweichung des regressiven Milieus der Mutter- oder Vater-Kind-Beziehung zusammenhängen, welche mit der Anwesenheit eines zweiten Erwachsenen einhergehen kann (oder unbewusst erhofft wird).[66] Übergeordnet lassen diese Erklärungen die Bedeutung der Beziehung zwischen Forscher und Beforschtem erkennen, die bereits über die Probandenvermittlung ihren Anfang findet. Bereits vor der ersten direkten Beobachtung werden Erwartungshaltungen erzeugt, Objektbeziehungen aktualisiert und der Verlauf der Beobachtungen in gewisser Weise vorstrukturiert (vgl. Laimböck 2000: 9, siehe auch Argelander 1968, 1999, Boessmann et al. 2011).

Auf diese Weise konnte ein Zugang zu 46 Familien im Frankfurter Raum gefunden und ein facettenreicher Datenpool gefüllt werden, der in seiner Zusammensetzung der sozialen Struktur Frankfurter Mittelschichtsfamilien erstaunlich nahe kommt.[67]

---

rer Definition hervorhebt, dass das Erstgespräch aus einer hermeneutischen Grundposition heraus geführt werden muss und nicht nach »psychoanalytischen Ordnungsprinzipien sortiert« werden darf (ebd.: 19).

[65] Kutter beschreibt hier passend, wie er während der ersten Stunde im psychoanalytischen Gespräch erst hermeneutisch und danach kausal erklärend vorgeht (vgl. 2000: 83).

[66] Von Köhler-Weisker wird zudem das »dringende Bedürfnis, von der Beobachterin etwas (mütterliche) Zuwendung zu bekommen« (1980: 631), als Motiv genannt, welches durch die mitunter beängstigende Verantwortung, Mutter zu sein, hervorgerufen werden kann.

[67] Die heterogenen Seminargruppen aus Frankfurt, die in ihrem sozialen Umfeld erhoben haben, spiegeln in etwa die Varianz der beobachteten Familien wider.

Die Auswahl der Fälle im Erhebungsteil ist, neben den aufgeführten Variablen, primär über das doppelte Kriterium der Zugänglichkeit konstruiert.

3.3 Neubestimmung des Forschungsfeldes

Im Folgenden soll im Kontext einer vertiefenden Reflexion die Frage eingeschoben werden, was für ein Forschungssetting das einer Familie ist. Kann trotz einer prinzipiellen Verfälschung durch die Ergänzung eines »fremden« Teilnehmers von einem natürlichen Setting gesprochen werden? Wie in Kap. I, 2 bereits herausgearbeitet wurde, ist der Ausgangspunkt der Forschung ein empirischer. Welchen Charakter aber hat das Empirische?

Überträgt man den methodischen Anspruch der Infant Observation (vgl. Bick 2009), dass die Familien in ihrem familiären Setting beobachtet werden sollen, in welchem der Säugling bzw. das Kleinkind in seinem gewohnten Lebensraum agiert, auf die empirische Sozialforschung, so verleitet dies zu der Annahme, dass die beobachteten Familien auch in dieser Studie in ihrem gewohnten Umfeld in Alltagssituationen agieren und weiter, dass von einem naturalistischen Design gesprochen werden kann. Dies ist im weitesten Sinne nicht falsch, birgt jedoch die Gefahr, ein entscheidendes Merkmal der Methode zu überdecken – die Unnatürlichkeit und Fremdheit der Beobachtungssituation an sich. Sie wurde in Kap. I, 2.3 bereits angeschnitten.

Während in Familien, die bspw. im Kontext psychoanalytischer Ausbildungen über ein bis zwei Jahre wöchentlich beobachtet werden, die Beobachtenden quasi einsozialisiert, also mit der Zeit wie ein Familienmitglied betrachtet werden und sich eine *neue Natürlichkeit* einstellen kann, so ist im Kontext empirischer Forschung (gerade bei höheren Fallzahlen) mit weit weniger Beobachtungen und kürzeren zeitlichen Rahmungen zu rechnen. Im bereits erwähnten Seminarkontext wurde die Beobachtungshäufigkeit ursprünglich aus forschungspraktischen Gründen auf fünf festgelegt. Wohl wissend, dass diese Zeitspanne zur Überwindung artifizieller Momente, wie sie auch von Weinberg und Williams (1973) ausführlich beschrieben werden, nicht immer ausreicht. Die verschiedenen Phasen der Feldforschung, in denen sich die Beobachtenden und Familienmitglieder einander annähern, sie sich im Feld orientieren und in ihrem Verhalten überprüfen, bevor sich schließlich eine Routine einstellt, lassen sich im Rahmen von fünf Beobachtungen nicht immer durcharbeiten. Diese Tatsache kann jedoch durch die Erkenntnis entschärft und produktiv genutzt werden, dass gerade durch den Umgang mit der unnatürlichen Situation der Beobachtung, subjektive Objektbeziehungsentwürfe in Szene gesetzt werden. Diese sind immer auch Ausdruck der innerfamiliären Beziehungslagen und -entwürfe und erweitern den Blick in den psychosozialen Raum der Familien (vgl. Kap. I, 2.3).

Entsprechend der Erkenntnis, dass in Forschungsprojekten sowohl der Beobachtungsverlauf als auch der Erkenntnisgewinn durch den Umgang von Familie und Beobachterin oder Beobachter mit der unnatürlichen Beobachtungssituation gekennzeichnet sind, muss der Anspruch an das Forschungssetting in der empirischen Sozialforschung entsprechend definiert werden:

Bei einer an Infant Observation orientierten Forschung, werden Beobachter/-in und Familien im ursprünglich natürlichen Setting in (direkter/indirekter) Interaktion beobachtet, wobei authentische, innerfamiliäre Szenen und Interaktion auf natürliche Weise zustande kommen können. Eine Beobachtung der Familie im familiären Setting muss immer auch als interaktiver Bearbeitungsprozess der Beobachtungssituation verstanden werden, dessen Aktualität in Abhängigkeit von Familie und Beobachter/-in mit der Zeit verloren gehen kann.

Wie sieht nun die konkrete Erhebung im Feld aus, die hier bislang mit einem Verweis auf »Infant Observation« überschrieben ist?

3.4 Psychoanalytisch orientierte Familienbeobachtungen

In Kap. I, 2.1 wurde die Entwicklungsgeschichte der Psychoanalyse bereits mit einem Blick auf die Transformation der Geschlechterforschung zur Gleichstellungs- und Gleichheitsforschung skizziert. Dort stand das Anliegen einer historischen Verortung der Studie im Vordergrund. Hier kann nun ein kurzer, entwicklungsgeschichtlicher Blick auf die Einführung der Direktbeobachtung in die psychoanalytische Forschung dabei helfen, das Erhebungskapitel inhaltlich zu konkretisieren.

Die Idee einer psychoanalytischen Beobachtungsforschung von Kindern hat bereits Freud formuliert, vor allem wenn es um die Erforschung der frühen Kindheit geht. Daran hat Dornes 2011 erinnert:

> Die relative Unzulänglichkeit der ersten 1 ½ Lebensjahre gegenüber rekonstruktiven Bemühungen war ein Grund für die Einbindung von Direktbeobachtungen und ein Grund für Freud seinen Schülern und Freunden dazu zu raten. (2011: 23 in Anlehnung an Freud 1909: 13f.)

Heute ist die Direktbeobachtung von Säuglingen und Kleinkindern bereits in der psychoanalytischen Ausbildung ein Kernelement und findet auch zunehmend Eingang in psychoanalytische Forschungsarbeiten (vgl. Stern 2010, Dornes 2011, Metzger 2000, u. v. a.). In Kapitel I, 2.3 wurde jedoch angerissen, dass es einen Unterschied macht, in welchem Kontext welches Arrangement von welchem Forscher mit welcher Absicht bearbeitet wird. So ist es nun notwendig, die bestimmte Erhebungsmethode vorzustellen, die bereits angerissen wurden. Was kann in dieser Studie wie erhoben werden?

Prämisse und Methode psychoanalytischer Familienbeobachtung

Die hier angewandte Form psychoanalytisch orientierter Familienbeobachtung ergänzt die grundlagentheoretische Position des Interpretativen Paradigmas und die des Symbolischen Interaktionismus mit den Objektbeziehungstheorien des Psychoanalytischen Paradigmas und folgt dabei dem Anspruch, Aussagen über die psychische Entwicklung des kleinen Jungen in der Beziehung zu seinen primären Bezugspersonen treffen zu können (vgl. Lehner, Sengschmied 2009, Lazar 1986, 2000). Die Orientierung an diesen Paradigmen bringt Psychoanalyse und empirische Sozialforschung zusammen.

Soziales Verhalten und Interaktionen stehen im Zentrum der Erhebungsmöglichkeiten. Über eine emotionale und körperliche (An-)Teilnahme an Familieninteraktionen sollen diese miterlebt, deren emotionale Qualität aufgenommen und annähernd wiedergegeben werden können (vgl. Kap. I, 2.3). Dies provoziert die methodologisch wichtige Frage, was in beobachtbarem Verhalten und hörbarer Sprache überhaupt Ausdruck findet. Zwei Prämissen lassen sich hier hervorheben:

a) Es wird Lorenzers Sprach- und Symboltheorie (1986, vgl. Kap. I, 2.2) gefolgt, dass das Subjekt über assoziative Leistungen affektive Zustände und innere Bilder mit Sprachsymbolen verbindet und so Gedanken bilden kann. Sie sind zusammengesetzt durch bewusste und unbewusste Anteile und finden Ausdruck in der Doppelbödigkeit menschlicher Ausdrucksformen. Die Existenz bewusster und unbewusster Anteile bewies bereits Freud an den Fehlleistungen (vgl. Laplanche, Pontalis 1973: 153f.) – soziales Verhalten ist doppelbödig.

b) Es wird sich an dem Leitsatz des Interpretativen Paradigmas orientiert, in dem »alle Interaktion ein interpretativer Prozess ist, in dem die Handelnden sich aufeinander beziehen durch sinngebende Deutung dessen, was der Andere tut oder tun könnte« (Mathes 1976: 201 zit. nach Lamnek 2010: 32). Bei näherer Betrachtung lässt sich aus diesem Zitat explizieren, dass in sozialem Verhalten das Selbstverständnis der handelnden Akteure sowie deren sinnvoller Entwurf einer Reaktion des Gegenübers auf die eigene Person und deren Aktion enthalten ist[68] – die Repräsentation des Selbst und des Anderen gestalten Interaktionen mit.

Wer das handelnde Subjekt verstehen will, muss nach diesen Prämissen dem Anspruch folgen, dessen Perspektive einzunehmen, um »die Beziehungssituation der Subjekte zu ihren Objekten und die Interaktion der Subjekte zu verstehen« (Lorenzer 1995: 141). Der forschende Blick auf das Verhalten Dritter muss sich demnach

---

[68] Darüber hinaus muss ein weiterer Bezugsrahmen, in dem sich die sinngebenden Deutungen der Interaktionspartner vollziehen, als dem sozialen Verhalten inhärent begriffen und benannt werden: Soziokulturelle Normen liefern den Interaktionspartnern Verhaltenskodexe, durch die sie sich in der Interaktion lenken bzw. beschränken lassen können.

über das Eindenken und Einfühlen in die individuelle Objektwelt des Subjekts vollziehen. Die psychoanalytisch orientierten Forscher/-innen im vorgestellten Seminarkontext sind gefordert, Jungen in ihrem gewohnten Lebensraum zu beobachten. Sie sollen ihre Aufmerksamkeit pragmatisch und emotional (an-)teilnehmend auf den Jungen und all das lenken, was ihn umgibt, seinen Lebensraum gestaltet und sein inneres Erleben betreffen könnte. Bei der Beobachtung von Familien stehen die von Datler (2008) zusammengefassten zwei zentralen Schritte in leicht modifizierter Form im Vordergrund:

Schritt 1:
Die Studierenden suchen Familien mit Söhnen im Alter von bis zu vier Jahren, mit denen sie bislang in keiner näheren Verbindung standen. Diese werden fünf Mal wöchentlich, für eine Stunde, in ihrem familiären Setting beobachtet. Die Beobachtenden sind gebeten, in der Stimmung der Situationen, im Sinne gleichschwebender Aufmerksamkeit, mitzuschwingen, an sie Herangetragenes weder zu sortieren noch zu bewerten. (Das dies nur begrenzt möglich ist, wurde in Kap. I, 2.3.2 ausführlich beschrieben.) Die beobachteten Szenen sollen in ihrer unmittelbaren emotionalen Qualität aufgenommen werden und auf das Erleben der Beobachter wirken. Aus einer möglichst passiven Haltung heraus sollen die Forscherinnen und Forscher sich einerseits mit dem Feld identifizieren und sich andererseits bewusst bleiben, als Beobachtende im Feld zu sein.

Schritt 2:
Im direkten Anschluss an die Beobachtungen sollen deskriptiv-narrative Erfahrungsprotokolle verfasst werden, die von Situationsbeschreibungen bestimmt und durch das eigene Erleben der Situationen ergänzt sein sollen. Theoretische Kopplungen und theoriegeleitete Interpretationen gilt es zu vermeiden. Die so aufgenommenen und erinnerten Szenen und Situationen werden durch die Verschriftlichung wiedergegeben, konserviert und somit den Teilnehmerinnen und Teilnehmern der Interpretationsgruppen zugänglich gemacht. In Kap. I, 2.3 wurde die Struktur des Protokolls bereits ausführlich beschrieben.

Die zahlreichen Erfahrungen und daraus resultierenden Publikationen aus Infant Observationsseminaren geben ausreichend Anlass zu der Annahme, dass die Erhebungsmethode gut geeignet ist, um Aussagen über das Erleben des Säuglings, respektive des Jungen, in seiner Beziehung zu Bezugspersonen treffen zu können – vorausgesetzt die oder der Beobachtende geht dem Fokus der Erkenntnisbildung nicht verloren (vgl. Kap. I, 2.3.2 und übergeordnet Köhler-Weisker 1980, Lehner, Sengschmicd 2009).

3.5 Das Elterninterview

Eine bislang kaum genannte Materialsorte, die ebenfalls Gegenstand dieser Studie ist, bilden Elternpaarinterviews. Sie wurden in der methodologischen Auseinandersetzung weniger berücksichtigt, da ihre Relevanz für die Studie auf zwei Ebenen begrenzt ist. Den Kern der Studie bilden Erfahrungsprotokolle. Elternpaarinterviews dienen, so wurde es in Kap. I, 2.3 sorgfältig herausgearbeitet, der Studie primär zur Beweisführung einer empirischen Verankerung von Erfahrungen (vgl. Kap. I, 2.3). Sekundär werden sie aber auch herangezogen, um bei dem Projekt einer systematischen Fallauswahl (vgl. Kap. I, 3.8) Orientierungshilfen zu bieten. Es hat sich gezeigt, dass über den zentralen Gegenstand der Untersuchung, die Erfahrungsprotokolle, eine systematische Fallkontrastierung wenig gut begründet werden kann. Die Interviews konnten hier, durch ihre Originalität (Primärdaten), zur Fallsystematisierung und -kontrastierung hilfreich herangezogen werden (vgl. Kap. I, 3.8). Sie werden folgend skizziert.

Die Elternpaarinterviews

Für die Erhebung wurde sich für ein Elternpaarinterview entschieden, das einen Raum öffnet, in dem Selbst- und Fremdeinschätzungen von Müttern und Vätern in einen Elternpaardialog treten und sich Eltern gemeinsam äußern oder infrage stellen können. Mütter und Väter als Ko-Konstrukteure des *alltäglichen* Familienalltags sollen sich im Hier und Jetzt der Interviewsituation inszenieren. Dabei wird der Idee gefolgt, dass sich Eltern als Paar und Individuum interaktiv entwerfen, gegenseitig bestärken oder hinterfragen. Unter Berücksichtigung der Tatsache, dass sich für die Erschließung von Identitätsentwürfen, Autobiografien und Lebenspraxen offene, unstandardisierte Interviews sehr gut eignen (vgl. Laimböck 2000, Glinka 2003, Boesmann, Remmers 2011, Osten 2000), wurde ein sehr offener Leitfaden entwickelt. Orientiert ist dieser inhaltlich an den Frage- und Themenkomplexen des Basler Elterninterviews (vgl. von Klitzing 2000) und dem Adult-Attachment-Interview (vgl. Sahhar 2012, vgl. weiterführend Dammasch, Kratz 2012). Das erprobte Potenzial dieser Leitfäden, Eltern zum Nachdenken und Sprechen über die Zeit vor, während und nach der Schwangerschaft anzuregen, wurde für die Studie übernommen.

Eine weitere Begründungsfigur für die Nutzung dieses so konzipierten Leitfadeninterviews findet sich bei Stigler und Reicher (2012). Sie weisen darauf hin, dass sich der Leitfaden insbesondere für Studierende eignet, die noch nicht viele Erfahrungen in Erhebungsmethoden bzw. mit Interviewtechniken gesammelt haben.

Zur Umsetzung

Alle Interviews wurden im Anschluss an die psychoanalytisch orientierte Familienbeobachtung von der Beobachterin oder dem Beobachter selbst mit den Eltern der

Beobachtungskinder geführt. Diese Vorgehensweise stellte sich als geeignet heraus, da durch die freundliche, privilegierte Anwesenheit der Beobachtenden das Vertrauen der Familienmitglieder gewachsen ist. Diese Besonderheit des Interviews scheint dazu beizutragen, dass die sonst beim Interview üblichen Fremdheitsgefühle von Interviewten und Interviewern vermindert auftraten. Dadurch wurden den studentischen Forscher/-innen häufig auch intime und private Details erzählt. Die Vertrautheit der Beobachtenden trug dazu bei, Hemmungen zu lösen und Emotionen sowohl bei Interviewten als auch bei den Interviewern zu kommunizieren.

3.6 Auswertungsmethode der Tiefenhermeneutik

> Sozialpsychologische Forschung ist auf Beschreibungen, auf sprachlichen Austausch angewiesen. (Morgenroth 2010: 49)

In Kapitel I, 2 wurde ausführlich dargestellt, wie beobachtbares Verhalten in der Familie protokolliert und eine (von den Familienmitgliedern nur teilweise versprachlichte) Kommunikations- und Interaktionspraxis deskriptiv in Sprache übersetzt und letztlich über das Erfahrungsprotokoll konserviert wird. Durch die subjektive Übersetzung von beobachtbaren Kommunikations- und Interaktionspraxen in Sprachsymbole können diese einer intersubjektiven Betrachtung zugänglich gemacht werden (vgl. Kap. I, 2.3). Eine tiefenhermeneutische Auswertungsgruppe kann sich ihrer annehmen.

> Die tiefenhermeneutische Analyse ist eine sozialwissenschaftliche Interpretationsmethode, die sich mit dem Verstehen des Unbewussten befasst. Sie unterstellt eine Doppelbödigkeit sozialer Handlungen, ein Wechselspiel bewusster und unbewusster Sinnebenen die hinter menschlichen Ausdrucksformen wirksam sind. (Kratz, Ruth 2016: 241)

Da die Methode der Tiefenhermeneutik in einer allgemeinen Form insgesamt vielfach beschrieben ist (vgl. König 1986, 2008, Lorenzer 1986, Klein 2004), können hier drei spezifische Fragen an die Studie behandelt werden.

> *a) Kann ein Verstehensinstrument, das aus einer metatheoretischen Auseinandersetzung um die psychoanalytische Praxis entspringt, im Rahmen des hier vorliegenden Forschungsdesigns methodologisch sauber angewendet werden?*
>
> *b) Wie wird in dieser Studie die Regelgeleitetheit einer Methode behauptet, wie der Anspruch der Wissenschaftlichkeit verteidigt?*
>
> *c) Wie kann der Weg der Erkenntnisbildung einer intersubjektiven Nachvollziehbarkeit zugänglich gemacht werden?*

3.6.1 Laien in der Tiefenhermeneutik

Das Instrument, das ein annäherndes Verständnis von subjektivem Erleben herstellen kann, stellt, wie bereits beschrieben, das Szenische Verstehen von Alfred Lorenzer dar (1986, vgl. Kap. I, 2.2). Bei dessen Konzeption hat Lorenzer

> [...] die Psychoanalyse als Sprach-, Symbol- und Sozialisationstheorie entworfen und ihre Anwendung auf die Analyse von Texten – außerhalb des analytischen Settings – erprobt und als tiefenhermeneutische Subjekt- und Kulturanalyse begründet (Kratz, Ruth 2016: 241).

Die Anwendung dieser Verstehensform[69] im Rahmen dieser Studie erfordert eine Klärung der Frage, welche Voraussetzungen zur Anwendung gegeben sein müssen.

> Spricht man von der Aufgabe einer tiefenhermeneutischen Kulturanalyse, so ist es nötig, wenigstens in Umrissen die Qualifikationsanforderungen an diejenigen, die sich der Aufgabe unterziehen wollen, zu nennen. (Lorenzer 1995: 86f.)

Können Studierende und andere Nicht-Psychoanalytiker das Instrument des Szenischen Verstehens forschungspraktisch und methodologisch sauber anwenden? In der Auseinandersetzung mit der Frage, welche Fähigkeiten die tiefenhermeneutischen Kultur- und Subjektforscherinnen und -forscher zur Durchführung ihrer Interpretationsarbeit besitzen müssen, formuliert Lorenzer drei Voraussetzungen: »Selbsterfahrung [...], Supervision [...] und kasuistische Seminare« (ebd.: 87).

Die Studierenden interpretieren in konsistenten Gruppen (über ein Jahr), in denen sie sich (entsprechend ihrer disziplinierten Alltagstechniken vgl. Kap. I, 2) mit all ihren Verstehensformen (vgl. Kratz, Ruth 2016, vgl. Kap. I, 3.6.2), auf das angebotene Interpretandum einlassen.[70] Jede und jeder Studierende wird Zeuge der Interpretationen der oder des anderen, kann die »Triftigkeit der Interpretation nachprüfen und muß solche Nachprüfungen sich selbst gefallen lassen« (Lorenzer 1995: 87). Über die Auseinandersetzung mit dem Material kommt es gleichsam zu einer Auseinandersetzung mit dem Selbst der Interpreten, was dazu führt, dass sich im Laufe der Interpretation eine reifliche Auseinandersetzung mit der eigenen Subjektivität festhalten lässt. Die Reflexion, die Frage nach dem eigenen Empfinden, der eigenen Reaktion auf die Wirkung des Materials, ermöglicht einerseits nutzbare Prozesse des Selbstverstehens und bietet andererseits die Möglichkeit, den Zusammenhang zwischen Empfinden und Material sowie die Verschränkung

---

[69] Die Besonderheit hat Green, wie oben beschrieben, genutzt, um die Psychoanalyse in ihr klinisches, exklusives Setting einzusperren (vgl. Kap. I, 2, sowie Green 2000).

[70] Der Auswertungsprozess der 46 Einzelfälle zog sich über drei Jahre. Drei Kohorten von Studierenden wurden in das Forschungsprojekt eingebunden. Die Erfahrungen haben zu einer stetigen Professionalisierung der Lehre und der Forschung geführt. Diese Forschungsreflexion wurde bereits veröffentlicht in Dammasch, Kratz 2012 und 2014.

von Subjekt und Kultur zu hinterfragen und aufzudecken. Subjekt- und Kulturforschung wird hier verbunden.

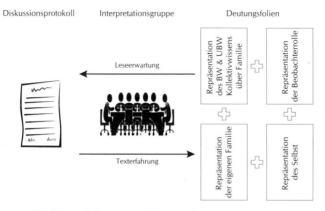

Abbildung 5: Deutungsfolien im Auswertungsprozess

Über einen zirkulären Prozess der Verständnisentwicklung werden Leseerwartungen (strukturiert durch Deutungsfolien) an das Erfahrungsprotokoll herangetragen. Sie finden eine Verifizierung oder Falsifizierung in der Konfrontation mit dem *bestimmten* Material. Die Interpreten verändern ihre Leseerwartung, der gleichen Logik folgend wie die Beobachterin ihre Wahrnehmungsschemata der Familie anpasst (vgl. Kap. I, 2.3.2). Der Text wird in seiner Bestimmtheit, in seinem so und nicht anders sein, zunehmend verstanden. Begleitet wird diese Gruppe von dem Psychoanalytiker Prof. Dr. Dammasch, der die Rolle der Moderation übernimmt und auf das Textverstehen der Gruppe achtet. »Er hat die Linie des manifesten Textsinnes und die Facetten des auftauchenden latenten Sinnzusammenhangs festzuhalten.« (Lorenzer 1995: 87) Ihm obliegt die Aufgabe, supervidierend aufzuzeigen, was für ein Text-Leser-Verhältnis aus einer dritten Perspektive heraus erkennbar ist. Das Potenzial dieser Gruppenzusammensetzung liegt nun darin, dass die Studierenden ihrerseits keine tiefgreifenden Kenntnisse über psychoanalytische Entwicklungs-, Kulturtheorien oder Krankheitsbilder besitzen, während der Analytiker andererseits von theoretischem Wissen durchsetzt ist. Bei dem Anspruch des Analytikers, sich in der Begegnung mit dem Material künstlich naiv zu machen, um einer Subsumtionsforschung zu entgehen, kann die natürliche Naivität der Studierenden sehr hilfreich sein. Gleichsam ist es von großem Nutzen, die Widerstände des Alltagsdenkens durch psychoanalytische Deutungen der Lesarten aufzudecken, aufzuweichen und Eindrücke denkbar werden zu lassen (bspw. Geschwisterrivalität, Neid, Hass und Liebe dort zu sehen, wo sie nicht sein darf).

Die Lesarten werden, ebenso wie der dynamische Interpretationsprozess, in Diskussionsprotokollen verschriftlicht.

Letztlich kann hier festgehalten werden, dass es die Arbeit mit Laien, im Sinne eines ideografischen Vorgehens (vgl. Osten 2000: 28), ermöglicht, Materialinhalte nicht unter psychoanalytische Orientierungsprinzipien zu sortieren (vgl. auch Laimböck 2000: 19). Die psychoanalytische Begleitung öffnet hingegen Denkräume und kann Widerstände als Erkenntnisquelle nutzen.

Die Diskussionsprotokolle bilden das Material der folgenden Interpretationssitzung.

Über die Arbeit an den Diskussionsprotokollen kann die Gruppe der kulturtheoretischen Frage nachgehen, warum sie dieses und nichts anderes über den Text auszusagen weiß. Sie fragt aus einer selbstkritischen Grundhaltung heraus, was der Text offenkundig mit dem Leser macht und was dabei »verschwiegenermaßen« verhandelt wird (Lorenzer 2006: 175). Sie fragt nach den eigenen Deutungsfolien, die hinter der Doppelbödigkeit des Diskussionsprotokolls zu finden sind. Welche Deutungsfolien bringen männliche und weibliche Subjekte und Objekte in der Text-Leser-Beziehung hervor? Dabei hat diese forschungspraktische Erweiterung, das Hinein und Hinaus im Auswertungsprozess, sicher dazu geführt, dass das Projekt der Zentrierung des Jungen, vom »Linguistic Turn« (vgl. Winter 2014), also der De-Zentrierung des im Körper zentrierten Subjekts, eingeholt wird und das Beobachtbare nicht durchweg im Fokus der Untersuchung steht.

Es werden Diskussionsprotokolle über die Analyse der Diskussionsprotokolle verfasst.

Die zirkulären Verfahrensschritte der Studie, mit ihrem mimetischen Charakter, der Gleichmachung und Fremdmachung, werden hier als Merkmal kritischer Geschlechterforschung verstanden. Mit einem Blick auf die psychoanalytische Sozialforschung (vgl. Busch 2001), die sich in direkter Interaktion mit der Erforschung des Individuums befasst, kommen sie den Verfahrensschritten, wie sie Bosse 2010 in seiner ethnopsychoanalytischen Forschungsarbeit *Der Fremde Mann* beschrieben hat, wohl am nächsten.

3.6.2 Der Anspruch der Wissenschaftlichkeit

In den beschriebenen, für die Studie gebildeten Interpretationsgruppen, wurde das erhobene Material in dem dargestellten dreischrittigen Verfahren ausgewertet. Dabei ging es in der Interpretationsgruppe[71] darum, in einem zeitlichen Rahmen von drei Jahren, *alle* 46 erhobenen Fälle an der Tiefenhermeneutik orientiert auszuwerten.

---

[71] Der Begriff der Interpretationsgruppe bezeichnet hier nicht primär eine personell feststehende Gruppe als vielmehr eine Gruppe, die örtlich und strukturell gebunden ist.

Um bei diesem Vorgehen dem Gütekriterium der Regelgeleitetheit zu entsprechen, wurde ein bereits erprobtes Methodenmanual[72] modifiziert, das den Studierendengruppen anleitend vermittelt wurde.

Das Methodenmanual
Sowohl die Erfahrungsprotokolle als auch die Interviews werden als Drama verstanden, wobei *Drama* hier als Theater mit Textgrundlage und verteilten Rollen steht. Das Protokoll und das Transkript werden in der Gruppe so lebhaft gelesen, dass bei den Interpretinnen und Interpreten innere Bilder und Szenen entstehen können. (Aus diesem Grund wurde weiter oben betont, dass die Beobachtenden beobachtbares Verhalten in bildgebende Sprachsymbole übersetzten.)

Die so bei den Interpretinnen und Interpreten evozierten inneren Bilder und Szenen üben Wirkung auf das Erleben aus. Der Text entfaltet seine Wirkung am Subjekt. Die Sprachsymbole stoßen auf einen inneren Resonanzkörper, bringen eine Seite zum Schwingen, die jenseits bewusster Vorstellungen für die Botschaft der Sprachsymbole empfänglich ist. Dieses innere Erleben, die unbewussten und daher nur teilweise kontrollierbaren, psychischen Reaktionen, zum Beispiel abschweifende Phantasien und Assoziationen, stellt Indikatoren für das Vorhandensein latenter Sinnebenen her. Die Gruppe reagiert in diesem Sinne zwar logisch und psychologisch auf den Text, vor allem aber affektiv verstehend (das unbewusste Reagieren auf das unbewusst Mitgeteilte).

Dieses affektive Verstehen wird nutzbar gemacht, indem der Anspruch formuliert wird, den Regeln der *gleichschwebenden Aufmerksamkeit* und der *freien Assoziation* zu entsprechen. So kann im Interpretationsverlauf der unbewussten Sinnebene, in noch verschlüsselter Form, Gehör verliehen werden.

Was frei assoziiert wird, wird zum Fokus des Interesses erhoben und das dort Irritierende als Einstiegsluke zu den latenten Bedeutungen und Sinngebilden genutzt. Immer wenn das subjektive Textverstehen, die daraus resultierende Erwartungshaltung und das Nacherleben (im Sinne Lorenzers 1995: 100) in ein Stocken gerät, wird eine Differenz zwischen der Sinnkonstruktion des Interpreten und des Autors der Szene deutlich. An dieser Stelle muss der Interpret oder genauer gesagt die Interpretationsgruppe den Weg der eigenen Logik verlassen und sich auf eine verstehende Suche nach der Logik des Dritten begeben. Wer das handelnde Subjekt verstehen

---

[72] Alle folgenden Ausführungen orientieren sich im Wesentlichen an den Anwendungsvorschlägen Königs (vgl. 2008: 562 ff.), die eng mit der Kontroverse zwischen Lorenzers Tiefenhermeneutik und Oevermanns Objektiver Hermeneutik (vgl. 1972) verbunden sind und sich mit der Tragfähigkeit des Konzepts des Szenischen Verstehens befassen. Sie sind um eigene Spezifizierungen ergänzt, wobei dem Anliegen dieses Kapitels Rechnung getragen wird, eine möglichst detaillierte und nachvollziehbare Technik der Tiefenhermeneutik darzustellen.

will, muss nach diesem Verständnis dem Anspruch folgen, dessen Perspektive einzunehmen, um »die Beziehungssituation der Subjekte zu ihren Objekten und die Interaktion der Subjekte zu verstehen« (Lorenzer 1995: 141). Der forschende Blick auf das Verhalten Dritter muss sich demnach über das Eindenken und Einfühlen in die individuelle Objektwelt des Subjekts vollziehen. Zur Erinnerung: »Die herkömmlichen Sicht von Außen wird durch eine ebenbürtige Sicht von Innen ergänzt und eine gegenstandsbezogene Begriffsbildung erleichtert.« (Poscheschnik 2005a: 40)

Da in der Gruppe interpretiert wird und nicht intellektuell, sondern affektiv erlebend, auf den Text reagiert wird und die Affekte individuell eingefärbt sind, entstehen verschiedene Lesarten, die sich sowohl decken als auch konkurrieren können. Der Umgang mit den Textszenen sowie den Lesarten und deren Handhabung/Wirkung innerhalb der Gruppe werden vom Gruppenmoderator dokumentiert und als eigene Erkenntnisquelle verstanden. Die Beziehung zwischen dem manifesten Textsinn und dem, was der Text »verschwiegenermaßen« (Lorenzer 2006: 175) mit den Interpreten und der Gruppe macht, wird so aus einer dritten Position heraus erfasst und mit dem bis dahin explizierten Textverständnis konfrontiert.

Während sich in der klinisch-therapeutischen Praxis der Patient unter der verstehenden Mithilfe des Therapeuten verändert, ist es bei der Tiefenhermeneutik der Interpret (die Interpretationsgruppe), der sich am widerständigen Text entwickelt und sein Verständnis über den Textinhalt erweitert. Der Text an sich ist unveränderbar.

Über die Auseinandersetzung mit dem Text und dem, was der Text mit den Interpreten macht, werden Diskussionsprotokolle verfasst, die in ihrer Essenz den Weg der Verstehens- und Nicht-Verstehensprozesse festhalten.

Die bei diesem Vorgehen generierten Lesarten werden zirkulär mit anderen, ähnlichen in Verbindung gebracht.[73] Sie werden mit dem Text konfrontiert – Absatz für Absatz, Zeile für Zeile.[74] So wird abgesichert, dass Lesarten über ein *wildes Deuten* hinausgehen (vgl. Schlücker 2008: 339).

Für den gesamten Prozess der Einzelfallinterpretation ist entscheidend, dass die hier aufgestellten Lesarten und fallimmanenten Thesen immer wieder rückgeprüft, d. h. mit den Beobachtungsprotokollen, aus denen sie entspringen, konfrontiert werden (vgl. Nagel 1997: 91f.).

Lesarten und Thesen werden solange auf ihre Verbindung zum Material hin untersucht und miteinander verglichen, »bis sie sich zu einer, das Ganze erhellen-

---

[73] An dieser Stelle sei an die Parallelität zum therapeutischen Vorgehen erinnert, bei dem es die drei Situationen: die aktuelle, die infantile und die Übertragungssituation sind, die auf ihren Zusammenhang, ihr Einheitliches hin untersucht werden (vgl. Lorenzer, 1995: 141).

[74] Die Formulierung wurde in Anlehnung an Datler 2014 gewählt, der im Rahmen des internationalen psychoanalytischen Kolloquiums die Bedeutung einer klaren Reihenfolge und Sorgfältigkeit in der Materialbetrachtung betont hat.

den szenischen Konfiguration zusammenfügen« (König 2008: 565). In Anlehnung an Devereuxs Formulierung des Evidenzerlebens in der therapeutischen Praxis (vgl. Lorenzer 1995: 155) lässt sich dieses »das Ganze erhellende« in der Tiefenhermeneutik auch als gruppenübergreifendes Evidenzerlebnis beschreiben. Der bis hierhin beschriebene Interpretationsprozess kann als »erstes Feld eines hermeneutischen Verstehensprozesses« (König 2008: 565) zusammengefasst werden.

3.7 Der fokussierende heuristische Rahmen

Durch die langwierige Auseinandersetzung mit den facettenreichen und auf den ersten Blick unvergleichbar erscheinenden Einzelfällen, über den Zeitraum von drei Jahren, ließen sich bestimmte Themen abzeichnen, die für Familien und das familiäre Selbst- und Fremderleben von Jungen fallübergreifend bedeutsam schienen.

So konnte, ausgehend von den Einzelfallbetrachtungen, die Hypothese aufgestellt werden, dass Mütter und Väter mit der Geburt eines Kindes, respektive eines Jungen, in eine innere Krise geraten. Sie scheinen mit der Herausforderung konfrontiert zu werden, innere Geschlechterkonzepte, Phantasien, Ängste und Wünsche mit einer Erziehungspraxis und dem (Ko-)Konstruktionspartner Sohn verbinden zu müssen. Diese Verbindung geschieht in der Regel nicht bruchlos und ist krisenhaft. Die Innenwelt der Eltern wird erfasst von den Fragen: »Was für eine Frau, was für ein Mann bin ich? Was für eine Mutter, was für ein Vater kann ich sein? Was sind wir als Paar für ein Elternpaar? Was bedeutet es für mich, dass ich einen Sohn habe?« Über einen Dialog zwischen Empirie und Theorie ließ sich die Hypothese einer Orientierungskrise im Übergang in die Elternschaft auf angemessene Begriffe bringen.

So ließ sich das allgemeine Phänomen in den Einzelfällen bspw. bei Nagel wiederfinden und mit ihren Worten differenzierter fassen: »Das Individuum ist hier (in hohem Maße) aufgefordert, die neue Situation und seine Stellung dazu zu definieren, die verschiedenen Rollen untereinander abzustimmen und seinen Zukunftshorizont neu zu ordnen.« (Nagel 1997: 71) Nicht nur Kleinkinder müssen frühe Phantasien mit der Realität abgleichen (wie dies auch von Benjamin 1996: 66ff. beschrieben wurde), sondern auch Eltern. Hopf schreibt hierzu eindringlich:

> Die Mutter erkennt im Sohn ihr abhängiges Kind, er mobilisiert aber auch alle eigenen lebensgeschichtlich geprägten Phantasien hinsichtlich eines Mannes und von Männlichkeit. Aus einer Paarbeziehung entwickelt sich eine Triade. [...] Die Geburt des Kindes konfrontiert die Phantasie der Eltern mit der gesamten Realität. (Hopf 2014: 48)

Die induktive Erkenntnis einer spezifischen und nicht bruchlosen Herausforderung von Elternschaft wird über eine theoretische Kopplung begriffen. Sie wird mit dem

Wort der »Orientierungskrise« im Rahmen der Neuordnung des Zukunftshorizontes gefasst.

Über die fallübergreifende Hypothese der Orientierungskrise konnten die Fälle unter heuristischen Fokusfragestellungen betrachtet und ein systematisierter Fallvergleich angeregt werden.

> *a) Wie gehen Eltern mit der Herausforderung der Familiengründung und der ihr prinzipiell inhärent zu scheinenden Orientierungskrise um?*
> *b) Welche Orientierungspunkte nutzen Eltern?*
> *c) Wie gehen sie mit der Realität ihrer eigenen und der Geschlechtlichkeit ihrer Söhne um, die durch den Schwangerschaftsverlauf, die Geburt und die Zeit danach Aktualität und Brisanz bekommt?*

In der erneuten, diesmal fragenden Auseinandersetzung mit dem Material zeigt sich, dass es bei der Orientierungskrise unterschiedliche Umgangsformen gibt, die auf unterschiedliche Orientierungshaltungen verweisen. Diese unterschiedlichen Umgangsformen ermöglichen eine differenziertere Fallkonstruktion und einen forschungsrelevanten Fallvergleich (weiterführend in Kap. I, 3.8).

Der Nutzen, dass der Aspekt der Vergleichbarkeit mit anderen Fällen ursprünglich aus der Fallkonstruktion und der Einzelfallanalyse herausgehalten wurde, ist rückblickend auch darin zu sehen, dass zunächst unvergleichlich erscheinende und unerkannte Momente des Falls für die Systematisierung erhalten bleiben.

3.8 Fallsystematisierung und Kontrastbestimmung

Der systematische Vergleich der Einzelfälle wurde an 25 Einzelfällen vorgenommen, auf die sich die heuristischen Fokusfragen anwenden ließen.[75]

Bei dem sukzessiven Vergleich dieser Fälle wurden die Ergebnisse der tiefenhermeneutisch orientierten Fallanalysen der 25 Fälle zusammengefasst und übereinandergelegt. Forschungsrelevante Kontraste und Parallelen zeichneten sich so sukzessive ab.[76] Dabei ließen sich im Kern zwei Orientierungshaltungen in der Orientierungskrise der neuen Zukunftsordnung identifizieren:

Orientierungshaltung A: Ich mache alles so, wie man es »natürlich« macht, wie es die Eltern gemacht haben, wie es die Kultur lehrt. Die Orientierungshaltung ist

---

[75] In elf Fällen waren die Interviews zu oberflächlich, um dieser Frage nachgehen zu können, oder die Beobachtungsprotokolle waren methodisch nicht sauber und inhaltsstark erhoben. Aus schlechtem Material kann kein gutes Ergebnis erzielt werden.

[76] Wenn sich Kontraste und Parallelitäten zwischen Fällen durch den Vergleich der Zusammenfassungen abzeichneten, führte dies in der Regel zu einer erneuten Betrachtung des Fallmaterials. Dabei konnte der Anschein zur Gewissheit werden.

nach innen, auf das biografische Erfahrungswissen der familiären Heptade[77] gerichtet. Es wird sich an Bekanntem orientiert. Die familiäre Triade ist nach außen, für die Moderne, eher geschlossen.

Orientierungshaltung B: Ich mache es anders, als es in der familiären Heptade erfahren wurde, nämlich so, wie es heute möglich ist. Dabei wird der Blick für die Familien- und Geschlechterdiskurse der Gegenwart geöffnet. Die Orientierungshaltung ist zukunftsorientiert. Die familiäre Triade ist nach außen, der Moderne gegenüber, eher aufgeschlossen.

Es ist wichtig zu betonen: Die Orientierungs*haltungen* A und B werden hier als Pole von Tendenzen verstanden. Das meint, dass es keine Reinform der Orientierung gibt. Eine Orientierung nach innen kann nicht gänzlich unbeeinflusst von den Einflüssen der Moderne bleiben. Noch weniger kann eine moderne Orientierungshaltung von der biografischen Verankerung des Subjekts unbeeinflusst sein. Beide Orientierungshaltungen kommen nicht in Eindeutigkeit vor. Vielmehr bilden die Pole von Tendenzen eine Achse, auf der sich alle 25 Familien systematisch aufführen lassen (vgl. Abb. 6). Das ist hier ein sinnvolles Vorgehen der Fallsystematisierung, da bei früheren Systematisierungsversuchen, die sich an äußeren Faktoren zur Fallauswahl orientierten (vgl. Dammasch, Kratz 2012), erkannt werden musste, dass äußere Daten keinen hinreichenden Aufschluss für die Erkennung von forschungsrelevanten Kontrasten oder Parallelitäten liefern. Eine Systematisierung, die bspw. soziodemografischen Daten nutzt, um den Prozess einer Fallauswahl forschungspraktisch voranzutreiben, kann nicht zielführend vollzogen werden. Familiendynamiken und -muster finden ihre Bedingungen in der Lebenspraxis. Die Fälle und die in ihnen agierenden, erlebenden und praktizierenden Subjekte müssen aus ihrer Lebenspraxis heraus verstanden und über das Verstandene einer Systematisierung zugänglich gemacht werden. Das ist aufwändig, aber notwendig.[78] Lässt sich die

---

[77] Der Begriff der Heptade wird hier einerseits verwandt, da er es ermöglicht, diese Studie mit dem Vokabular der Triangulierungstheorien zu verbinden, und andererseits, weil er in der Lage ist, eine Beziehungskonstellation von sieben Parteien sprachlich zu fassen. Bei dem Triangulierungstheoretiker Dieter Bürgin heißt es in der Einleitung: »Mona heißt Einzelwesen. Dyas heißt Zweiheit und Trias ist die Bezeichnung für Dreiheit.« (1998a: 1). Der Begriff der Heptade bildet, Bürgins Aufzählung weitergedacht, eine Siebenheit ab. Er fasst zusammen, dass eine Trias (hier Mutter-Vater-Kind) sich aus zwei Monas (Mutter und Vater) zusammensetzt, die selbst Kinder ihrer Eltern sind und einer eigenen Triade entspringen. Kurz: Der Begriff der Heptade umfasst das Transgenerationale – eine Familie plus die Eltern der Eltern.

[78] *Hierzu ein Beispiel*: Soziodemografische Daten: Vater 36 Jahre IT-Techniker, Mutter 34 Jahre Elternzeitnutzerin. Schlussfolgerung: Eher geschlossene Orientierungshaltung. Wenn der Vater arbeiten geht und die Mutter sich zu Hause um die Kinder kümmert, ist das kein Indikator dafür, dass die Orientierungskrise mit einer Orientierung nach innen bearbeitet wird, das Geschlecht Rollen und Aufgaben rechtfertig. Bei der Analyse eines solchen Falles kann sich zeigen, dass hinter dieser Konstellation eine moderne, emanzipierte Entscheidung der

Orientierungshaltung des Subjekts erkennen, kann sie fokussiert und als Bedingung für familiäre Dynamiken und Muster verstanden werden. Die Dynamiken und Muster bilden ihrerseits den Rahmen des psychosozialen Erlebens von Jungen.

Um die Systematisierung methodisch kontrolliert durchzuführen und für Dritte nachprüfbar zu machen, wurde das Auswertungs- und hier so verstandene Datenverwaltungsprogramm MAXQDA genutzt. Hier ließen sich die Fälle nebeneinander betrachten, Zusammenfassungen übereinanderlegen, die Diskussionsprotokolle einpflegen, Memos erstellen und sich der Prozess der Systematisierung in seiner Kleinschrittigkeit dokumentieren.

Der systematische Fallvergleich konnte so Dritten zugänglich und nachvollziehbar gemacht werden. Er führt die Leserin und den Leser zu zwei Fällen, die in ihren Tendenzen der Orientierung kontrastiv gegenüberstehen.

F1: In Yannis Familie gibt es keine klaren (eindeutige) Rollenzuweisungen. Mutter und Vater arbeiten, beide kümmern sich um kindbezogene Care-Aufgaben. Über Rollenbilder und Geschlechtersozialisation wird reflektiert. Ambivalenzen werden kommuniziert. Uneindeutigkeit wird ausgehalten und aufrechterhalten. Geschlechterdekonstruktionsversuche manifestieren sich an materiellen gegengeschlechtlichen Angeboten (Spielküche, Puppe u. Ä.). Im Interview wird sich bei der Frage nach der Bedeutung von Geschlecht an aktuellen, medial vermittelten Genderdiskursen orientiert.

F2: In Toms Familie geht der Vater als Dachdecker außer Haus arbeiten, die Mutter arbeitet ihm vom Büro aus zu. Sie übernimmt die Haushaltsaufgaben und die Kindererziehung. Eine patriarchale Rollenverteilung wird aufrechterhalten. Das Geschlechterverständnis wird vom Vater offen kommuniziert und von der Mutter scheinbar wohlwollend mitgetragen. Im Interview sagt der Vater:

> Sagen wir es mal so. Als Mann hat man zu kleinen Kindern noch nicht so die Beziehung weil man noch nichts damit anfangen kann. Du kannst mit nem Kind erst was anfangen, als Mann, wenn es anfängt zu reden, zu krabbeln und so weiter. So ist des! So seh ich des. Wenn die am Anfang noch so klein wie ein Pfundbrot sind, dann hat man da wenig Beziehung. (Elternpaarinterview: 29)

Frau liegt, die ihre Vorstellung von Mutterschaft mit, gegen oder in Einigung mit dem Mann aushandelt. Offene und geschlossene Orientierungshaltungen im Umgang mit der Orientierungskrise sind nicht über äußere Daten generalisierbar.

Ein anderes Beispiel: Soziodemografische Daten: Vater 42 Elternzeitnehmer, Mutter 46 Pharmazeutin. Schlussfolgerung: Eher moderne Orientierungshaltung.

Hinter diesen Daten kann sich ein Vater befinden, der sich um die Kinder kümmert und sehr engagiert ist, während die Frau als Arbeitnehmerin kaum greifbar ist. Dahinter wiederum können sich eine berufliche Erfolgslosigkeit beim Vater und eine Karrierechance der Frau verbergen, die den Vater aus pragmatischen Gründen zu Hause bleiben lässt. Das heißt aber nicht, dass der Vater die Verantwortung der Kindererziehung nicht bei seiner Frau verortet.

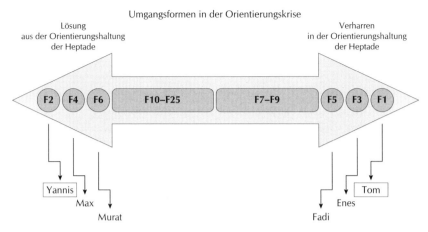

Abb. 6: Systematisierungsachse mit Polen von Tendenzen

Beide Fälle wurden über den Zeitraum von einem Jahr in regelmäßigen Sitzungen mit Doktorandinnen und Doktoranden der Erziehungswissenschaften am Institut für Sonderpädagogik erneut tiefenhermeneutisch analysiert.[79] Wobei die Gruppe über die Fokusfragen und die Begründung der Fallauswahl (Kontrastbestimmung) nicht informiert wurde. Dadurch konnte der Effekt erreicht werden, dass die Interpretinnen und Interpreten die heuristischen Fokusfragen, die eine Suchbewegung im Material angeregt hätten, nicht in die Interpretation hineinfließen lassen konnten. War die Suchbewegung bei der Systematisierung notwendig, so wurde sie in der Analyse als methodologische Schwierigkeit begriffen, die den Blick auf das Material einengt.

Die Ergebnisse dieser Analysen wurden ebenfalls in MAXQDA eingepflegt. Dabei erwies es sich als sehr gewinnbringend, die einzelnen Diskussionsprotokolle mit den Originalszenen verbinden zu können. Eine Übersicht von Lesarten, Hypothesen und deren Verankerungen in den Erfahrungsprotokollen wurde möglich.

Mit den (Verfahrens-)Dokumentationen in MAXQDA, die den Weg der Verständnisentwicklung von ersten Lesarten hin zu stichhaltigen ideografischen Thesen abbildeten, ließen sich für beide Fälle Fallnovellen erstellen. Sie bilden den Weg der Verständnis- und Erkenntnisgewinnung für die Leserinnen und Leser der Studie ab und tragen dabei die Komplexität des Erkenntnisprozesses in sich. Binneberg fasst diese Komplexität wie folgt: »Kasuistik ist die Kunst, eine Fallbeobachtung in eine Falldarstellung zu überführen und sie mit einer Fallanalyse zu verbinden.« (1997: 9)

---

[79] Dabei ist es nicht irrelevant, dass es sich bei dieser Gruppe um eine akademische, vorwiegend soziologische und pädagogische handelt (vgl. Kap IV, 5). Die Interpreten sind mit konstruktivistischen Denkansätzen und Traditionen vertraut..

Die Fallnovellen wurden, bevor sie in diesem Text zur Ergebnisdarstellung platziert wurden, in einem weiteren Analyseschritt einer Gruppe von Erwachsenen- und Kinderanalytikern zur Expertenvalidierung vorgestellt, um sie einer letzten kritischen Kommentierung zu unterziehen.[80] Dies hatte den Effekt, dass mit der Materialart Erprobte ihren analytischen (erfahrungs- und theoriegeleiteten) Blick über die Novellen führen, neue Verstehenszugänge aufdecken und alte hinterfragen konnten. Der prinzipiell unabschließbare hermeneutische Zirkel wurde eine letzte Runde gedreht. Psychoanalytisches Vokabular konnte dabei helfen, bereits Erkanntes auf neue Begriffe zu bringen und dadurch wieder Anderes greifbar zu machen. Ein besonderer Effekt dieser Falldiskussionen war die Verständniserweiterung der Eltern, der Söhne und deren Innerlichkeiten. Lesarten der Erwachsenenanalytiker/-innen bezogen sich in aller Regel auf die Darstellungen der Eltern. Ebenso halfen die Kinderanalytiker/-innen, die Innenwelt des Jungen weiter zu verstehen und sein Selbst- und Fremderleben in der Familie annähernd nachzuvollziehen.

Um bei der poetisch-novellistischen Darstellung des Analyseprozesses und der Erkenntnisse nun wieder den empirischen Bezug nachzuweisen, wird im empirischen Teil dieser Studie ein innovatives Verfahren angewandt, das sich mitunter an der feingliedrigen und wörtlichen Vorgehensweise objektiv-hermeneutischer Falldarstellungen orientiert und eine Nähe zum Material sicherstellt. Es wurde in Kap. I, 2.3 bereits vorgestellt und wird im Folgenden weiter konkretisiert.

---

[80] An dieser Stelle möchte ich dafür danken, dass sich über 50 Analytikerinnen und Analytiker so engagiert und produktiv mit meinem Material befasst haben. Auch möchte ich mich für die Möglichkeit bedanken, mein Material im Rahmen des Symposiums »Männlichkeit, Elternschaft und Sexualität« am 6. März 2015 vor- und zur Diskussion gestellt haben zu dürfen.

II. Empirie –
Tiefenhermeneutische Fallnovellen

Im Rahmen der poetisch-novellistischen Einzelfalldarstellungen werden Interpretationsvorgänge, die von den manifesten hin zu den latenten Sinnebenen familiärer Inszenierungen führen, in verbildlichender und übersichtlicher Form dargestellt.

Es wird hier ein Vorgehen angewandt, bei dem die Leserin oder der Leser, über eine systematische und kleinschrittige Darstellung von Textsequenzen, ein logisches Verständnis[81] der protokollierten innerfamiliären Inszenierungen vermittelt bekommt. Der Fall wird, wie von Binneberg vorgeschlagen (vgl. 1997: 244), zunächst dargestellt. (Die originalen Protokollauszüge sind durch Rahmungen gekennzeichnet.) Daran anknüpfend wird ein logisches Textverständnis für den oder die Leser/-in sprachlich ausformuliert, damit eine intersubjektive Nachvollziehbarkeit der weiteren Auslegungen möglich wird.[82] Dabei lässt sich ein Fundament gießen, das ein späteres psychologisches und szenisches Verständnis der Textinhalte trägt. Bedeutsam wird diese Vorgehens- und Darstellungsart auch durch den erwünschten Effekt, dass der Leserin und dem Leser möglichst der Eindruck erspart bleibt, bei einer Tiefenhermeneutischen Analyse mit wilden Deutungen[83] konfrontiert zu werden. Ihnen wird ein nachvollziehbarer und plausibler Weg einer Verständnisentwicklung unterbreitet, der sie zum Mitlesen und Durchdringen der (späteren) Analyseschritte und Deutungen einladen soll. Durch einen feinanalytischen (fast wörtlichen) Einstieg, lassen sich im Verlauf größere Textsequenzen bearbeiten und in der Fallanalyse leichter verstehen. Textpassagen werden mit zunehmendem Textverständnis länger, die Lesarten durch ihre Verbindungen und Evidenzen zunehmend stringenter.

Über diese Darstellungsart wird sorgfältig auf Irritationen im logischen Material aufmerksam gemacht, die einen Einstieg in verborgene Inhalte und Motive des fa-

---

[81] Siehe zur Definition des Begriffspaares des »logischen Verständnisses« die methodologischen Ausführungen in Kap. I, 3.6.

[82] Dem Leser, der erfahren in der Auseinandersetzung mit Fallstrukturanalysen der Objektiven Hermeneutik ist, wird sich beim Lesen der ersten Seiten an diese erinnern. Er darf sich aber nicht verleiten lassen, die Methode und die Prinzipien der Objektiven Hermeneutik in der Analyse zu suchen. Kleinschrittigkeit und Wörtlichkeit sind hier Kriterien einer Zwischenetappe auf dem Weg zu einem späteren Ziel.

[83] Zuletzt hat Rolf Haubel auf der Jahrestagung der Gesellschaft für Psychoanalytische Sozialpsychologie 2013 die Kritik formuliert, dass die Darstellungen tiefenhermeneutischer Analysen sich nicht selten wie »wilde Deutungen« lesen lassen.

miliären Alltagsgeschehens ermöglichen – das Wahrnehmen von Irritationen führt zu einer tieferen Erkenntnis. So stellt sich sukzessive ein erweitertes Verständnis für das individuelle Agieren, Reagieren und ein annäherndes Verstehen der Protagonisten ein. »So hoch die Abstraktionen in der Fallanalyse auch hinaufsteigen mag, sie hat ihre empirische Basis in der Falldarstellung hinter sich.« (Binneberg 1997: 17)

Über eine Zusammenfassung der (näher-)verstandenen Beziehungsmuster und -dynamiken werden fallspezifische Rekonstruktionen und erste Thesen formuliert (vgl. Kap. II, 1.3 und II, 2.3). Eine Konfrontation mit kontrastiven Szenen im Material wird deren Reichweite prüfen (vgl. Kap. II, 1.4 und 2.4). In einem weiteren Schritt folgt ein nachvollziehbares theoretisches Begreifen der Thesen (vgl. Kap. III).

Ab Kap. III werden einzelne Fallhypothesen mit ihren theoretischen Stellvertretern aus der Psychoanalyse und ihren Nachbardisziplinen diskutiert, sie greifen diese an oder lassen sich selbst durch diese besser begreifen.

Punktuell fließen Aussagen aus den Elternpaarinterviews mit in die Einleitung der Fallnovellen hinein. Sie unterstützen die Leserin und den Leser dabei, sich ein Bild von der Familie zu machen (vgl. Kap. I, 2.3.2).

1. Der Fall Tom Schwarz

Familie Schwarz wird von einem 21-jährigen Student der Sozialen Arbeit beobachtet, der selbst noch als Einzelkind in seiner Herkunftsfamilie lebt. Eigene Kinder hat er im Beobachtungszeitraum nicht. Die theoretische und praktische Auseinandersetzung mit den Themen Kindheit, Geschlecht und Familie im Modul des Forschenden Lernens sind für ihn prinzipiell neue. Nach eigenen Angaben hat er vor und auch während des Studiums keine praktischen Erfahrungen in der Arbeit mit Kindern gesammelt. Wohin ihn sein Studium führen soll, ist ihm im Rahmen seiner bereits absolvierten Studienzeit (2. Semester) noch nicht klar geworden. Die Herausforderung, eine Familie für die Beobachtungen zu finden, gelingt ihm, trotz seiner thematischen Ferne, seiner inhaltlichen Unentschlossenheit und seiner fehlenden familienbezogenen Kontakte und Vernetzungen, dennoch sehr schnell. (In seinem Freundes- und Bekanntenkreis finden sich keine Familien mit jungen Kindern.) Da er als Student noch zu Hause bei seinen Eltern wohnt, kann er in seiner Position als Sohn scheinbar problemlos auf die Kontakte und familiären Vernetzungen der eigenen Eltern zugreifen. Sie zeigen ihm im nahen Verwandten- oder Bekanntenkreis eine Familie mit einem Sohn im entsprechenden Alter und stellen den Kontakt für ihn her. So findet der Beobachter Familie Schwarz, die sich für eine Beobachtung, mit dem Verständnis, Wegbereiter des Studiums zu sein, bereit erklärt. Eine Beschreibung dieses Findungsprozesses nimmt der Beobachter nicht vor, sie wird von ihm auf Nachfrage in den Interpretationssitzungen mündlich nachgereicht. Ohne eigene Umwege nimmt er den Leser seiner Protokolle mit in den privaten Raum der Familie, der sich scheinbar weglos ergeben hat. Das Weglose, das Fehlen einer erwartbaren Distanz zum Forschungsfeld, das in der Regel überwunden werden muss, wird dem Leser der Protokolle im gesamten Beobachtungsverlauf immer wieder begegnen.

1.1 Vorstellung der Familie Schwarz[84]

Das Beobachtungskind Tom Schwarz ist zum Zeitpunkt der Erhebung 3 Jahre und 5 Monate alt. Es ist das jüngste Kind in einer vierköpfigen Geschwisterreihe und gliedert sich mit großem Altersunterschied in diese ein. Sein Bruder Flo, das älteste Kind der Familie Schwarz, ist im Beobachtungszeitraum 22 Jahre alt und befindet

---

[84] Der Begriff der Vorstellung im Titel ist hier in zweifacher Weise bedeutsam. Einerseits kündigt er eine Darstellung der Familie an, andererseits soll eine Vorstellung der Familie in der Innenwelt des Lesers entstehen. Die Vorstellung der Familie hat einen darstellenden und phantasiestiftenden Anspruch.

sich, mit Blick auf die Generationengrenze, strukturell bereits in einer Übergangsphase. So wird Tom in einer Familienstruktur beobachtet, die altersbezogen drei Generationsebenen abbildet. Dieses Abbild wird durch zwei große Schwestern, mit ähnlich hohem Altersunterschied, noch weiter gesättigt. Die älteste Schwester Tina ist 18 Jahre alt und auch die zweitälteste Schwester, sie heißt hier Anna, ist zum Zeitpunkt der Beobachtung mit 17 Jahren fast volljährig. Zwischen Tom und seinen Geschwistern liegen gute 18, 14 und 13 Jahre Altersdifferenz. Jedes Geschwisterkind könnte für Tom strukturell und real eine Mutter- bzw. Vaterfigur darstellen.

Dieser Möglichkeit folgend, zeichnen sich die Beziehungen zwischen den älteren Geschwistern und Tom durch einen fürsorglichen und erzieherischen Charakter aus. Für Geschwister typische, bspw. rivalisierende oder konkurrierende Beziehungsmuster werden nicht beobachtet. Die Beobachtungen transportieren so insgesamt das Bild eines Jungen, der in der Familienposition eines Einzelkindes lebt und der ungeteilt[85] viel Zeit mit erwachsenen, ausschließlich weiblichen Bezugspersonen verbringt. Die hier abrupte und möglicherweise irritierende Reduktion bzw. Betonung des ausschließlich weiblichen Erfahrungsraums, trotz der Existenz von Vater und großem Bruder, wird mit einem Blick auf das alles rahmende Familienmodell der Familie Schwarz nachvollziehbar. Die Beschreibung desgleichen kann mit einer interessanten Darstellung des Beobachters eingeleitet werden, der rückblickend über die Geschwister folgendes zusammenfasst:[86]

> Die Mädchen befinden sich den Tag über entweder zu Hause oder treffen sich mit Freunden und der Bruder arbeitet in der Firma der Eltern und ist damit meist wie der Vater auf der Baustelle (Globalanalyse[87]: 3 M. B.).[88]

---

[85] Der Begriff »ungeteilt« muss hier in Bezug auf die Teilung von Beziehungsressourcen durch die Präsenz von Geschwistern gelesen werden. Gänzlich ungeteilt ist die Zeit mit Erwachsenen nicht.

[86] Der Einstieg über den Beobachter soll der Tatsache Rechnung tragen, dass der Gegenstand der Analyse die konservierte Wahrnehmung des Beobachters ist. Analysiert wird Familie Schwarz, wie sie durch den Beobachter dargestellt wird (vgl. Kap. I, 2 und 3). Diese Wahrnehmung gibt einen subjektiv verzerrten, aber, wie sich zeigen wird, auch sehr spezifischen und authentischen Einblick in die Familie, der anders nicht zu gewinnen ist.

[87] Als Globalanalyse wird hier eine retrospektive Zusammenfassung der Interpretationsergebnisse in einer Verbindung zum soziodemografischen Wissensstand verstanden. Der Beobachter hat im Anschluss an die Erhebung und die Auswertung einen Überblick (Globalanalyse) über Inhalte und Ergebnisse dargestellt.

[88] Alle platzierten Originalausschnitte dienen hier lediglich der Illustration. Sie sind keineswegs ausgedeutet. Dieser Schritt bleibt der Analyse der Beobachtungsprotokolle vorbehalten (s. u.). Bei dieser findet sich auch der oben angekündigte Darstellungsstil.

Der Beobachter, der in einer entfernten Verwandtschaftsbeziehung zur Familie Schwarz zu stehen scheint[89] und dessen Beschreibungen ein gedankliches Mitagieren der Familiendynamiken von Anfang an erkennen lassen, beschreibt die Geschwister in einer eigentümlichen Weise, die, wie sich später zeigen wird, mit den praktizierten Geschlechterkonzepten und dem daraus resultierenden Familienmodell korrespondiert.

Die Schwestern, die vom Alter her beide junge Frauen sind, werden dem Leser als Mädchen vorgestellt. Sie gehen weder zur Schule noch studieren oder arbeiten sie. Ihre Produktivität scheint dem Beobachter fragwürdig, ihre Existenz in der Familie eher gegenständlich[90]. »*Die Mädchen befinden sich den Tag über entweder zu Hause oder treffen sich mit Freunden*«. Der Bruder kann hingegen seinen altersunabhängigen Status, Bruder zu sein, behalten. Er wird nicht zum Jungen. Der Bruder geht arbeiten und hat sich in der Wahrnehmung des Beobachters bereits in die produktive und identitätsstiftende Generationenfolge des Vaters eingereiht. Er ist »*damit meist ›wie‹ der Vater auf der Baustelle*« (Hervorhebung M. K.).[91] Durch die Gruppierung in Mädchen und Bruder zeigt sich eine eindeutige Geschlechterdichotomie, eine klare geschlechtsspezifische Ordnung und Bewertung zwischen Männern und Frauen (Mädchen). Diese ist, wie sich zeigen wird, auch in den Familiendynamiken der Familie fest verankert und findet in der Wahrnehmungsbereitschaft des Beobachters einen inneren Resonanzraum. Scheinbar widerstands- und irritationslos transportiert der Beobachter innerfamiliäre Inszenierungen und die darin enthaltenen Konzepte.

Dieses noch zarte und sicherlich gut angreifbare Bild einer Skizzierung von Familienmitgliedern mit dem Ziel, ein Familienmodell darzustellen, kann mit den Beobachtungen und den Interviewaussagen im Folgenden schärfere Konturen bekommen.

Herr Schwarz wurde mit 48 Jahren Toms Vater. Zum Zeitpunkt der Erhebung ist er 52 Jahre alt und arbeitet als selbstständiger Dachdecker regelmäßig über angestelltentypische Kernarbeitszeiten hinaus. Tagsüber ist er im eigenen Zweifamilienhaus in der Regel nicht anzutreffen. Seinem erstgeborenen Sohn Flo hat er eine Stelle als Dachdecker in seiner Firma angeboten, was ein Konzept der Stammhalterschaft nahelegt. Die beiden Männer arbeiten zusammen außer Haus und sind in der Familie im Beobachtungszeitraum konkret kaum erfahrbar. Der Bruder wird in einer Beobachtung kurz erwähnt, als er das familiäre Beobachtungssetting streift. Der

---

[89] Im Seminar hat der Beobachter darauf hingewiesen, dass er die Familie über Verwandte gefunden habe. Im Material zeigen sich aber Wissensbestände, die eine (entfernte) Verwandtschafts*beziehung* nahe legen.

[90] Sowohl Objekt als auch Subjekt können die Eigenschaft des *sich Befindens* verkörpern.

[91] Dass der Bruder »ist«, also eine Form des Seins und somit einen Subjektstatus zugeschrieben bekommt, und sich die Mädchen »befinden« ist erstaunlich und lässt weiter nach dem Geschlechterverständnis des Beobachters fragen.

Vater entzieht sich den Beobachtungen gänzlich. Er zeigt sich, eher unabsichtlich, erst zum Ende der Erhebung kurz im Elterninterview. Gleichsam wird er in den Beobachtungen regelmäßig repräsentiert. Als bedeutungsvoller und identitätsstiftender Dritter wird der Vater in jede Beobachtung eingebunden und interessanterweise stets mit der Berufsbezeichnung versehen. Im Spiel wird Herr Schwarz von Tom symbolisch als Dachdecker dargestellt. Frau Schwarz begleitet und fördert das Spielen des Wie-der-Vater-Seins regelmäßig mit einer sprachlichen Übersetzung des symbolischen Spiels. Reale trianguläre Interaktionen, Spiele mit Mutter und Vater entziehen sich in den Familienbeobachtungen der empirischen Erfahrung und so sind es vor allem Mutter-Sohn-Interaktionen, die den Kern der Beobachtungen zusammensetzen.

Im Interview mit dem Vater finden sich eindringliche Erklärungsansätze für dessen Abstinenz im Kontext der Familienbeobachtungsstudie. In der rekonstruierten Lebensgeschichte von Herrn Schwarz finden sich keine bedeutsamen Dritten in der Frühzeit einer Familie und Familienbildung. Und das wird mit einer eigenartig rigiden Logik erklärt: »Als Mann hat man zu kleinen Kindern noch nicht so die Beziehung, weil man noch nichts damit anfangen kann.« (Elternpaarinterview: 29)

Ein Blick auf Toms Mutter, Frau Schwarz, zeigt, dass diese Logik beide Eltern teilen. Frau Schwarz ist 49 Jahre alt und arbeitet ihrem Mann und ihrem Sohn Flo in verwaltender Weise von einem Büro aus zu, das sich im Erdgeschoss des eigenen Zweifamilienhauses befindet. Aus den Beobachtungsprotokollen wird ersichtlich, dass diese Arbeit häufig unterbrochen, abgebrochen oder neu aufgegriffen werden kann. Aufgaben, die ein konzentriertes und kontinuierliches Arbeiten über einen längeren Zeitraum erfordern, werden nicht beobachtet. Vielmehr kümmert sich Frau Schwarz in scheinbar bedarfsorientierter Weise punktuell sowohl um Verwaltungsaufgaben als auch um den Haushalt und kindbezogene Care-Aufgaben. Im Beobachtungsverlauf changiert sie zwischen diesen Aufgaben- und räumlichen Arbeitsbereichen hin und her. Dabei erweckt sie den Eindruck, dass alle drei Tätigkeitsfelder, und so auch die Kindererziehung, einfach nebenbei erledigt werden können.

Für die vorliegende Studie sind Tom und die Familie Schwarz von besonderem Interesse, da sie einen Einblick in ein Familienmodell ermöglichen, das in gegenwärtigen, vor allem sozialwissenschaftlichen Diskursen, als veraltet verstanden und zunehmend entwertet wird. Gleichzeitig stellt es ein Feld dar, über das wir aus der Perspektive des Kindes noch kaum etwas wissen. So wird der weitere Analyseverlauf erkunden, welche Erfahrungen Tom in seiner Familie sammelt. In einer Familie, die sich scheinbar nicht von äußeren Grenzauflösungen (Entgrenzung der Familie, Entgrenzung der Geschlechter) beeindrucken und beeinflussen lässt und, verharrend in einer konservierenden Orientierungshaltung[92] in der eigenen Heptade, Sozialisationserfahrungen fördert, die dem Mainstream des 21. Jahrhunderts widerständig entgegenstehen.

---

[92] Diese Begriffspaarung ist im Kapitel der Fallauswahl ausführlich beschrieben.

1.2 Eine tiefenhermeneutische Analyse

In Kapitel I, 3.4 wurden die Parallelen zwischen einem Kennenlerntreffen und einem psychoanalytischen Erstgespräch ausführlich beschrieben. Findet, wie in dem vorliegenden Fall, kein Kennenlerntreffen statt, verschiebt sich diese Parallele auf das erste Beobachtungsprotokoll. Der interaktive und dynamische Beziehungsaufbau zwischen Familie und Beobachter, mit seinen gegenseitigen Erwartungen, deren Erfüllungen oder Versagungen, wird dem Leser unweigerlich durch die Art der ersten Beschreibungen mitgeteilt. Das erste Protokoll findet deshalb eine detailliertere Betrachtung.

Das erste Beobachtungsprotokoll

Das erste Material, das der Beobachter zur Analyse vorlegt, führt den Leser ohne Umwege direkt zu Frau Schwarz und dem Beobachtungskind Tom. Zu Beginn der Beobachtung, mit dem ersten Satz, werden Mutter und Sohn zu einer Einheit verbunden. Eine Dyade wird sprachlich hergestellt, die dem Beobachter in den gesamten noch folgenden Beobachtungen nicht mehr verloren gehen wird.

Ich komme an und Frau Schwarz und Tom sind im Hof und verabschieden eine Freundin. Tom möchte die Freundin nicht gehen lassen und legt seine Jacke immer wieder in das Auto der Freundin. Als diese noch einmal die Tür aufmacht um Tom zu verabschieden stellt sich Tom so in die Tür das diese nicht wieder geschlossen werden kann. Als die Freundin dann weg ist gehen wir ins Haus. Da die Familie eine Firma hat, gehen wir zuerst einmal ins Büro und begrüßen die Oma. Tom geht sofort an sein Spielzeugparkhaus welches im Büro von Frau Schwarz steht und fängt an zu spielen. Also setzen wir uns ins Büro, Frau Schwarz arbeitet, Tom spielt und ich beobachte das Spielen. (Erstes Beobachtungsprotokoll: 5 M. B.)

Bei der ersten Begegnung zwischen dem Beobachter, Frau Schwarz und Tom gestaltet eine dritte Person die Eröffnungsszene mit. Frau Schwarz hat Besuch von einer Freundin, der bei der Ankunft des Beobachters mit einer Verabschiedung im Hof endet.[93] »Ich komme an und Frau Schwarz und Tom sind im Hof und verabschieden eine Freundin.« Dieser Einstieg, mit der Erwähnung der Freundin, ist für den Beobachter bei genauerer Betrachtung in doppelter Weise sinnvoll. Einerseits kann er durch die Erwähnung der Verabschiedung die Beobachtungen einleiten, provoziert er damit ja die Lesart, dass das Setting durch die Verabschiedung der nicht-familiären Person, der Freundin, zum Setting einer Familienbeobachtung wird. Andererseits kann er

---

[93] Die Lesart, dass der Besuch ein Kinderbesuch von Tom ist, kann durch die spätere Beschreibung des Interaktionsverlaufs am Auto verworfen werden. Die Gegenwart eines zweiten Kindes ist nicht plausibel.

ihre Anwesenheit nutzen, um die Dritte Mutter und Sohn gegenüberzustellen. Frau Schwarz und das Beobachtungskind Tom lassen sich durch ihr Gegenüber sprachlich zur Einheit formen. Dass Mutter und Kind in der Wahrnehmung der Mutter und des Beobachters zusammengehören, wird sich als zentrales Thema der Fallnovelle manifestieren. Es zeigt sich im ersten Satz.

Dass der Beobachter sprachlich keinen Umweg geht und bspw. nicht damit beginnt, seinen Weg zur Familie nachzuzeichnen oder darüber schreibt, wie er sich bei der ersten Kontaktaufnahme oder unmittelbar vor der ersten Begegnung fühlt, setzt ebenfalls einen Startschuss. Einen Startschuss für das Weglassen eigener Gefühle und Gedanken im Beobachtungsverlauf.

Bleibt man bei der inhaltlichen Beschreibung und folgt der Lesart, dass das Beobachtungssetting mit der Verabschiedung der Freundin im Hof für die Familienbeobachtung vorbereitet wird, so lässt sich die Verabschiedung als Überschneidung zweier Settings verstehen.

> Tom möchte die Freundin nicht gehen lassen und legt seine Jacke immer wieder in das Auto der Freundin. Als diese noch einmal die Tür aufmacht um Tom zu verabschieden stellt sich Tom so in die Tür das diese nicht wieder geschlossen werden kann.

Die Überlappung vom Gehen des Einen und Ankommen des Anderen scheint durch Tom initiiert, der die Freundin mit einer gewissen List nicht gehen lassen möchte. Mit dem Begriff des *Verabschiedens* umschreibt der Beobachter ein Interaktionsgeschehen, das passender mit dem Begriff des *Nicht-Gehen-Lassens* beschrieben wäre. Was mit den Worten einer Einigung (sich Verabschieden) überschrieben ist, wird inhaltlich mit einem Machtkampf ausdifferenziert. Das Bild eines durchsetzungsfähigen und situationsgestaltenden Jungen stellt sich ein, der, über eine Generationengrenze hinaus, aktiv Ansprüche geltend machen will. Gleichzeitig wird die Freundin der Mutter um eine freundschaftliche und bedeutsame Komponente für Tom ergänzt. Ihr Weggehen wird als Verlust erkennbar und Toms Aktion als Protest und freundschaftliches Zugeständnis verständlich.

So gesehen öffnet sich dem Beobachter bei seiner Ankunft ein Bild, das potenzielle Schwierigkeiten des Weggehens transportiert. Wer hierher kommt, wird gebunden und in Beschlag genommen. Gleichsam stellt sich die Erwartung beim Leser ein, dass Tom sich als aktiver Mitgestalter des Ankommens und der Beobachterrolle inszenieren wird.[94] Und umso erstaunlicher ist die Leerstelle, an der eine erwartbare Begrüßung, ein sich Annähern oder insgesamt ein Ankommen hätte beschrieben werden können. Der Beobachter schreibt: »Als die Freundin dann weg ist gehen

---

[94] Die Lesart, dass Tom den Beobachter bereits bei der Verabschiedung der Freundin wahrgenommen hat und das (be-)halten der Freundin so als Ausdruck verstanden werden kann, das Bekannte nicht gegen das Fremde austauschen zu wollen, ist ebenfalls plausibel. Die Lesart ändert aber nichts an der weiteren Auslegung des Materials und kann daher als mitgedachte im Hintergrund bleiben.

wir ins Haus.« Das Weggehen des Einen scheint sprunghaft und automatisch zu einem Ankommen des Anderen zu führen. Das ist irritierend und legt einerseits die Lesart nahe, dass der Beobachter die Erwähnung einer Begrüßung, eines sich Kennenlernens und Annäherns für überflüssig und trivial hält. Andererseits kann der Automatismus auch als Hinweis auf die fehlende Notwendigkeit gelesen werden, sich anzunähern und vorzustellen. Beide Lesarten fragen letztlich nach der Nähe des Beobachters zur Familie Schwarz. Diese Frage wird mit dem ersten Absatz spannend, denn die Beziehung scheint diffus. »Da die Familie eine Firma hat, gehen wir zuerst einmal ins Büro und begrüßen die Oma.« Der private Raum des Hauses, das beim Lesen als Familienhaus verstanden werden kann, bekommt einen öffentlichen Inhalt, ein Büro. Familienbeobachtungen finden scheinbar logisch auf der Arbeit, im Büro statt. Im westlichen Kulturkreis typische Grenzen zwischen Arbeit (öffentlich) und Familie (privat) verschwimmen. Das irritiert den Beobachter, der die logische Beschreibung mit der Formulierung »zuerst einmal« beschränkt. Der Beobachter erwartet scheinbar, dass man in das Büro geht, weil die Familie eine Firma hat und dass daraufhin der Weg in die Wohnung folgt. Das Typische an der Grenze zwischen Arbeit und Familie wird auch vom Beobachter erwartet. Er beschreibt eine Art Vorspann, der logisch sein soll.

Im Büro wird die Oma begrüßt. Frau Schwarz, Tom und der Beobachter haben sich auf dem Weg zu einer Gruppe zusammengetan, die jetzt gemeinsam die Oma begrüßt. Wegen ihr ist man aber nicht ins Büro gegangen, sondern weil »die Familie eine Firma hat«. Die berufliche Selbstständigkeit der Familie wird als aufenthaltsbestimmend vorgestellt.

Die Übernahme des intimen Wortes »Oma« irritiert ebenfalls und lässt nach der Perspektive des Beobachters fragen. Beschreibt dieser bereits in der ersten Beobachtung in identifizierter Weise aus der Perspektive des Kindes? Hätte er aber dann nicht auch von Mama und nicht von Frau Schwarz geschrieben? Vielleicht hat sich die Großmutter von Tom aber auch als Oma vorgestellt? Bei der Unmöglichkeit, dieser Frage klärend zu folgen, kann konstatiert werden, dass die Frage nach der Nähe des Beobachters zur Familie erneut keimt und dass Generationen und Generativität ein Thema sind. Familie, Mutterschaft und Großmutterschaft fließen als Themen ungebremst in die Beobachtung ein, und das irritierenderweise in einem Büro, (objektiv gesehen) einem Arbeitssetting. Drei Generationen besiedeln das Büro in der ersten Beobachtung. Hier findet Familie und Familienbeobachtung statt. Und das scheint nichts Außergewöhnliches zu sein, denn:

> Tom geht sofort an sein Spielzeugparkhaus, welches im Büro von Frau Schwarz steht und fängt an zu spielen. Also setzen wir uns ins Büro, Frau Schwarz arbeitet, Tom spielt und ich beobachte das Spielen.

Die Grenzen zwischen Familie und Arbeit verschwimmen weiter. Spielsachen und Arbeitsutensilien stehen nebeneinander. Erwachsene und Kinder können, und das ist interessant, scheinbar jeder für sich ihrer Tätigkeit nachgehen. Der kontroversen Diskussion um die Vereinbarkeit von Familie, Arbeit und außerfamiliärer Betreuung in Politik und Gesellschaft wird bei diesem Bild der Boden entzogen. Die Frage nach außerfamiliärer Betreuung scheint überflüssig, denn Arbeit und Familie (und Familienbeobachtung) sind hier in den ersten Beschreibungen kein Widerspruch.

Folgt man weiter einer genauen Analyse der Beschreibung, so ist es Tom, der die Beobachtung einerseits und die Arbeit der Mutter andererseits ermöglicht. Weil er *sofort* beginnt zu spielen, können sich die Erwachsenen setzen, Frau Schwarz arbeiten und der Beobachter beobachten. Die Frage nach Arbeits-, Versorgungs- und Tagesabläufen wird interessant. Wer ist der Initiator dergleichen? Wie funktionieren Arbeit und Erziehung bei gleichzeitiger Vermischung ihrer institutionalisierten Sphären? Wie zufriedenstellend und produktiv ist diese Vermischung für die Beteiligten? Hier wird am Ende der ersten analysierten Sequenz der Anfang von Neuem interessant. Zur Erinnerung:

> Tom möchte die Freundin nicht gehen lassen und legt seine Jacke immer wieder in das Auto der Freundin. Als diese noch einmal die Tür aufmacht um Tom zu verabschieden stellt sich Tom so in die Tür das diese nicht wieder geschlossen werden kann.

Die erste Lesart, dass die Freundin auch für Tom einen freundschaftlichen Charakter habe, kann differenziert werden. Aus der Perspektive des Kindes und dem erweiterten Textverständnis scheint eine ausformuliertere Lesart plausibel. Die Freundin, die zu Besuch ist, will unterhalten werden und unterbricht den Modus der Selbstbeschäftigung. Arbeiten und freundschaftlichen Besuch empfangen stehen im Widerspruch. So liegt der Gedanke nahe, dass der Besuch zur Aufrichtung einer Grenze geführt hat, die zum Ende der Besuchszeit wieder zerfallen ist. Gedacht ist an die Grenze zwischen Arbeit und Freizeit (Familienzeit). Während der Besuchszeit könnte die Arbeitszeit unterbrochen worden sein. Möglicherweise wurden durch den Besuch Zeitressourcen freigesetzt, vielleicht wurde miteinander statt nebeneinander interagiert. Für einen Dreijährigen könnte die neue Grenze bedeuten, dass Zeit für Interaktion, Beziehung und Gemeinsames genutzt werden kann. Sicher ist dann der Abschied schwierig, wenn mit ihm die Zukunftsperspektive eines Jeder-für-sich und Nebeneinanders verbunden ist. Die Frage nach der Verbindbarkeit von Familie und Beruf ist bei Verfolgung dieser Lesart (zumindest auf Tom bezogen) doch keine konfliktfreie.

Ein weiterer Gedanke wird durch das erste Material evoziert. Warum wird das Projekt der Familienbeobachtung mit den ersten Sätzen zur Mutter-Kind-Oma-Beobachtung? Die Abwesenheit des Vaters ist kein Thema. Dass die Wahl der Uhrzeit möglicherweise die Abwesenheit begünstigt, ebenfalls nicht. Die Transformation der Familienbeobachtung zur Mutter-Kind-Beobachtung bekommt in der Beschreibung bislang den Charakter der Selbstverständlichkeit. Und so bleibt der Beobachtungsfokus einer Mutter-Oma-Sohn-Triade ohne Irritation bestehen. Was geschieht nun zwischen Mutter und Kind? Wie können die ersten Lesarten weiter ausdifferenziert werden? Der Beobachter schreibt weiter:

Er hat ein kleines Polizeiauto das Geräusche von der Sirene machen kann und Tom drückt immer wieder auf den Knopf um die Sirene zu hören. Nach kurzer Zeit hört er auf mit den Autos zu spielen und fängt an die Schubladen des Schrankes im Büro zu durchsuchen. Er sucht Stifte und möchte jetzt unbedingt malen. Frau Schwarz geht nach oben in die Wohnung und holt Stifte für Tom. Als sie wieder runterkommt und Tom die Stifte gibt um zu malen will er nicht mehr. (ebd.)

Neben seinem Spielzeugparkhaus besitzt Tom ein kleines Polizeiauto, das Geräusche machen kann. Mit diesem führt er sein Spiel auf dem Boden des Büros fort. Frau Schwarz und die Großmutter scheinen derweil weiterzuarbeiten. Dabei wird ihre Arbeit begleitet von den Geräuschen einer Sirene, die Tom »immer wieder« drückt. Einerseits ist Tom von der Sirene fasziniert, gleichzeitig scheint sie für eine längere Beschäftigung nicht zu gebrauchen. »Nach kurzer Zeit hört er auf mit den Autos zu spielen und fängt an die Schubladen im Büro zu durchsuchen.« Das Vorhaben einer Selbstbeschäftigung wird fortgesetzt. Doch tut sich hier für Tom eine Grenze auf. Das Nebeneinander von Mutter und Sohn kommt ins Stocken. Die durchsuchten Schubladen halten den gesuchten Inhalt nicht parat. Tom scheint deshalb in einer nicht näher beschriebenen Art seinen Wunsch auszudrücken, dass er *unbedingt* malen möchte.[95] Der Beobachter beschreibt in der Szene keinen direkten Austausch zwischen Tom und seiner Mutter über den Wunsch, malen zu wollen, und so liest sich die Beschreibung, als seien Tom und seine Mutter ein verbundenes System, jenseits notwendiger Sprachsymbole. Der Wunsch allein führt zu einer Aktion der Mutter. Wunsch und Wunscherfüllung gehen in der Beschreibung Hand in Hand. Die Assoziation, dass der Beobachter hier den Kommunikationsstil einer Mutter-Säuglings-Interaktion[96] *mit*erlebt oder in die Szene hineinlegt, stellt sich ein.[97]

---

[95] Exkurs: Dass der Beobachter die Formulierung »unbedingt« benutzt und auch später immer wieder benutzen wird, kann auch als Indiz dafür verstanden werden, dass er vom (Beobachtungs-)Kind genervt ist. Ein pädagogischer Eros, eine grundlegende Begeisterung für das Erleben von Kindern, scheint bei ihm wenig gegeben. Mütter, die das Material gelesen haben, erlebten das beschriebene Verhalten von Tom als altersspezifisch und gesund in der Auseinandersetzung mit seiner (langweiligen) Umgebung. Sie reagierten durch die genervte Beschreibung genervt vom Beobachter.

[96] Die dreifache Begriffsverbindung Mutter-Säuglings-Interaktion ist hier bezogen auf das spezifische Interagieren zwischen Mutter und Säugling, bei dem die Mutter den Wunsch des Säuglings aus dessen wortlosem Ausdruck interpretiert.

[97] Die alternative Lesart hingegen, dass der Beobachter eine Mutter wahrnimmt, die vom Agieren des 3,5-jährigen Jungen genervt ist, und aus dem Grund reagiert, um für Ruhe

»Frau Schwarz geht nach oben in die Wohnung und holt Stifte für Tom.« Die typische, räumliche Trennung von Familie und Arbeit scheint sich weiter aufzulösen. Spielsachen sind hier wie dort und scheinen mit Frau Schwarz und Tom zu wandern. Doch scheinbar nicht konsequent genug. Die Stifte für Tom befinden sich, entgegen der kindlichen Erwartung, nicht im Büro. Der Weg der Mutter nach oben in die Wohnung, der dazu dient, diesen Mangel des Büros zu bereinigen, führt jedoch nicht zu dem erhofften Erfolg. Der wortlose Automatismus zwischen Mutter und Sohn scheint nicht einfühlig genug eingestellt. Die Wunscherfüllung tritt nicht ein, der verhandelte Gegenstand scheint nicht der eigentliche. »Als sie wieder runterkommt und Tom die Stifte gibt um zu malen will er nicht mehr.« Das Kind, das sich alleine beschäftigen kann und die Mutter arbeiten lässt, zeigt sich nach kurzer Zeit dem Setting gegenüber widerständig. Arbeit ist unter diesen Bedingungen nicht mehr möglich, viel zu anspruchsvoll scheinen die Ermittlung und die Verhandlung des scheinbar wortlos[98] geforderten Inhaltes. Die weitere Beschreibung vermittelt einen Eindruck davon, was Tom eigentlich *unbedingt* möchte.

Mama hat ihm die Buntstifte geholt und er möchte lieber mit den Filzstiften malen. Frau Schwarz sagt immer wieder, dass er mit den Filzstiften nicht malen darf, weil er damit wieder alles voll malen würde. Er nimmt lustlos einen Buntstift zieht ein paar Linien auf seinem Blatt und hört wieder auf zu malen. Er will unbedingt die Filzstifte aber bekommt sie nicht. (ebd.)

Der Beobachter übernimmt seine intime Betitelung der Großmutter nun auch auf Frau Schwarz. Er sitzt jetzt mit *Oma*, *Mama* und Tom im Büro und beobachtet, wie sich das grenzenlose Setting (Arbeit/Familie) von einem reibungslosen zu einem lustlosen verwandelt. Das »Nebeneinander« führt über einen Aushandlungsprozess im Rahmen einer scheinbaren vorsprachlichen Verbundenheit zu einem »Gegeneinander«. Der Versuch einer automatischen Wunscherfüllung führt über eine Fehlinterpretation (Du willst mit Buntstiften malen) oder das bewusste Einhalten einer Regel (Du darfst nicht mit Filzstiften malen) zu Frustration. Eine Schlichtung scheint nicht einfach und die Interaktionsdynamik inzwischen zu nah und zu spezifisch, um weiterhin von »Frau Schwarz« zu reden. Doch eindeutig ist der Stilwechsel nicht. Vielmehr beginnt ein hin und her zwischen der Formulierung *Frau Schwarz* und

---

zu sorgen, geht weniger aus der Beschreibungsart hervor. Sie ist plausibel, scheint für den Beobachter aber durch einen Gesamteindruck eines eng verbundenen Interaktionsstils überdeckt zu sein.

[98] Bei der Unmöglichkeit zu sagen, ob der Wunsch nicht doch ausformuliert wurde, soll mit der Formulierung »wortlos« betont werden, dass es kein gemeinsames »Reden über« zu geben scheint und sich der Interaktionsstil durch ein Interpretieren des wahrscheinlich »Gemeinten« kennzeichnet.

Mama, das an die zwei Räume (Büro und Wohnung) und Rollen (Arbeitnehmerin und Mutter) erinnert, zwischen denen die Interaktionen schwingen.

Tom scheint nun kein einfacher Verhandlungspartner und seinem Stil, eigene Ansprüche geltend zu machen, treu zu bleiben. Wie bei der Freundin, die er nicht gehen lassen will, lässt er die Argumentation der Mutter nicht einfach gelten. Doch auch die Mutter zeigt eine klare Kontur. Sie wiederholt *immer wieder* ihr Nein. Angesichts einer, in diesem Punkt, unbeirrbaren Mutter, nimmt Tom schließlich »lustlos einen Buntstift zieht ein paar Linien auf seinem Blatt und hört wieder auf zu malen«. Doch das Thema will nicht ganz vom Tisch. Die Proteste gehen weiter, lassen sich jedoch durch eine grenzsetzende Mutter niederschlagen. »Er will unbedingt die Filzstifte aber bekommt sie nicht.« Frau Schwarz scheint ihren Anspruch gegenüber ihrem Sohn geltend zu machen. Ihr Nein ist eindeutig, die Generationengrenze mit ihrer Differenzlinie Erwachsen/Kind in der Szene bislang stabil. Die vorwegnehmende Formulierung »bislang« lässt sich einschieben, da die nächste Szene direkt folgt und das Thema der Verhandlung weiter in sich trägt.

Nun geht er wieder an die Schubladen am Schreibtisch und sucht weiter. Er findet eine kleine Schere und möchte nun etwas schneiden. Frau Schwarz hält ihm ein altes Blattpapier hin und er schneidet ein paarmal rein verliert aber auch daran schnell wieder die Lust. (ebd.)

Ein erneuter Versuch der Selbstbeschäftigung reiht sich an. Ob es sich bei der weiteren Suche in der Schublade um die weitere Suche nach Filzstiften handelt, das Nein der Mutter also weiter zur Disposition steht, ist nicht auszuschließen. Sicher ist, dass Tom in einer aktiven Position bleibt und letztlich eine kleine Schere findet und etwas schneiden möchte. Er sucht weiter den Kontakt zur Mutter. Die Formulierung, dass er schneiden möchte, verweist auf den Wunsch des Interaktiven. Und so trägt der Wunsch zu einer neuen Interaktionsmöglichkeit, einem neuen Miteinander bei. Frau Schwarz fördert das Spiel mit einem kleinen Input. Sie »hält ihm ein altes Blattpapier hin«.

Diese Art des Miteinanders scheint jedoch nicht die gewünschte zu sein und das Geben des Blattes nur eine unlust-verzögernde Funktion zu erfüllen. Aufheben lässt sie sich durch das Hinhalten des Blattes nicht – wobei das Sprachspiel hin-halten, das im Satz enthalten ist, zur Assoziation einlädt, den interaktionshungrigen Jungen hinzuhalten. »Er schneidet ein paarmal rein verliert aber auch daran schnell wieder die Lust.« Den Zustand eines Nebeneinanders, wie er anfangs kurz beschrieben wurde, wiederherzustellen und in ein Arbeiten zu kommen, scheint ein schwieriges Unterfangen. Ansprüche, die das Arbeiten der Mutter unterbrechen sollen, werden zur Regel, ihre Versagungen drücken auf die Stimmung und sorgen weiter für Distanz.

Jetzt möchte er ein Video sehen von dem kleinen roten Traktor aber Frau Schwarz sagt »jetzt nicht« und Tom ist ein bisschen beleidigt. Er verlässt das Büro nimmt sein Polizeiauto mit und geht rüber zu seiner Oma in den Nebenraum. Diese hat jedoch gerade keine Zeit für ihn und er kommt wieder zurück. (ebd.)

Das hinter den *unbedingten* Wünschen, dieses oder jenes zu machen, eigentlich Interaktionswünsche stehen, die ein Bedürfnis nach Nähe ausdrücken, wird zunehmend deutlich. Die Absage, am Rechner der Mutter kein Video schauen zu dürfen, ist nun zu viel. Tom erkennt, dass er sein Interaktionsbedürfnis und seine Suche nach Nähe bei der Mutter nicht befriedigen kann. Er wendet sich ab. Er »geht rüber zur Oma in den Nebenraum« und muss erfahren, dass auch diese »gerade keine Zeit für ihn« hat. Er »kommt wieder zurück«. Der anfängliche Eindruck eines durchsetzungsstarken Jungen, der über eine Generationengrenze hinaus aktiv Ansprüche geltend machen will und aktiv Bindung und Beziehung gestaltet, differenziert sich – Tom wird als Junge erkennbar, der seine Ansprüche aktiv geltend machen muss, um nicht alleine von Langeweile beherrscht zu werden. Dabei zeigen sich Impulse, die als drängend wahrgenommen werden und die eher distanzfördernd als nähestiftend sind.

Nachdem auch der Versuch, mit der Oma zu interagieren, gescheitert ist und die Mutter im Vergleich zur direkt abweisenden Großmutter doch wieder interessant und verhandlungsbereiter wirkt, startet Tom einen neuen Versuch, in Interaktion zu kommen.

Er spielt nun wieder mit seinem Parkhaus und zeigt Frau Schwarz, dass sein Auto kaputt sei. Darauf sagt sie, dass er es dann wohl jetzt in die Werkstatt bringen muss. Daraufhin nimmt er sein Auto, stellt es in sein Parkhaus und schiebt es in eine Garage. Er nimmt es wieder raus und sagt so alles wieder ganz. (ebd.: 5f.)

Wieder versucht Tom, in ein Spiel mit der Mutter einzusteigen. Ihre Reaktion ist jedoch wieder kurz und erfolgt eher nebenbei. Ein Mitspielen, ein Anteilnehmen an der Phantasie des Sohnes bleibt aus. Ihre Reaktion klingt eher wie eine praktische Schlussfolgerung, die wenig Arbeit und Anteilnahme erfordert. Sie ist aus den Augen der Mutter sicher effektiv und für den Moment zielführend. Tom spielt eine Weile alleine und repariert seine Autos. Die Mutter kann weiterarbeiten. Der Input der Mutter erweist sich allerdings als nicht phantasiestiftend genug. Tom kann sich nicht lange an sein Spiel binden. Zu wenig Eigeninitiative wird von der Mutter bei ihm hinterlassen. So wendet sich Tom, nach einer kurzen Zeit, von seinem Spiel und gleichsam von der Mutter ab.

Und so findet Tom in der nächsten Szene den Beobachter und versucht, sein Bedürfnis nach Interaktion und Nähe bei ihm zu befriedigen. Nach seinem einleitenden Satz im ersten Protokoll »Ich komme an und Frau Schwarz und Tom sind im Hof und verabschieden eine Freundin«, tritt der Beobachter, initiiert durch Toms Interaktionsangebot, sprachlich wieder in Erscheinung. Die anfängliche Leseerwartung, Tom würde sich als Mitgestalter der Beobachterrolle in Szene bringen, findet einen Boden.

Er guckt mich an, lacht und versteckt sich unter dem Tisch. Dann guckt er wieder raus, legt sich hin und trampelt auf den Boden. Sobald er sieht, dass ich noch da bin lacht er wieder und geht wieder unter den Tisch. Dies macht er drei oder viermal bevor er aufsteht und wieder ins Büro läuft. (ebd.: 6)

Der Beobachter erweist sich als noch widerständiger als die beiden Frauen. Er ist nicht erreichbar, scheinbar immun gegen die Scham eines interaktionshungrigen Dreijährigen. Die Interaktionsangebote an den Beobachter sind nicht von Erfolg gekrönt. An ihm kann sich Tom abarbeiten, wie an einem Boxsack. Und so taucht der Beobachter in der Beschreibung auch nur gegenständlich auf. Der Beobachter erscheint als Objekt, das ihm regungslos und emotionslos gegenübersitzt. Das Nein des Beobachters ist keiner verbalen Nennung wert. Es manifestiert sich am Körper. Erziehung findet hier scheinbar mühelos aus der Distanz statt. Dass der Beobachter kein Spielpartner und nicht auf Toms Bedürfnisbefriedigung ausgerichtet ist, wird wortlos vermittelt – und das in einer wirksamen Eindeutigkeit. Tom steht auf und geht wieder ins Büro. Der Beobachter kann weiterarbeiten/beobachten.[99]

Dort angekommen sagt er wieder zu Frau Schwarz, dass er den kleinen roten Traktor gucken möchte und diesmal darf er das auch. Frau Schwarz macht ihm bei Youtube den Vorspann an damit er das Lied hören kann. Als das Lied fertig ist sieht er auf dem Bildschirm einen Hubschrauber und will auch dieses Video noch gucken. Auch nach diesem Video sieht er wieder etwas neues Interessantes auf dem Bildschirm. Er will jetzt Ernie und Bert sehen. Frau Schwarz sagt, dass das dann aber das letzte Video ist das er gucken darf. Als Ernie das Lied von der Quietscheente singt sitzt Tom auf dem Schreibtischstuhl und nickt mit dem Kopf zum Takt. Dann ist auch dieses Lied zu Ende und natürlich sieht er wieder ein Video auf dem Bildschirm das er gucken möchte. (ebd.)

Nachdem Tom bei seinem Versuch, den Beobachter zu einem Spiel zu gewinnen, etwas Zeit hat vergehen lassen, scheint die Gelegenheit passend, das Verbot der Mutter auf seine Gültigkeit hin erneut zu überprüfen. Wieder formuliert er seinen Wunsch, der unweigerlich zu einer Unterbrechung der Arbeit führen würde. Er fragt nach dem Video des kleinen roten Traktors. Scheinbar ist die Gelegenheit tatsächlich günstig und ein Zeitfenster offen, in dem nicht am Rechner gearbeitet werden muss.

---

[99] Der Beobachter sitzt zwischen Büro und Nebenraum.

Diesmal darf Tom gucken und Frau Schwarz leitet alles in die Wege. Gleichzeitig öffnet Frau Schwarz mit dem Browser die grenzenlosen Befriedigungsmöglichkeiten des Internets. Nach jedem Lied erscheint ein neues, das nur einen Mausklick entfernt ist. Latentes Verlangen wird endlos zirkulär am Abspann jedes Videos zu einem manifesten. Nachdem Tom zwei Videos mehr gesehen hat, als ursprünglich kommuniziert, leitet Frau Schwarz ein Ende ein. Und bis zum Ende des dritten Videos scheint die Abmachung gültig, dass dieses das letzte war. Mit dem Ende des Liedes, das Tom sichtlich begeistert, dreht sich die Spirale allerdings von Neuem: »Dann ist auch dieses Lied zu Ende und natürlich sieht er wieder ein Video auf dem Bildschirm das er gucken möchte.« Der Beobachter hat die Spirale erkannt und scheint etwas genervt von der latent unterstellten Kurzsichtigkeit (Blauäugigkeit) der Mutter. Dem, was die Mutter nicht vorwegsieht, und was ein gewisses Diskussionspotenzial zwischen Mutter und Kind provoziert, unterstellt der Beobachter etwas *Natürliches*. Etwas Natürliches, dass man aus einer dritten Perspektive erkennen kann. Das lädt zu einem plausiblen Gedankenexperiment ein: Wäre der Beobachter kein Beobachter, hätte er die Spirale früher unterbrochen, das Ende der Szene nicht dem Ende des Angebotes überlassen. Der Beobachter wird damit zum erkennenden, bewertenden und beschränkenden Dritten. *Natürlich* hätte er die Spirale früher, weil absehbar, unterbrochen. Der Dritte scheint in der Wahrnehmung des Beobachters in der Szene gefragt, der die Verbindung von Tom und dem Internetangebot früher und eindeutiger trennt. Frau Schwarz übernimmt, mit etwas (den Beobachter nervender) Verzögerung, diese Position und ist in der Lage, Tom dem grenzenlosen Angebot des Internets zu entziehen. Das dauert dem Beobachter aber offensichtlich zu lange. »Aber Frau Schwarz sagt nun nein und damit muss Tom jetzt leben.« Der Beobachter scheint von der verspäteten, aber durchgesetzten Begrenzung der Mutter dann doch angetan. Er greift zu einer interessanten Formulierung bzw. Redewendung. »Damit muss Tom jetzt leben.« Mit dem gesagten Nein kommt etwas Absolutes, etwas, mit dem man jetzt leben muss, gegen das man nichts unternehmen kann, in die Interaktion. Das Nein scheint sowohl für Tom als auch für den Beobachter eindeutig.

Mit der Absage kann Tom scheinbar umgehen und in ihr etwas finden, dass ihn in direktem Anschluss wieder in eine Spielsituation führt. Es ist interessant, dass im Anschluss an die Erfahrung des Neins, der Vater zum Thema wird.

Er setzt sich auf die Armlehne des Schreibtischstuhls und sagt er sitze auf dem Dach wie der Papa (Familie besitzt eine Dachdecker-Firma), Frau Schwarz guckt ihn an und sagt ja das machst du wie der Papa. Tom erwidert er sei ein Dachdecker wie der Papa und lacht. (ebd.)

Nachdem längere Interaktionen mit der Mutter nicht zustande kamen, die Oma »gerade keine Zeit hat« und der Beobachter überhaupt nicht greifbar ist, spielt sich Tom zu seinem Vater auf das Dach. Über das klare Nein der Mutter, die Tom von dem verschlingenden aber auch verbindenden Internet getrennt hat, findet Tom in ein Spiel des Vater-Seins.

Mehrere Lesarten sind hier möglich: Zu sein wie der Papa kann als das Spiel gelesen werden, jemand zu sein, der dem Nein der Mutter etwas entgegenzusetzen hat. Gleichzeitig kann in dem Nein der Mutter der Vater selbst repräsentiert sein, an den sich Tom nun erinnert. Beide Lesarten verweisen darauf, dass der Vater über das Nein in den (gedanklichen) Raum kommt. Eine andere Lesart, die weg von dem symbolischen Nein führt, findet die Begründung für das gedankliche Erscheinen des Vaters in den Videos, die mit ihren Themen an Handwerk, Männer und somit an den Vater erinnern.

Durch das Material gesichert ist die Lesart, dass der Vater sowohl für Tom als auch für die Mutter eine bedeutsame Größe ist. Die Mutter bestärkt ihren Sohn darin, *wie der Papa* zu sein *und lacht*. Über den Dritten finden die beiden nun kurz zueinander. Dabei scheint Tom eine klare Vorstellung von dem Beruf seines Vaters zu haben, was bei einem so einprägsamen Beruf nicht verwundert. Das Spielen des Dachdeckers ist, dank des konkreten und phantasiestiftenden Titels, nicht sonderlich schwer.[100] Der Vater taucht im Material über das Verbot und/oder durch seinen handwerklichen Beruf auf. Und so wird gleichsam daran erinnert, dass er als konkrete Person mit subjektiven Eigenschaften fehlt.

Nachdem Tom über das Spielen des Dachdeckers noch in ein paar weitere Spiele gefunden hat, die er alleine neben der Mutter her spielt, bekommt er Hunger und Durst. Gleichzeitig wird dem Leser ein Schlüssel vorgestellt, der den Zugang zu Interaktion und Nähe ohne Widerstand und Aushandlung öffnet – physische Versorgung.

Nun möchte er doch hoch gehen und etwas essen und trinken. Also gehen wir drei nach oben und Frau Schwarz fragt ihn ob er denn einmal Pipi machen muss aber er sagt er muss nicht und hat auch gar keine Lust auf das Klo zu gehen. Er will lieber Traubi (Traubensaft) haben und am Tisch noch ein paar Trauben essen. (ebd.)

Die Formulierung »doch« nimmt Bezug darauf, dass Tom in einer Szene zuvor nicht hochgehen und essen wollte. Und so irritieren der Szenenverlauf und die Art der Beschreibung, die inzwischen einer Typik folgen. Sprachlich rückversichert oder ausgehandelt werden muss nichts. Wieder greift ein (zumindest subjektiv wahrgenommener) wortloser Automatismus. Der Wunsch hochzugehen, um etwas zu essen und zu trinken, setzt direkt Handlungen in Gang, sorgt für Bewegung und letztlich für Nähe. Als sei der Beobachter hier gänzlich Teil des Systems, schreibt er irritationslos »also gehen wir drei nach oben«. Wunsch und Wunscherfüllung stehen

---

[100] Anders wäre es bspw. bei einem Hedgefonds Manager. Diesen zu spielen dürfte schwierig sein.

wieder unmittelbar nebeneinander. Das Bild des eng verbundenen Interaktionsstils stellt sich wieder ein.

Der Wunsch hochzugehen, um zu essen und zu trinken, enthält, folgt man der Lesart, dass Tom neben dem Essenswunsch auch interaktionshungrig ist, einen zweiten. Tom kommt über die Wunscherfüllung zu essen und zu trinken in eine Interaktion mit seiner Mutter. Ein Wunsch erfüllt sich, der die ganze Zeit latent verhandelt wird. Physische Versorgung scheint nun als Schlüssel zur psychosozialen. Der Weg an die Seite der Mutter ist über den Aspekt der körperlichen Versorgung schnell gefunden.

Synonym mit einem Interaktionsstil, den man bei einem Säugling und der Mutter erwarten könnte, wird mit den Themen Essen und Trinken direkt die Frage nach der Toilette relevant. »Frau Schwarz fragt ihn ob er denn einmal Pipi machen muss.« Versorgung und Entsorgung sind eng miteinander verbunden, der Gedanke an das Eine scheint den Gedanken an das Andere zu evozieren. Als wolle Tom sein Alter betonen und die Unmittelbarkeit von Aufnehmen und Ausscheiden aufheben, entgegnet er, dass er nicht müsse und auch *gar keine* Lust habe, aufs Klo zu gehen. Er will lieber seinen Hunger und seinen Durst stillen, lieber dableiben als weggehen. In seiner Beschreibung, dass Tom *gar keine* Lust habe, erinnert der Beobachter wieder an das prinzipiell drängende oder als drängend wahrgenommene Verhalten Toms und die Absolutheit seiner Empfindungen und Einstellungen.[101] Offenbar schreiben alle drei Beteiligten Tom ein unterschiedliches Alter und Entwicklungsniveau zu. Die Mutter macht ihn in der Versorgungsszene klein, Tom macht sich groß und dem Beobachter ist er noch nicht groß genug.

Nach diesem längeren und interaktiven Versorgungsakt, der hier als physischer und psychischer verstanden werden kann, findet Tom zurück in sein Spiel des Dachdeckers oder Handwerkers. Es folgt eine längere Passage.

Dann muss Tom doch auf die Toilette, als er wieder raus kommt rennt er in die Küche und holt eine Spielzeugschubkarre beladen mit noch mehr Spielsachen. Er nimmt diese Schubkarre und leert sie im Flur auf dem Boden aus. Dann rennt er wieder weg und belädt die Schubkarre ein zweites Mal mit Spielzeug und auch das wird im Flur auf dem Boden aus geleert. Als Frau Schwarz wieder kommt und sieht was er gemacht hat sagt sie er soll das alles wieder aufladen und wegräumen. Tom fängt damit an hat aber er schnell keine Lust mehr seine Sachen wegzuräumen. Also fragt Frau Schwarz, ob sie ihm dabei helfen soll, wo Tom natürlich nicht nein sagt. Er nimmt die beladene Schubkarre fährt sie ins Zimmer und leert sie mitten drin wieder aus. (ebd.: 7)

---

[101] Eine Idee des psychischen Entwicklungsstadiums scheint der Beobachter hier nicht zu haben. Die Nähe von Lust und Unlust und das Absolute des Empfindens in der Wahrnehmung eines 3,5-Jährigen erscheinen als Unbekannte. Das fehlende Wissen kann als Grund für das geringe Verständnis und das Genervtsein über Tom verstanden werden.

Die Frage der Mutter, ob Tom Pipi muss, scheint mit dem Wissen des weiteren Szenenverlaufes nachträglich als feinfühlig und empathisch. Tom muss »doch auf die Toilette«. Dass er vorher nicht musste, kann infrage gestellt werden, dass er »gar keine Lust« hatte, wird als Motiv, nicht aufs Klo gegangen zu sein, gesichert. Gedankenexperimentell kann man sich einen inneren Dialog bei Tom gut vorstellen: »Ich habe *gar keine Lust*, aufs Klo zu gehen, weil du mich nicht daran erinnern sollst. Ich bin schon alt und autonom genug. Ich weiß, wann ich Pipi muss.« Wenn er nicht gefragt wird, nutzt Tom die Gelegenheit, seinem Drang nachzukommen. Auf eine autonome Entscheidung hat er Lust.

Nach der physischen und psychosozialen Versorgung und dem anschließenden Pipimachen scheint es, als ob Tom in doppelter Weise mit Energie aufgeladen sei. Schnell und scheinbar im Spiel vertieft, rennt er durch den Flur und schüttet Spielzeug aus seiner Schubkarre auf den Boden. Er hat Kraft und Bewegungslust, die Mutter scheint nicht unmittelbar gebraucht und gesucht zu werden.[102] Diese Art, zu spielen und sich selbst zu beschäftigen, findet Frau Schwarz allerdings nicht so gut. Sie geht nicht wieder ihrer Arbeit nach, sondern bleibt bei Tom. Nicht aber um das Spiel am Laufen zu halten, sondern um es aufzuhalten. Zu spielen wie der Papa wird hier weniger positiv verstärkt als aktiv sanktioniert. Zeigte sich Frau Schwarz in den vorherigen Spielsituationen als geräuschunempfindlich (Sirenenszene) und wenig darum bemüht, durch Spiel verursachte Unordnung zu vermeiden (Autos auf dem Boden), so verdient ihr Eingriff in die Selbstbeschäftigung hier eine nähere Betrachtung. Die Idee, dass lieber im Büro gespielt werden soll und das dort auch mehr erlaubt wird, stellt sich ein. Wenn Tom dort spielt, kann die Mutter arbeiten.

»Als Frau Schwarz wieder kommt und sieht was er gemacht hat sagt sie er soll das alles wieder aufladen und wegräumen.« Die Mutter kommt und sieht, was Tom *gemacht* hat. Sie sieht nicht, was Tom spielt, sondern was er *gemacht* hat. Seine Handlung bekommt ihr spielerisches Element entzogen. Er spielt nicht wie der Papa oder ein Bauarbeiter. Er macht Unordnung, die Arbeit macht. Die Lesart liegt nahe, dass er in den Augen der Mutter den Flur verwüstet hat und für den Schaden aufkommen soll: »Er soll alles wieder aufladen und wegräumen.« Das Spiel, das für Frau Schwarz und den Beobachter nicht als solches gewürdigt wird, kommt zu einem schnellen Ende. Tom wirkt in der Darstellung nun wie ein Provokateur.

Mit der mühseligen Aufgabe des Aufräumens konfrontiert, schlägt das lustvolle und energische Spiel in eine unlustvolle Aufgabe um, die es zu erledigen gilt. Tom kommt der Aufforderung der Mutter zunächst ohne Protest nach. Es scheint eine Einsicht zu geben. »Tom fängt damit an hat aber er schnell keine Lust mehr seine

---

[102] Aus bindungstheoretischer Sicht ist dieser Gedanke spannend. Konnte Toms Bindungssystem durch die Interaktion ausgeschaltet und sein Explorationssystem angeschaltet worden sein?

Sachen wegzuräumen.« Die Einsicht hält nicht lange. Die Spielsachen wegzuräumen ist möglicherweise zu zeitintensiv. Frau Schwarz scheint die Unlust von Tom zu erkennen und es wiederholt sich ein bekannter Interaktionsverlauf[103]. Entsprechend den Szenen, in denen Tom Lust hat, zu malen, oder hungrig ist, reagiert Frau Schwarz auf einen inneren Zustand Toms mit einem Automatismus, den der Beobachter diesmal aber wenig nachvollziehen kann. Er scheint, ähnlich wie bei der Internetszene, irritiert und genervt. Wenn es um Konditionierung und Begrenzung geht, wünscht sich der Beobachter scheinbar einen anderen Interaktionsstil, denn seine Art zu schreiben ändert sich wieder und bekommt eine irritierte und bewertende Komponente. »Also fragt Frau Schwarz, ob sie ihm dabei helfen soll, wo Tom natürlich nicht nein sagt.« Die Szene ließe sich in ihrer Art der Darstellung auch so lesen: »*Natürlich sagt man nicht nein, wenn einem jemand anbietet, bei einer Erledigung zu helfen, auf die man selbst keine Lust hat.*« Der Beobachter schreibt also wieder negativ wertend. Er scheint die Großzügigkeit der Mutter übertrieben und pädagogisch nicht sinnvoll zu finden. Der Ansage, dass Tom alles wieder aufräumen soll, wird ihre pädagogische Implikation ja durch die Hilfe entzogen. Die Mutter hilft aufzuräumen, obwohl es als Toms Aufgabe kommuniziert wurde. Die angenommene Logik, »weil du es gemacht hast, räumst du es wieder auf«, wird aufgeweicht. Und so bereitet der Beobachter mit seiner gewollt voraussehenden Beschreibung vor, was nun passiert. Kaum ist die Schubkarre wieder voll, sind die Spielsachen eingeladen, fährt sie Tom »ins Zimmer und leert sie mittendrin wieder aus«. Das Szenario wiederholt sich, die Ansage der Mutter bleibt scheinbar wirkungslos. So zumindest scheint es der Beobachter wahrzunehmen. Er vermittelt dem Leser die Praxis einer Erziehung, die den Geschmack des Pseudo bekommt. Es scheint, als müsste für den Beobachter das väterliche Gesetz, das erzieherische Nein, wieder her. Doch hier stellt sich das Gegenteil ein. Frau Schwarz ändert ihren Stil. Der anfangs bestimmende Interaktionsstart transformiert sich im Verlauf zu einer Bitte.

Frau Schwarz sagt, dass er es doch bitte wieder einräumen soll. Also fängt Tom an wieder alles einzuräumen aber er hat da gar keine Lust zu und sagt Frau Schwarz soll ihm helfen. Als sie zu ihm runter auf den Boden kommt und anfängt ihm zu helfen hört Tom auf und sagt, dass Frau Schwarz ihm helfen soll. Das macht er vier oder fünfmal immer wieder wenn Frau Schwarz aufhört seine Sachen wegzuräumen. Er will nicht mehr aufräumen und legt sich in sein Bett. (ebd.: 7f.)

Tom kommt der Bitte kurz nach. Schnell stellt sich jedoch die Unlust wieder ein, und wieder wird Hilfe verlangt. Das ursprüngliche, großzügige Angebot der Mutter

---

[103] Die Mutter erscheint in der Beschreibung des Beobachters wieder eng mit Tom verbunden. Antworten (Reaktionen) benötigen keiner Frage (Aktion). Die Mutter reagiert in der Beschreibung des Beobachters wieder automatisch, ohne direkt-sprachliche Einigung.

wird jetzt aktiv eingefordert. Ihre Bitte scheint als Einladung für ein Aushandeln begriffen zu werden. Die eigentliche Urheberschaft und die sich daraus ergebende Verantwortung, »weil du es gemacht hast, räumst du es wieder auf«, sind nicht mehr vordergründig. Im Fokus steht jetzt die Verhandlung der Aufgabe ohne ihren Ursprung. Alleine aufzuräumen *macht gar keine Lust*. Die Mutter soll helfen.

Über die sprachliche Herstellung der Verbindung von Wunsch und Wunscherfüllung hinaus, stellt Tom eine Forderung, wie die Unterstützung auszusehen hat. Sie soll kontinuierlich und nicht anleitend sein. Helfen wird als Übernahme der Aufräumaufgabe verstanden. Das funktioniert weniger und so scheint die Situation Tom zunehmend zu verärgern und die Aufgabe des Aufräumens ihn zu übermannen. Unterstütztes Aufräumen wird zur Bühne eines Machtkampfes. Vier oder fünf Mal unterbricht Frau Schwarz ihren Beitrag beim Projekt Aufräumen, ebenso oft muss Tom sie auffordern, weiterzuhelfen. Vier oder fünf Versuche, Tom seiner Verantwortung zu überlassen, werden von Tom zunichte gemacht. Als Sieger der Auseinandersetzung verlässt er die Situation. »Er will nicht mehr aufräumen und legt sich in sein Bett.« Das Thema Aufräumen scheint beendet, Tom geht als Sieger aus dem Duell hervor. Die Inszenierung seiner Macht nimmt damit aber kein Ende, sondern findet erst ihren Anfang.

Er guckt Frau Schwarz an und sagt er brauch Traubi [Traubensaft M. K.] sonst könnte er gleich nicht mitkommen wenn sie mit dem Hund raus gehen wollen. Also bekommt er nochmal seinen Traubensaft und sie gehen mit dem Hund raus. (ebd.: 8)

Nachdem die Verhandlung um die Frage des Aufräumens gewonnen wurde, steht der restliche Tagesablauf zur Diskussion. Erwartungen werden an Leistungen geknüpft und die Frage aufgeworfen, ob die Mutter heute bei ihrem Ausgang mit dem Hund begleitet wird. Der Aufräumkonflikt endet mit der Forderung nach physischer Versorgung und der Drohung mit Sanktionen. Die Mutter reagiert widerstandslos, fällt in ihren Automatismus zurück. Der Beobachter schreibt interessanterweise bei der Versorgungsfrage wieder in seiner gewohnt irritationslosen Art.

Also bekommt er nochmal seinen Traubensaft und sie gehen mit dem Hund raus. Ich verabschiede mich von ihnen und wir vereinbaren, dass wir wegen dem nächsten Termin telefonieren werden. (ebd.: 8)

1.3 Zusammenfassende Fallrekonstruktion und erste Hypothesen

Der Fall Tom Schwarz wird aus einer eigentümlichen Perspektive heraus beschrieben, die für eine wissenschaftliche Arbeit eher unüblich ist. Der Beobachter ist konkret[104] Teil des Forschungsfeldes, und das bereits vor der ersten Begegnung. Diese unübliche Verbindung erweist sich nachträglich als besondere Möglichkeit einer Felderschließung. Er beobachtet weitgehend irritationslos etwas von innen, was nach außen hin wenig geöffnet ist – ein bewusst konservierendes Familienmodell.[105] Seine Verbindung zur Familie begründet in besonderer Weise die Fokussierung seiner Wahrnehmung. Sie sichert die außergewöhnliche Authentizität des Materials.

In der Analyse wird deutlich, dass die Familienbeobachtung nicht zu einem persönlichen Projekt des Beobachters werden soll. Er hält sich in der Beschreibung weitestgehend heraus und tritt eher gegenständlich (als Videokamera) in Erscheinung – eine Assoziation von Vater und Beobachter stellt sich ein. Männer sind in der Einzelfallstudie Tom Schwarz als Subjekte wenig greifbar.

Ein Erinnerungsprotokoll zu verfassen, schließt jedoch prinzipiell die Möglichkeit aus, sich nicht zu zeigen. Ähnlich verhält es sich mit dem Projekt einer Familiengründung. Zwar mühsam, aber dennoch ertragreich, können im Analyseverlauf wahrscheinliche Emotionen des Beobachters aus dem Material extrahiert werden. Zudem offenbaren sich, bei genauer Betrachtung, persönliche Mutterschafts- und Vaterschaftskonzepte sowie subjektive Konzepte von Kindheit. Alle drei haben sich als Deutungsfolien über die Wahrnehmungsmöglichkeit des Beobachters gelegt und strukturieren sein Material mit. So reagiert der Beobachter, entsprechend seiner Wahrnehmungsschemata (vgl. Kap. I, 2.3.2), ganz zu Beginn auf eine Mutter und ihr Kind. Der erste protokollierende Akt ist die sprachliche Herstellung einer Dyade. Ihre Wahrnehmung und Beschreibung irritiert ihn im Rahmen seiner Familienbeobachtung nicht. Mutter und Kind gehören zusammen, ein Vater wird nicht konkret erwartet.

In seiner weiteren Beschreibung vermittelt der Beobachter sodann zwei Interaktionsstile der Mutter-Sohn-Dyade. In Szenen körperlicher Versorgung schreibt er von einer konkret versorgenden Mutter, die eng mit ihrem Kind verbunden ist. Dieser Stil scheint ihm logisch. In Szenen, in denen latent oder manifest spielerische In-

---

[104] Es wurde bereits betont, dass der Beobachter immer auch Gegenstand der Untersuchung ist, da er das Aufnahmegerät *verkörpert*. In diesem speziellen Fall ist der Beobachter aber Aufnahmegerät und Feldinformation zugleich. Er ist bereits vor der Beobachtung Teil des Familiensystems.

[105] Das konservierende an dem Modell zeigt sich an dem Konzept der Stammhalterschaft und der Großmutter im Büro. Alles bleibt in der Familie und so geht Tom auch nicht in die Krippe oder den Kindergarten.

teraktionen und Wünsche eingefordert werden, schreibt er irritationslos von einer Distanz in der Dyade. Auch dieser Stil, der Autonomie fordert und Macht demonstriert, stört ihn nicht. Die Interaktionsverläufe sind unkommentiert und in nachvollziehender Weise geschrieben. Im Bereich physischer Versorgung wird Tom so als kleines Kind dargestellt, das eine unbedingte Versorgung durch die Mutter erfährt. Im Bereich psychischer Versorgung erscheint Tom als 3,5-jähriger Junge, der sich alleine beschäftigen und erziehen lassen soll.

Die Beschreibung der unterschiedlichen Stile zeichnet auch ein spezifisches Bild der Mutter. Denn der Beobachter deckt eine selektive Wahrnehmungs- und Befriedigungsbereitschaft bei ihr auf. Vom psychischen Innenleben scheint sie sich weniger angesprochen zu fühlen als vom physischen. Körperliche Versorgung erscheint als unausweichlich notwendig, psychische Anteilnahme am Erleben und Agieren als bedingte. Und so erscheint die körperliche Versorgung bislang als Schlüssel zur psychischen. Die Nutzung dieses Schlüssels führt zu Regression und Progression zugleich. Einerseits führt der Weg in die Interaktion über den Körper zu einer Regression. Für Nähe muss Tom zum Kleinkind werden, das nicht spielend, sondern körperlich versorgt werden muss. Andererseits kann der Schlüssel auch genutzt werden, um Macht zu demonstrieren und sich groß zu machen. Wenn er keinen Traubensaft bekommt, wird er auch nicht Gassi gehen.

Irritiert ist der Beobachter vor allem von Szenen, in denen Tom durch seine Mutter nicht begrenzt wird und in denen es keine körperlich versorgende Komponente (als quasi-logisches Druckmittel) gibt. Szenen, in denen das Drängen des Jungen nach psychosozialer Versorgung zum Erfolg führt und Machtkämpfe gewonnen werden, nerven ihn. Hier ändert der Beobachter seinen Schreibstil. Hier erwartet oder wünscht er sich etwas Anderes. Ein Vaterschaftskonzept des Beobachters scheint in diesen Szenen zu greifen. Hier bemerkt er für sich das Fehlen eines Dritten. Vielleicht zeigt sich in seiner Art der Beschreibung auch eine Sehnsucht nach einem beschränkenden und strukturierenden Vater, der sich dem drängenden Tom gegenüberstellt, der ihn schneller vom Internet trennt und ihm seiner Verantwortung beim Aufräumen kompromisslos übergibt. In seiner Beschreibung liest sich seine unterschwellige Bewertung wie ein gedankliches Probehandeln eigener Vaterschaft. Der Vater tritt in der Wahrnehmung des Beobachters also primär durch sein Fehlen und seine (unterstellte) Notwendigkeit bei Begrenzung auf. Eine andere Bedeutung scheint ihm nicht zugesprochen und so wundert sein Fehlen in der gesamten Beobachtung außerhalb Grenzen testender Szenen auch nicht.

Den Kern der Beschreibungen füllen so die Mutter-Sohn-Interaktionen in ihrem untypischen räumlichen Setting. Zwischen dem Büro und der Wohnung finden Interaktionen statt, die insgesamt das Bild eines einsamen Jungen zeigen, der einen immer stärkeren Hunger nach Interaktion und Nähe entwickelt. Er zeigt sich dem untypischen Setting gegenüber als widerständig. Der Beobachter zeichnet ein Bild von einem Jungen, der wenig innere Anteilnahme von seiner Mutter und seiner

Großmutter erfährt, und der sich selbst lange beschäftigen soll. Er sieht sich somit mit einem Anspruch konfrontiert, dem er von seiner psychischen Entwicklung her noch wenig gut begegnen kann. Und so stellt sich beim Leser das Bild ein, dass sich Tom mit seinen jungen 3,5 Jahren psychisch selbst entwickeln und »wie der Vater« werden soll, während er bei der Reifung seines Körpers konkrete Unterstützung erfährt.

In diesem Bild sind eine körperlich versorgende Mutter und eine selbstständige (kinderlose) Arbeiterin enthalten. Sie vereinen sich in einer Person. Psychische Versorgung scheint dabei als eine Größe, die dieser Vereinigung zum Opfer fällt. Arbeit, und Haushalt sowie physische und psychische Versorgung eines kleinen Jungen scheinen doch zu viel verlangt.

Das Changieren zwischen bzw. das Aufweichen der institutionalisierten Settings (Arbeit/Familie) scheint ein Erklärungsmodell für die ambivalente Beziehungsdynamik der Mutter-Kind-Beziehung zu beinhalten. Gleichzeitig lässt die situationsspezifische, innere Kontaktlosigkeit bislang auch nach dem Geschlechterkonzept der Mutter fragen. Der Junge, von dem die Selbstständigkeit verlangt wird, erinnert ja auch an den selbstständigen und vom Projekt Familie und Beziehung scheinbar unabhängigen Vater. Der Status, Junge zu sein, führt möglicherweise auch zu der beobachtbaren Einsamkeit. Männer und Frauen haben in der Familie unterschiedliche Arbeits-, Aufgaben- und allem Anschein nach auch Interessensbereiche. An dem, was der Junge spielerisch tut, hat die Mutter offenkundig keinen eigenen affektiv aufgeladenen Spaß. Anstalten, in ein Spiel einzusteigen, finden sich in den Beobachtungen nicht. Psychische Formung und Reifung soll scheinbar eigenständig funktionieren. Mann-Sein heißt in der Familie Schwarz möglicherweise auch automatisch Mann-Werden. Die Geschlechter scheinen wie unterschiedliche Planeten, zwischen denen keine Brücke geschlagen ist.[106]

Neben den Thesen, dass das untypische Setting, Geschlechterkonzepte einer rigiden Differenz und der ferne Vater die beobachteten Beziehungsdynamiken prägen, kann sich auch der Frage nach dem Mutterschaftskonzept von Frau Schwarz mit der Formulierung erster Thesen genähert werden. Bislang scheint der selbstverordnete mütterliche Beitrag auf bedingungslose, körperliche Versorgung und das Ermöglichen eigenständiger Spiele fokussiert. Darin drückt sich möglicherweise ein Konzept kindlich-männlicher Bedarfe aus, das ein geschlechtsspezifisch mütterliches Engagement begründet. Alles, was Tom von seiner Mutter zur Entwicklung benötigt, ist körperliche Versorgung und Anleitung zum Spiel. Beides kann er in der Wahrnehmung von Frau Schwarz bei der Mutter finden. Die Notwendigkeit einer affektiven Begleitung des kindlichen Spieles scheint in ihrem Mutterschaftskonzept

---

[106] Diese Metapher ist einem Vortrag von Prof. Dr. Frank Dammasch entnommen, der am 08. März 2015 im Rahmen des Symposiums *Männlichkeit, Elternschaft und Sexualität* gehalten wurde.

weniger enthalten. So scheint es auch verständlich, dass Tom weder Krippe noch Kindergarten besucht. Das Beste für das Kind ist die Mutter. Alle (durch das Mutterschaftskonzept) erkennbaren Bedürfnisse können von ihr befriedigt werden.

Welche Erfahrung macht Tom nun, wenn er ganztägig von seiner Mutter betreut wird, die als Interaktionspartnerin innerlich so wenig verfügbar ist? Fremdheitserleben und Langeweile scheinen bislang als wahrscheinlich. Sie scheinen eigentümlicherweise mit punktuellen Gefühlen einer eigenen Großartigkeit und Macht einherzugehen. Was bedeutet es für einen 3,5-Jährigen, wenn der Vater vor allem über seine Berufsidentität greifbar ist? Mit was soll sich der Innenraum von Tom füllen, wie sich eine Identität formen, wenn der Innenraum vor allem als Raum für Nahrung verstanden wird?

In der weiteren Auseinandersetzung mit dem Material werden die hier aufgeworfenen Fragen weiter bearbeitet und die aufgestellten Hypothesen einer kritischen Prüfung unterzogen.

1.4 Eine kontrastierende tiefenhermeneutische Analyse

Die Frage, die weit weg vom Material und in den Raum der theoretischen Schlussfolgerungen führt, ist die Frage nach dem konkreten Vater und dessen Bedeutung für die Innenwelt des Jungen Tom. Sie lässt sich auch durch die Betrachtung weiterer Sequenzen und Szenen nicht näher empirisch abhandeln. Der Vater entzieht sich den Beobachtungen gänzlich. In der fünften Beobachtung kann allerdings kritisch der Frage nachgegangen werden, ob die beobachtbaren Interaktionsstile dem untypischen, räumlichen Setting geschuldet oder doch tiefer in den Geschlechter-, Familien- und Mutterschaftskonzepten verankert sind. In der fünften Beobachtung findet der Beobachter Mutter und Sohn im Wohnhaus der Familie. Hier findet die gesamte Beobachtung statt. Der große Bruder Flo und dessen Freundin streifen das Beobachtungssetting und auch seine ältere Schwester Tina füllt eine Szene mit aus. Allein die Anwesenheit weiterer Familienmitglieder lässt die Leseerwartung zu, dass sich die Beobachtung im Wohnhaus kontrastiv lesen lässt. Bleiben bei der Veränderung des Settings und der Hinzuziehung weiterer potenzieller familiärer Akteure die Interaktionsstile in der Mutter-Kind-Beziehung bestehen oder müssen sie limitiert und als spezifische Reaktionen auf ein familienuntypisches Setting verstanden werden?

Die fünfte Beobachtung

Im Sinne einer kritischen Fallstrukturüberprüfung wird die fünfte Familienbeobachtung in bekannt ausführlicher Weise dargestellt. Es ist dabei notwendigerweise zu betonen, dass die tiefenhermeneutische Analyse der Beobachtungsstunde unabhängig von dem Anspruch einer kritischen Strukturprüfung vollzogen wurde. Das

Fallmaterial der fünften Beobachtung enthält Szenen, die einer Verallgemeinerung des bislang formulierten Fallverständnisses scheinbar offenkundig zuwiderlaufen. Ein Blick in die Eröffnung des Protokolls kann diese Ankündigung mit empirischen Inhalten füllen.

Ich erreiche gegen 15:05 Uhr das Haus der Familie, ich klingele und Frau Schwarz öffnet mir die Tür. Sie schaut mich an und sagt, dass Tom noch schlafen würde, sie ihn aber jetzt wenn ich da bin wecken würde. Wir gehen nach oben in die Wohnung, ich ziehe meine Schuhe aus und hänge meine Jacke an die Garderobe. Wir gehen in das Zimmer von Tom und Frau Schwarz weckt ihn ganz behutsam. Als er zu sich kommt sagt Frau Schwarz zu ihm, dass ich da bin. Er guckt aus seinem Bett und begrüßt mich. Dann klettert er über die Stäbe an seinem Bett nach draußen. Da kommt sein Bruder Flo und auch der wird willkommen geheißen. Tom steht in seinem Zimmer und möchte gleich raus in den Flur und gucken, ob vielleicht noch jemand da ist. Frau Schwarz nimmt ihn und sagt, er solle sich erst mal eine Hose und Socken anziehen lassen. Sie hebt ihn auf die Kommode und möchte ihn anziehen aber Tom möchte das nicht. Sie einigen sich darauf, dass Tom eine Strumpfhose anzieht. Wir verlassen nun alle gemeinsam Toms Zimmer und gehen in Richtung Küche. In der Küche steht inzwischen schon sein Bruder Flo mit seiner Freundin Lissi. Tom sieht sie und guckt sie an als wüsste er nicht genau was er jetzt machen soll. Frau Schwarz sagt zu Lissi, dass sie auch mal mit ihm reden und ihn nicht immer nur angrinsen soll, da Tom sonst nicht wüsste wo er bei ihr dran ist. Dann verlassen Flo und seine Freundin die Küche und wir gehen hinein. (Fünftes Beobachtungsprotokoll: 19 M. B.)

Der Kontrast verrät sich, bei genauer Betrachtung, im ersten Satz. Das Setting zumindest ist für eine Familienbeobachtung nun typisch und verkörpert, bezogen auf den Raum, nicht die Umsetzungspraxis einer Doppelvergesellschaftung von Frau Schwarz. Das Setting deckt sich vielmehr mit tradierten Bildern einer klassischen Familie der fünfziger Jahre – der Vater ist nicht anwesend, die Mutter führt den Dritten mit einem familienbezogenen Interesse in das Wohnhaus ein. Hier können Leseerwartungen an eine Familienbeobachtung im typischen Setting des Wohnhauses (im Vergleich zur untypischen Beobachtung im Büro) strukturell wahrscheinlich bedient werden. Aber was passiert im Detail?

Im Haus der Familie, in dem nun typischen Beobachtungssetting, kommt der Beobachter an, klingelt an der Tür und wird von der Mutter des Beobachtungskindes hereingebeten. Zwei Erwachsene treten in Beziehung: »Sie schaut mich an.« Unausgesprochen wird die scheinbar logische Zielvereinbarung, dass mit dem Besuch des Beobachters das Vorfinden von Mutter-Kind-Interaktionen im Wohnraum zu erwarten ist, erfüllt.

[Die Mutter, M. K.] sagt, dass Tom noch schlafen würde, sie ihn aber jetzt wenn ich da bin wecken würde. Wir gehen nach oben in die Wohnung, ich ziehe meine Schuhe aus und hänge meine Jacke an die Garderobe.

Schien es im Protokoll der ersten Beobachtung so, als führte Frau Schwarz den Beobachter in ein Setting ein, das sich der Beobachtungssituation gegenüber weitestgehend natürlich zeigte, so formuliert sie in ihrer Begrüßung nun, dass sie einen gewissen Anspruch mit dem Projekt der Beobachtung verbindet – sie weckt Tom »aber jetzt wo ich da bin« für den Beobachter auf. Es wirkt, als habe Frau Schwarz Zeit für die Beobachtung, als habe sie Zeit, ihren Sohn extra für die Beobachtung zu wecken. Im weiteren Sinne scheint sie Zeit zu haben, die sie mit ihrem Sohn vor der Linse des Beobachters verbringen kann.

Der Beobachter seinerseits greift das Angebot scheinbar wortlos auf und setzt sein Einverständnis über Handlung in Szene. Er zieht nun unaufgefordert seine Schuhe aus und hängt seine Jacke an die Garderobe. Die Nähe, die der Beobachter zur Familie hat, erscheint wieder im Material. Scheinbar sicher aufgestellt, von Fragen des Ankommens nicht beschäftigt, kann er der Mutter in das Kinderzimmer folgen. Hier nun wird der Beobachter eingeführt in einen intimen Raum, der dem des Büros kontrastiv gegenübersteht. Der halböffentliche Raum des Büros ist für die Anwesenheit und für den Kontakt mit Dritten, der Außenwelt vorgesehen. Im intimen Raum des Kinderzimmers geht es im Kern um das Alleinsein, das Schlafen, Träumen und den Umgang mit der Nacht. Eine ähnliche Einschätzung, eine ähnliche Bedeutungsaufladung des Settings scheint auch Frau Schwarz in sich zu tragen. Sie drückt sie in ihrem Verhalten aus. »Wir gehen in das Zimmer von Tom und Frau Schwarz weckt ihn ganz behutsam.« Aus dem Schlaf geholt zu werden, erfordert offensichtlich einen sensiblen, behutsamen Akt. An der Schwelle zwischen Schlaf und Erwachen greift vielleicht das Modell in der Mutter, dass es die (behutsame) Art und Weise ist, die den Beziehungsstart und den sprichwörtlichen Start in den Tag entscheidet. Frau Schwarz scheint jedenfalls auf den Wechsel des Bewusstseinszustandes ihres Sohnes eingestellt. Vielleicht denkt sie sogar an die Wirkung/Konfrontation mit dem Beobachter und ist deshalb *behutsam*. »Als er zu sich kommt sagt Frau Schwarz zu ihm, dass ich da bin. Er guckt aus seinem Bett und begrüßt mich. Dann klettert er über die Stäbe an seinem Bett nach draußen.« Die einfühlsame Mutter leitet Tom in den Tag und begleitet die Anwesenheit des Beobachters sprachlich. Sie stellt eine Verbindung her, die nun selbst aktiv gestaltet werden kann. Tom begrüßt den Beobachter und klettert aus seinem Bett. Das Beobachtungskind tritt in (Inter-)Aktion. Dabei ist die Aktion des 3,5-Jährigen irritierend, klettert dieser ja aus seinem Kinderbett und verweist somit darauf, dass er aus der Zeit, in der die begrenzende Funktion des Gitterbettes gegriffen hat, körperlich herausgewachsen ist. Und so wirkt in die harmonische Szene, in der Mutter und Kind interagieren, wieder ein Bild hinein, in dem Tom im wahrsten Sinne des Wortes kleiner »gehalten« wird, als er real ist. Assoziationen zum wortlosen körpernahen Interaktionsstil stellen sich ein.

In der anschließend dokumentierten Szene beschreibt der Beobachter die weitere Ausgestaltung der Szene im Kinderzimmer. Rückwirkend (hermeneutisch) wird dadurch die Szene des Aufwachsens weiter verstanden. Lesarten zum Erleben desgleichen lassen sich erweitern. »Da kommt sein Bruder Flo und auch der wird willkommen geheißen. Tom steht in seinem Zimmer und möchte gleich raus in den Flur und gucken, ob vielleicht noch jemand da ist.« Der Akt des In-den-Tag-Startens erscheint nun nachträglich, neben dem Behutsamen, als Akt des Willkommenheißens und Willkommengeheißenwerdens. Es ist nicht ersichtlich, wer hier wen willkommen heißt. Vielleicht reagiert der Beobachter in seiner Beschreibung der Szene auf eine einladende Atmosphäre.

Das Aufwachen und die Begegnung mit den drei Anwesenden scheinen jedenfalls so schön gewesen zu sein, dass Tom nachguckt, *ob vielleicht noch jemand da ist*. Das Bild vom innerlich einsamen Jungen, dessen psychosoziale Versorgung einem Zeit-Ressourcen-Dilemma zum Opfer fällt, steht im Material zur Diskussion. Kaum ist er wach, treten Dritte in Kontakt mit ihm und er mit ihnen. Beziehungen werden hergestellt, der Start in den Tag gestaltet sich als ein gemeinsamer. Wie gestaltet sich die Szene weiter?

> Frau Schwarz nimmt ihn und sagt, er solle sich erst mal eine Hose und Socken anziehen lassen. Sie hebt ihn auf die Kommode und möchte ihn anziehen aber Tom möchte das nicht. Sie einigen sich darauf, dass Tom eine Strumpfhose anzieht.

Das Tempo, in dem Tom nun in den Tag startet, scheint Frau Schwarz nun etwas zu schnell. Ohne Hose und Socken soll Tom das Zimmer nicht verlassen. In-den-Tagstarten wird zum Austragungsort grundlegender Sozialisation. Aus dem Bett und in den Tag klettern, wird an eine Bedingung geknüpft. Tom zeigt sich widerständig gegenüber dem Sozialisationsanspruch der Mutter. Ein Einigungsprozess schließt sich dem Anspruch der Mutter an, und so bekommt der Anspruch den Charakter des demokratischen.

Da Tom nun ausgerüstet ist, um den Start in den Tag auszubauen, und er das Zimmer verlassen darf, schließt sich eine längere Sequenz an, in der (familien-)dynamische Begegnungen stattfinden:

> Wir verlassen nun alle gemeinsam Toms Zimmer und gehen in Richtung Küche. In der Küche steht inzwischen schon sein Bruder Flo mit seiner Freundin Lissi. Tom sieht sie und guckt sie an als wüsste er nicht genau was er jetzt machen soll. Frau Schwarz sagt zu Lissi, dass sie auch mal mit ihm reden und ihn nicht immer nur angrinsen soll, da Tom sonst nicht wüsste wo er bei ihr dran ist. Dann verlassen Flo und seine Freundin die Küche und wir gehen hinein.

Die Übergänge von der Nacht in den Tag und vom Allein-Sein zum Mehr-Sein wurden bislang als Willkommensakte beschrieben. Und so erscheint die Begegnung mit der Freundin des Bruders in irritierender Weise. Es scheint als ob der Takt des In-den-Tag-Startens ins Stocken kommt. In der Küche ist »inzwischen schon« jemand da. Die Beschreibung lädt zu dem Gedanken ein, dass ein Ankommen vor Anderen erwartet wurde. Die Küche erscheint durch die Formulierung wie besetzt. Das scheinen auch Tom und Frau Schwarz so wahrzunehmen. Tom guckt, als »wüsste er nicht genau was er jetzt machen soll« und Frau Schwarz tritt in klärender Weise in Aktion. Sie ermahnt die Freundin des Bruders zur Kontaktaufnahme. Das ist interessant, da sich Frau Schwarz nun nicht mehr in der Verantwortung der Kontaktvermittlung sieht. Die Freundin des Bruders soll den Kontakt zum Kind selbst aufnehmen »und auch mal mit ihm reden und ihn nicht immer nur angrinsen«. Die Freundin des Bruders wird nicht wie der Beobachter vorgestellt. Die Atmosphäre des Willkommen-Seins scheint sich in der besetzten Küche aufgelöst zu haben. So rückt die Beziehung zwischen den zwei Frauen in den Fokus des Interesses. Genaugenommen ist die Ermahnung interessant, scheint diese ja einen Konflikt in sich zu tragen, der über die Spanne der Szene hinausgeht. »Sie soll ihn nicht immer nur so angrinsen, da Tom sonst nicht wüsste wo er bei ihr dran ist.« Die Kompetenz zur kindbezogenen Kontaktaufnahme scheint ihr von der Mutter prinzipiell aberkannt zu werden. Und so scheint der Kommunikationsstil wie der zwischen Mutter und Schwiegertochter, in dem die Frage nach der besseren Mutter verhandelt wird. Dass es sich bei der Ermahnung in der Küche nicht um einen Konflikt mit konkreter Lösungsoption handelt, drückt sich auch darin aus, dass der Bruder die Küche gemeinsam mit seiner Freundin scheinbar wortlos verlässt. Frau Schwarz hat die Rivalin scheinbar souverän aus ihrer Küche vertrieben – dem Ort, den sie als erstes aufsucht, nachdem sie ihren Sohn geweckt hat.

Im Gegensatz zur ersten Beobachtung, in der die Frage aufgeworfen wurde, welches Mutterschaftskonzept und welche Vorstellung von Toms kindlicher Innenwelt Frau Schwarz in sich trage, und in der die These aufgestellt wurde, dass die psychosoziale Versorgung neben der Doppelbelastung auch durch eine innere geschlechtsspezifische Fremdheit begrenzt werde, tritt Frau Schwarz in der fünften Beobachtung bislang sehr behutsam und kindbezogen auf. Einen Konflikt in der Handhabung verschiedener Aufgaben- und Verantwortungsbereiche scheint sie nicht zu haben. Auch scheint sie eine empathische, innere Haltung gegenüber ihrem Sohn zu verkörpern. Sie ist ganz auf ihren Sohn eingestellt. Empathisch führt sie ihn in den Tag und in die Beziehungen ein und schafft eine Willkommenskultur im Wohnhaus. Dabei kritisiert sie die Freundin des Bruders, die diese Kultur in ihren Augen zu stören scheint. Frau Schwarz reagiert in der Küchenszene auf die Reaktion von Tom, interpretiert sie und versucht, auf Toms Irritation klärend und, aus den Augen der Freundin Lissi, ermahnend zu korrigieren. Bei ihrer Interpretation offenbart sie zudem eine Kritik am Kommunikationsstil der Freundin Lissi insgesamt. Gleichsam stellt sie sprachlich sicher, dass sie im übertragenen Sinne eine bessere Mutter ist. Das Bild der Arbeitnehmerin ist in der fünften Beobachtung wie gelöscht. Erhärtet hat sich hingegen die These eines Mutterschaftskonzeptes: dass keine Hilfe bei der Erziehung benötigt wird. In der Küche ist nur Platz für eine

Frau. Muss sich das erste Bild der Arbeitnehmerin-Mutter mit all seinen Inhalten limitieren und auf das Setting des Büros begrenzen lassen? Wie geht die Szene weiter?

Die ermahnende Aktion der Mutter hat sicher dazu beigetragen, dass Tom nun mit ihr alleine ist. Und es stellt sich die Frage ein, wie die Mutter den Tag mit ihrem Sohn weiter gestaltet. Welche Interaktionen schließen sich in der aktiv hergestellten Dyade an?

Nachdem Tom auf der Toilette war und ein Spiel mit Wasser am Waschbecken verboten bekommen hat, ärgert er sich. Über die Frage der Mutter, ob er etwas trinken wolle, findet er wieder zur Mutter und den Weg zu ihr in die Küche. Hier findet die nun ausgewählte Szene ihren Ausgang:

Frau Schwarz sagt zu Tom, dass sie jetzt die Meerschweinchen sauber machen müsste. Tom möchte helfen und stellt sich wartend vor den Käfig. Er steht da und ruft ganz laut die Namen der Meerschweinchen. Dann guckt er uns an und sagt ganz stolz, dass er gerade die Meerschweinchen ruft. Frau Schwarz kommt und macht den Käfig auf. Gemeinsam scheuchen sie die Meerschweinchen in den oberen Bereich des Käfigs und Tom fängt unten an mit einer Schaufel das dreckige Streu in einen Müllbeutel zu packen. Dabei hält Frau Schwarz ihm den Beutel auf, sodass er das Streu nur noch rein schaufeln muss. Nun ist der Käfig fast leer und Frau Schwarz hilft ihm dabei die letzten Reste auch noch zu erwischen. Dann klingelt das Telefon und es ist eine Freundin von Frau Schwarz dran. Frau Schwarz fragt Tom, ob er auch mal telefonieren möchte und so geht Tom ans Telefon und erzählt der Freundin ganz stolz, dass er gerade die Meerschweinchen sauber macht. (Fünftes Beobachtungsprotokoll: 19f. M. B.)

Gestalteten sich die Szenen im Büro in der Regel so, dass zwischen Tom und seinem Interaktionshunger der Workload der Mutter stand und körperliche Versorgung als Schlüssel zur psychischen Nähe verstanden wurde, so scheint sich hier in der Wohnung das Bild einer zugewandten und psychisch verfügbaren Mutter weiter auszudifferenzieren. Die Mutter bindet Tom in die Bearbeitung ihrer To-Do-Liste ein und schafft die Möglichkeit einer längeren Interaktion. Es entsteht eine Reihe von Interaktionsszenen, in denen der Charakter des Gemeinsamen dem Kontrast des »Jeder für sich« (Erste Beobachtung: 5 M. B.) gegenübersteht. Tom hat Spaß, handelt und öffnet sprachliche Räume. Er versucht auch den Beobachter an seiner Freude teilhaben zu lassen. »Dann guckt er uns an und sagt ganz stolz, dass er gerade die Meerschweinchen ruft.« Man kann die Freude sichtlich nachempfinden, lässt man die durch den Text evozierten Bilder auf sich wirken. In den Szenen interagieren Mutter und Sohn gemeinsam. Sie jagen »die Meerschweinchen in den oberen Bereich des Käfigs« und die Mutter hält den Beutel auf, sodass Tom »das Streu nur noch rein schaufeln muss«. Die beiden scheinen ein funktionierendes, richtig eingestelltes System zu bilden, bei dem die einzelnen Arbeitsschritte für jeden erleichtert werden. Momente des Sich-Helfens und -Nutzens (Anerkennend) füllen die Szene aus. Ihr Fortbestehen wird sodann allerdings abrupt durch einen äußeren Einfluss infrage gestellt. Ein Telefonat, das die Mutter-Kind-Interaktion nachhaltig unterbrechen oder sogar beenden könnte, drängt sich in den Raum. Es dringt in den harmonischen Raum der Mutter-Sohn-Interaktion ein, mit einem Potenzial der Zerstörung. Doch etwas anderes passiert. Die Leseerwartung wird enttäuscht. Frau Schwarz bleibt auf ihren Sohn bezogen und bindet ihn in das Telefonat mit der Freundin ein. Diese wird in die stolzen Momente des Käfigputzens eingeweiht und soll offenkundig an der Freude darüber partizipieren. Der Telefonanruf führt also nicht zu einer Auflösung der Szene, sondern vielmehr zur einer Erweiterung des Settings, um einen Protagonisten im übertragenden Sinne.

In Anbetracht der fünften Beobachtung in der Wohnung scheinen die Kindererziehung und die Beziehungsgestaltung im Büro (der Arbeitszeit der Mutter) als unbefriedigende Alternative. Arbeit scheint als Störfaktor der Mutter-Sohn-Beziehung erkannt. Ein distanzstiftendes Geschlechterkonzept der Differenz muss hingegen infrage gestellt werden. Denn Frau Schwarz kann offensichtlich auch anders. Sie zeigt sich als zugewandte Erziehungsagentin, und das in dreifacher Hinsicht. Sie spielt affektiv aufgeladen mit ihrem Sohn, weckt ihn empathisch behutsam und stellt Beziehungen für ihn her. Sie behauptet sich auch als Mutter im Kommunikationsstil mit der Freundin des Bruders – in der Wohnung der Familie ist sie die bessere Mutter. Die Beobachtungsstunde ist allerdings noch nicht vorbei. Vielmehr ist sie dabei, vorbei zu gehen. Der Tag ist vorangeschritten und es ist Zeit vergangen. Und der Faktor Zeit scheint nun wieder bedeutsam.

Nachdem die Mutter und Tom das Telefonat mit der Freundin beendet haben und die Meerschweinchen versorgt sind, möchte die Mutter alleine die Küche saugen. Tom, der sich durch das Staubsaugen der Mutter möglicherweise ausgeschlossen fühlt, zeigt sich unzufrieden – Aggression kommt in den Szenenverlauf.

Er fängt an zu schreien und klammert sich am Staubsaugerrohr fest. Frau Schwarz sagt ihm, dass sie es zusammen machen müssen, da sie sonst noch bis heute Abend in der Küche stehen würden um zu saugen. Seine Schwester kommt wieder in die Küche und fragt was er denn habe. Worauf Frau Schwarz zur Schwester sagt, dass sie sich bitte raushalten soll und sie das mit ihm alleine klärt. Tom hört nicht auf zu schreien und Frau Schwarz nimmt ihn und legt ihn in den Flur, wo er weiter schreit. Seine Schwester Tina geht zu ihm und legt sich neben ihn auf den Boden. Sie tröstet ihn ein bisschen und schon fängt er wieder an mit einem kleinen Lkw zuspielen den er im Flur gefunden hat. (Fünftes Beobachtungsprotokoll: 20 M. B.)

Ausgeschlossen zu sein und sich von gemeinsamen Momenten trennen zu müssen, verärgert Tom offensichtlich. Den Ärger trägt er nach außen. Er hat sich den Staubsauger geschnappt und möchte, zumindest vorübergehend, die Arbeit der Mutter übernehmen. Es scheint als wolle er die Arbeit und im eigentlichen Sinn das Spiel mit dem Staubsauger, ähnlich wie die Arbeit am Meerschweinchenstall, teilen. Das sich helfende und funktionierende System ist allerdings nicht mehr benutzbar. Die Gelingensbedingungen desgleichen scheinen sich verändert zu haben. Die Mutter bringt selbst eine Erklärung für den sich externalisierten Konflikt ein. Wenn sie den Staubsauger nicht halten darf, also den wesentlichen Part des Staubsaugens übernimmt, stünden sie noch »bis heute Abend in der Küche«. Die To-Do-Liste, die eben noch teilbar war, scheint inzwischen nicht mehr für Zwei geeignet.

Zu beobachten ist zum Ende der fünften Beobachtung, dass auch im Wohnhaus der Familie ein Workload zu existieren scheint, der bis zu einem gewissen Grad von einer zeitlichen Umsetzungsfrist umgeben ist. Wie im Büro scheint auch hier einem überdauernden, reibungslosem Nebeneinander, und im übertragenen Sinne einer kontinuierlicheren, psychischen und körperlichen Verfügbarkeit, ein Dilemma aus Zeitressource und (Haus-)Arbeit hinderlich gegenüberzustehen. Beiderorts zeigt sich Tom dem Zeitmanagement der Mutter gegenüber als widerständig. Er transformiert bei gleicher Aktion, aber unter vorangeschrittener Zeit, zum destruktiven und drängenden Störenfried. Haushalt und Kinderhaben erscheinen als zeitintensive Komponenten, vor allem wenn sie scheinbar ausschließlich in den Verantwortungsbereich einer Person fallen. Und so wird die Frage, warum Tom nicht in den Kindergarten geht und die Mutter die Erziehungs- und Beziehungsarbeit alleine schultert, wieder aktuell. Hier wie dort ist die Erklärung durch die Mutter selbst formuliert. Sie inszeniert sie und setzt die Antwort sozusagen selbst in Szene:

> Seine Schwester kommt wieder in die Küche und fragt was er denn habe. Worauf Frau Schwarz zur Schwester sagt, dass sie sich bitte raushalten soll und sie das mit ihm alleine klärt.

Frau Schwarz benötigt keine Unterstützung für die Erziehung ihres Sohnes, die Hausarbeit und, wenn man sich erinnert, auch nicht für die Büroarbeit. Dritte werden aktiv abgewehrt und so erscheinen die zeitintensiven Verantwortungsbereiche wie selbstverordnet. Frau Schwarz scheint überzeugt davon zu sein, dem Workload der einzelnen Bereiche ohne Hilfe nachkommen zu können. Dass Tom das anders sieht, scheint sie nicht sehen zu wollen oder zu können. »Tom hört nicht auf zu schreien und Frau Schwarz nimmt ihn und legt ihn in den Flur, wo er weiter schreit.« Dass diese selbstverordnete Verantwortung unter den beschränkten Zeitressourcen und scheinbar auch mentalen Kapazitäten zu Überforderungen führt, zeigt sich in der verleugnenden Umsetzungsstrategie, die der Szene inhärent ist. Sie legt die Kindererziehung bzw. Beziehung im wahrsten Sinne des Wortes zur Seite. Zur Aufrechterhaltung der allein-guten Mutter muss der Aufgabenbereich Kind kurz zur Seite gelegt und im übertragenen Sinn verleugnet werden.

Den Kern des Konfliktes, dass es um Beziehung und Miteinander und nicht um das Staubsaugen an sich geht, hat sie entweder nicht erkannt oder das Erkannte ist ihr zu viel. Wie hilfreich in einem solchen Zeit-Ressourcen-Dilemma, das auch Einfluss auf die mentalen Kapazitäten nimmt, ein Dritter sein kann, kann dem weiteren Szenenverlauf entnommen werden. In ihm hat sich die große Schwester Tina dem schreienden Tom angenommen und sich zu ihm auf den Boden gelegt – entgegen der Ansage der Mutter. Körperlich nah tröstet sie ihn, und so kann Tom schnell und konstruktiv in ein neues Spiel finden. Dass ein entzerrender und nähestiftender Dritter zur Wiederherstellung innerer Ruhe und Kreativität beitragen kann, ist der Szene gut zu entnehmen, ebenso wie dass Ausschluss Zorn schürt.

Im weiteren Szenenverlauf entpuppt sich die Verfügbarkeit der Schwester als relative. Und so changieren die weiteren Szenen zwischen Nähe und Distanz. In ihnen geht die Mutter einer Haushaltstätigkeit in der Küche nach, die Schwester telefoniert mit einem Freund, den Tom kennt. Tom sucht beide abwechselnd auf, findet aber nur peripher Kontakt. Die Erwachsenen sind anderweitig beschäftigt, keiner mehr direkt auf ihn bezogen. Tom reagiert auf diese Ausschlusserfahrung wieder aggressiv, nun aber kreativ. Er findet in ein eigenes Spiel, für das er keine aktiven Spielpartner benötigt. Dass er darin einen Konflikt bearbeitet, ist wenig verdeckt. Sein Spiel ist auffallend phallisch-destruktiv. (Diese Szene wird in Kap III, 2 erneut betrachtet und ausführlich diskutiert.)

Tom findet eine Spielzeug Kettensäge und rennt damit aus dem Zimmer. Er sägt ein bisschen an den Wänden rum und Frau Schwarz fragt ihn wieso er die Wände denn kaputt sägen würde. Er rennt wieder zurück in sein Zimmer und sägt ein bisschen an seiner Schwester rum. Sie fragt, ob er sie denn jetzt aufschneidet. Er bejaht das und sagt er schneidet ihren Bauch auf. Dann fängt er an zu lachen und rennt wieder aus seinem Zimmer raus. (Fünftes Beobachtungsprotokoll: 21 M. B.)

Tom findet eine Kettensäge in seinem Zimmer und mit ihr neue Energie und Geschwindigkeit. Er rennt aus dem Zimmer. Dabei erinnert sein Spielzeug an den Vater, der als Dachdecker mit Holz arbeitet und sicher auch eine Kettensäge benutzt. Die Kettensäge wird mit dieser Lesart als Identifikationsangebot erkennbar. So stellt sich weitergedacht die Lesart ein, dass sich Tom den Dritten in die Wohnung denkt und spielt, wie der Vater, der auf dem Dach sitzt (vgl. Erste Beobachtung: 5 M. B.). Unabhängig von anderen (Frauen), ist er großartig, wie der Vater. Er wird nun zum Spieler, der die Anderen dominiert und penetriert. Dass er an den Bauch der Schwester geht, ist sicher nicht bedeutungslos. Interessant ist auch, dass die Schwester und die Mutter dem aggressiven Akt nichts entgegenhalten. Sie begleiten sein Spiel mit

Fragen und nicht mit Sanktionen und Verboten. Zu spielen, wie der Vater, ist positiv besetzt.[107] (Auch diese Szene wird in Kap III, 2 erneut betrachtet und ausführlich diskutiert.)

1.5 Limitation und Differenzierung der Fallstrukturhypothesen

These I:

Die These, dass Toms Selbstkonzept zwischen den Polen Mächtig und Ohnmächtig zu changieren scheint, lässt sich mit der Erfahrung von Bindung und Ausschluss verbinden. Erfahrungen des Gemeinsamen stehen in enger Relation zum Workload der Mutter. Erfahrungen von Wirkmächtigkeit sind zeitlich begrenzt – ihre Dauer ist aus einer kindlichen Zeitperspektive nicht absehbar. Die Ausschlusserfahrungen sind intensiv und lassen sich fassen als Erfahrungen des passiv-ausgelieferten Verlassenwerdens. In Versorgungsszenen erfährt sich Tom in kontrastiver Weise als wirkmächtiger Beherrscher seiner Umwelt. Körperliche Versorgung ist der Schlüssel zur psychosozialen. Hierfür wird als Preis die Regression verlangt.

These II:

Der Vater taucht in der Familie als fehlender Dritter auf. Er wird über seine Berufsidentität repräsentiert und punktuell als Bindeglied zwischen Sohn und Mutter, als symbolischer Bezugspunkt genutzt. Die Auseinandersetzung mit der Berufsidentität des Vaters kann von Tom genutzt werden, um Momente der Ausschlusserfahrung kreativ zu bearbeiten. Dabei zeigt er destruktiv-phallische Tendenzen.

These III:

Frau Schwarz scheint ein Geschlechterkonzept der Differenz zu verkörpern, das sich vor allem in einem rigiden Konzept einer allein-guten Mutter manifestiert. Dieses Konzept führt zur aktiven Herstellung einer exklusiven, nach außen weitgehend geschlossenen, zweigeschlechtlichen Dyade. Kombiniert mit einer selbstverordneten, dreifachen Vergesellschaftung (Haushalt, Beruf, Mutter), führt ein Zeit-Ressourcen-Dilemma, das auch Einfluss auf mentale Kapazitäten nimmt, zu Differenz und Ausschlusserfahrungen in der Dyade. Diese Erfahrungen können von Tom aufgrund der Geschlossenheit wenig gut mithilfe von Dritten bearbeitet werden.

---

[107] Melanie Klein würde in dieser Szene wahrscheinlich das Präkonzept des Kindes erkennen. Das Kind fürchtet den Bauch der Mutter unbewusst als kreativen Innenraum, aus dem konkurrierende Kinder entwachsen. Ich danke Prof. Dr. Frank Dammasch für diese Assoziation.

These IV:

Der dreifachen Vergesellschaftung von Mutter, Haushälterin und Arbeitnehmerin und deren Umsetzungs- und Handlungspraxis fällt die psychosoziale Versorgung des Jungen Tom zum Opfer. Sie ist nicht begrenzt auf das untypische Setting des Büros und die Arbeitszeit von Frau Schwarz.

1.6 Zusammenfassung der Beziehungsmuster

Welche Aussagen lassen sich nun weiter über das psychosoziale Erleben des Jungen Tom treffen? Was bedeutet es für Tom, wenn er ganztägig von seiner Mutter betreut wird, die als Interaktionspartnerin in einem selbstverordneten Dilemma steckt? Was bedeutet es für einen 3,5-Jährigen, wenn der Vater vor allem über seine Berufsidentität greifbar ist? Differenzierte Aussagen über das psychosoziale Erleben des Jungen lassen sich über die Zusammenfassungen der Beziehungsmuster herleiten. Kohärente Zusammenfassungen der Beziehungsmuster ermöglichen eine Annäherung an das psychosoziale Erleben des Jungen Tom. Begonnen werden muss dabei, wie in Kap. I, 2.3.2 ausführlich herausgearbeitet, bei dem beobachtenden Subjekt.

1.6.1 Der Beobachter in der Familie

Der Beobachter schreibt den gesamten Verlauf aus einer eigentümlichen Perspektive. Er ist nicht nur stark mit dem Feld identifiziert. Er ist Teil desselben. Scheinbar irritationslos bewegt er sich im Feld der Familie und zeigt sich dabei als Akteur der Familiendynamik. Gleichsam soll das Projekt nicht zu einem persönlichen werden. Der Beobachter tritt in den Beschreibungen eher gegenständlich auf und ist für den Leser wenig konkret greifbar. Dabei erinnert der Beobachter an den fehlenden Vater und die Männer der Familie insgesamt, die sich der konkreten Erfahrung entziehen.

Seine Modelle von Mutterschaft, Vaterschaft, Familie, Geschlecht und Kindheit legt der Beobachter über die Familie, aus deren näherem Umfeld er selbst erwachsen ist und noch erwächst. In seiner Beschreibung des Jungen Tom und seiner Art, ihm zu begegnen, scheint er sich in die Männergenerationen der Familie und deren Distanz zur Kindheit und zur Versorgung einzureihen. Tom gegenüber *ver-körpert* er wortlos das Nein, als sich dieser mit einer Beziehungsanfrage an ihn wendet. Dabei zeigt er, wie diese Art des sich nicht-verfügbar-Machens erzieherische Imperative wirksam ausdrückt. Er trägt zu einer körpernahen Differenzerfahrung der Geschlechter bei. Tom lernt schnell, dass der Beobachter nicht zur Interaktion zur Verfügung steht, er quengelt nicht und wird auch nicht unruhig. Vielleicht zeigt Tom in seiner Reaktion auf den starren Beobachter, dass er ein Modell in sich trägt, das die Beziehungsanfrage sich mit dem Nein am Körper des Beobachters erübrigt hat.

Nachträglich erscheint die dualistisch-geschlechtsspezifische Beschreibung der Familie durch den Beobachter, in der er die Produktivität der Frauen in Abrede und die der Männer betont, hier noch einmal verständlicher. Ohne Aushandlung und scheinbar mühelos zeigt sich der männliche Beobachter als produktive, klärende und sozialisierende Instanz – aus der Distanz. Er inszeniert sich als dem weiblichen Geschlecht überlegene Partei.

1.6.2 Die Familie Schwarz

Familie Schwarz verkörpert ein klassisches Familienmodell, das um die Berufstätigkeit der Mutter ergänzt wird. Der Vater geht arbeiten, die Mutter übernimmt die kind- und haushaltsbezogenen Aufgaben und arbeitet darüber hinaus dem Vater von zu Hause aus zu.

Der erste protokollierte Akt des Beobachters ist die sprachliche Herstellung einer Mutter-Kind-Dyade. Das Familienmodell, das einerseits durch das Fehlen des Vaters und die familiäre Omnipräsenz der Mutter kennengelernt wird, zeichnet sich strukturell durch drei eher erwachsene Kinder aus. Obwohl es fünf potenzielle Elternfiguren in der Familie gibt, sind es fast ausschließlich Mutter-Sohn-Interaktionen, die die Beobachtungen füllen. Sie unterstreichen die familiäre Omnipräsenz und Allein-Mütterliche-Verantwortung der Kindererziehung.

Dass der älteste Bruder Flo in der familieneigenen Firma arbeitet, trägt zu der These bei, dass in der Familie ein Konzept der Stammhalterschaft zu existieren scheint. Es entsteht der Eindruck, dass in gewisser Weise Lebensentwürfe der Geschlechter vorgezeichnet sind – die Männer gehen auf den Bau, die Mutter, und nur die Mutter, erzieht das Kind. Dass Frau Schwarz als Mutter an ihrem Status Quo festhält, zeigt sie in den Szenen der fünften Beobachtung eindrucksvoll in der Auseinandersetzung mit potenziellen Ersatzmutterfiguren. Fürsorgliche Momente mit weiblichen Dritten (Schwester Tina, Freundin des Bruders) finden in der Familie nicht unter Zustimmung der Mutter statt.

Während dieses rigide wirkende, geschlechtsspezifische Familienmodell weder den Beobachter noch die Familienmitglieder zu irritieren scheint, scheint das untypische Setting, in dem das Familienmodell seinen Praxisvollzug findet, Tom zu beunruhigen. Mal im Büro, mal im Wohnhaus wächst Tom in den Zwischenräumen von Arbeitsschritten auf. Vermittelt die Familienpraxis in der Eingangssequenz noch die Vorstellung einer reibungslosen Vereinbarkeit von Familie und Beruf, so zeigt sich Tom bei zunehmender Praxis dem Setting gegenüber als widerständig. Er wird unruhig und stört die Arbeit der Mutter. Gleichsam stört die Arbeit der Mutter die Beziehung. Das außergewöhnliche Setting des Büros, in dem Tom sich häufig selbst überlassen scheint, führt zu der Frage, warum Tom, während die Mutter arbeitet, mit seinen 3,5 Jahren nicht außerhäuslich betreut wird.

Eine erste Antwort findet sich in der fünften Beobachtung. Hier inszeniert sich Frau Schwarz als Mutter, die sich alleine um ihr Kind kümmern kann. Darüber hinaus zeichnet sie ein Bild der Mutter, die am besten weiß, wie man das Kind erzieht. So verstanden wird Familie Schwarz als geschlossenes System inszeniert. Hier werden keine Dritten eingestellt – weder im Büro (hier ist die Großmutter) noch für die Kindererziehung (hier darf nicht einmal die Schwester erzieherisch tätig werden). Mutter und Vater können in ihren je geschlechtsspezifischen Bereichen alles tragen und das Familiäre an die Stammhalter (zunächst Flo) weitergeben.

Summa Summarum führt diese Strategie der Geschlossenheit zu fast ausschließlich dyadischen Mutter-Sohn-Interaktionen, in denen Tom in beiden Settings mit einem Dilemma von Zeitressourcen, mentalen Kapazitäten und Workload konfrontiert wird. So stellt sich vor allem in der ersten Beobachtung die Frage nach (auf Tom bezogen) konflikthaften, familiären Rahmenbedingungen, die eng zusammenhängen mit Mutterschafts-, Vaterschafts- und Geschlechterkonzepten.

1.6.3 Die Mutter-Sohn-Beziehung

Da die Beobachtungen fast ausschließlich Mutter-Sohn-Interaktionen zeigen, können die Aussagen über die Mutter-Sohn-Beziehung in enger Textnähe betrachtet werden. Dabei fallen zwei Interaktionsstile der Dyade ins Gewicht. In Szenen körperlicher Versorgung schreibt der Beobachter in der ersten Beobachtung von einer konkret versorgenden Mutter, die eng mit ihrem Kind verbunden ist. Dieser Stil der engen, fast systemischen Verbundenheit kann mit der fünften Beobachtung, und bezogen auf das Setting Wohnhaus, auch auf spielerische Interaktionen ausgeweitet werden. Dabei kann differenziert werden, dass die Gelingensbedingung des engen Interaktionsstils, bezogen auf die körperliche Versorgung, zeitressourcenunabhängig ist. Die Bereitschaft zur körperlichen Versorgung ist bedingungslos im Mutterschaftskonzept von Frau Schwarz enthalten. Die Bereitschaft zur psychosozialen Versorgung ist bedingt und hängt eng mit zeitlichen und mentalen Kapazitäten zusammen.

Über den Vergleich der Beobachtungen ist zu erkennen, dass sowohl im Setting des Büros als auch im Setting des Wohnhauses spielerische Interaktionsanfragen von Tom zu einer Distanz in der Dyade führen. Diese Distanz scheint in beiden Settings mit einem Zeitressourcendilemma einerseits und einem Männlichkeitskonzept der sekundären bzw. inneren Unabhängigkeit andererseits zusammenzuhängen. Im Bereich spielerischer Selbstbeschäftigung soll Tom bereits so »selbstständig« sein wie sein Vater. Dem Vater biologisch-geschlechtlich gleich zu sein, scheint die Erwartung zu speisen, auch ohne viel Zutun zu werden wie der Vater. Psychische Reifung und Formung sollten möglichst nicht auf Kosten des Zeitkontingents der Mutter-Sohn-Beziehung gehen. Geschieht dies doch, kommen der Zeitkonflikt und mit ihm Unruhe in die Interaktionen.

Zudem fällt auf, dass mit zunehmendem Zeitaufwand das affektiv Lustvolle am Spiel und der gemeinsamen Interaktion verloren geht. Zeitdruck steht einem lustvollen, affektiven Interagieren im Weg. So zeigt sich am Beispiel der Meerschweinchenszene und der sich daran anschließenden Staubsaugerszene, wie Spaß zu Stress bzw. zu Eile und das Gemeinsame zu einem Gegeneinander transformieren. Tom wirkt dann relativ plötzlich wie ein Provokateur – so plötzlich wie sich für ihn die Erfahrungen des Ausschlusses ergeben. Diese Transformation der Interaktionsdynamiken kennzeichnet beide Beobachtungsprotokolle. Die dreigliedrige, bedarfsorientierte Handhabung des Haushaltes, der Arbeit und der Erziehung/ Beziehung scheinen in beiden Settings auf Kosten der Mutter-Sohn-Beziehung zu gehen.

Die Lesart, dass Tom in den Augen seiner Mutter zwischen Kleinheit und Großartigkeit (im Sinne von Selbstständigkeit), je nach Zeitressourcen, hin und her konstruiert wird, wird durch die Analyse der fünften Beobachtung weiter gestärkt. Dort klettert Tom über die Gitterstäbe seines Bettes und wird später, als es zu einem Konflikt am Staubsauger kommt, wie ein bewegungsunfähiger Säugling zur Seite und im übertragenen Sinne, in verleugnender Weise, aus der Verantwortung gelegt.

Insgesamt kennzeichnen die Mutter-Sohn-Interaktionen ein Bild kontrastiver Beziehungszustände und somit auch ein scharfes Bild identifizierbarer Beziehungskonflikte. Nähe und Distanz wechseln sich im Rahmen der Beobachtungsstunden immer wieder ab, wobei Arbeitsansprüche diese Dynamik vorzugeben scheinen. Und so erscheint die Mutter-Kind-Beziehung als konflikthafte Vereinbarung von kindlichem Anspruch und selbstverordnetem Workload. Er wird durch den Ausschluss Dritter weiter verschärft.

1.6.4 Die Vater-Sohn-Beziehung

Die Vater-Sohn-Beziehung kann bislang nur über theoretische und hypothetische Schlussfolgerungen erschlossen werden. Der Vater ist in keiner Beobachtung anzutreffen. So führt der Blick auf ihn zwangsläufig über Tom, der den Vater in vielen Szenen spielerisch herbeiphantasiert und seine identitätsstiftende Bedeutung in Szene setzt. In der ersten Beobachtung spielt Tom, zu sein wie der Vater, der auf dem Dach sitzt, oder er fährt die Kinder-Schubkarre durch den Wohnungsflur und konstruiert eine Baustelle. In der fünften Beobachtung rennt er mit der Kettensäge durch die Wohnung *und sägt ein bisschen* an der Hauswand. Wenn diese Spiele nicht mit einem Arbeits- und Zeitaufwand der Mutter verbunden sind, werden sie positiv von der Mutter aufgeladen und begleitet. Spielen, wie der Vater zu sein, scheint, auch aus den Augen der Mutter, lustvoll. Der Vater ist positiv besetzt.

Beim Spiel, zu sein wie der Vater, ist interessant, dass dieser Spielinhalt kreativ dazu beitragen kann, eigenständig und neben den arbeitenden Frauen zu agieren. Interessant ist zudem, dass der Vater ausschließlich als Dachdecker und in unmittelbarer Verbindung zu seiner Berufsidentität in Erscheinung tritt. Persönliche, subjektive Inhalte lassen sich dem Spiel und dem Reden über den Vater nicht entnehmen. Und so bleibt das Bild des Vaters auffallend leer und man ist geneigt, von einer Dachdecker-Sohn-Beziehung zu sprechen. Der Vater als Subjekt ist für die Analyse möglicherweise ebenso wenig greifbar wie für Tom selbst.

Eine weitere Möglichkeit, sich der Vater-Sohn-Beziehung anzunähern, bietet die Wahrnehmungsleistung des Beobachters, der den Vater vor allem über sein Fehlen mit Bedeutung füllt. In Szenen, in denen das Drängen und Quengeln des Jungen Tom zum Erfolg führt und Machtkämpfe gewonnen werden, ist der Beobachter von der Mutter-Kind-Interaktion genervt. Hier ändert er seinen Schreibstil. Hier erwartet oder wünscht er sich etwas anderes. Vielleicht zeigt sich in seiner Art der Beschreibung auch eine Sehnsucht nach einem beschränkenden und strukturierenden Vater, der sich dem drängenden Tom und seinen aggressiven Inhalten annimmt und gegenüberstellt, der ihn schneller vom Internet trennt und ihm seiner Verantwortung beim Aufräumen kompromisslos übergibt (vgl. Kap. II, 1.2). Vielleicht verweist der Beobachter mit seiner Wahrnehmung auf das Fehlen des Dritten, der die Konflikte annimmt, klärt und sich keinem Pragmatismus, im Sinne von Nachgeben und Gewähren, beugt. So kann im Zuge dieser hypothetischen Schlussfolgerung ein Bild vom Vater gezeichnet werden, der wenig dazu beiträgt, die Mutter-Sohn-Beziehung zu entzerren, die Psyche des Jungen zu formen, und der sich dabei heraushält, die Familie und die Innenwelt des Jungen aktiv mitzustrukturieren.

1.7 Das psychosoziale Erleben von Tom – die Thesen

Während die Studie bislang darstellen kann, dass sich Familiendynamiken und -mustern methodisch nachvollziehbar angenähert werden kann, stellt die explizite Frage nach dem psychosozialen Erleben von Tom eine diffizilere dar. Sie verlangt nach einem weiten Inferenzsprung. Während der Beobachter Familiendynamiken *mit*erleben kann, er partizipieren kann am Erfahrungsraum und sich Muster über die Erfahrung der Wiederholung erkennen lassen, bleibt ihm die Innenwelt des Jungen weitestgehend verschlossen. Die Fragen, »was das Kind in den jeweiligen Situationen erlebt haben mag, wie vor diesem Hintergrund verstanden werden kann, dass sich das Kind in der beschriebenen Weise (und nicht anders) verhalten hat, welche Beziehungserfahrungen das Kind dabei gemacht haben mag und welchen Einfluss dies auf das Erleben des Kindes gehabt haben dürfte« (Datler 2009: 49), werden noch dadurch erschwert, dass sich der Beobachter im *Zusammensein mit* dem Jungen wenig emphatisch, wenig einfühlsam zeigt. Wer das handelnde Subjekt verstehen will, muss dem Anspruch folgen, dessen Perspektive einzunehmen, um »die Beziehungssituation der Subjekte zu ihren Objekten und die Interaktion der Subjekte zu verstehen« (Lorenzer 1995: 141).

Durch die Analyse der Familiendynamiken und -muster lassen sich allerdings Bilder der familiären Lebenspraxis im Auswertungsprozess evozieren, die den Interpreten einen Boden liefern, auf dem emphatisch und annähernd verstehend nach dem psychosozialen Erleben des Jungen gefragt werden kann. Folgende Thesen lassen sich festhalten:

1. These: Tom erlebt sich selbst als männlich und seine Mutter als weiblich. Diese Dualität sorgt in ihrer lebenspraktischen Umsetzung für ein Fremdheitserleben in einem weiblichen Erfahrungsraum.

Die dreifache Vergesellschaftung der Mutter, kombiniert mit ihrem rigiden Geschlechterkonzept der allein-guten-Mutter, führen zu einem ausschließlich weiblichen Erfahrungsraum, in dem der Anspruch an den Jungen formuliert wird, sich selbst zu beschäftigen. Die Erfahrung der Fremdheit führt zu einer Frage nach dem Selbst, die Tom versucht, mit einer Repräsentanz des Vaters zu bearbeiten. Er phantasiert den Vater in den weiblichen Erfahrungsraum und versucht, sich gedanklich mit ihm zu identifizieren: »er sitze auf dem Dach wie der Papa«. Das Selbst ist ein männliches.

2. These: Tom erlebt, dass aggressive innere Selbstanteile genutzt werden können, um eigene Interessen durchzusetzen. Sie können aber auch zur Ausschlusserfahrung und Distanz führen. Bearbeiten muss er sie selbst.

Wenn Tom aggressiv seinen Willen durchsetzen will und die Mutter aus pragmatischen Gründen nachgibt, erlebt sich Tom als wirkmächtig. Wenn die aggressiven Selbstanteile die Mutter allerdings anstecken, führen Aggressionen zu einer Beendigung der Interaktion und zu Ausschluss. Der aggressive Teil des Selbst ist dann etwas Fremdes, das selbst reguliert werden muss.

3. These: Das männliche Selbst wird in der Differenz zur Mutter geformt, nicht in der Erfahrung der Gleichheit mit dem Vater. Das männliche Selbst muss sich über Stereotypen bilden.

Es gibt einen pater familias, aber keine konkret erfahrbare Person, die den Titel des Vaters mit inhaltlicher und individueller Bedeutung füllt. So erscheint der Vater als Instanz, als Dachdecker und symbolischer Vertreter von Gesetzen. Die Strukturierung der Psyche findet vor allem durch die Mutter und durch Differenzerfahrungen zu ihr statt.

Einzelne Thesen werden im Kap. III ausgewählt und mit »ihren theoretischen Stellvertretern aus der Psychoanalyse und ihren Nachbardisziplinen diskutiert, sie greifen diese an oder lassen sich selbst durch diese besser begreifen« (Kap. II: 96). Dabei soll die Lücke, die bei den Inferenzsprüngen überschritten wurde, mithilfe theoretischer Bezüge angefüllt werden.

2. Der Fall Yannis Fischer

Der Fall Yannis Fischer weist einige enge soziodemografische Parallelen zum Fall Tom auf. Im Gegensatz zum Fall Tom zeichnet Yannis familiären Erfahrungsraum (offenkundig) strukturell die kontinuierliche, reale Präsenz des Vaters aus, der in vier von fünf Beobachtungen anwesend sein wird. Zudem kennzeichnet den Fall die Geburt eines Geschwisterkindes im Beobachtungszeitraum – die Themen Familie, Familienmodell, Rollenaufteilung, Selbst- und Fremderleben können theoretisch kaum zentralere sein. Auch im Fall Yannis Fischer soll eine Vorstellung der Familie einen Einstieg ermöglichen. Durch ihn kann in die Tiefe des Falles gefolgt werden.

2.1 Vorstellung der Familie Fischer

Die Beobachtungsfamilie Fischer wird von einer 30-jährigen Studentin der Sozialen Arbeit beobachtet, die selbst Mutter und gelernte Erzieherin ist. Da sie nach eigenen Angaben durch ihr Alter, die eigene noch junge Mutterschaft und ihre kindbezogene Ausbildung viele Familien mit Kindern kennt, fällt ihr die Familienfindung nicht schwer. Auf Familie Fischer ist die Beobachterin über eine gemeinsame Freundin aufmerksam geworden, die, genau wie Frau Fischer, gelernte Erzieherin ist und mit Frau Fischer vor der Geburt ihrer Kinder zusammengearbeitet hat. Über diese gemeinsame Freundin lässt sich ein direkter telefonischer Kontakt herstellen, der von Frau Fischer begonnen wird. Dabei kann ein erstes Kennenlerntreffen in der Wohnung der Familie vereinbart werden, »damit ich die Familie kennenlerne und ich den Eltern mein Vorhaben erläutere«, wie es die Beobachterin resümiert. Über dieses Kennenlerntreffen findet sie einen tragfähigen Zugang zur Familie, kann ihre Beobachterrolle gut einnehmen und über den gesamten Beobachtungszeitraum aufrechterhalten. Dabei gelingen ihr detaillierte Interaktionsbeschreibungen, die anschauliche Bilder der Familiengeschehen evozieren und tiefe Einblicke in die Handlungspraxen und die sich darin ausdrückenden latenten und manifesten Bedeutungs- und Motivebenen zulassen. Dabei ist interessant, dass der Vater, der durch sein körperlich-maskulines Erscheinungsbild auffällt und der in den Beobachtungen meist anwesend und beobachtbar ist, in den Beschreibungen der Beobachterin häufig verloren geht. So sind es vor allem Mutter-Kind- und Geschwisterinteraktionen, die den Fokus der Beobachtungen bilden.

Der Findungsprozess der Familienbeobachtung gestaltet sich im Detail reibungslos und als Projekt zwischen drei Frauen. Der frühe und typische[108] Eindruck einer

---

[108] Erfahrungsgemäß sind Familienfindungen, die über die Ansprache von Vätern laufen, eine Ausnahme.

thematischen Geschlechtsspezifität, der Eindruck also, dass das Projekt der Familienbeobachtung (auch) hier ein Projekt von und unter Frauen ist, wird sich im Beobachtungsverlauf zu einem spezifischen erhärten. Zudem werden sich eindringliche Verstehenszugänge für die Geschlechtsspezifität von Familie finden lassen, die über den Einzelfall hinaus führen können.

In der Beschreibung der Beobachterin bekommt Herr Fischer, trotz seiner realen Anwesenheit, bereits in der Findungsphase eine Statistenrolle zugeschrieben. Dass sich diese Be- und Zuschreibung auch im Selbstverständnis der Mutter und des Familienvaters wiederfindet, wird sich u. a. in einer ersten Antwort des Vaters im Elternpaarinterview zeigen. Auf die Frage, wie die Zeit vor und nach der Schwangerschaft erlebt wurde, formuliert er die Aussage: »Aber dafür (lacht), ist meine Frau zuständig.« (Elternpaarinterview: 44) Der hier noch unverstandene, familienbezogene (Selbst-)Ausschluss des Vaters, bei gleichzeitiger realer Anwesenheit und Teilnahme, wird sich in das zentrale Thema der Geschlechtsspezifität von Familie Fischer einreihen und auf seine Bedeutung für das Selbst- und Fremderleben des Beobachtungskindes hinterfragt.

Frau Fischer, die die Beobachtungen federführend ermöglicht, ist auch bei der Wahl eines Beobachtungskindes der gestaltende Elternteil. Da die Familie in den vergangenen fünfeinhalb Jahren vor der Beobachtung drei Söhne bekommen hat und im Beobachtungsverlauf ein vierter Junge zur Welt kommen wird, kann sie bei der Bestimmung eines Beobachtungskindes eine Auswahl treffen. Der zweitgeborene Yannis, der zu Beobachtungsbeginn 3 Jahre und 5 Monate alt ist, wird von der Mutter gezielt ausgewählt. Sie scheint sich bereits vor der ersten Begegnung mit der Beobachterin sicher zu sein, dass Yannis in den Fokus der Studie rücken soll. Thesen, warum sie den Beobachtungsfokus auf ihren zweitgeborenen Sohn legen möchte, lassen sich im späteren Analyseverlauf formulieren. Unter Hinzuziehung von Primärdaten aus dem Elternpaarinterview, lassen sie sich zu einer stichhaltigen These verifizieren.

Yannis ist das zweitälteste Kind einer »Bruderhorde«, wie sie die Interpreten später nennen werden, und zwei Jahre jünger als Christian (5,5 Jahre), der älteste Sohn der Familie. Zu Beobachtungsbeginn ist der dritte Sohn Simon, mit seinen 2,3 Jahren, das jüngste Kind der Familie. Noch während der Beobachtung wird er seinen Platz abgeben an den neugeborenen Noah, der zum Ende der Beobachtungen 3 Monate alt wird. Die Beschreibung der engen Geschwisterfolge weckt hier die Assoziation, dass, aus der Perspektive der Kinder, das körperliche Erscheinungsbild von Frau Fischer fast durchgehend von Schwangerschaftsverläufen geprägt sein muss.[109] Die Geburten folgen einer nahezu jährlichen Taktung. Die Tatsache, dass die Familie bei der Geburtentaktung der engsten biologischen Möglichkeit folgt, evoziert hier

---

[109] Bei einer Falldarstellung in Obergurgl wurde zudem darauf hingewiesen, dass die Mutter auch in den Augen des Vaters als »besetzt« wahrgenommen wird.

in fast aufdringlicher Weise die Frage nach einem starken Kinderwunsch und noch eher die nach einem möglichen Mädchenwunsch.[110]

Frau Fischer hat ihr erstes Kind Christian mit 26 Jahren bekommen. Zum Beobachtungszeitpunkt ist sie 31 Jahre jung. Von Beruf ist sie gelernte Erzieherin, bis zu ihrer ersten Mutterschaft hat sie in einem Wohnheim für Menschen mit geistiger Behinderung gearbeitet. Zur Zeit der Beobachtungen übt sie, neben ihrer Rolle als Hausfrau und Mutter, einen Nebenjob in einem Bekleidungsgeschäft aus oder hilft im Süßwarengeschäft ihrer Eltern. Zeit für Hobbys hat Frau Fischer nach eigenen Angaben nicht. Dass sie mit (bald) vier Kindern und in ihrer Schwangerschaftsphase überhaupt arbeiten gehen kann und konnte, scheint erstaunlich und lässt nach dem familiären Engagement des Vaters und der Strukturierung des Alltags fragen. Weiter angeregt wird diese Frage dadurch, dass Frau Fischer im Beobachtungszeitraum durchgehend von den Bedingungen einer bevorstehenden Geburt belastet wirkt. Sie muss viel liegen und sich ausruhen. Gleichsam weckt sie bei der Beobachterin und auch in den Interpretationsgruppen das Bild einer Mutter, die, trotz körperlicher Belastung, zu Hause alles managt.

Neben Frau Fischer wirken die drei Jungen durch ein wildes und körperliches Spielverhalten als »Bruderhorde« und erinnern mit ihrem Auftreten und ihrer körperbetonten Interaktionsart sehr an Herrn Fischer, der in den Beobachtungen vor allem durch seine muskulöse Erscheinung und sein ambitioniertes Krafttraining in Erscheinung tritt. Das stereotyp Maskuline des männlichen Körpers (mit dem sich die Beobachterin durch das Krafttraining des Vaters während einer Beobachtung konfrontiert sieht) findet sich auch in der Beschreibung der Söhne wieder. Über sie wird geschrieben, »dass alle Brüder sich sehr ähnlich sehen und auch ziemlich groß und robust für ihr Alter sind« (Vorstellung der Familie: 5 S. K.). Biologisch-körperliche Geschlechtsmerkmale finden bereits in der Familienbeschreibung der Beobachterin einen prägnanten Stellenwert. Die Mutter ist schwanger, der Vater und die Söhne sportlich.

Herr Fischer ist ein Jahr älter als seine Frau und arbeitet als Polizist ca. 30 km entfernt vom Wohnort der Familie. Da er als Streifenpolizist regelmäßig im Schichtdienst arbeitet, ist er oft tagsüber zu Hause und verbringt Zeit mit seiner Familie. Herr Fischer trainiert regelmäßig im Fitnessstudio und hat vor seiner ersten Vaterschaft an professionellen Sportkämpfen teilgenommen. Im Haus der Familie hat er sich Trainingsmöglichkeiten geschaffen, die das Interieur der Wohnung mitgestalten.

Der Vater ist Polizist und jagt Verbrecher, die Mutter unterstützt, hilft, pflegt oder begleitet Menschen mit sogenannter geistiger Behinderung. Der Eine trennt, die Andere verbindet. Eine stereotype Geschlechtsspezifität der Berufe begleitet die ge-

---

[110] Auch im Zeitalter der Auflösung einer männlichen Dividende (vgl. Connell 2006) und der zunehmenden akademischen Abwertung des männlichen Geschlechts wäre die Frage dennoch plausibler, hätte die Familie drei Mädchen.

schlechtsspezifischen Körperbilder der Eltern. Das Körperbild der Mutter erscheint sehr weiblich. Frau Fischer ist fast sechs Jahre lang regelmäßig schwanger. Keines der Kinder kennt die Mutter längere Zeit als »nicht-schwanger«. Der biologische Unterschied zwischen Mann und Frau könnte für die Kinder kaum deutlicher sein. Das Körperbild des Vaters ist maskulin-männlich, was die Körperbilder der Eltern über die Schwangerschaften der Mutter weiter kontrastiert. Aus einer kindlichen Perspektive heraus müssten körperliche und kulturelle Geschlechtsdifferenzen bei Mutter und Vater klar erkennbar sein.[111]

Zusammen sind Herr und Frau Fischer ein Ehepaar in ihren besten Jahren. Die Familie wohnt in einem Zweifamilienhaus im Vorort einer mittelhessischen Großstadt (>100.000 Einwohner). Herr Fischer hat das Haus von seinen bereits verstorbenen Eltern geerbt. Die Familie lebt in der oberen Wohnung. In der unteren Wohnung lebt die Großmutter von Herrn Fischer, die von der Beobachterin, trotz der räumlichen Nähe, nie persönlich angetroffen wird. In einem Kaminzimmer im ersten Stock leben zum Beobachtungszeitraum die Eltern von Frau Fischer in einem Übergangsstadium. Der Kernfamilie stehen so insgesamt drei Zimmer und ein ausgebauter Dachboden zur Verfügung. Dieser dient als Spielzimmer. Vor dem Haus befindet sich ein großer Garten, der im Vergleich zur diffusen Wohnsituation unspektakulär wirkt. Im Sommer verbringt die Familie viel Zeit im Freien.

Die älteren Söhne Christian (5,5 Jahre), Yannis (3,5 Jahre) und Simon (2,3 Jahre) besuchen alle den gleichen Kindergarten, welcher sich in unmittelbarer Nähe zum Elternhaus befindet. Außerfamiliäre Betreuung scheint für die Eltern eine attraktive und/oder notwendige Form der Familienführung darzustellen. Noah ist mit seinen drei Monaten das einzige Kind, das im Beobachtungszeitraum ganztägig innerfamiliär betreut wird.

2.2 Eine tiefenhermeneutische Analyse

Das Kennenlerntreffen

Für den analytischen Einstieg in das Material wird ein Protokoll ausgewählt, das den direkten Feldeinstieg beschreibt. Dies hat einen dreifachen Nutzen. Erstens bietet es die Möglichkeit, textnah Überlegungen zur Art und Weise der Beziehungsgestaltung der einzelnen Protagonisten nachzugehen. Zweitens beinhaltet es die Möglichkeit,

---

[111] Die Möglichkeit, die Familie in einer so ausführlichen Weise darzustellen, hängt unmittelbar mit der Aufnahmefähigkeit und der Sorgfältigkeit der Beobachterin zusammen. Sie hat die soziodemografischen Daten der Familie so genau und detailliert eingefangen, wie den beobachtbaren familiären Alltag insgesamt. Das dadurch die Einführung in die Familie Schwarz so lückenhaft erscheint, liegt an der unterschiedlichen Schwerpunktsetzung und dem Engagement der Beobachter.

erste Glieder von Verhaltensweisen zu markieren, die sich im weiteren Auswertungsverlauf in eine Kette von Wiederholungen einreihen und zu aufschlussreichen Verhaltens- bzw. Beziehungsmuster verdichten werden. Letztlich geben Familienmitglieder in der ersten Begegnung und der Bearbeitung der *neuen* Beziehung zur *fremden* Beobachterin einen ersten Einblick in die innerfamiliären Beziehungslagen und -dynamiken.

Der ersten Begegnung geht, wie bereits erwähnt, ein Telefonat voraus, das von Frau Fischer initiiert wird, nachdem sie von einer Bekannten auf die Familiensuche der Beobachterin gezielt angesprochen wurde. Dieses Telefonat führt zu einer persönlichen Verabredung, bei der die Beobachterin die Familie kennenlernen und von ihrem Forschungsanliegen berichten darf. In dem Erinnerungsprotokoll zum Kennenlerntreffen beschreibt die Beobachterin eine Reihe interessanter Szenen. Den Einstieg findet sie über eine Darstellung des eigenen Erlebens.

Die erste Begegnung mit der Familie Fischer ist für mich sehr angenehm. Ich werde von allen Familienmitgliedern sehr herzlich empfangen. Die drei Jungs scheinen schon neugierig an der Tür auf mich zu warten, um mich zu begutachten. Ich stelle mich ihnen vor und frage auch nach ihren Namen. Etwas, wir mir scheint, verschämt teilen sie mir ihre Namen mit, verschwinden aber daraufhin gleich gemeinsam in einem Kinderzimmer. Ich kann einen kleinen Blick in das Zimmer werfen und sehe, dass die Kinder sehr viel Spielzeug besitzen. Frau Fischer bittet mich ins Wohnzimmer, in welchem auch Herr Fischer am Esstisch sitzt und Zeitung liest. Als er mich sieht, steht er sofort auf um mich zu begrüßen und sich mir vorzustellen. Ich nehme, nach einer Aufforderung, am Tisch Platz und Frau Fischer geht in die Küche um Kaffee zu holen. Nachdem sie zurückkommt, setzt sie sich zu uns und wir unterhalten uns über die Beobachtungen, die ich durchführen möchte. Das Ehepaar Fischer hört mir aufmerksam zu und stellt auch einige Zwischenfragen. (Protokoll der ersten Begegnung mit der Familie Fischer: 3 S. K.)

Mit dem ersten Satz verleiht die Beobachterin dem Protokoll etwas Persönliches. Das Thema der Familienbeobachtung wird zu ihrem. Sie empfindet die erste Begegnung als angenehm. Eine positive Aufladung eines geplanten und außergewöhnlichen sozialen Arrangements beginnt. Mögliche Gefühle der Anspannung und Nervosität, wie sie im westlichen Kulturkreis bei einer ersten Begegnung unter solch ungewöhnlichen Umständen als wahrscheinlich gelten können, werden von der Familie durch einen »herzlichen Empfang« scheinbar in einer angenehmen Weise aufgegriffen und bearbeitet. Die Art und Weise dieser Bearbeitung ist interessant. Genau betrachtet sind es die Söhne der Familie, welche die objektiv gesehen fremde Beobachterin »angenehm« und »neugierig« wartend über die Türschwelle führen und »begutachten«. Dass die Kinder auf die Beobachterin warten, kann als Indikator dafür gelesen werden, dass sie über ihr Erscheinen in einer Weise informiert worden sind, die zumindest Interesse weckt. Die Beobachterin greift das Interesse der Söhne auf und nutzt es, um sich vorzustellen. Dabei wird das bestehende Maß an Fremdheit verringert, Anonymität aufgehoben. Namen werden ausgetauscht, wobei eine erste verbale Interaktion begonnen wird. Die Auflösung der Anonymität, die persönliche Ansprache, die jedes einzelne Kind aus der Brudergruppe für kurze Zeit individualisiert und herauslöst, scheint die Jungen in einer scheinbar so intimen Weise zu treffen, dass sie in einer Art antworten, die auf die Beobachterin »verschämt« wirkt. Der Takt des Sich-Annäherns und des Kennenlernens gerät ins Stocken. Gefühle der Fremdheit, Anspannung und Nervosität sind als Individuum möglicherweise spürbarer als in der Gruppe und stellen sich durch die direkte Frage der Beobachterin nun doch ein. »[Die Jungen, M. K.] verschwinden aber daraufhin gleich gemeinsam in einem Kinderzimmer.«

Scheinbar alleine tritt die Beobachterin nun in die Wohnung ein und »kann einen kleinen Blick in das Kinderzimmer werfen und sehe[n], dass die Kinder sehr viel Spielzeug besitzen«. Dieser erste Blick in die Wohnung der Familie scheint unbegleitet. Die Beobachterin wirkt in der Szene sich selbst überlassen im noch fremden Setting der Familie Fischer. Die ersten Szenen laden zu der Frage ein, wie die dargestellte anfängliche Zurückhaltung der Eltern in dieser Szene zu verstehen ist. Eine Lesart, die sich auf die Wahrnehmungs-, Erinnerungs- und Beschreibungsleistung der Beobachterin bezieht, kann als Verstehenshilfe herangezogen werden:

Die Mutter, die in der nächsten Szene in Erscheinung tritt, ist von Anfang an anwesend, wird aber in der Beschreibung der Beobachterin nicht extra erwähnt. Ihre Präsenz an der Seite der Kinder wird im Vollzug eines eigenen Mutterschaftskonzeptes als »selbstverständlich« angenommen (vgl. Wahrnehmungsschemata in Kap. I, 2.3.2). Eine Erwähnung wäre trivial.

Diese Lesart, die vom logischen Material weg führt, kann als verständniserweiternde Interpretationsleistung vorerst stehen bleiben und wird durch den weiteren Verlauf zunehmend plausibel. In einem nächsten Gedankengang erinnert die Beobachterin Frau Fischer, die sie, als sie bereits in der Wohnung ist, einlädt in das Wohnzimmer zu kommen. Ihr übergangsloses Erscheinen irritiert. Wo kommt Frau Fischer auf einmal her? Die neue Szene stützt die Lesart einer bereits anwesenden, möglicherweise zurückhaltenden und beobachtenden Mutter von Beginn an. Die angenehm überraschte Beobachterin zeigt sich in der ersten Beobachtung selbst in ihrer Art der Beschreibung – ihr Wahrnehmungsschema von Familie und Mutterschaft wird über den Interaktionsverlauf an sich gelegt.

Während die Beobachterin die erste Begegnung, das Kennenlernen der Kinder dokumentiert, man einander individuell vorstellt bzw. einen Versuch dafür initiiert, scheint die erste Begegnung mit der Mutter plötzlich und, wie sich zeigt, vor allem als Zugang zum Elternpaar. Genau betrachtet ist die Begegnung mit der Mutter als Übergang zum Vater repräsentiert, der »am Esstisch sitzt und Zeitung liest«. Frau

Fischer tritt in der ersten Beschreibung der Beobachterin wenig als Individuum auf, das kennengelernt und persönlich angesprochen wird. Trivial erscheint sie als abwartender (Eltern-)Teil der Brudergruppe. Ihre Begegnung ist in der Brüderbegegnung subsumiert, wenig kontaktvoll und führt direkt zum Vater. Ihre Begegnung führt ohne Unterbrechung von einem Übergang in den nächsten. Sie hat einen ablösenden Effekt. Anstelle einer Beziehungsübernahme kommt es zu einer Beziehungsübergabe von der Beobachterin zu Herrn Fischer, der wie ein Gentleman »sofort« aufsteht, um die Beobachterin zu begrüßen und sich ihr vorzustellen. Ein szenischer Gehalt kann entfaltet werden. Die Assoziation einer Begegnung zwischen zwei Parteien wird geweckt, deren Zusammenkunft über eine Sekretärin hergestellt wird, »die in die Küche [geht, M. K.] und Kaffee holt«. Herr Fischer stellt sich vor und fordert die Beobachterin auf, Platz zu nehmen. Die Szenen erinnern an die Zusammenkunft mit einem Firmenpatriarchen oder einem Firmeninhaber, »der sitzt und Zeitung liest«, während der Gast von einer dritten Person hereingeführt wird. Der Vater erscheint im Setting der Familie als Inhaber, Oberhaupt als pater familias, zu dem man hingeführt wird. Der Eindruck eines männlich-patriarchalen Familienmodells stellt sich ein. Die Beobachterin scheint das Gehalt der Szene in ähnlicher Weise (unbewusst) wahrzunehmen. Ihre Begrüßung durch die Mutter findet beziehungslos statt oder ist keiner detaillierten Beschreibung nötig, während die Begrüßung des Gastes durch den Vater (und die Kinder) bedeutsam und erwähnenswert erscheint. Der Weg in die Familie führt fast wortlos zum Vater, der bis zum direkten Kontakt mit der Beobachterin, unbeirrt durch das Treiben im Flur, am Esstisch sitzt und Zeitung liest.

Nachdem die Beobachterin beim Vater angekommen ist und einen Platz zugewiesen bekommen hat, man von Frau Fischer mit Kaffee versorgt wurde und die Dyade zur Triade erweitert ist, kann eine Unterhaltung begonnen werden, die einen von der Beobachterin initiierten, inhaltlichen Einstieg in das Thema eröffnet. »Das Ehepaar Fischer hört mir aufmerksam zu und stellt auch einige Zwischenfragen.« Herr und Frau Fischer formieren sich in der Wahrnehmung der Beobachterin zum Elternpaar, zu einer Dyade, welche der Dritten »aufmerksam« zuhört und auch als Einheit »einige Zwischenfragen« stellt. Die Eltern werden in dieser Szene als Elternpaar wahrgenommen, das sich formiert und dabei die Grenzen zwischen bekannt und fremd, vertraut und neu konturiert. Ihre Teilnahme an der Konversation wird in der Erinnerung der Beobachterin als einheitlich, sich ergänzend und im Gesprächsstil als univok[112] erlebt.

Über die bisherigen Szenen zeichnet sich ein Bild von Familie Fischer ab, in dem die einzelnen Familienmitglieder aufeinander bezogen sind und generationsspezifische Gruppen bilden und nutzen können. So wird einerseits die Brüdergruppe be-

---

[112] Der Begriff ist hier aus der Dokumentarischen Methode übernommen, da er sich sehr gut eignet, um das Sich-Im-Gespräch-Einig-Sein auf einen Begriff zu bringen.

schrieben, die sich zusammentut, um der Fremden zu begegnen, und ein Elternpaar, das schnell zusammenfindet und sich der Beobachterin gegenüber zu einer (doch demokratischen?) Einheit formiert.

Über das begonnene Gespräch mit dem Elternpaar findet die Beobachtung eine weitere Szene in ihrer Erinnerung.

Frau Fischer ruft Yannis dazu, denn er sei das Kind, das ich beobachten könnte, meint Frau Fischer. Sie erklärt Yannis, dass ich nun etwas öfter kommen möchte und ihn besuchen will. Sie fragt ihn, ob es ihn stören würde, wenn ich ihm ab und zu beim Spielen zu schauen würde, aber er schüttelt nur den Kopf und sagt: »Dann will ich aber auch was zeigen!« und rennt zurück zu seinen Brüdern. Ich frage, ob die Eltern etwas dagegen hätten, wenn ich mitgehe, aber Frau Fischer antwortet: »Nein, natürlich nicht, würde jetzt auch gerne mal wissen, was er zeigen will.« Ich betrete mit Frau Fischer das Spielzimmer und sehe Yannis an einer Kinderküche stehen und mit kleinen Töpfen hantieren. Christian sitzt gemeinsam mit Simon an einer Burg und spielt mit kleinen Rittern. »Ach ja, seine Küche, auf die ist er ganz stolz«, teilt mir Frau Fischer mit. »Zeig doch mal deinen Wasserkocher!«, fordert sie Yannis auf. Daraufhin holt Yannis aus einem der kleinen Küchenschränke einen Kinder-Wasserkocher und betätigt einen Schalter. Ich höre wie der Wasserkocher Geräusche macht, wie, als würde er wirklich Wasser kochen. Ich muss lachen, denn so etwas habe ich vorher noch nicht gesehen. Yannis hält seinen Wasserkocher in die Luft und strahlt mich an. Frau Fischer verlässt das Kinderzimmer wieder und ich tue es ihr gleich, denn ich möchte mit ihr einen neuen Termin ausmachen. Frau Fischer und ich verabreden uns für die folgende Woche. Danach verabschiede ich mich von den Kindern und bedanke mich bei den Eltern. Mit einem positiven Gefühl verlasse ich die Wohnung. (Protokoll der ersten Begegnung mit der Familie Fischer: 4 S. K.)

Frau Fischer ruft Yannis dazu und ergänzt das Setting der Erwachsenen um eines ihrer Kinder. Der Beobachterin sitzt nun eine ausgewählte familiäre Triade gegenüber, »denn Yannis sei das Kind, das ich beobachten könnte«. Scheinbar gezielt wird von Frau Fischer ein bestimmtes Kind aus der Brudergruppe herausgerufen und an den Tisch gebeten. Simon, der vom Alter her auch in die Fallkonstruktion passen würde, scheint in den Augen der Mutter nicht gefragt. Das Projekt der Familienbeobachtung, das durch ein Telefonat bereits federführend von Frau Fischer bewilligt wurde, nähert sich zunehmend einer Praxis. Einer Praxis für die es scheinbar bestimmte Vorstellungen, eine bestimmte Besetzung gibt. Frau Fischer trifft eine Auswahl und wird, wie der Protokollverlauf zeigt, das Gespräch von nun an maßgeblich bestimmen. Der Vater wird als Einzelperson von nun an im Protokoll nicht mehr benannt. Seine Rolle als pater familias zeigt sich bei zunehmender Familienpraxis als eher formale.

Die Protagonisten sind gewählt, Hauptrollen scheinen vergeben und eine Statistenrolle des Vaters beginnt sich abzuzeichnen. Dem Inhaber der Hauptrolle, Yannis, wird der Ablauf erklärt. »Sie erklärt Yannis, dass ich nun etwas öfter kommen möchte und ihn besuchen will.« In direktem Anschluss an die gezielte Besetzung unterbreitet die Regisseurin ein demokratisches Angebot und stellt die gerade beginnende Praxis der Familienbeobachtung zur Disposition. »Sie fragt ihn, ob es ihn stören würde, wenn ich ihm ab und zu beim Spielen zu schauen würde […].« Frau Fischer zeigt sich empathisch und eröffnet Yannis die Möglichkeit, sich die Hauptrolle selbst anzueignen. Sie thematisiert, dass das Projekt der Familienbeobachtung maßgeblich ihren Sohn betrifft und dass sein Einverständnis von Interesse ist. Das Projekt der Familienbeobachtung wird zumindest auch als Projekt des Jungen begriffen. Yannis nimmt die Chance einer Positionierung wahr, bringt sich regelrecht in Position und gestaltet den Ablauf jetzt aktiv mit. Genau betrachtet, formuliert er eine Bedingung: »[…] aber er schüttelt nur den Kopf und sagt: ›Dann will ich aber auch was zeigen!‹ und rennt zurück zu seinen Brüdern.« Die Brudergruppe wird anscheinend wieder vervollständigt. Yannis verlässt das Setting und lädt die Beobachterin indirekt zur ersten (Protokoll-)Aufnahme ein. Die Beobachterin will der Einladung folgen, bewegt sich aber noch zurückhaltend im familiären Setting. Sie scheint sich noch als Gast mit entsprechenden Sitten zu verstehen. Dabei zeigt sie, dass sie das Elternpaar als Hausherren begreift. »Ich frage, ob die Eltern etwas dagegen hätten, wenn ich mitgehe, aber Frau Fischer antwortet: ›Nein, natürlich nicht, würde jetzt auch gerne mal wissen, was er zeigen will.‹« Die Frage an die Eltern wird von der Mutter beantwortet. Die Lesart des formalen Patriarchen findet fortlaufenden Zuspruch im Material. Frau Fischer zeigt sich als erste Ansprechpartnerin.

Frau Fischer behält ihren bisherigen aktiven und gestaltenden Part und begründet ihre Initiative mit einem persönlichen Interesse. Auch sie möchte Yannis folgen und wissen, was er zeigen will. Die Frauen werden zu Beobachterinnen, der Mann verschwindet in der Beschreibung. Das Thema der Familienbeobachtung erscheint als nicht seins oder ihm nicht zugeschriebenes.

»Ich betrete mit Frau Fischer das Spielzimmer und sehe Yannis an einer Kinderküche stehen und mit kleinen Töpfen hantieren.« Die Beobachterin findet Yannis spielend in einem Setting, das dem Stereotyp eines klassischen Mädchenspielzeugs entspricht. Geschlechtsspezifisch-kontrastiv spielen die Brüder etwas stereotyp Jungenhaftes. »Christian sitzt gemeinsam mit Simon an einer Burg und spielt mit kleinen Rittern.« Die Frage nach dem selbstseparierenden, spielerischen Interesse an der Küche stellt sich, da der ältere und der jüngere Bruder mit der Ritterburg spielen. Vielleicht möchte er eine eigene Spielgemeinschaft mit der Beobachterin gründen, da die beiden Brüder sich bereits als Spielgruppe formiert haben. In jedem Fall will er der Beobachterin eine Küche zeigen. Frau Fischer fügt eine Erklärung für sein Interesse an der Küche ein: »»Ach ja, seine Küche, auf die ist er ganz stolz‹, teilt mir Frau Fischer mit.« Die Küche gehört Yannis. Der Besitz und der damit verbundene

Stolz scheinen ihn von den Brüdern zu separieren und neben der Brüdergruppe zu individualisieren. Neben der Lesart, dass eine eigene Spielgruppe gegründet werden soll, scheint die Erklärung des Stolzes als Motiv plausibel. Der zugeschriebene Stolz wird von der Mutter scheinbar geschätzt und getragen. Sie fordert ihn auf, sein Spiel auszubauen.

> »Zeig doch mal deinen Wasserkocher!«, fordert sie Yannis auf. Daraufhin holt Yannis aus einem der kleinen Küchenschränke einen Kinder-Wasserkocher und betätigt einen Schalter. Ich höre wie der Wasserkocher Geräusche macht, wie, als würde er wirklich Wasser kochen.

Yannis hat nicht nur eine Küche, er besitzt auch ein Utensil, das der Spielküche Authentizität verleiht. Er hat einen Wasserkocher, der einem echten so ähnlich ist, dass die Beobachterin überrascht wird. »Ich muss lachen, denn so etwas habe ich vorher noch nicht gesehen.« Das Motiv, die Küche zu zeigen, wird über einen möglichen Stolz des Besitzes um die Erfahrung, damit überraschen zu können, ergänzt. »Yannis hält seinen Wasserkocher in die Luft und strahlt mich an.« Yannis wirkt durch die Beschreibung dieser Szene in doppelter Weise besonders. Im Gegensatz zu seinen Brüdern ist er zum Beobachtungskind auserkoren und bekommt besondere Aufmerksamkeit, während die anderen Kinder scheinbar unberücksichtigt spielen. Zudem spielt er in einem stereotyp mädchenhaften Setting, das während seiner Abwesenheit von seinen Brüdern nicht besetzt wurde. Sie spielen gemeinsam mit der Ritterburg. Der weitere Beobachtungsverlauf lässt den Schluss zu, dass Yannis über das Zeigen seiner Küche und des Wasserkochers in ein eigenständiges Spiel gefunden hat, sodass die Erwachsenen ihn alleine lassen.

> Frau Fischer verlässt das Kinderzimmer wieder und ich tue es ihr gleich, denn ich möchte mit ihr einen neuen Termin ausmachen. Frau Fischer und ich verabreden uns für die folgende Woche.

Die beiden Frauen verlassen das Zimmer, wohin sie gehen, bleibt ungeschrieben. Zurück zum Vater scheinen sie nicht zu gehen, bzw. scheint er nicht mehr da oder von konkreter Bedeutung zu sein. Für eine Terminvereinbarung wird die Mutter angesprochen. »Frau Fischer und ich verabreden uns für die folgende Woche.« Nachdem die beiden Frauen eine konkrete Perspektive für die Beobachtung entworfen haben, werden die Familiengenerationen wieder zusammengefügt, eine Familie konturiert und somit ein Abschied, eine Distanz zur Familie sprachlich hergestellt. Yannis wird als Teil der Kindergruppe, Herr und Frau Fischer werden als Elternpaar und die Beobachterin als solche dargestellt. Das Arbeitsbündnis ist aufgestellt, die (Haupt- und Statisten-)Rollen sind vergeben, die Beobachtungen können *mit einem positiven Gefühl* beginnen. »Danach verabschiede ich mich von den Kindern und bedanke mich bei den Eltern. Mit einem positiven Gefühl verlasse ich die Wohnung.«

Eine erste Zusammenfassung

Das erste Protokoll der Beobachterin ist gehaltvoll. Ihre Art, die Begegnung zu beschreiben, gibt erste interessante, aber auch irritierende Einblicke in die Familie und das sie rahmende, noch vage Familienmodell. Das Projekt der Familienbeobachtung kristallisiert sich zu einem Projekt, dass vornehmlich von Frau Fischer gestaltet wird. Über das allgemeine Thema Familie in seiner spezifischen Form der Familienbeobachtung scheint sich Frau Fischer in besonderer Weise angesprochen zu fühlen. Tatsächlich war sie es auch, die für die Familienbeobachtung von der gemeinsamen Freundin angesprochen wurde. Der Vater, der als zweites Elternteil angesprochen wird, wird zunächst als pater familias inszeniert. Der Eindruck, den er in der Eröffnungsszene vermittelt, kann im Verlauf inhaltlich nicht ausgefüllt werden, zumindest nicht bei dem familien- und kindbezogenen Thema einer Familienbeobachtung. Frau Fischer übernimmt die Regelung der Angelegenheit. Der Vater ist eher formal als Familienoberhaupt präsent. Er ist oder fühlt sich durch das Thema nicht angesprochen. Als Individuum scheint er nicht besonders gefragt zu sein oder sich gefragt zu fühlen. Im Protokoll der Beobachterin erscheint Familie als Frauensache, der Vater als vergleichsweise leere Instanz, die lediglich als begleitende und gewährende auftritt.

Die Mutter wählt Yannis als Beobachtungskind. Ein Unterschied, der ihn von seinem Bruder Simon abhebt und der als einziger Hinweis auf seine Auswahl verstanden werden kann, ist der Besitz und die Nutzung einer Spielküche. Dieses Indiz scheint als Begründung für die Wahl des Beobachtungskindes allerdings unbefriedigend. Die Frage nach der Wahl bleibt im Material noch ungeklärt. Gleichzeitig aktualisiert sich die Frage nach einem möglichen Mädchenwunsch der Familie, der bei der Familienvorstellung bereits formuliert wurde. Warum haben Eltern von drei Jungen eine Spielküche, die stereotyp eher für Mädchen gedacht ist? Und warum hat sie Yannis? Die Idee eines geschlechteregalitären Erziehungsstils kann als Verstehensansatz ebenfalls herangezogen werden. Sie schließt die Idee eines Mädchenwunsches nicht aus, reibt sich allerdings mit der bisherigen Rollenaufteilung der Eltern, die sich bislang wenig geschlechteregalitär in Szene setzen. Weitere Einblicke in die Familie sind nötig, um diese ersten Fragen, Ideen und Bilder weiter auszumalen und zu verstehen.

Die erste Beobachtung

Die im ersten Beobachtungsprotokoll beschriebene Terminabsprache mit Frau Fischer scheint eingehalten, das erste, positive Gefühl der Beobachterin nicht enttäuscht zu werden. Der Informationsaustausch über den Ablauf der Beobachtungen scheint Früchte zu tragen, denn das Setting, das die Beobachterin bei ihrem ersten Termin vorfindet, scheint das abgesprochene zu sein.

Als ich an diesem Tag am Haus der Familie ankomme, befinden sich Herr und Frau Fischer mit den drei Brüdern im Garten. Frau Fischer liegt auf einer Liege und sieht sehr müde aus. Sie teilt mir, nachdem wir uns freundlich begrüßt haben, mit, dass sie sich nicht so wohl fühle und ihr die Schwangerschaft sehr zu schaffen mache. Sie hoffe ich habe nichts dagegen, wenn sie sitzen bliebe. Ich versichere ihr, dass das natürlich kein Problem sei und frage vorsichtshalber, ob sie die Beobachtung verschieben möchte. Aber dies wolle sie auf keinen Fall, lachend fügt sie hinzu, dass sie sich ja nicht anstrengen müsse. Herr Fischer steht auf der Wiese des Gartens und macht Klimmzüge an einer hohen Stange, die an zwei Holzstämmen befestigt ist. Daneben stehen zwei weitere solcher Vorrichtungen nur viel niedriger, ich nehme an, dass diese für die Brüder gedacht sind. Ich winke Herrn Fischer und seinen Söhnen zu und setze mich auf eine Mauer. (Erstes Familienbeobachtungsprotokoll: 8 S. K.)

Die Beobachterin findet bei ihrer ersten, offiziellen Beobachtung eine vollständige Kernfamilie vor, die gemeinsam Zeit im Freien verbringt. Dabei formiert sie die bereits bekannten, generationenspezifischen Gruppen *Herr und Frau Fischer* und die *drei Brüder* wieder auf. Die drei Söhne erscheinen sprachlich wie ein geschlechtsspezifisches, aufeinander bezogenes Kollektiv.

Nach der Beschreibung der Vollständigkeit wird Frau Fischer von der Beobachterin über ihre körperliche Erscheinung fokussiert. »Frau Fischer liegt auf einer Liege und sieht sehr müde aus.« Die mentalisierende Interpretation der Beobachterin findet eine stimmige Resonanz in der Mitteilung von Frau Fischer, die einen ersten Dialog eröffnet. Über die Erklärung ihrer eigenen schwangerschaftsbedingten Befindlichkeit hinaus, offenbart Frau Fischer implizit, dass sie mit dem Anliegen der Beobachterin einen Anspruch verbindet, dem sie prinzipiell gerecht werden möchte.

> Sie teilt mir, nachdem wir uns freundlich begrüßt haben, mit, dass sie sich nicht so wohl fühle und ihr die Schwangerschaft sehr zu schaffen mache. Sie hoffe ich habe nichts dagegen, wenn sie sitzen bliebe.

Die Schwangerschaft von Frau Fischer tritt als Leiden in Erscheinung. Ihr Körper ist belastet, beeinflusst das Verhalten, schränkt (Bewegungs-)Horizonte ein und drückt auf die Leistung. Sie muss sitzen bleiben und scheint dies als mögliches Handicap für eine gelingende Beobachtung zu verstehen. »Sie hoffe ich habe nichts dagegen, wenn sie sitzen bliebe.« Die Assoziation, dass eine gelingende Familienbeobachtung in den Augen von Frau Fischer mit einer körperlich beeinträchtigten, nicht voll belastbaren Mutter weniger möglich sei, stellt sich ein. Mutter und Familie erscheinen in ihrer Frage als logische Verbindung. Die Beobachterin zeigt sich empathisch, scheint die körperliche Belastung von Frau Fischer ebenfalls als mögliches Hindernis einer Beobachtung wahrzunehmen und unterbreitet das Angebot eines Abbruchs. »Ich versichere ihr, dass das natürlich kein Problem sei und frage vorsichtshalber, ob sie die Beobachtung verschieben möchte.« Zwei Lesarten sind möglich. Die Beobachterin möchte der Mutter nicht zur Last fallen und sieht sich als Störung der Ruhemöglichkeit. Sie ist höflich und möchte die Mutter nicht belasten. Dies korreliert mit der zweiten Lesart, dass eine Beobachtung der Familie, die die Mutter nicht betrifft, bspw. eine Beobachtung während die Mutter sich ausklinkt und schläft, nicht sinnstiftend erscheint. Folgt man diesen Lesarten, erscheint die Verbindung von Mutter und Familie auch in der Wahrnehmung der Beobachterin als logische.

Dem weiteren Verlauf ist zu entnehmen, dass sich ein Arbeitsbündnis zwischen Frau Fischer und der Beobachterin über einen Akt der gegenseitigen Abstimmung einstellt. Frau Fischer hofft ihrerseits, dass sie dem Anspruch der Beobachterin gerecht wird, die Beobachterin versichert, dass es *natürlich kein Problem sei*. Die Bereitschaft zu nehmen und (nach-) zu geben scheint gleich verteilt. Man stimmt sich aufeinander ab und findet einen Weg, der für beide Parteien begangen werden kann. So eröffnet Frau Fischer die Beobachtung mit einer beschwichtigenden Erklärung. »Aber dies [einen Abbruch, M. K.] wolle sie auf keinen Fall, lachend fügt sie hinzu, dass sie sich ja nicht anstrengen müsse.« Da Frau Fischer dabei sein kann, kann die Beobachtung stattfinden. Nachdem die offensichtliche und körperlich belastende Schwangerschaft der Mutter als zentrales Thema behandelt und ihr Einfluss auf das Setting geklärt wurde, findet die Beobachterin wieder zum Rest der Familie, genauer gesagt zu Herrn Fischer. »[Dieser, M. K.] steht auf der Wiese des Gartens und macht Klimmzüge an einer hohen Stange, die an zwei Holzstämmen befestigt ist.« Der Blick der Beobachterin führt von Frau Fischer, die körperlich so belastet ist, dass sie nicht aufstehen kann, zu Herrn Fischer, der einer körperlichen Übung nachkommt, die sehr viel Kraft und viel körperliches Training voraussetzt. Der äußeren Passivität von Frau Fischer (bei gleichzeitiger innerer körperlicher Aktivität der Schwangerschaft) wird eine Aktivität von Herrn Fischer gegenübergestellt. Bilder biologistischer Geschlechtsspezifität lassen sich leicht assoziieren. Die freudsche-dualistische Kategorisierung in Mann-Aktiv und Frau-Passiv drängt sich beim Lesen der Beschreibung auf. Mit dieser Hand in Hand geht der Kontrast von unbedingter weiblicher familiärer Bedeutung/Belastung und bedingter männlicher.[113] Die Familienerweiterung betrifft Herrn Fischer nicht direkt, nicht körperlich. Gleichzeitig mit der Differenzwahrnehmung der geschlechtlichen Körper werden Bereiche geschlechtsspezifisch konturiert und voneinander getrennt. Hier liegt die Mutter und ist in Erwartung eines Kindes, ist beschäftigt und gebunden von der körperlichen Belastung der Familienerweiterung. Dort, von der Familienerweiterung scheinbar unberührt, steht der Vater, stählt seinen Körper und geht einem Hobby nach. Narzissmus und Altruismus finden sich symbolisch in geschlechtsspezifischen Arealen wieder.

Direkt neben dem Vater verrät eine Vorrichtung, dass die Söhne der Familie auf der Seite des Vaters zu verorten sind. »Daneben stehen zwei weitere solcher Vor-

---

[113] Gemeint ist hier die körperliche Unmöglichkeit, das Austragen des Kindes, das zur Familienbildung führt, konkret zu teilen.

richtungen nur viel niedriger, ich nehme an, dass diese für die Brüder gedacht sind.«
Die Beobachterin bleibt bei der Mutter, nimmt auf einer Mauer Platz und winkt den Protagonisten auf der anderen Seite zu. Die Frage ihrer Distanz zum Rest der Familie und vor allem zum Vater stellt sich ein. Warum werden der Vater und die Söhne nicht körperlich näher begrüßt, warum findet keine direkte Begegnung statt? Bei der Annäherung an diese Frage scheint die Körperlichkeit wieder interessant. Die eher unpopuläre, aber sehr spannende Lesart, dass das Krafttraining des Vaters als eine Darstellung von Kraft, Potenz und Männlichkeit wahrgenommen wird, erlaubt die Vorstellung, dass ein sexuelles Moment von einer direkten Annäherung und nahen Begrüßung abhält. Möglicherweise möchte die Beobachterin sich dem Bereich männlicher, körperlicher Inszenierung im Garten und im Beisein von Frau Fischer nicht nähern. Das gleiche Trägheitsmoment, die gleiche Spannung, ließe sich auch bei Herrn Fischer verorten.[114]

Über die Körper der Familienmitglieder führt die Beobachterin den Leser in die erste Familienbeobachtung ein. Die Wahrnehmung der Beobachterin wird durch die Schwangerschaft der Mutter und die Kraftübung des Vaters angesprochen. Die Körper von Mann und Frau führen in der Beschreibung zur Differenzierung zweier Bereiche: einen biologisch männlichen und einen biologisch weiblichen. Gleichsam werden diese Bereiche mit den Eigenschaften der Aktivität und der Passivität verbunden. Die Beobachterin scheint sich zu positionieren. Sie nähert sich nur einem Bereich.

Über die körperzentrierte Beschreibung des Settings wird der Leser eingeführt in eine Familie, die sich scheinbar nicht vom Akt der Beobachtung beeinflussen lässt. Die Mutter bleibt liegen, der Vater trainiert weiter. Das Setting wirkt natürlich. In den jeweiligen Bereichen gehen die Protagonisten ihrem Treiben bzw. Leiden[115] nach. Dabei wirken alle zufrieden. Auch die Beobachterin scheint d'accord und findet einen Platz. Es kann weitergehen.

---

[114] Interessanterweise gehen die Väter in den Beobachtungen von Frauen erfahrungsgemäß schnell verloren. Die Deutung, dass Männer/Väter sich weniger über Familie definieren und sich bei dem Projekt einer Familienbeobachtung nicht besonders angesprochen fühlen, sollte um das sexuelle Moment des Begehrens erweitert werden. In den Interpretationsgruppen ist es immer wieder Thema, dass sich die Studentinnen gerade von fürsorglichen Vätern (insgeheim) auch angezogen fühlen. Dass sich Väter auch von jungen Studentinnen, die in ihrem Haus sind, nicht unbeeindruckt lassen, scheint ebenfalls plausibel. Dieses Motiv wird bei der Auslegung männlicher Zurückhaltung oder Abwesenheit in der Familienforschung aber vernachlässigt. Begehren kann sich bekannter Weise auch durch Verdecken ausdrücken.

[115] Der Begriff des Leidens wirkt hier etwas überspitzt und einseitig, trifft aber ziemlich genau die Aussage der Mutter.

> *Yannis und Christian stehen neben den Stangen und beobachten ihren Vater. Nachdem er fertig ist, ruft Yannis: »Jetzt ich, jetzt ich!« Herr Fischer hebt ihn an die mittlere Stange, da er dort noch nicht heran kommt. Er lässt Yannis los und fordert ihn auf sich hoch zu ziehen, er schafft es jedoch nicht, sondern lässt sich hängen und lacht dabei laut. Yannis streckt seine Füße nach vorne und strampelt mit den Beinen. »Mama, guck' ma'!«, ruft er und schaut zu Frau Fischer. Diese lacht und antwortet: »Toll machst du das!«* (ebd.)

Die Interpretation der Beobachterin trifft zu. Die niedrigen Stangen sind Trainingseinrichtungen für die Söhne der Familie. Die Ältesten »stehen neben den Stangen und beobachten ihren Vater«. Sie folgen seinen Bewegungen und warten, bis er fertig ist. Aktives Familiengeschehen, direkte, beobachtbare Interaktionen finden auf der anderen Seite statt, gegenüber von Frau Fischer und der Beobachterin. Nachdem der Vater fertig mit seiner Übung bzw. mit dem Satz seiner Übung ist, ruft das Beobachtungskind Yannis »Jetzt ich, jetzt ich!«. Das Kind, das bisher mit seinem Stolz über die Kinderküche und den Wasserkocher kennengelernt wurde, zeigt sich hier interessiert in einem stereotyp männlichen, hier väterlichen Bereich. Ein Changieren zwischen den stereotypen Bereichen scheint für Yannis möglich, bzw. deren Stereotypie scheint für ihn bedeutungslos zu sein. Unbedingt und scheinbar mit großer Vorfreude möchte Yannis es dem Vater gleichtun. Der Vater unterstützt dieses Vorhaben und schafft eine Gelegenheit, in welcher Yannis sich an der Übung ausprobieren kann. »Herr Fischer hebt ihn an die mittlere Stange, da er dort noch nicht heran kommt.« Der Vater unterstützt und begleitet ein Unterfangen, das ohne weitere Unterstützung nicht im eigentlichen Sinne von Erfolg gekrönt sein kann. Kein Dreijähriger kann einen Klimmzug. Doch der Vater bleibt konkret und scheint eine gewisse Zielstrebigkeit in seiner Handlung auszudrücken. »Er lässt Yannis los und fordert ihn auf sich hoch zu ziehen, er schafft es jedoch nicht, sondern lässt sich hängen und lacht dabei laut.« Herr Fischer *fordert*, dass sich Yannis mit seinen drei Jahren und fünf Monaten an der Klimmzugstange hochzieht. Die Forderung scheint allerdings eine Als-Ob-Forderung zu sein, deren Erfüllung nicht ernsthaft im Hier und Jetzt erwartet wird. Vielmehr scheint ein Entwicklungsziel definiert und gefordert zu werden. Die Forderung scheint auch nicht mit Druck und möglicher Enttäuschung verbunden. Ihre Versagung führt zu einem Lachen. Yannis wird mit seiner Kleinheit im Vergleich zu seinem Vater konfrontiert, die nicht zu Frustration, sondern zu einem kreativen Umgang führt. Er startet eine alternative Übung, eine Vorführung, von der er eine Entlohnung in Form von Anerkennung und Teilnahme zu erwarten scheint. »Yannis streckt seine Füße nach vorne und strampelt mit den Beinen. ›Mama, guck' ma'!‹, ruft er und schaut zu Frau Fischer.« Sein Blick führt nicht zum Vater, sondern zu seiner Mutter. Hier erwartet oder erhofft er Anerkennung und Teilnahme. Möglicherweise findet sein Kleinsein bei ihr mehr Anerkennung. Die Mutter, die aus der

Distanz auf das Treiben von Yannis aufmerksam gemacht wird, reagiert wie erwartet oder erhofft auf die Vorführung. »Diese lacht und antwortet: ›Toll machst du das!‹« Der kreative Akt an der Klimmzugstange führt zur Anerkennung durch die Mutter. Der Vater geht in der Beschreibung verloren. Der Blick der Beobachterin fängt im Anschluss an die Mutter-Sohn-Interaktion den jüngsten Sohn der Familie ein.

Simon fährt in der Zwischenzeit mit einem Bagger auf kleinen Pfaden, welche durch den Garten führen herum und scheint kein Interesse an den Klimmzugstangen zu haben. Als Yannis wieder auf dem Boden steht, zieht sich Christian an der kleinsten Stange hoch und macht richtige Klimmzüge, über die ich innerlich staune. »Guck' ma, hier!«, ruft Herr Fischer seiner Frau zu und deutet auf Christian. »Boah, bist du stark!«, ruft Frau Fischer zu ihrem Sohn. Zu mir gewendet sagt sie lachend: »Ich wünschte, ich könnte wenigstens einen Klimmzug«. (ebd.)

Ein dritter Bereich wird beschrieben. Neben der liegenden Mutter, der neben ihr sitzenden Beobachterin und der Vater-Sohn-Gruppe, fährt, etwas abseits, Simon auf einem Bagger durch den Garten »und scheint kein Interesse an den Klimmzugstangen zu haben«. Auch Frau Fischer scheint als Spielpartnerin, möglicherweise wegen ihrer körperlichen Belastung, nicht gefragt. Simon spielt für und mit sich. Zeitgleich geht das Geschehen an der Klimmzugstange weiter. Yannis hat losgelassen und der große Bruder nimmt seinen Platz ein »und macht richtige Klimmzüge«. Christian schafft mit seinen 5,5 Jahren Klimmzüge, sodass die Beobachterin innerlich staunt. Die Kraft des Jungen übt Wirkung auf die Wahrnehmung der Beobachterin aus. Die Körperkraft von Christian ist beeindruckend und stützt die frühere Lesart, dass auch die Körperkraft des Vaters an der Wahrnehmung der Beobachterin nicht vorbeigegangen ist und ein beeindruckendes (sexuelles) Element hatte.[116] In jedem Fall ist Herr Fischer explizit angetan von der Kraft seines Sohnes. Er erscheint über die Leistung des Ältesten wieder im Protokoll. »›Guck ma, hier!‹, ruft Herr Fischer seiner Frau zu und deutet auf Christian.« Herr Fischer macht aus der Übung des Jungen eine Attraktion. Christian muss nicht selbst auf sich aufmerksam machen, nicht wie Yannis nach der Mutter rufen. Sein Vater stellt die Verbindung her und führt vor, was Christian schafft. »›Boah, bist du stark!‹, ruft Frau Fischer zu ihrem Sohn.« Die

---

[116] Es ist hier interessant zu erwähnen, dass die Tatsache, dass der Vater während den Beobachtungen, im Angesicht der Beobachterin, weiter trainiert, bei vielen (ausschließlich weiblichen) Interpretinnen abgewertet wird. Hier wird Herr Fischer als Macho betitelt, der angeben will. Ihm wird Kompensation als Motiv für sein Training unterstellt. Krafttraining wird von den Akademikerinnen als hohles Stählern des Körpers kollektiv abgewertet. Gleichzeitig wird thematisiert, dass der eigene Freund oder Mann zu Hause schon Kraft haben darf und soll. Das Bewerten und Begehren des männlichen Körpers scheint widersprüchlich.

Kraftübung von Christian führt zu einer Bewunderung aller Erwachsener. Aus der Ferne ruft Frau Fischer ihrem Sohn zu, lädt seine Kraft weiter mit Bedeutung auf. Klimmzüge zu schaffen beeindruckt die Mutter, das bekommt Christian vermittelt – der Vater weiß es bereits vor ihm. Dass der Stolz der Mutter kein Als-Ob-Stolz[117] ist, zeigt sie in der darauffolgenden Szene. »Zu mir gewendet sagt sie lachend: ›Ich wünschte, ich könnte wenigstens einen Klimmzug.‹« An die Beobachterin gewandt, sagt sie, dass ihr Sohn mit 5,5 Jahren körperlich stärker ist, als sie selbst. Zumindest bei ihrer jetzigen körperlichen Verfassung. Lädt sie dabei die Kraft ihres Sohnes möglicherweise weiter mit Bedeutung auf, formuliert sie gleichsam den Wunsch, selbst (wieder) körperlich aktiver und fitter zu sein. Vielleicht drückt sie auch den Wunsch aus, die Zeit der Schwangerschaft hinter sich zu bringen. Kraft haben ist erstrebens- und begehrenswert.

Die körperliche Unterscheidung zwischen Mann und Frau bleibt ein zentrales Thema der ersten Beobachtung. Der Vater erscheint als Trainer, der die körperlich-muskuläre Reifung der Söhne vorantreibt, die Mutter tritt als begleitende und beobachtende Dritte auf, die am direkten Geschehen, aufgrund ihrer Schwangerschaft, nicht aktiv partizipieren kann. Gleichzeitig lädt sie die Aktivität, körperliche Geschicklichkeit und Kraft ihrer älteren Söhne mit Bedeutung auf. Sie erkennt das männliche Spiel und das Training des Vaters als begehrenswerte Leistung an.

Die Beobachtung geht kraftvoll und dynamisch weiter:

Yannis scheint von den Stangen genug zu haben und geht in die offene Garage, in welcher verschiedene Fahrgeschäfte für Kinder stehen und kommt mit einem Bobby-Car wieder heraus. Ziemlich rasant befährt er die Gartenpfade und saust einen absteigenden Weg hinunter. Dieser führt ihn direkt zu Simon, welcher immer noch auf dem Bagger sitzt. Es scheint, als sehe Simon dies als Herausforderung zum Fangen spielen und flieht lachend vor Yannis. Dieser fährt hinter Simon her und knallt mit seinem Bobby-Car gegen den Bagger. Er dreht sich zu seinen Eltern, ich vermute um zu überprüfen, ob diese etwas dagegen haben könnten. Frau Fischer scheint den Blick registriert zu haben und ruft: »Nur nicht so fest, ja Schatz?«. Yannis und Simon setzen ihr Spiel fort und Simon kommentiert jeden Knall mit »Hey!« und einem Lachen. Yannis lacht ebenfalls sehr laut und zieht damit die Aufmerksamkeit von Christian auf sich. »Ich will auch mit machen!«, ruft Christian und rennt ebenfalls in die Garage um sich ein Auto zu holen. Er kommt mit einem weiteren Bobby-Car heraus und fährt in Richtung Yannis, um ihn von hinten zu rammen. Die Brüder führen diese Art von Spiel einige Minuten fort, dann scheint Simon keine Lust mehr zu haben, denn er macht Anstalten von seinem Bagger herunter zu steigen. Dies will ihm aber nicht gelingen, da Yannis immer wieder mit seinem Bobby-Car gegen

---

[117] Die Wortverbindung drückt hier aus, dass die Mutter keinen Stolz formuliert, der spielerisch künstlich ist, sondern affektiv, echt und authentisch.

den Bagger stößt. »Oh manno, Yannis!«, schreit er in einem ärgerlichen Ton und schaut hinter sich. Christian hat mittlerweile aufgehört gegen das Auto von Yannis zu stoßen. »Yannis, hör auf, der Simon will nicht mehr!«, weist Frau Fischer Yannis zurecht. (ebd.: 9)

Der älteste Sohn Christian hat an der Klimmzugstange die Aufmerksamkeit auf sich gezogen. Genauer gesagt wurde er durch den Vater in den Fokus des Treibens gestellt. Yannis räumt das Feld und begibt sich in den Bereich seines kleinen Bruders. Die, die schon Klimmzüge können, sind nun unter sich. »Yannis scheint von den Stangen genug zu haben und geht in die offene Garage, in welcher verschiedene Fahrgeschäfte für Kinder stehen und kommt mit einem Bobby-Car wieder heraus.« Yannis partizipiert nun am Spiel mit seinem kleinen Bruder, verändert dieses aber dadurch, dass er es mit einer höheren Geschwindigkeit füllt und mit einer aggressiven Komponente auflädt. »Ziemlich rasant befährt er die Gartenpfade und saust einen absteigenden Weg hinunter.« Die Formulierung, dass er *rasant saust,* verweist darauf, dass die Beobachterin ein wildes Spiel wahrnimmt, das prinzipiell auch gefährlich sein kann. Wer *rasant saust*, kann schnell einen Unfall bauen, sich oder andere verletzen. Diese Art zu spielen erinnert an stereotyp jungenhaftes Agieren. Stürmisch und in trotzigem Angesicht der Gefahr wird mit dem Bobby-Car losgesaust. Diese Lesart scheint auch Simons Interpretation des Geschehens zu entsprechen. Er sieht sich mit dem auf ihn zukommenden Yannis zum wilden und spannenden Spiel eingeladen. Angstlust scheint ein passender Begriff zu sein, der Simons Reaktion motiviert.

> Dieser [Weg, M. K.] führte ihn direkt zu Simon, welcher immer noch auf dem Bagger sitzt. Es scheint, als sehe Simon dies als Herausforderung zum Fangen spielen und flieht lachend vor Yannis.

Die beiden jüngeren Brüder scheinen sichtlich Spaß an dem wilden Verfolgungsspiel zu haben. Jäger und Gejagter *sausen* wild durch den Garten. Yannis »fährt hinter Simon her und knallt mit seinem Bobby-Car gegen den Bagger«. Dass das Spiel ein wildes ist, scheint nicht nur die Beobachterin so einzuschätzen.

> Er [Yannis, M. K.] dreht sich zu seinen Eltern, ich vermute um zu überprüfen, ob diese etwas dagegen haben könnten. Frau Fischer scheint den Blick registriert zu haben und ruft: »Nur nicht so fest, ja Schatz?«

Yannis dreht sich zu seinen Eltern, und wie selbstverständlich werden die Eltern in der Beschreibung der Beobachterin in der Person der Mutter wiedergefunden. Yannis Blick findet sein Ziel. Elternschaft manifestiert sich im auffangenden Blick der Mutter. Obwohl im Garten mehrere Bereiche mit Leben gefüllt sind, scheint Frau Fischer alles im Blick zu haben. Der Vater scheint hingegen selbst aus dem Blick geraten zu sein. Frau Fischer lässt das Spiel laufen, signalisiert Yannis, dass sein Sausen gefährlich sein kann, es aber nicht zwangsläufig zu einem Unfall führen muss. Ihre Reaktion kann sich lesen lassen als »mach weiter so, aber sorge dafür, dass nichts passiert«. Mit der abschließenden Frage »ja Schatz?«, fügt sie eine liebevolle Betitelung ein, die Verbundenheit, bei gleichzeitiger Begrenzung, zeigt. Der, der wie ein Schatz für sie ist, soll *nur* aufpassen. Die Regel wird in den Rahmen einer liebevollen Beziehung gestellt. Durch das einschränkende *nur*, wird zeitgleich eine Erlaubnis des restlichen Spielgeschehens ausgedrückt.

Frau Fischer, die körperlich belastet ist und nicht in der Lage scheint, am Treiben im Garten körperlich aktiv zu partizipieren, hat aus der Distanz alles im Blick. Suchende Blicke der Kinder, die Rufe des Vaters und der Anspruch der Beobachterin, alles kommt bei ihr an. Frau Fischer kennzeichnet etwas Umhüllendes. Und der Begriff des Umhüllenden passt in zweifacher Weise. Konkret umhüllt sie ihren noch ungeborenen Sohn Noah, den sie im Blick hat und für den sie sich schont. In abstrakterer Weise umhüllt sie aufmerksam das familiäre Geschehen. Sie scheint das noch ungeborene Kind und das familiäre Treiben zu tragen. Umsorgende und managende Attribute zeichnen sie aus. Neben dieser Beschreibung erscheint der Vater, der bislang mit den Titeln des formalen pater familias, des Trainers und Trainierenden ausgerüstet ist, weniger bedeutungsvoll.

Für das, was der Vater tut, fehlt der Beobachterin entweder eine Deutungsfolie, um es besser erkennen[118] zu können, oder den Interpreten fehlen die Begriffe des pädagogischen Impetus, der dem Handeln Bedeutung gibt. In jedem Fall scheinen das Handeln und die Präsenz des Vaters bislang vergleichsweise nicht so bedeutsam und gestaltgebend, wie die der Mutter. Diese vom Material wegführenden Gedanken werden später wieder aufgegriffen. Im Material geht es wie folgt weiter:

> Yannis und Simon setzen ihr Spiel fort und Simon kommentiert jeden Knall mit »Hey!« und einem Lachen. Yannis lacht ebenfalls sehr laut und zieht damit die Aufmerksamkeit von Christian auf sich. »Ich will auch mit machen!«, ruft Christian und rennt ebenfalls in die Garage um sich ein Auto zu holen. Er kommt mit einem weiteren Bobby-Car heraus und fährt in Richtung Yannis, um ihn von hinten zu rammen.

Die Bitte von Frau Fischer, nur nicht so fest zu machen, wird von Yannis scheinbar in einer Art verstanden, die sein Spiel nicht bremst. Er kann weitermachen und tut es auch. Das rasante Sausen wird nun um eine akustische Begleitung ergänzt. Spaß und Aktion füllen den Bereich der beiden jüngeren Brüder. Das bleibt nicht unbemerkt. Christian wird auf die beiden aufmerksam und fühlt sich von dem wilden und lauten Treiben scheinbar angesprochen. Er steigt in das Spiel ein und übernimmt

---

[118] Die Formulierung ist in Anlehnung an Kuhns Erkenntnistheorie (1973) gewählt, die besagt, dass nichts erkannt werden kann, das nicht bereits bekannt ist. Deutungsfolien von Väterlichkeit könnten hier fehlen, die eine genauere Beschreibung des Agierens von Herrn Fischer ermöglichen. Bislang wird sein Handeln als Training und Aufladung des Männlichen mit körperlicher Kraft erkannt.

ebenfalls den Part des Jägers. Es entsteht eine Art Rangordnung, die den Charakter einer Nahrungskette trägt. Nach ihrem Alter und ihrer körperlichen Größe und Reife geordnet, fahren die Jungs, synonym der Geschwisterreihe, hintereinander her und sich gegenseitig hinten auf. »Die Brüder führen diese Art von Spiel einige Minuten fort, dann scheint Simon keine Lust mehr zu haben, denn er macht Anstalten von seinem Bagger herunter zu steigen.« Die Perspektive, selbst nur gerammt zu werden und somit am unteren Ende der Kette zu stehen, scheint Simon auf Dauer nicht zu begeistern. Vielleicht ist das Spiel auch zu wild geworden. Er macht Anstalten, aus dem Spiel auszusteigen.

> Dies will ihm aber nicht gelingen, da Yannis immer wieder mit seinem Bobby-Car gegen den Bagger stößt. »Oh manno, Yannis!«, schreit er in einem ärgerlichen Ton und schaut hinter sich. Christian hat mittlerweile aufgehört gegen das Auto von Yannis zu stoßen. »Yannis, hör auf, der Simon will nicht mehr!«, weist Frau Fischer Yannis zurecht.

Wer am unteren Ende der Nahrungskette steht, hat es nicht leicht mit dem Aufstellen von Regeln und Geboten. Zumindest ist ihre Durchsetzung schwierig. Der Ausstieg aus dem Spiel wird zum Kampf, da Yannis keine Anstalten macht, seine mittlere Jägerposition aufzugeben. Simon erscheint nun weniger als Spielpartner, denn als Opfer einer Angriffslust. Das Spiel droht zu kippen. Christian, der möglicherweise registriert hat, dass das Spiel zu kippen droht, hat seine Angriffe rechtzeitig eingestellt. Ob Yannis dies auch getan hat, ist nicht beschrieben. Der weitere Verlauf lässt jedoch den Schluss zu, dass der Ansage Simons weitere Attacken gefolgt sind. Frau Fischer tritt sprachlich als schlichtende Richterin in Erscheinung. Sie hat das Treiben der Jungen scheinbar beobachtet, die Ansage Simons registriert. Sie weist Yannis zurecht.

Christian und Simon steigen beide von ihren Autos herunter und laufen zu ihrem Vater. Yannis bleibt noch eine Weile sitzen und bückt sich ab und zu, um Gras zu pflücken. Er betrachtet die Grashalme und ich höre wie er eine Melodie summt. (ebd: 9)

Die Zurechtweisung der Mutter scheint einen beendenden und lähmenden Effekt zu haben. Der Zurechtgewiesene bleibt sitzen, während die anderen beiden Brüder zu ihrem Vater laufen. Ruhig bleibt Yannis zurück und wirkt in Gedanken versunken. Er pflückt Gras, betrachtet die Grashalme und summt eine Melodie. Äußere Aktivität kippt um in äußere Passivität. Der Wilde wird sinnlich. Kontrastiv zu dem rasanten Sausen und den wilden Angriffen, wirkt Yannis jetzt ganz ruhig und in sich gekehrt. Etwas, wahrscheinlich die Einmischung der Mutter, scheint in ihm zu arbeiten. Vielleicht ist er sauer und neidisch auf die Brüder, die keine Sanktion erhalten haben, vielleicht ist er sauer auf die Mutter, weil das Handeln des anderen Jägers nicht geahndet wurde. Ungerechtigkeitsempfinden oder die Scham der Einsicht könnten als Motive der inneren Arbeit verstanden werden. Etwas jedenfalls beschäftigt Yannis, in einer ihn ruhigstellenden Weise. Doch dieses Etwas scheint keiner längeren Bearbeitung nötig.

> *Kurz darauf rennt er zu seiner Mutter und setzt sich auf ihren Schoß. Frau Fischer umarmt ihren Sohn und drückt ihm einen Kuss auf. »Mama, ich hab Durst«, murmelt Yannis. »Hast du deine Flasche nicht mit runter gebracht?« Yannis verneint dies und Frau Fischer bittet ihren Mann Wasser von oben zu holen. »Nee, ich will Saft!«, kommentiert Yannis dies und steigt vom Schoß der Mutter hinunter. »Wenn, dann heißt das, ich möchte bitte Saft!«, antwortet Frau Fischer. Yannis antwortet nicht, sondern begleitet seinen Vater nach oben.* (ebd: 9)

Die Bearbeitung des von der Mutter geforderten Ende des Spiels nimmt nicht viel Zeit in Anspruch. Nach kurzer Zeit kann sich Yannis seiner Mutter nähern »und setzt sich auf ihren Schoß«. Die Zurechtweisung der Mutter scheint die Beziehung nicht nachhaltig zu beeinflussen. Körperlicher Nähe scheint kein gärender Konflikt im Weg zu stehen.

Mit einer alternativen Lesart kann die Szene allerdings auch so gelesen werden, dass körperliche Nähe zur Kuration der Beziehung von Yannis verabreicht wird. Der Verlauf der Szene würde dabei den Inhalt eines Wiederannäherungsversuchs, mit dem Ziel der Versöhnung, tragen. Beide Lesarten gehen darin auf, dass die Mutter die Beziehung mit einer Umarmung und einem Kuss positiv und liebevoll unterstreicht. Dass Yannis seinen kleinen Bruder Simon nicht vom Bagger absteigen ließ, hat scheinbar keine Dramatik. Verständnis erscheint als ein passender Begriff, der den Interaktionsverlauf in der Mutter-Sohn-Beziehung überschreiben könnte. Die Mutter hat Verständnis für das wilde Spiel und scheint nicht sauer. Yannis hat Verständnis für seine Mutter und ist nicht nachtragend.

Nach der psychosozialen Versorgung durch die Mutter, die als Rückversicherung und Bestätigung, dass alles ok ist, verstanden werden kann, stellt sich ein Bedürfnis nach konkret körperlicher Versorgung ein. »»Mama, ich hab Durst‹ murmelt Yannis.« Der Gesprächsinhalt scheint nicht für Dritte gedacht, sondern als ein Inhalt der zwischen zwei eng Verbundenen ausgetauscht zu werden. Er murmelt. Die Ansage, Durst zu haben, erscheint somit als ein intimer Inhalt. Yannis will etwas von seiner Mutter haben. Er will im übertragenden Sinne (vom Durst) gestillt werden. Frau Fischer fragt nach der Eigenverantwortung von Yannis, sie verweist auf die Entwöhnung und fragt nach seiner Trinkflasche, die als Durstlöscher von Yannis selbst herangezogen werden soll. Doch Yannis hat seine Trinkflasche nicht in greifbarer Nähe. Der Wunsch zu Trinken formiert sich zu einem, der nach körperlicher Betätigung, nach (Bewegungs-)Kraft verlangt. Die Mutter als (durst-)stillende Quelle scheint damit auszuscheiden. Bewegung mutet sie sich nicht zu. Nun kann und wird der Vater als (Ab-)Lösung von Frau Fischer genutzt. Sie bittet ihn, von oben Wasser zu holen. Dabei verbindet sie Vater und Sohn. Yannis scheint die Lösung jedoch nicht zu befriedigen. Dass der Vater geht, scheint in Ordnung, der Gegenstand soll aber einen neuen Geschmack bekommen. »›Nee, ich will Saft!‹«, kommentiert Yannis und steigt vom Schoß der Mutter hinunter. Die Lesart scheint plausibel, dass Yannis durch das Absteigen vom Schoß der Mutter zum aktiven Mitgestalter der Durstlöschung wird. Er steigt vom Schoß der Mutter ab, möglicherweise, um mit nach oben zu kommen und für Saft zu sorgen. Die Mutter scheint von der Ansage ihres Zweitgeborenen irritiert und platziert einen erzieherischen Imperativ. »›Wenn, dann heißt das, ich möchte bitte Saft!‹, antwortet Frau Fischer.« Auf ihn reagiert Yannis augenscheinlich nicht und folgt stattdessen seinem Vater nach oben. Die Lesart, dass Yannis selbst für Saft sorgen will, scheint sich zu erhärten. Wer mitkommt, muss auch nicht bitte sagen.

Mit einer Flasche im Mund kommt Yannis nach ein paar Minuten alleine wieder herunter. Herr Fischer folgt ihm kurz darauf und geht wieder zu den Klimmzugstangen, wo Christian und Simon gemeinsam spielen. Yannis setzt sich auf den Boden neben seine Mutter und trinkt seinen Saft. Dabei beobachtet er seinen Vater und seine Brüder. Als er ausgetrunken hat, steht Yannis wieder auf und setzt sich auf den Bagger, welcher vorher von Simon gefahren wurde. Er fährt zu dem Sandkasten, welcher sich in der Mitte der Wiese befindet, steht auf und hebt ihn hinein. Danach setzt er sich wieder auf den Sitz und beginnt mit dem Bagger im Sand zu graben. Dabei macht er Motoren-Geräusche. Simon gesellt sich zu ihm und hilft ihm mit einer Schippe Sand in die Schaufel vom Bagger zu schaufeln. (ebd.: 9f.)

Das gemeinsame nach oben Gehen leitet kein gemeinsames nach unten Kommen ein. Die Wege der beiden Wohnungsbesucher scheinen sich unterwegs getrennt zu haben. Herr Fischer folgt seinem Sohn mit einem kurzen Abstand und peilt seinen Sportbereich an, der immer noch von Christian und Simon frequentiert wird. Die Beiden spielen zusammen, der Trainingsplatz scheint seinem eigentlichen Zweck entfremdet. Die Lesart, dass der Vater ihn aufsucht, um weiter zu trainieren, scheint plausibel. Er trainiert, Christian und Simon spielen und »Yannis setzt sich neben seine Mutter auf den Boden und trinkt seinen Saft«. Alle Beteiligten scheinen wieder einen Platz zu finden, mit dem sie etwas anfangen können. Zusammen mit der Mutter sitzt Yannis seinem Vater und seinen Brüdern gegenüber und beobachtet das Treiben auf der anderen Seite. Die Seite der Mutter scheint für Yannis nun attraktiver als die des Vaters. Beobachtend und versorgend (die Mutter versorgt Noah, Yannis sich selbst), sitzen Mutter und Sohn dem aktiven Treiben der Anderen gegenüber. Die Lesart, dass Yannis mit seinem Platz an der Seite der liegenden Mutter etwas anfangen kann, muss mit einem weiteren Blick auf den Szenenverlauf beschränkt werden, nämlich auf den zeitlichen Akt der Selbstversorgung. Sobald er ausgetrunken hat, zieht es ihn wieder in ein Spiel.

Als er ausgetrunken hat, steht Yannis wieder auf und setzt sich auf den Bagger, welcher vorher von Simon gefahren wurde. Er fährt zu dem Sandkasten, welcher sich in der Mitte der Wiese befindet, steht auf und hebt ihn hinein. Danach setzt er sich wieder auf den Sitz und beginnt mit dem Bagger im Sand zu graben. Dabei macht er Motoren-Geräusche.

Ein typisch jungenhaftes Spiel schließt sich an das Safttrinken an. Yannis spielt alleine im Sandkasten und begleitet seine Handlungen mit Motorengeräuschen. Das bleibt nicht lange unbemerkt.»Simon gesellt sich zu ihm und hilft ihm mit einer Schippe Sand in die Schaufel vom Bagger zu schaufeln.« Es entsteht ein Spiel zwischen den beiden Jüngsten. Christian scheint im Trainingsbereich des Vaters zu bleiben. Der Blick der Beobachterin führt nun vom Sandkasten zurück auf Frau Fischer.

Ich schaue zu Frau Fischer die im Liegestuhl sitzt und die Augen geschlossen hat. Ich beschließe daraufhin die Beobachtung für heute zu beenden. Frau Fischer und ich verabreden in telefonischem Kontakt zu bleiben. Ich winke Herrn Fischer und den Jungs zum Abschied. (ebd.: 10)

In einer möglicherweise empathischen Anteilnahme beschließt die Beobachterin, die Beobachtung für heute zu beenden. Kein zeitlicher Faktor, bspw. die abgesprochene einstündige Rahmung der Beobachtungszeit, sondern die geschlossenen Augen der Mutter werden als Motiv für das Ende angeführt. Ein Akt der Abstimmung zwischen der Beobachterin und Frau Fischer, der sich auch in der Anfangssequenz zeigt und die Beobachtung starten lässt, leitet hier ihr Ende ein. Das Bild, dass nicht nur Frau Fischer alles im Blick hat, beobachtend, sensibel und »umhüllend« auf ihr Umfeld reagiert, sondern auch die Beobachterin mit diesen Attributen beschrieben werden kann, stellt sich ein. Auch sie hat alle im Blick und scheint empathisch (vor allem mit der Mutter) verbunden. Mit dieser Lesart bekommt auch die Beobachterin etwas, was man stereotyp mit dem Begriff des Mütterlichen beschreiben könnte. So lässt sich festhalten, dass die beiden Mütter (die sie real auch sind) wieder einen Termin mit- und untereinander vereinbaren. Dem Vater und den Jungs wird aus der Ferne zum Abschied gewunken.

Die erste Beobachtung wirft viele Fragen auf und zeigt gleichzeitig aufschlussreiche Einblicke in den familiären Alltag von Familie Fischer. Das Thema körperlicher Geschlechtlichkeit ist das zentrale.

2.3 Zusammenfassende Fallrekonstruktion und erste Hypothesen

Den greifbaren Gegenstand der Untersuchung (die Falldarstellungen) bilden bislang zwei subjektive Erfahrungsprotokolle, die in ihrer Art der Beschreibung einen guten Einblick in die Wahrnehmungsbereitschaft und Erkenntnismöglichkeit der Beobachterin ermöglichen. Die persönliche Beschreibung des eigenen Empfindens im

Protokoll der ersten Begegnung kann als Eintrittsluke in die Erinnerung der Familie Fischer verstanden werden. Ist sie betreten, entfaltet sich ein facettenreiches Bild der Familie, zeigen sich detailliert beschriebene Szenen, die ihren szenischen Gehalt zunehmend entfalten können. Das eigene Mutterschaftskonzept der Beobachterin und ihre Bedeutungsaufladung der Geschlechter begleiten den Leser durch das Material und sollen auch in der Zusammenfassung nicht verloren gehen.

Das Projekt der Familienbeobachtung zeigt sich auch in der ersten, offiziellen Beobachtung als ein Projekt zwischen zwei Frauen. Diese Geschlechtsspezifität wird dabei von der Beobachterin, von der Mutter und interessanterweise auch vom Vater getragen. Er scheint mit seiner Statistenrolle zufrieden zu sein, zeigt keine Anstalten, sich als Initiator stärker einzubringen. Die Rolle des formalen pater familias, die sich bei der ersten Begegnung abzeichnet, scheint auch bei der ersten Beobachtung noch ausgefüllt. Auch die Hypothese, dass sich die Familienmitglieder gegenseitig nutzen können, findet in der ersten Beobachtung Resonanz. Innerfamiliäre Verbindungen, die zur Wahrnehmung z. B. eines Elternpaares, einer Brüdergruppe, einer Männergruppe oder eines Beobachtungspaares führen, sind durchweg zu beobachten. Ausschlüsse und offene Konflikte scheint es hingegen nicht zu geben. Ein harmonisches Familienbild, mit der Eigenschaft einer anerkennenden und innigen Verbundenheit, bekommt zunehmend stabile Konturen.

Sind es bei der ersten Begegnung, bei der Einführung in das Setting der Familie, noch die sozialen Rollen und Positionen der Eltern und Kinder, so stellen deren Körper den Fokus der ersten Beobachtung dar. Sie sprechen die Wahrnehmung der Beobachterin in besonderer Weise an. Das scheint nicht verwunderlich, vergegenwärtigt man sich die Tatsache, dass die Körperbilder von Herr und Frau Fischer geschlechtsspezifischer, extremer und kontrastiver kaum sein könnten.

Manifest ist es die körperliche Schwangerschaft der Mutter, die von der Beobachterin wahrgenommen wird und ihre Beschreibungen sortiert. Die Reaktion auf ihren Körper und die Abstimmung mit der Mutter scheinen ihr besonders zeigenswert. Latent zeigt sich aber auch ihre Wahrnehmung des männlichen Körpers, der an diesem Sommertag im Garten der Familie in Szene gesetzt wird. Ihm nähert sie sich nicht, er ist keiner näheren Beschreibung wert. Gründe für diese scheinbare Nichtbeachtung lassen sich über die Lesart eines sexuellen Moments herleiten.[119] Sie wird gestärkt durch die Anerkennung der körperlichen Kraft des ältesten Sohnes Christian und wird von der Mutter weiter gespeist: »Ich wünschte ich könnte wenigsten einen [Klimmzug, M. K.].«

Die Beobachterin nimmt im Garten von Frau Fischer Platz und blickt zu den Trainierenden auf der anderen Seite des Gartens. Dabei verkörpert die Beobachterin

---

[119] Die Lesart des sexuellen Moments erhält ihre Standhaftigkeit in ihrer Distanz zum logischen Material nicht zuletzt durch die Off-Information der Beobachterin, von dem Training des Vaters in irritierender Weise verlegen und überrumpelt gewesen zu sein.

selbst Attribute einer stereotyp guten Mutter. Sie ist auf ihre Gegenüber eingestellt, empathisch und erscheint in ihrer beobachtenden und anerkennenden Art wie Frau Fischer.

Eine Dualität der geschlechtlichen Körper führt zu einer Dualität männlicher und weiblicher Bereiche, Attribute und Aktivitäten. Besonders beeindruckend zeigt sich die Differenz zwischen der körperlichen Unabhängigkeit des Vaters und der alles umhüllenden Mutter, die das Thema Familie im wahrsten Sinne des Wortes »austrägt«. Von der Schwangerschaft und dem Geschehen des familiären Alltags ist der Vater vergleichsweise unberührt. Wer ihn finden will (so auch die Beobachterin), muss sich seinem (Interessens-)Bereich nähern. Blicke der Kinder im freien Spiel finden ihren Halt im Blick der Mutter, die allgegenwärtig und nicht auf ihren Interessensbereich beschränkt bleibt.

Die These, dass die Kinder der Familie Frau Fischer vom Zeitpunkt ihrer Geburt an fast durchgehend als schwanger erleben, wird durch das Protokoll mit Inhalt gefüllt. Die Jungs erleben eine körperliche Dualität der Geschlechter und mit ihr scheinbar einhergehende geschlechtsspezifisch-psychische Verfassungen.

Die Verbindung von Frau, Mutterschaft und Verantwortung für familiäre Angelegenheiten, die sich im Protokoll der ersten Begegnung abzeichnet, findet sich auch in der ersten Beobachtung wieder. Frau Fischer leitet die Beobachtung ein, koordiniert den Familienalltag in federführender Weise und legt den Termin für das nächste Treffen fest. Die scheinbare Logik wird weiterhin von allen Erwachsenen getragen. In familiäre Aktionen außerhalb des Trainingsbereichs wird Herr Fischer in koordinierender Weise von seiner Frau eingebunden (oder lässt sich einbinden).

Bei der Lesart einer Geschlechtsspezifität familiärer Verantwortung tritt ein Widerspruch zutage, denn der Vater ist real präsent, agiert mit den Kindern und partizipiert. Familie ist auch sein Thema. Auch er kümmert sich um die Kinder, stellt Verbindungen her und setzt progressive Entwicklungsziele fest. Seine Verantwortungsübernahme für familiäre Angelegenheiten tritt nur im Vergleich in den Hintergrund.

Dieser Vergleich ist auch durch die fehlende Deutungsfolie von Väterlichkeit zu erklären. Der Eindruck, dass der Vater als Trainer, Kumpel oder zu koordinierender Elternteil erscheint, kann auch daran liegen, dass für sein Handeln und seinen erzieherischen und familiären Beitrag die Worte fehlen. Wissen über Vaterschaft und väterliches Engagement steht dem Wissen um Mütterlichkeit bekanntermaßen weit hintenan. Weil sich der Vater nicht verhält wie Frau Fischer, erscheint sein Beitrag möglicherweise als weniger verantwortlich, weniger familiär. Diese Lesart gilt es weiterzuverfolgen.

Bezogen auf Frau Fischer tritt, neben der Beschreibung ihrer konkret[120] und abstrakt umhüllenden Art, die Anerkennung, Förderung und Begleitung des stereotyp

---

[120] Sie umhüllt Noah.

jungenhaften Spiels in den Vordergrund. Turnen, Klimmzüge machen, durch den Garten sausen und sich jagen, das alles lässt sie gewähren und zeigt Verständnis für das Lustvolle am Körperlichen und auch Aggressiven. Die Aktivität im Freien, von der die Mutter konkret ausgeschlossen ist, wird positiv von allen Familienmitgliedern besetzt. Das Lustvolle an Bewegung wird von allen mitgetragen. So wirkt die ganze Beobachtung insgesamt und trotz des jagenden Yannis', der seinen Bruder (auch mal) ärgert, sehr harmonisch. Dass die Mutter zum Ende der Beobachtungen mit geschlossenen Augen auf der Liege im Garten ruht, rundet diesen Eindruck ab. Bei körperlicher Belastung scheint sie psychisch entspannt und entlastet. Sicher trägt der real anwesende Vater hier einen Teil dazu bei. Weniger sichtbar, aber plausibel aus der Schlusssszene zu entnehmen, ist Familie auch sein Thema. Dieser Gedanke lädt zu weiterführenden ein.

Die reale Anwesenheit von Mutter und Vater führt nicht logisch zu einer Aufteilung familiärer Angelegenheiten und Verantwortungsbereiche. Frau Fischer ist die Gestaltgebende. Elternschaft manifestiert sich aus allen Perspektiven, primär an der Person der Mutter – bei gleicher physischer Anwesenheit beider Elternteile. Das erfährt Yannis, als sein Blick zu den Eltern sein Ziel in den Augen der Mutter findet. Das trägt der Vater, der sich in seinem Themenbereich mit seinem Training befasst und sich von der Mutter in der »Durstszene« koordinieren lässt. Die biologische Komponente der Schwangerschaft unterstreicht letztlich eine unbedingte Gebundenheit der Mutter an das Thema Familie. Der Vater begleitet und unterstützt sie dabei. Der Bereich der Familie ist auch nach den Schwangerschaften ihr Wirkungsbereich, in dem sie den Vater nutzen kann. Biologische Verantwortung scheint hier in eine soziale übergegangen zu sein.

So erscheint es auch wenig widersprüchlich, dass der unabhängigere Vater sich als formaler pater familias zeigt und die Mutter als organisierendes, strukturierendes und gestaltgebendes Familienoberhaupt in Erscheinung tritt. Sie managt den Alltag, stellt Wenn-Dann-Regeln auf und spricht pädagogische Imperative aus. Und das tut sie im übertragenden Sinne auch bereits in der Schwangerschaft.

Körperliche Kraft scheint in der Familie nicht als Machtinstrument besetzt. Die körperliche Fitness und das Mann-Sein an sich führen nicht zu einer realen innerfamiliären Hoheit. Möglicherweise kann der männliche Körper deshalb auch so positiv besetzt werden, kann Frau Fischer sogar offiziell neidisch darauf sein. »Ich wünschte ich könnte wenigstens einen [Klimmzug, M. K.].«

Was bedeutet es nun im Erleben eines 3,5-jährigen Jungen, wenn der Vater präsent und in seinem Bereich von sich aus greifbar ist? Welches Selbsterleben geht mit der Bewunderung der körperlichen Fähigkeiten durch die Mutter einher? Welches Bild von Mann und Frau, männlich und weiblich etabliert sich im Inneren des Jungen, wenn er so einflussreiche körperliche und mentale Unterschiede der Geschlechter wahrnimmt? Welches Bild von Männlichkeit stellt sich ein, wenn der Vater formal als Familienoberhaupt auftritt, informell aber auch dem Blick und der

Koordination und Organisation der Mutter folgt? Wohin führt die Wahrnehmung des heterosexuellen Begehrens, das durch die körperliche Bewunderung der Mutter einerseits und ihre Schwangerschaft andererseits omnipräsent ist?

Im Material zeigt sich bisher, dass Yannis der stereotypen Geschlechtsspezifität der Bereiche im Garten und im Spielzimmer keine ausschließende Bedeutung beimisst. Er changiert zwischen ihnen. Er beobachtet wie die Mutter, sucht Nähe und spielt mit der Küche. Er trainiert aber auch mit dem Vater und inszeniert Größe. Zumindest im Freien zeigt sich eine Neigung zu stereotyp jungenhaftem Spiel. Das scheint plausibel, betrachtet man, dass Körperlichkeit und Bewegung sowohl von der Mutter und dem Vater als auch von der Beobachterin anerkannt werden und positiv besetzt sind. Mit der Küche zu spielen wird von der Mutter ermöglicht und aktiv gefördert, körperlich fit zu sein wird von ihr begehrt. Einer Auflösung materieller und rollentypischer Geschlechtsspezifität steht (wenn diese denn gewünscht wird) im Material eine Geschlechtsspezifität des Körpers gegenüber. Der Möglichkeit, sich stereotyp weiblichen Sphären anzunähern, steht die Möglichkeit zur Seite, zu werden und begehrt zu werden wie der Vater.

Diese ersten Hypothesen sollen auch hier über den Versuch, sie an einer kontrastiven Szene zu widerlegen, auf ihre Gültigkeit und Reichweite überprüft werden. Hierfür bietet sich eine Analyse der dritten Beobachtung an. Bis zum Erhebungszeitpunkt dergleichen hat die Beobachterin die Familie aufgrund »einiger Komplikationen während Frau Fischers Schwangerschaft« (Drittes Beobachtungsprotokoll: 14 S. K.) drei Monate nicht gesehen. Es ist, vor allem aus den Augen von Yannis, viel Zeit vergangen und die Familie ist um einen weiteren Sohn gewachsen. Die körperlich belastete Mutter hat Noah geboren und ihn einer realen Verantwortungsübernahme durch den Vater möglicherweise zugänglich gemacht. Auch der konkrete und extreme Kontrast der Körper ist »ausgetragen«. Vorstellungen von körperlicher Geschlechtsspezifität und deren Einfluss auf das psychische Empfinden könnten neu verhandelt worden sein – das psychische Bedürfnis der Mutter, sich zu schonen und deshalb nicht an körperlichen Aktivitäten zu partizipieren, verliert seine evolutionsbiologische Argumentationsgrundlage. Sind die Rollen und die Bereiche von Aktiv und Passiv aufgebrochen? Lässt sich die Lesart einer Transformation biologischer in soziale Verantwortung, auch nach der Schwangerschaft, noch halten? Oder müssen die bisherigen Lesarten nun limitiert und als Reaktionen auf eine spezifische Schwangerschaftssituation verstanden werden? Es muss sich prüfen lassen, ob die familiären Beziehungsdynamiken einer übergeordneten Logik folgen oder sich als spezielle, schwangerschaftsspezifische Arrangements offenbaren. Werden die Rollen von Mutter und Vater neu definiert, lassen sich Verantwortungsbereiche neu verteilen oder ist die Begründungsfigur der familiären Atmosphäre doch tiefer verankert?

2.4 Eine kontrastierende tiefenhermeneutische Analyse

Zum nachvollziehbaren Verständnis der Fallstrukturüberprüfung wird auch die dritte Beobachtung, in bekannt ausführlicher Weise, analytisch dargestellt. Eine Abweichung zur bisherigen Vorgehensart kann allerdings darin gefunden werden, dass die dritte Beobachtung nur in ihren Anfängen betrachtet wird. Hier lassen sich die Szenen finden, die einer Verallgemeinerung der Fallstrukturen offenkundig[121] zuwiderlaufen. Ihre Analyse reicht aus, um Limitationen oder fallimmanente Verifizierungen auszuloten.

Die dritte Beobachtung

Da ich die Familie, aufgrund einiger Komplikationen während Frau Fischers Schwangerschaft, seit ca. 3 Monaten nicht gesehen habe, bin ich doch ein wenig aufgeregt, da ich nicht weiß, wie die Brüder und speziell Yannis auf mich reagieren werden. Dieses Gefühl verfliegt aber schnell, denn ich werde sehr freudig von den drei Brüdern und ihrem Freund an der Wohnungstür begrüßt. »Bist Du nochma die Esmira?«, werde ich von Yannis gefragt. »Ja genau, das hast Du Dir aber super gemerkt!«, antworte ich. (Drittes Beobachtungsprotokoll: 14 S. K.)

In bereits bekannter Weise findet die Beobachterin den Einstieg in das Protokoll über die Darstellung einer persönlichen Gefühlslage. Die dreimonatige Unterbrechung führt offensichtlich zu einer Beziehungsunsicherheit ihrerseits. Diese wird monologisch dargestellt und lässt sich deshalb gut greifen, als Ergebnis einer inneren Auseinandersetzung mit ihren Repräsentationen der Brüder – sie trägt »die Brüder« und »speziell Yannis« offensichtlich als Gegenüber mit mentalen Zuständen in sich. Sie stellt sich vor, dass auch in der Wahrnehmung der Brüder drei Monate vergangen sind und fragt sich, wie sie selbst als Gegenüber in den Jungen und speziell in Yannis repräsentiert sein wird? Welches Maß an Vertrautheit und Bekanntheit wird sie vorfinden? Wird sich Yannis noch in positiver Weise an sie erinnern? Wird er sie annehmen und kann die Beobachtung in gewohnt »sehr angenehmer« (Erste Begegnung: 3) Atmosphäre fortgesetzt werden? Vielleicht aber arbeitet auch die Frage in ihr, was sich in den drei Monaten insgesamt verändert hat. Hat sich das Setting durch die Geburt von Noah verändert? Ist der familiäre Raum noch der bekannte?

Bei einer näheren Betrachtung ihrer Beschreibung lassen sich weitere, bereits bekannte Beschreibungen finden. Parallelen zur Beschreibung der ersten Begegnung stellen sich ein. Hier wie dort wird die Beobachterin in einer Weise angenommen, die Gefühle der Aufregung schnell verfliegen lässt. Wieder sind es die Brüder, die wesentlich dazu beitragen. Standen diese bei der ersten Begegnung allerdings noch

---

[121] Der Begriff des Oberflächlichen wäre hier auch passend.

»neugierig« an der Tür, so wird die Beobachterin nun von allen Drei »freudig« empfangen. Die Beobachterin scheint den Kindern bekannt. Sie ist offensichtlich positiv besetzt und wird deshalb »freudig« in das Setting der Familie eingeführt. Die Eltern tauchen in der Beobachtungsszene vorerst nicht auf, sind entweder keiner Beschreibung wert oder überlassen es den Kindern, die bereits Bekannte in die Wohnung einzuführen.

War es bei der ersten Begegnung die Beobachterin, die nach den Namen der Brüder fragte und jeden einzelnen für kurze Zeit aus der Gruppe individualisierte, so ist es dieses Mal Yannis, der die Initiative ergreift und die Beobachterin gezielt anspricht. Mit einem Beziehungsgeständnis beginnt er einen Dialog: »Bist Du nochmal die Esmira?« Wahrscheinlich ohne es zu wissen, greift er damit die Beziehungsunsicherheit der Beobachterin auf. Er kennt sie noch, er erinnert ihren Namen und er will auch nach dreimonatiger Unterbrechung wieder in Kontakt mit ihr treten. Auch die Beobachterin ist repräsentiert geblieben. Im übertragenden Sinn wird hier ein stabiles Arbeitsbündnis beschrieben. In diesem macht Yannis, in seiner Art, die Frage zu formulieren, die Beziehungs- oder Beobachtungsunterbrechung zum Thema. »Wer warst du noch mal? Die Esmira, oder?« ließe sich seine Frage auch übersetzen. Dass er den Namen der Beobachterin nicht vergessen hat, sie repräsentiert geblieben ist, scheint die Beobachterin sehr zu freuen. Ihre Antwort enthält ein Lob. »›Ja genau, das hast Du Dir aber super gemerkt!‹, antworte ich.«

Im weiteren Verlauf muss sich die angesprochene These der Parallelität der Szenen (Erste Begegnung und Dritte Beobachtung) jedoch auf eine harte Probe stellen lassen:

Frau Fischer kommt aus dem Bad, welches sie gerade putzt, um mich zu begrüßen. »Ich hab ihm gleich nach unserem Telefonat (zwei Tage zuvor) erzählt, dass Du uns wieder besuchen kommst.« Ich entledige mich meiner Jacke und meinen Schuhen und folge Frau Fischer in die Küche, da sie mir einen Kaffee angeboten hat. Yannis folgt uns, die anderen Jungs klettern die Treppe in den Dachboden hoch. Yannis zeigt mir seinen Kinderstaubsauger, welchen er wohl neu bekommen hat. Ich stelle fest, dass dieser batteriebetrieben ist und tatsächlich leichte Dinge aufsaugen kann. Yannis öffnet einen abnehmbaren Behälter und schüttet kleine Styropor-Kugeln auf den Boden, um sie sogleich wieder aufzusaugen. Frau Fischer eröffnet mir, dass Yannis sehr gerne staubsaugt, aber jedoch der große Staubsauger wohl doch ein wenig zu groß für ihn sei. Daher haben sie vor kurzem diesen Kinderstaubsauger gekauft. (Drittes Beobachtungsprotokoll: 14 S. K.)

Zwar gestaltet sich der Weg in die Familie weiter in seiner bekannten Reihenfolge, doch ist das Beobachtbare wie »neu geboren«. Frau Fischer hat ihre Schwangerschaft, die sie »sehr belastet«, offensichtlich beendet. Sie unterbricht die (aktive) Hausarbeit, um die Beobachterin zu begrüßen. Körperliche Belastung war einmal.

Neben der, diesmal dokumentierten, Begrüßung, nutzt Frau Fischer die Gelegenheit, um die fortbestehende Verbindung zwischen der Beobachterin und Yannis zu erklären und darüber hinaus an ihr zu partizipieren. »Ich hab ihm gleich nach unserem Telefonat (zwei Tage zuvor) erzählt, dass Du uns wieder besuchen kommst.« Die frühere Lesart, dass Frau Fischer die Brüder über das Erscheinen der Beobachterin in einer Art und Weise informiert, die zumindest Interesse *weckt*, findet hier eine explizite Bestätigung im Material. Yannis wird von der Mutter auch in dieser Szene als Adressat, als Hauptdarsteller der Beobachtung verstanden. Er wird informiert, darauf vorbereitet, dass er Besuch bekommt. Auch Frau Fischer hat die Beobachterin repräsentiert, sie lässt Yannis daran teilhaben und bereitet die Beziehungs(wieder-)aufnahme der Beiden aktiv vor. Sie hat bekanntermaßen alles im Blick. Weiter gedacht, hat die Mutter mit dafür gesorgt, dass speziell *Yannis* auf die Beobachterin reagiert. So ist nun die Situation für die Beobachtung hergestellt, das Gefühl der Aufregung bearbeitet. Die Beziehungslage ist geklärt und ein Wiedereinstieg gut möglich. »Ich entledige mich meiner Jacke und meinen Schuhen und folge Frau Fischer in die Küche, da sie mir einen Kaffee angeboten hat.« Das Beobachtungssetting wirkt nun aber doch sehr entspannt. Vielleicht entspannter als aus forschender Perspektive gehofft. Ist die Beobachterin zur Bekannten geworden? Ist man inzwischen so »angenehm« miteinander verbunden, dass man sich zum Kaffeetrinken verleiten lässt? Die Lesart, dass die Beobachterin zumindest in Frau Fischer primär als Person und weniger als Forscherin repräsentiert geblieben ist, stellt sich ein. Führt die zurückgewonnene Aktivität nach der Schwangerschaft nun zu einer aktiven Beziehungsvertiefung?

Die Lesart, dass die Beobachterin dabei ist, ihren Status zu verlieren, kann, zumindest mit einem Blick auf Yannis, schnell relativiert werden. Er scheint das Beziehungsgeschehen zwischen sich und der Beobachterin weiterhin als spezifisches (forschendes) zu begreifen – so wie es seine Mutter vor ca. vier Monaten kommunizierte. Zur Erinnerung: Damals sagte er »[Wenn ich beobachtet werde, M. K.] dann will ich aber auch was zeigen.« (Protokoll der ersten Begegnung mit der Familie Fischer: 4 S. K.)

> Yannis folgt uns, die anderen Jungs klettern die Treppe in den Dachboden hoch. Yannis zeigt mir seinen Kinderstaubsauger, welchen er wohl neu bekommen hat. Ich stelle fest, dass dieser batteriebetrieben ist und tatsächlich leichte Dinge aufsaugen kann. Yannis öffnet einen abnehmbaren Behälter und schüttet kleine Styropor-Kugeln auf den Boden, um sie sogleich wieder aufzusaugen. (Drittes Beobachtungsprotokoll: 14 S. K.)

Die Parallelität ist eindeutig, der Inhalt der Szene deshalb aber auch doppelt irritierend. Yannis will der Beobachterin wieder nicht irgendetwas zeigen, sondern etwas, was wieder einem klaren Stereotyp folgt. Das Zeigen des stereotyp Weiblichen wird, zumindest in der Wohnung, zur Regel. Warum hat Yannis scheinbar als einziger Sohn der Familie eine Küche und einen Staubsauger, und warum nutzt er diese zur

Gestaltung der Szenen und zur Selbstdarstellung? Etwas stringent und die Stereotypie probehalber übernehmend, zeigt und inszeniert sich Yannis für die Beobachterin, zumindest in der Wohnung, als Mädchen. Es ist doch erstaunlich, dass Yannis scheinbar zielsicher ein geschlechtsspezifisches Spielzeug »zeigt«, um erst Kontakt aufzunehmen (Erste Begegnung) und um später Kontakt wiederherzustellen (Dritte Beobachtung). Es scheint ein Modell in ihm zu existieren, dass die Kontaktaufnahme zur Beobachterin über ein stereotyp weibliches Spiel logisch erscheinen lässt. Trägt Yannis die Erfahrung in sich, dass er (Mutter-)Frauen mit den genannten Spielzeugen gut erreichen, er darüber Nähe und Kontakt herstellen kann? Das wiederum würde die Lesart bestärken, dass das Interesse an den Haushaltsspielen vor allem oder nur von Frau Fischer getragen wird. Das innere Modell ließe sich dann in etwa wie folgt lesen: »Zur Mutter kann ich über den Staubsauger und die Küche Kontakt aufnehmen und halten. Bei der Beobachterin(-Mutter) klappt das dann sicher auch.« Und das Modell geht auf, die Beobachterin zeigt sich »überrascht« und Yannis »strahlt«.

Nun kann die drängende Frage, ob Yannis sich der Rollenspezifität seines Spiels mit 3,5 Jahren bereits bewusst ist oder er das Geschlechtsspezifische im Gegensatz zum Leser (noch) nicht wahrnimmt, dahingehend beantwortet werden, dass er zumindest ein erfahrungsbasiertes Modell geschlechtsspezifischer Beziehungsmuster in sich trägt.

Ebenso wie die Beobachterin von der Funktionalität überrascht ist, kann der Leser vor allem durch die Tatsache überrascht sein, dass eine Familie mit vier Söhnen, die alle als *wilde Brüder* wahrgenommen werden, stereotype Mädchenspielsachen besitzen. Die Lesart eines geschlechteregalitären Erziehungskonzeptes scheint der Frage nach einem Mädchenwunsch nun doch unterlegen. Bleibt man noch einen Moment bei der Funktionalität des Staubsaugers und im übertragenen Sinne auch beim bereits bekannten Wasserkocher, scheinen beide Spielsachen »überraschend« gut geeignet, um realitätsnah Haushaltstätigkeit zu spielen – wie die Mutter, die »aus dem Bad [kommt, M. K.], welches sie gerade putzt.« Greift Frau Fischer mit den geschlechtsspezifischen Spielsachen, die sie extra kauft, die Möglichkeit einer Identifikation auf? Will sie fördern, dass Yannis auch in identitätsstiftender Weise an einem Geschehen partizipieren kann, das er alltäglich mitbekommt. An einem Geschehen, das bislang nur von Frau Fischer gestaltet wird. Kann über das stereotyp weibliche Spiel dem körperlichen Spiel des Vaters etwas Eigenes entgegengehalten, ein Mutter-Sohn-Bereich geschaffen werden? Warum erscheint es dann aber so, als ob diese Identifikation nur bei Yannis aktiv forciert wird? Das Bild des besonderen Yannis stellt sich wieder ein.

Viel Phantasie benötigt Yannis jedenfalls nicht, um zu saugen und (Wasser) zu kochen. Die Erklärung von Frau Fischer für das realistische Spiel folgt prompt. Wie auch bereits das letzte Mal, als Yannis so stolz mit der Küche spielte.

Frau Fischer eröffnet mir, dass Yannis sehr gerne staubsaugt, aber jedoch der große Staubsauger wohl doch ein wenig zu groß für ihn sei. Daher haben sie vor kurzem diesen Kinderstaubsauger gekauft. (Drittes Beobachtungsprotokoll: 14 S. K.)

Das Spiel mit dem Staubsauger bekommt die Note der Leidenschaft. Er saugt »sehr gerne« Staub. Und damit er das, was er gerne macht, besser machen kann, bekommt er einen kleinen Staubsauger. Die Begründungsfigur der Mutter basiert auf der Anerkennung und Bearbeitung eines Bedürfnisses. Ein Bedürfnis, dass sie bei Yannis verortet. Frau Fischer erklärt aus der Position einer Beobachterin heraus, die glaubt, im Verstehensprozess weiter zu sein als die Beobachterin. Einer möglicherweise geahnten Frage als Reaktion auf eine möglicherweise irritierende Szene greift sie voraus: Die Spielsachen wurden nicht gekauft, um Identifikation zu fördern, um Geschlechterrollen aufzuweichen, alles in Allem also, um einem eigenen (oder politischen) Interesse nachzukommen – die Gegenwart der Spielzeuge wird mit dem Wunsch von Yannis begründet. Sie sind da, weil er sie will, nicht weil das heute modern ist oder sie sich vielleicht doch ein Mädchen gewünscht hat. Interessant ist, dass es im Material keine anderen Stellen gibt, in denen Frau Fischer das Bedürfnis hat, Beobachtbares so explizit zu erklären.

Nachdem Yannis alle Kügelchen aufgesaugt hat, verlässt er die Küche. Ich äußere, dass ich Yannis gerne folgen möchte. »Kein Problem, ich muss sowieso weiter das Bad putzen«, antwortet mir Frau Fischer. Ich sehe wie Yannis das Wohnzimmer betritt, in welchem sich auch Herr Fischer mit dem kleinen Noah aufhält. Ich begrüße Herrn Fischer und setze mich an den Esstisch, von wo aus ich einen guten Überblick habe. Herr Fischer sitzt in einem Sessel vor dem Fernseher. (Drittes Beobachtungsprotokoll: 14 S. K.)

Nachdem die Beobachtung über das (inzwischen typische) »Zeigen« von Yannis und die »Erklärung« von Frau Fischer einen Anfang gefunden hat, man sich offensichtlich von der Verlockung eines Kaffeekränzchens lösen konnte, findet die Beobachterin weiter in ihre Rolle und verweist latent darauf, dass sie weiterhin Beobachterin ist und einen Anspruch umzusetzen versucht. Sie möchte Yannis folgen, ist weniger interessiert an einem Austausch über den begonnenen Gesprächsinhalt (dem Staubsauger). In empathischer und gewährender Weise räumt Frau Fischer das Beobachtungsfeld. Die Frauen wirken wieder aufeinander abgestimmt. »»Kein Problem, ich muss sowieso weiter das Bad putzen‹, antwortet mir Frau Fischer.«

Über die Verfolgung des die Küche verlassenden Yannis findet die Beobachterin Herrn Fischer, der sich auch dieses Mal nicht von der Ankunft der Beobachterin irritieren bzw. aktivieren lässt. Er ist, wieder beschäftigt, sitzen geblieben, als die Beobachterin das Haus betreten hat. Er liest dieses Mal aber nicht Zeitung und erweckt das Bild eines Mannes, der das Weltgeschehen studiert. Er hält sich im Wohnzimmer auf, »mit dem kleinen Noah«. Fürsorglichkeit, konkrete familiäre Verantwortungsübernahme stehen als Motiv für seine Passivität der Beobachterin gegenüber Pate. Die Rolle des zu koordinierenden Statisten, der vor allem Sportler und Kämpfer ist, beginnt massiv zu bröckeln.

Die Beobachterin begrüßt Herrn Fischer. Ob sie sich ihm nähert und ihm die Hand gibt, vielleicht zur Vaterschaft gratuliert oder einen Blick auf Noah wirft, ist nicht beschrieben. Die Begrüßung wirkt dadurch bekannt distanzierter. Scheinbar mit einem Abstand, der einen Weitwinkel ermöglicht, nimmt die Beobachterin Platz und verschafft sich einen »guten« Überblick am »Esszimmertisch«.

Nachdem die Beobachterin den Weg zum Vater beschreibt, macht sie einen Absatz im Protokoll. Die neue Wahrnehmung des stillenden Vaters, der im Sessel sitzt, bekommt einen eigenen Absatz.

Er hat seine Beine auf einem Hocker angewinkelt stehen. Noah liegt auf seinen Oberschenkeln und Herr Fischer gibt ihm die Flasche. Yannis stellt sich auf Kopfhöhe Noahs daneben und beobachtet Noah während er trinkt. Herr Fischer streicht mit seiner Hand über Yannis Kopf. Yannis beugt sich leicht hinüber und gibt Noah einen Kuss auf die Stirn. Noah scheint keinen Hunger mehr zu haben und Herr Fischer zieht ihm die Flasche aus dem Mund. Er hält die Flasche hoch, um festzustellen wie viel Milch übrig geblieben ist. »Mama, der Noah hat fast alles leer getrinkt!«, ruft Yannis in einem doch sehr schrillen Ton. »Pssst, nicht so laut Yannis, Du stehst genau neben Noahs Ohr«, ermahnt Herr Fischer Yannis. »Darf ich den Noah ma halten?« – »Nee, der hat doch erst gegessen und muss noch sein Bäuerchen machen«, teilt Herr Fischer Yannis mit. Noah liegt immer noch auf seinen Beinen. Yannis legt Noah die Hand auf die Stirn und sagt: »Gell, der hat kein Fieber?« Herr Fischer verneint dies mit einem Lächeln. Yannis legt nun beide Hände auf die Wangen von Noah und geht mit seinem Gesicht sehr nah an das Gesicht des Babys. Yannis drückt ihm abermals einen Kuss auf. Nun legt Yannis eine Hand auf die Augen Noahs und die andere Hand auf Mund und Nase. Herr Fischer scheint leicht zu erschrecken und schimpft Yannis: »Halt, Du kannst dem doch nicht die Nase zuhalten, er kriegt doch keine Luft!« Yannis zieht beide Hände sofort weg und versteckt sie hinter seinem Rücken. Dabei schaut er Herr Fischer mit einem, wie mir scheint, schuldbewusstem, ratlosem Ausdruck an. »Du bist echt ein Spinner!«, sagt Herr Fischer und gibt Yannis eine leichte Kopfnuss.

Ich möchte hier bemerken, dass dies aus meinem Standpunkt nicht aussah, dass Yannis Noah die Luft nehmen wollte, sondern eher wie eine Art Liebkosung. (Drittes Beobachtungsprotokoll: 15 S. K.)

Es hat sich offensichtlich etwas verändert. Noah ist geboren, der Vater hat die Klimmzugstangen verlassen. Die Beobachterin beschreibt zum ersten Mal ein längeres Interaktionsgeschehen, in dem Herr Fischer detailliert betrachtet wird. Man kann sich die Szene bildlich gut vorstellen, in der Herr Fischer seinen jüngsten Sohn auf den Knien vor sich liegen hat. Die beiden schauen sich vielleicht an und erleben einander im Moment oraler Befriedigung. Dabei ist dieses Bild auch beeindruckend. Der muskulöse Mann, der vor seiner ersten Vaterschaft an »professionellen Sportkämpfen« teilgenommen hat, sitzt ruhig da, schaut in das Gesicht seines neugeborenen Sohnes und gibt ihm die Flasche. Geschlechtliche Stereotypen werden in dieser Szene gesprengt. Zwei Seiten von Väterlichkeit füllen das Bild in der Szene nebeneinander aus. Ein phallischer Stolz, Söhne zu haben, wird mit einer männlichen Fürsorglichkeit gekoppelt. Er ist einfühlsam und begrenzend zugleich.

In diesen zwei Seiten von Väterlichkeit gelingt es Herrn Fischer offensichtlich, auch die Beziehung bzw. das Beziehungsangebot von Yannis aufzugreifen. Triebbefriedigung auf der einen und die Bearbeitung eines Bindungsbedürfnisses auf der anderen Seite werden von Herrn Fischer bearbeitet. »Yannis stellt sich auf Kopfhöhe Noahs daneben und beobachtet Noah während er trinkt. Herr Fischer streicht mit seiner Hand über Yannis Kopf.« Die Kontaktaufnahme von Yannis zu seinem Bruder wird von Herrn Fischer mit einem Streicheln begleitet. An der Seite oder am Körper des Vaters finden beide Söhne Zuwendung und darüber hinaus Kontakt zueinander.

Herr Fischer wird nun auch als fürsorglicher Elternteil wahrnehmbar, der sich um die Kinder, auch den Kleinsten, sorgen kann. Dadurch wird die Mutter in eine, zumindest vorübergehende, potenzielle Unabhängigkeit entlassen. Sie kann einer Tätigkeit nachgehen, die weg von der Reproduktion hin zur Produktion geht. Den Weg in einen narzisstischen Interessensbereich beschreitet sie allerdings nicht. Bleibt ihr Interessensbereich jener der Familie?

In der beobachtbaren Szene können beide Eltern ihre bislang erkannten Rollen tauschen. Die Lesart, dass die biologische Verantwortung während der Schwangerschaft auch eine soziale vorgezeichnet hat, steht im Material zur Diskussion. Der Verantwortungsbereich familiären Geschehens scheint mit der Geburt nun teilbar. Kann von Egalität die Rede sein? Wie geht die Szene weiter?

»Yannis beugt sich leicht hinüber und gibt Noah einen Kuss auf die Stirn.« Die Multitaskingfähigkeit von Herrn Fischer, die empathische Anerkennung seiner Ausschlusserfahrungen, die er mit einem Streicheln über den Kopf bearbeitet, trägt sicher dazu bei, dass sich Yannis seinem kleinen Bruder liebevoll nähern kann. Mit der Sicherheit, dass Noah seiner Beziehung zum Vater nicht im Weg steht, kann er ihn liebkosen.

> Noah scheint keinen Hunger mehr zu haben und Herr Fischer zieht ihm die Flasche aus dem Mund. Er hält die Flasche hoch, um festzustellen wie viel Milch übrig geblieben ist. »Mama, der Noah hat fast alles leer getrunkt!«, ruft Yannis in einem doch sehr schrillen Ton.

Herr Fischer, der seinen Sohn Noah im Blick zu haben scheint, »zieht ihm die Flasche aus dem Mund« und prüft, ob Noah seine Milch geleert hat. Dabei scheint der Vater wiederum von Yannis beobachtet zu werden. Dieser stellt fest, dass die Flasche *fast leer* ist. Yannis scheint die Bedeutung der fast leeren Flasche zu kennen. Mit einem schrillen Ton, der Freude verraten könnte, informiert er über den aktuellen Stand der Versorgung. Dabei richtet er sich allerdings gezielt an Frau Fischer. Dazu sind mehrere Lesarten möglich. Möchte Yannis eine Verbindung herstellen – seine Mutter am Geschehen teilhaben lassen? Soll sie an der Freude über den so gut trinkenden Noah partizipieren können? Oder verrät Yannis hier, dass im Wohnzimmer etwas passiert ist, über das sie informiert werden sollte? Vielleicht greift er auf, dass Frau Fischer, die alles im Blick hat, auch alles im Blick haben will und soll. Vielleicht greift hier ein erfahrungsbasiertes Modell von wenig egalitären Verantwortungsbereichen.

Herr Fischer ist mit dem Ausruf aus einem anderen Grund als der Hinzuziehung der Mutter unzufrieden. Er will den ruhenden Noah vor der akustischen Einlage schützen.»»Pssst, nicht so laut Yannis, Du stehst genau neben Noahs Ohr‹, ermahnt Herr Fischer Yannis.« Yannis soll Rücksicht nehmen und wird ermahnt. Das führt allerdings nicht zu einer Distanz zu Noah, die Yannis nun suchen könnte, sondern zu noch mehr Nähe.

»Darf ich den Noah ma halten?« – »Nee, der hat doch erst gegessen und muss noch sein Bäuerchen machen«, teilt Herr Fischer Yannis mit. Noah liegt immer noch auf seinen Beinen. Yannis legt Noah die Hand auf die Stirn und sagt: »Gell, der hat kein Fieber?«

Yannis soll nicht so laut sein und er darf Noah nicht halten. Die Euphorie über den kleinen Bruder, der »fast alles« leer trinkt, wird auf die Probe gestellt. Der Vater ist doch mehr auf den kleinen Noah eingestellt, als Yannis vielleicht lieb ist. Und so scheint die Frage, ob Noah Fieber hat, gerade im Kontext des weiteren Szenenverlaufs einen doppelten Boden zu haben.

»Gell, der hat kein Fieber?« Herr Fischer verneint dies mit einem Lächeln. Yannis legt nun beide Hände auf die Wangen von Noah und geht mit seinem Gesicht sehr nah an das Gesicht des Babys. Yannis drückt ihm abermals einen Kuss auf. Nun legt Yannis eine Hand auf die Augen Noahs und die andere Hand auf Mund und Nase.

Die fürsorglich und sich sorgend klingende Frage von Yannis, die Herr Fischer anerkennend mit einem Lächeln aufgreift, scheint einen anderen Inhalt zu tragen, als vordergründig sichtbar ist. Vielleicht wäre es, in den Augen von Yannis, nicht schlecht für die Vater-Sohn-Beziehung, wenn Noah Fieber hätte. Die Frage nach dem Fieber und die Fiebermessung am Gesicht entwickeln sich jedenfalls in einer Weise, die dieser Lesart Plausibilität verleiht. Yannis deckt mit seinen Händen die Augen, Nase und den Mund von Noah zu. Das tut er in einer Weise, die Herrn Fischer leicht »erschrecken« lässt.

Herr Fischer scheint leicht zu erschrecken und schimpft Yannis: »Halt, Du kannst dem doch nicht die Nase zuhalten, er kriegt doch keine Luft!«. Yannis zieht beide Hände sofort weg und versteckt sie hinter seinem Rücken. Dabei schaut er Herr Fischer mit einem, wie mir scheint, schuldbewusstem, ratlosem Ausdruck an.

Die Vater-Sohn-Interaktion bekommt eine negative Konnotation. Erschrecken und Schimpfen formen einen repressiven Akt. Yannis erschrickt und »zieht beide Hände sofort weg und versteckt sie hinter seinem Rücken«. Interessanterweise schreibt die Beobachterin nun von einem »schuldbewussten, ratlosen Ausdruck«. Vielleicht hat sie etwas beobachtet, was für eine neu gegründete Geschwisterbeziehung nicht untypisch ist – den Wunsch und dessen Zugriff auf den Bewegungsapparat zur Wiederherstellung der Zeit ohne den Bruder.[122] Dass diese Interpretation im westlichen Kulturkreis im Alltagsverständnis undenkbar ist, drückt erst der »ahnungslose« Yannis, dann der erschrockene Vater und zuletzt die verleugnende Beobachterin aus. Alle auf eine ganz eigene Art.

> »Du bist echt ein Spinner!«, sagt Herr Fischer und gibt Yannis eine leichte Kopfnuss. Ich möchte hier bemerken, dass dies aus meinem Standpunkt nicht aussah, dass Yannis Noah die Luft nehmen wollte, sondern eher wie eine Art Liebkosung.

Der aus den Augen des Vaters prinzipiell lebensbedrohliche Akt des *schuldbewussten* Erdrosselns führt zu einer Etikettierung. Yannis wird zum Spinner. Der, der es besser wissen müsste, der schon groß genug ist, muss spinnen, denn er hält tatsächlich Nase und Mund zu. Herr Fischer lässt keinen Zufall, keine Entschuldigung zu. Er verleugnet auch nicht, indem er beispielsweise erklärt, dass das, was sicher eine Liebkosung sein sollte, auch anders hätte ausgehen können. Der Vater macht Yannis groß, fast ebenbürtig. Wer Noah die Nase und den Mund zu hält ist »[...] echt ein Spinner!«, sagt Herr Fischer und gibt Yannis eine leichte Kopfnuss.« Mit einem Mal ist das stereotyp Männliche wieder in der Szene. Herr Fischer hat zumindest nicht in der Art und Weise die Rolle mit Frau Fischer geteilt. Der Verantwortungsbereich der Versorgung ist nicht einfach übernommen und aufgeteilt. Von Egalität kann keine Rede sein. Der Verantwortungsbereich ist übernommen und gleichsam verändert worden. Denn der, der nun die fürsorgliche Aufgabe übernimmt, ist ein Anderer. Undenkbar scheint eine Szene, in der sich eine leichte Kopfnuss zwischen Frau Fischer und Yannis beobachten ließe. Mit dem Vater in der Versorgungsszene, kommt etwas Neues in die Versorgung. Es trägt den Namen Männlichkeit. Wie bereits in der Szene mit den Klimmzugstangen, kann im Material beobachtet werden, wie der Vater das Phallische an seinen Sohn weitergibt. Zwischen den Männern kommt es, über den Akt der Versorgung, zu einem Austausch unter und zwischen Männern. Etwas Raues und gleichsam Leichtes gibt dem Interaktionsverlauf im Wohnzimmer etwas Spezifisches, das nur mit Herrn Fischer denkbar ist. Trotz der Übernahme oder Übergabe des fürsorglichen Verantwortungsbereichs durch den Vater, bleibt Differenz zwischen den Geschlechtern bestehen.

---

[122] Yannis hat zwei Geschwister, die so nah nacheinander geboren wurden, dass es nicht unplausibel ist, dass an Noah ein Geschwisterkonflikt abgearbeitet wird, der noch die Kränkung der Geburt von Simon in sich trägt.

Herr Fischer zeigt sich auch im Kontakt mit seinem Neugeborenen als körperlich und mental maskuliner Mann, der vor der Geburt seiner Söhne an professionellen Sportkämpfen teilgenommen hat. Gleichzeitig zeigt er sich fürsorglich, auf seine (männliche) Art und Weise. Dies dürfte für Yannis Differenzerfahrungen auf mehreren Ebenen generieren.

Seit der Geburt seines Bruders, zumindest in der Beobachtungsszene, ist sein Vater fürsorglich und übernimmt auch intime Care-Aufgaben. Er ist auf die Bedürfnisse des kleinen Noahs eingestellt und um die Sicherstellung dessen innerer Homöostase bemüht. Der Verantwortungsbereich familiärer Versorgung ist konkret auch zu einem des Vaters geworden. Er inszeniert sich wie eine gute Mutter, hat seinen Interessensbereich, in dem man ihn der Erfahrung nach aufsuchen muss, verlassen. Altruismus hat Narzissmus scheinbar abgelöst. Er ist ganz auf den kleinen Noah und seinen Sohn Yannis eingestellt. Gleichzeitig erfährt Yannis, dass es nicht egal ist, wer nun in der Versorgungsszene angetroffen wird. Versorgungsszenen unterscheiden sich (geschlechts-)spezifisch je nachdem, ob Herr oder Frau Fischer vorgefunden werden. Egal scheint es hingegen, in welchen Bereichen Yannis Mutter oder Vater antrifft – seine Erfahrungen von Mutter und Vater unterscheiden sich bislang in allen Situationen. Die Settings können die Differenzen nicht überdecken. Sie manifestieren sich am Körper. Gleichzeitig haben die Differenzen keinen verhindernden oder ausschließenden Charakter. In beide Richtungen haben sie den Charakter des Besonderen.

Dass Männlichkeit und Weiblichkeit, Versorgen und Raufen in einer Szene und in einer Person widerspruchsfrei enthalten sein können, zeigt sich in der nächsten Szene. Sie schließt an die Versorgungsszene an.

Herr Fischer nimmt Noah hoch und legt ihn sich auf die Brust, damit Noah sein Bäuerchen machen kann. In diesem Moment betreten Christian, Simon und Nils das Wohnzimmer. Alle drei springen auf die Couch und beginnen eine Kissenschlacht mit den Sofakissen. Yannis lacht und rennt ebenfalls auf die Couch zu. Christian stellt sich auf den Sofa-Rand und springt mit einer Art Kampfschrei auf das Sofa. (Drittes Beobachtungsprotokoll: 15 S. K.)

Nachdem die Beobachterin die Szene mit der leichten Kopfnuss mit dem Kommentar beendete, dass Yannis seinen Bruder nur liebkosen wollte, erinnert sie die *wilden Brüder* und deren Freund Nils, die das Wohnzimmer betreten. »Alle drei springen auf die Couch und beginnen eine Kissenschlacht mit den Sofakissen.« Als hätte die Kopfnuss den Raum für ein körperlich raues Spiel eröffnet, stürmt die Jungengruppe in das Wohnzimmer und es entsteht eine (Kissen-)Schlacht auf der Couch. Es muss laut sein. Alle springen auf die Couch, Kräfte werden gemessen. Yannis zeigt sich von dem wilden Treiben nicht unbeeindruckt. Auch scheint er keine Angst zu haben, dass der Vater alle für »Spinner« hält, die für Noah zu wild und zu laut sind. Vielleicht mit der Erfahrung und dem Grundgefühl im Gepäck, dass Kraft und körperbetontes Spiel (Training) prinzipiell sowohl von der Mutter als auch vom Vater geschätzt werden, schließt er sich dem Spiel der Jungen mit einem »Kampfschrei« an.

Im übertragenden Sinn zeigt die Szene, wie stereotypische Männlichkeit und Weiblichkeit in einer Szene nebeneinander bestehen können, ohne sich gegenseitig aufzulösen. Der Vater, der seine Söhne auf der Couch spielerisch kämpfen lässt, versorgt seinen neugeborenen Sohn, ohne selbst seine Kämpferidentität aufzugeben. Fürsorglichkeit scheint wenig identitätsbedrohlich, sondern vielmehr identitätsergänzend. Herr Fischer bekommt in der Szene eine neue Eigenschaft angeheftet, ohne seine alten zu verlieren. Er wird nicht zur *MaPi*[123], sondern zum fürsorglichen Kämpfer. (Das hier analysierte Fallmaterial wird in Kap. III, 2 erneut aufgegriffen und diskutiert.)

2.5 Limitation und Differenzierung der Fallstrukturhypothesen

These I:

Die Mutter muss in der Wahrnehmung von Yannis als fast immer schwanger erlebt werden (18 von 41 Lebensmonaten), mit einem Interesse, das auch nach der Schwangerschaft eher nach innen und auf die Familie gerichtet ist. Die Erfahrung, dass die Mutter in seinen jungen 3,5 Jahren zweimal »belastet« durch die Schwangerschaften war und zwei weitere Söhne geboren hat, kann kaum am Erleben des Jungen vorübergegangen sein. Mit der Erfahrung des vergleichsweise körperlich unabhängigen Vaters kombiniert, scheint es wahrscheinlich, dass sich ein Bild dualer Geschlechtlichkeit und Geschlechtsdifferenz vordiskursiv, sinnsymbolisch (durch Körperbilder und Körperwahrnehmung) in die Innenwelt von Yannis eingeschrieben hat. Die geschlechtsspezifischen Auswirkungen der Reproduktion auf die Körper von Mutter und Vater dürften Eindruck hinterlassen haben.

These II:

Im Rahmen der körperlich-geschlechtsspezifischen Dualität färbt noch ein zweites Moment die Atmosphäre des familiären Zusammenlebens – das Begehren der Differenz und des Phallischen. »Ich wünschte ich könnte wenigstens einen Klimmzug.« Dadurch, dass Frau Fischer in 18 von 41 Lebensmonaten schwanger ist, ist das heterosexuelle Begehren der dualen Geschlechter auch unkommentiert, also wieder vorsprachlich, sehr präsent. Sich mit dem Vater und den Eigenschaften, die ihn begehrenswert machen, zu identifizieren, erscheint als Schlüssel, um das nähestiftende

---

[123] Neudeutsche Redewendung für einen Vater, der die Attribute der Mutter kopiert.

Begehren durch die Mutter auf sich zu lenken. Die sich anerkennenden und begehrenden Eltern, deren (körperliche) Differenzen, aber auch die Einheit, die sie bilden, gestalten den Erfahrungsraum des Jungen Yannis in persönlichkeitsprägender Weise.

These III:

Der Innenraum der Mutter ist in der Wahrnehmung von Yannis in 18 von 41 Lebensmonaten besetzt. Das bringt sicher den Erfahrungswert mit sich, dass Momente, in denen Yannis eine exklusive Zweisamkeit sucht, häufig durch die Schwangerschaft gestört werden. In der Mutter und an der Seite seines Vaters findet er nicht nur sich, sondern auch seinen Bruder.

These IV:

In der dritten Beobachtung findet sich eine Szene, in welcher der Vater die aggressive Komponente einer Interaktion anerkennt. Im Gegensatz zur Beobachter-Mutter verleugnet er nicht, was in der Szene passiert. Vielmehr nimmt der Vater den aggressiven Affekt seines Sohnes wahr, er erkennt ihn als solchen an und gibt ihn mit einer spielerischen Distanz körpernah zurück. Es ist schön zu sehen, wie zwei unterschiedliche Umgangsformen mit Aggression nebeneinander in einer Szene zu beobachten und zu vergleichen sind. Einer Verleugnung steht eine körpernahe Bearbeitung gegenüber.

2.6 Zusammenfassung der Beziehungsmuster

Nach der Verdichtung der Fallanalyse kann auch hier die Frage gestellt werden, welche Aussagen sich nun über das psychosoziale Erleben des Jungen Yannis konkretisieren lassen. Und so muss auch an dieser Stelle beim Verstehen der Beobachterin begonnen und über das Verstehen derselben der Boden vorbereitet werden, auf dem sich Aussagen über die Familie und das psychosoziale Erleben des Jungen Yannis begründen lassen.

2.6.1 Die Beobachterin in der Familie

Die Beobachterin erkennt die Familie im Rahmen des Kennenlerntreffens entsprechend ihrer Wahrnehmungsschemata (vgl. Kap. I, 2.3.2). Dabei zeigt sie ihre Antizipation, dass Familienalltag und somit auch Familienbeobachtungen über die Mutter zu organisieren und auch am besten an der Seite der Mutter zu beobachten sind. Dieses Konzept scheint in Frau Fischer auf einen inneren Resonanzraum zu treffen. Mutter und Beobachterin verbinden sich im Rahmen des Kennenlerntreffens. Sie bilden ein Arbeitsbündnis. Der Vater wird darüber informiert.

Die Beobachterin, die selbst junge Mutter ist, positioniert sich an der Seite von Frau Fischer und richtet ihre Wahrnehmung, sozusagen aus der Mutterperspektive aus. In ihren so generierten Abbildern der Familie Fischer zeigt sie einerseits, dass sie bereit ist, sich im Rahmen ihrer Beobachtungen selbst mitzubeschreiben, ihre Gefühle und Gedanken mit Dritten zu teilen. Andererseits zeigt sie auch, dass sie bereit ist, sich mit dem Feld zu identifizieren. Letzteres wird sicherlich dadurch gefördert, dass sie (als junge Mutter) vieles sieht, das ihr vertraut und affektiv besetzt ist. Die Familie ist ihr fremd und vertraut zugleich (vgl. Kap. I, 2.3.2). Sie beschreibt, wenig irritiert, detaillierte Interaktionsgeschehen und lässt sich spürbar von ihren Gegenübern begeistern. Ihre Begeisterung durch den Vater versucht sie dabei zu verbergen. Diese wird vor allem über ihre Distanz und die weniger bedrohliche Anerkennung der Söhne erkennbar, die dem Vater sehr ähneln.

Es ist in ihren Protokollen insgesamt schön zu sehen, wie sie es schafft, beim Leser Bilder entstehen zu lassen, die ihm einen (auch affektiven) Eindruck des innerfamiliären Geschehens vermitteln. Ihre Fähigkeit, die emotionale Qualität von Interaktionsszenen über ihre Erfahrungsprotokolle zu transportieren, ließe sich sicher auch mit Bions Begriff des Containment beschreiben (vgl. 1962).

Eine Stelle im dritten Beobachtungsprotokoll ist besonders bemerkenswert. In der Szene, in der der Vater dem kleinen Noah die Flasche gibt, zeigt die Beobachterin ihr inneres Mutterschaftskonzept im Generalisierungsvollzug: Mütter sind die besseren Interpretinnen innerer, kindlicher Motive. Für diese Szene legt die Beobachterin eine korrigierende und kritische Einschätzung vor. Herr Fischer hat ihrer Meinung nach die Yannis-Noah-Interaktion falsch interpretiert. Sie schreibt: »Ich möchte hier bemerken, dass dies aus meinem Standpunkt nicht aussah, dass Yannis Noah die Luft nehmen wollte, sondern eher wie eine Art Liebkosung.« In ihrem Protokoll möchte sie die Sache richtigstellen und zeigt, dass sie die Deutungsleistung des Vaters als falsche einschätzt. Nicht zuletzt trägt dieser Kommentar dazu bei, dass die Beobachterin Beobachtungsmaterial vorlegt, das dazu einlädt, über innere Geschlechterkonzepte nachzudenken. Sie legt Material aus der Perspektive einer jungen Mutter vor. (Die innere Verfasstheit von Beobachterin – junge Mutter in Fam. Fischer – und Beobachter – junger Mann in Fam. Schwarz – und deren Einfluss auf das Erleben von Familie, werden in Kap. III, 4 näher betrachtet.)

2.6.2 Die Familie Fischer

Das familiäre Setting der Familie Fischer trägt das Grundgefühl einer innigen und harmonischen Verbundenheit. Momente der Verliebtheit und des Begehrens sind typisch für das familiäre Miteinander. Manifest drücken sie sich an der Schwangerschaft von Frau Fischer aus, die im Beobachtungszeitraum das vierte gemeinsame Kind zur Welt bringt. Mutter und Vater sind ebenso liebevoll miteinander verbunden wie das Elternpaar mit den Söhnen und die Söhne untereinander. So entstehen in den Beobachtungen einerseits Bilder vom Elternpaar, das sich »gegenseitig nutzen kann«, und anderseits Bilder von den wilden Brüdern, die »neugierig an der Tür auf die Beobachterin warten«. Interaktionen, die gegenseitiges Verständnis und Anerkennung ausdrücken, füllen diese Bilder aus.

An der Klimmstange ist es der Vater, der seine Söhne zur körperlichen und psychischen Reife motiviert und die Verbindung zwischen seinem ältesten Sohn und der Mutter herstellt. Ihm gegenüber sitzt die Mutter und fordert die Verbindung von Vater und Yannis ein (vgl. erste Beobachtung). Dyadische Beziehungen können von beiden Eltern selbst und stellvertretend hergestellt werden. Sie schaffen Verbindungen und gleichsam familiäre Auszeiten für die Mutter oder den Vater.

Im Kern entwickelt sich das Thema der Reproduktion zum zentralen der Familienbeobachtung. Weiter gedacht ist es das Erleben von Reproduktion, von Schwangerschaft und Geschlechtlichkeit. Dies ist im Material in eindrucksvoller Weise mit dem Erleben des Körpers verbunden. Zwar sind es bei der ersten Begegnung mit der Familie noch die sozialen Rollen, die wahrgenommen werden und ein erstes Bild der Geschlechter zeichnen. Sie werden aber schnell und nachhaltig mit biologischen Rollen überschrieben.

Die patriarchalisch anmutende Inszenierung des Vaters, dessen Interesse nach außen und weltgerichtet inszeniert wird, steht im Einklang mit der Inszenierung der Mutter, die das Familiengeschehen »ganzheitlich« im Blick hat. Im Material zeigt sich, dass der Körper und dessen Erleben für diese Inszenierungen dirigierend zur Seite steht. Frau Fischer ist, zumindest zum Ende der Schwangerschaft hin, schwer belastet. Ihr Interesse ist nach innen auf den Körper und den sich darin entwickelnden Nachwuchs gerichtet. Herr Fischer ist körperlich von dieser (familienerweiternden) Reifung weitestgehend unberührt. Er geht seinem Training nach und liest Zeitung, genau wie vor der Geburt seiner ersten Söhne, als er noch professionelle Sportkämpfe getätigt hat (vgl. Vorstellung der Familie). So hat sich die (heute wenig populäre) Lesart einer Transformation biologischer in soziale Verantwortungsübernahme durch die Analyse des Materials eingestellt.

Vor der Geburt von Noah scheinen die mentalen und physischen Haltungen der Eltern geschlechtsspezifische Bereiche zu konturieren. Sie lassen sich mit den bekannten Dualismen Aktiv-Passiv, Weltgerichtet-Innengerichtet, Altruismus und Narzissmus überschreiben. Die Familie zeigt eine Familienpraxis, die als klassische eingestuft werden könnte. Gleichsam scheint in ihr die Dimension patriarchaler Ungleichheit zu fehlen. So, als müsse Geschlechterdualität nicht gleichsam mit Machtbegründung einhergehen. Die geschlechtliche Dualität der Lebens- und Verantwortungsbereiche und die sich darin ausdrückenden Verantwortungsgefühle scheinen sowohl von Herr als auch von Frau Fischer in anerkennender und wertschätzender Weise ausgehandelt und getragen zu werden. In den jeweiligen Bereichen gehen die Protagonisten lustvoll und selbstbestimmt ihrem Treiben nach. Dabei bleiben sie aufeinander bezogen. Situative Verantwortungswechsel sind möglich, wobei die Geschlechterdifferenzen und die Geschlechterdualität erhalten bleiben.

Mit der Geburt des kleinen Noahs scheinen die Rollen der Eltern im dritten Beobachtungsprotokoll wie »neu geboren«. Die genannten Dualismen scheinen in ihrer Eindeutigkeit nicht mehr abbildbar. Gleichsam zeigen sich die Identitäten und die Beziehungsmuster widerständig gegenüber der veränderten Familiensituation. Die beobachtbaren Differenzen zwischen Mann und Frau sind, trotz der scheinbaren Verflüssigung der Aufgabenbereiche, erstaunlich konstant. So zeigt sich Herr Fischer, auch im Aufgabenbereich familiärer Versorgung, typisch männlich und bringt etwas Spezifisches in den Raum früher Versorgung ein. Die Übernahme der Care-Aufgabe führt nicht zu einer Egalität des ausführenden Geschlechts.

2.6.3 Die Mutter-Sohn-Beziehung

Die Mutter-Sohn-Beziehung stellt sich bereits zu Beginn der Beobachtung, genauer gesagt bei der ersten Begegnung, als »spezielle und besonders nahe« dar. Dieser Eindruck verfestigt sich im Material zunehmend.

Hinter der grundlegenden Basis einer inneren Zuwendung, die sich auch im Umgang mit den anderen Söhnen finden lässt, scheint etwas Unverstandenes, Latentes in der Beziehung zu Yannis zu wirken – es stiftet das Motiv für die Auswahl des Beobachtungskindes. Bereits vor der ersten Begegnung hat sich die Mutter Gedanken über die Besetzung der Hauptrolle gemacht und Yannis gezielt in den Fokus der Studie gerückt, »[…] denn Yannis sei das Kind das ich beobachten sollte«.

Einen ersten inhaltlichen Hinweis auf die Besonderheit der Mutter-Sohn-Beziehung setzt Yannis bei seinem ersten Auftritt in Szene. »Dann will ich aber auch was [geschlechtsspezifisches, M. K.] zeigen« – eine Küche.

Die Analyse des Materials führt so zu der These, dass sich Yannis vor der Beobachterin im übertragenden Sinn stereotyp weiblich inszeniert und versucht, die Beziehung zur (ebenfalls) weiblichen Beobachterin zu gestalten. Dabei scheint er ein erfahrungsbasiertes Modell geschlechtlicher Interessen und Arbeitsbereiche in sich zu tragen, das ihn bei der Kontaktaufnahme zur Beobachterin strukturiert – möglicherweise arbeitet dieses Modell auch in der Szene, als der Vater (mütterlich) stillt und Yannis seine Mutter in die Szene einzubetten versucht.

Mit Haushaltstätigkeiten befasst sich im gesamten Material nur Frau Fischer. Und sie ist es auch, die das Spiel mit der Küche, dem Wasserkocher und dem Staubsauger positiv auflädt und fördert. Möglicherweise führt diese geschlechtsspezifische Erfahrung zu einer geschlechtsspezifischen Erwartung der Beobachterin gegenüber.

Auffallend ist, dass die stereotyp weiblichen Spielsachen von keinem der Brüder besetzt werden. Sie sind symbolisch und real im alleinigen Besitz von Yannis. Hierzu scheint die Lesart standhaft, dass die Mutter, speziell bei Yannis, stereotyp weibliches Spiel fördert und das Unverstandene, das Spezielle der Mutter-Sohn-

Beziehung der Wunsch nach einer Mutter-Tochter-Beziehung ist. Er scheint sich an Yannis zu manifestieren und inspiriert die Frage nach der Zeit und den Wünschen vor und während der Schwangerschaft.

Im Material zeigt sich, dass die Mutter Yannis Möglichkeiten der Identifizierung anbietet, und dass sie dabei einen Raum schafft, in dem sie sich exklusiv mit ihrem Sohn beschäftigen kann. Sie stellt, speziell bei Yannis, dem väterlichen, körperbetonten Angebot ein eigenes zur Seite. Dabei scheint die einleitende Formulierung der Beobachterin dem Verständnisprozess hilfreich zu sein, in der sie schreibt, dass die Familie Söhne hat »die alle sehr groß und robust für ihr Alter [sind, M. K.]«. Im Interview äußert die Mutter auf die Frage, ob sie das Geschlecht ihrer Kinder erfahren wollte, folgende Passage:

> […] und ich wollte es immer gleich wissen. Sofort. Ab dem Zeitpunkt wo es möglich war wollte ich das sofort wissen. Beim Christian wollte ich einen Jungen und der Yannis… da wollte ich ein Mädchen haben. Und da wollte ich es halt gleich wissen. Wobei ich da sehr enttäuscht war, weil ich mir beim Yannis zu hundert Prozent sicher war, dass es ein Mädchen wird und dann erfahren hab, dass es ein Junge wird und da war ich auch so vier, fünf Wochen etwas geknickt… Als ich wusste, dass es ein Junge wird. (Elternpaarinterview: 51)

Den Wunsch, ein Mädchen zu haben und dies aktiv einzufordern, verbirgt Frau Fischer hinter der Begründungslogik, mit dem geschlechtsspezifischen Angebot auf ein frei gewähltes Interesse von Yannis zu reagieren. Die Urheberschaft zur Herstellung des stereotyp weiblichen Raums verortet sie bei Yannis. Dabei hinterlässt sie Skepsis beim Leser des gesamten Materials, da sie in keinen anderen Bereichen eine Erklärung für Verhalten, Vorlieben, Interessen oder ähnliches platziert.

Neben der umgekehrten Geschlechtsspezifität der Mutter-Sohn-Beziehung, die ausschließlich in der Wohnung und in Abwesenheit des Vaters zu beobachten ist, kennzeichnet die Mutter-Sohn-Beziehung eine Anerkennung des typisch Jungenhaften. Und das in einer scheinbar konflikt- und irritationsfreien Art und Weise. Wenn Yannis seinem Bruder im wilden und rauen Verfolgungsspiel hinten aufführt, führt dies zu keinem Konflikt. Wenn Yannis stürmisch auf die Couch springt und sich mit einem Kampfschrei an einer Kissenschlacht beteiligt, wird dies nicht beschränkt. So lässt sich zusammenfassen, dass in der Mutter-Sohn-Beziehung sowohl stereotyp männliche wie auch weibliche Charaktereigenschaften anerkannt und gefördert werden. Die innere Position zu beidem, ist jedoch sehr unterschiedlich. Das Männliche scheint mit einem Gefühl des Begehrens verbunden, das Weibliche durch eine Sehnsucht nach Exklusivität, Nähe und Verbundenheit in der Mutter-Sohn-Beziehung begründet. Für die Mutter-Sohn-Beziehung bedeutet dies, dass Yannis den Blick seiner Mutter in allen (geschlechtsspezifischen) Bereichen des familiären Alltags findet, dieser aber wahrscheinlich unterschiedliche, unterschwellige Signale an ihn sendet. Laplanche würde hier sicher von *rätselhaften Botschaften* sprechen (vgl. 1988).

2.6.4 Die Vater-Sohn-Beziehung

Im Gegensatz zu den viel beschriebenen und gut dokumentierten Mutter-Sohn-Interaktionen, müssen die Vater-Sohn-Interaktionen und die sich darin ausdrückende Beziehung eher im Material gesucht werden. Verdichtende Ausführungen über die Vater-Sohn-Beziehung gestalten sich daher vergleichsweise schwierig. Die Formulierung »vergleichsweise« kann für die Frage nach dem Vater in vielfacher Weise verwendet werden. Der Vater und die Vater-Sohn-Beziehung werden ja bereits von der Beobachterin und auch von den Interpreten in vergleichender Weise wahrgenommen. Väterlichkeit wird in der Interpretation über die Abgrenzung von Mütterlichkeit definiert.

So bekommt der Vater, im Vergleich zur Mutter, im frühen Material die Rolle des Statisten, des formalen pater familias zugeschrieben, der mit zunehmender Beobachtungspraxis verloren zu gehen scheint. Von einer Vater-Sohn-Beziehung ist im Protokoll der ersten Begegnung nicht die Rede. In sehr dominanter Weise überdeckt dort das Geschehen zwischen den beiden Frauen und die dargestellte Mutter-Sohn-Beziehung die Wahrnehmungsfähigkeit der Beobachterin. Dass der Vater aber sehr wohl eine aktive und ebenfalls spezifische Beziehung zu seinem Sohn hat, zeigt sich erst später im Material.

An der Klimmzugstange findet Yannis seinen Vater und erfährt von ihm einen progressiven Entwicklungsanspruch im Rahmen einer liebevollen Interaktion. Offensichtlich trägt auch die Vater-Sohn-Beziehung das Grundgefühl der innigen Verbundenheit. Mit großer Freude agiert Yannis an der Seite seines Vaters. Gleichsam zeigt sich in der Szene, dass der Vater speziell zu seinem ältesten Sohn Christian in Beziehung tritt. Von Christian kann sich der Vater begeistern lassen, bei ihm stellt er aktiv eine trianguläre Beziehung zur Mutter her. Körperliche Stärke führt zu Bewunderung, zu dyadischen und triangulären Beziehungen. So richtet Yannis seine Aufmerksamkeit, an der Seite des Vaters, im Verlauf der Szene hinüber zu seiner Mutter, die ihn im Blick hat und sein Spiel an der Klimmzugstange anerkennt – offensichtlich mehr als der Vater. Um den Vater zu finden und darüber hinaus länger mit ihm in Beziehung treten zu können, scheint sich Yannis ihm nähern und anpassen zu müssen. Sein kreativer, zweckentfremdeter Akt an den Klimmzügen, führt zu einem Ende der Vater-Sohn-Interaktion.

Körperbetonte und wilde Spiele finden vor allem in Anwesenheit des Vaters statt. Über den männlichen Körper kommen die Brüder in Kontakt. Sie warten eng zusammengerückt, Körper an Körper, auf die Beobachterin. Zusammen kämpfen sie oder spielen Nachlauf. Und über den Körper kommen auch Yannis und sein Vater in Kontakt. Das zeigt sich in bildgebender und leicht konflikthafter Weise in der Stillszene, als der Vater seinem Sohn eine (liebevolle) Erziehungs-Kopfnuss gibt, als dieser sich am Körper von Noah zu schaffen macht. Aufgeladen von der anspornenden, auch (nicht negativ) aggressiven Kopfnuss, rennt Yannis mit einem Schlachtruf auf die Couch und begibt sich vor den Augen seines Vaters in eine wilde Kissenschlacht.

Der Akt der Kopfnuss zeigt darüber hinaus, dass der Vater Yannis als jungen Mann versteht, der, wie der Vater, eine Kopfnuss vertragen kann. Der Vater formt einen körperlich aggressiven Dialog unter Männern und unterstellt Yannis, dass er sich damit arrangieren kann. In diesem Sinne zeigt sich die Vater-Sohn-Beziehung als Erfahrungsraum, in dem Yannis in eine spezifische, heute vielleicht eher unpopuläre Welt der Männer eingeführt wird. Er führt ihn ein in eine Männerwelt der Körperlichkeit und der maskulinen Körperspannung. In eine Welt, die von Frau Fischer begehrt wird.

Mit einem Blick auf die Geschwister und deren Beziehung zu ihrem Vater fällt auf, dass Yannis' Platz an der Seite des Vaters ein vergleichsweise prekärer ist. Es ist denkbar, dass Yannis die Vater-Sohn-Beziehungen seiner Brüder als exkludierende wahrnimmt. Weil Christian bereits stark ist, begeistert er den Vater an der Klimmzugstange. Wegen ihm fällt Yannis in seiner Kleinheit auf. Ähnlich verhält es sich möglicherweise auch mit der Beziehung, die sein Vater zu Noah unterhält. Für ihn fordert der Vater Rücksicht und tritt (wie ein Polizist) als Beschützer der Kleinen und Schwachen auf. Alles in allem scheint die Identität des professionellen Sportkämpfers (stark) und Polizisten (beschützende) als Erklärungsfigur für die Ausschlusserfahrungen des mittleren Sohnes.

Gleichzeitig erlebt Yannis seinen Vater in direkten und indirekten Interaktionen, allein durch seine Gegenwart im familiären Alltag, als Träger begehrter, körperlicher Männlichkeit, die ebenso fürsorgliche Charaktereigenschaften tragen kann. Als Identifikationsfigur scheint der Vater in der Vater-Sohn-Beziehung sicher sehr gut geeignet. Er ist körperlich und psychisch erlebbar, hat männliche und weibliche Anteile.

2.7 Das psychosoziale Erleben von Yannis – die Thesen

Das Erfahrungsprotokoll der Beobachterin unterscheidet sich in einer spezifischen Weise von dem Protokoll des Beobachters im Fall Tom. In ihrem Erfahrungsprotokoll werden die Erfahrungen im *Zusammensein mit* dem Jungen gemeinsam mit der sie begleitenden empathischen Frage, wie der Junge die gemeinsame Erfahrung erleben mag, protokolliert. Der um verstehen bemühte Zugang, den die Interpreten im Material suchen, wird von der Beobachterin, die selbst Mutter ist, bereits im Prozess der Erfahrung gesucht. Die Frage nach dem Erleben des Jungen beschäftigt sie. So erzeugt ihr Material, in seiner Transformation der Novelle, Bilder, die es gut ermöglichen, nach dem psychosozialen Erleben des Jungen zu fragen. Eine Idee der Innenwelt des Jungen ist durch das Material transportiert, es wurde contain (s. o.).

Folgende Thesen lassen sich festhalten:

1. These: Yannis erlebt sich selbst in Verbundenheit mit vielen anderen.

Yannis wächst in einer wohlbehüteten Großfamilie mit Mutter, Vater und drei Brüdern auf. In ihr erfährt er weitgehend harmonische Beziehungen zu seinen Brüdern, die sich als wilde Brüder im Spiel oder, um einer fremden Beobachterin zu begegnen, zu einer Gruppe formieren. Mit ihnen erlebt Yannis vor allem stürmische Interaktionen, aber auch ruhige Momente, in denen sich im Spiel auf die gegenseitigen Interessen bezogen wird. Brüderlichkeit scheint hier als Begriff des Erlebens in symbolischer und praktischer Weise passend. Gleichsam erlebt Yannis über seine Brüder auch unterschiedliche Beziehungsstile, die die Brüder, aber auch die Eltern zu ihren Söhnen, haben.

2. These: Das Selbst ist ein kindliches.

Bezogen auf das Elternpaar nimmt Yannis möglicherweise wahr, dass sich diese, zumindest in Szenen der Außendarstellung, als Elternpaar formieren können und eine scheinbar paritätisch-demokratische Einheit bilden. Sie verkörpern eine Generationengrenze. Die Eltern stehen den Söhnen, der Bruderhorde, gegenüber und darüber hinaus in einer erwachsenen, sexuell-begehrenden Beziehung zueinander.

3. These: Das Selbst ist ein geschlechtliches.

Die Mutter muss in der Wahrnehmung von Yannis als fast immer schwanger erlebt werden. Die Erfahrung, dass die Mutter in seinen jungen 3,5 Jahren zweimal »belastet« durch die Schwangerschaften war und zwei weitere Söhne geboren hat, kann kaum am Erleben des Jungen vorübergegangen sein. Besonders weil diesem Erleben der Körper des Vaters in kontrastiver Weise gegenüberstand. Die geschlechtsspezifischen Auswirkungen der Reproduktion auf die Körper von Mutter und Vater dürften Eindruck hinterlassen haben. Eng mit diesem verbunden ist das Erleben der mentalen Zustände und Ausrichtungen, die mit dem körperlichen Akt der Reproduktion verbunden zu sein scheinen. Damit stellt sich die Frage, was dieses Erleben der Geschlechter mit dem Erleben und den Phantasien, bezogen auf den eigenen Körper, macht? Der Gedanke, dass dies zu vordiskursiven inneren Modellen geschlechtlicher Dualität führt, wird durch das Material angeregt.

4. These: Geschlechtliche Differenz schafft Nähe und Verbundenheit.

Neben dieser geschlechtsspezifischen Dualität färbt noch etwas Zweites die Atmosphäre des familiären Zusammenlebens, etwas, das sich auch an der Dualität der Körper manifestiert – das Begehren. Dadurch, dass Frau Fischer in 18 von erlebten 41 Lebensmonaten schwanger ist, ist das heterosexuelle Begehren der dualen Geschlechter sehr präsent. Die Frage der eigenen Herkunft ist an den Körpern und Beziehungen der Eltern behandelbar. Sich mit dem Vater zu identifizieren, erscheint damit als Schlüssel, um das nähestiftende Begehren durch die Mutter auf sich zu lenken.

5. *These: Das Selbst hat spürbare, formbare aggressive Anteile. Das Selbst des Vaters hat diese auch.*

Die Erfahrung, dass der Vater Yannis begrenzt und ihm eine leichte Kopfnuss gibt, als dieser seinem kleinen Bruder Mund und Nase zuhält, beinhaltet die Erfahrung, dass auch der Vater aggressive Selbstanteile hat. In einer spezifischen Beziehungserfahrung bekommt Yannis seinen aggressiven Selbstanteil als solchen übersetzt, verdaut und körpernah vom Vater zurück.

III. Erkenntnis, Relevanz und Konsequenz

Nachdem die beiden Fallnovellen bislang voneinander getrennt und weitestgehend frei von theoretischen Bezügen dargestellt wurden, sollen sie nun für eine theoretische Diskussion geöffnet werden. Dafür werden einzelne Thesen ausgewählt und mit theoretischen Bezügen aus der Psychoanalyse und ihren Nachbardisziplinen diskutiert. Sie werden durch diese infrage gestellt oder lassen sich selbst durch diese besser begreifen.

Durch die zielgerichtete Auswahl von Thesen lassen sich die Fälle miteinander vergleichen, die doch so unterschiedlich erscheinen. Dem vorweggenommen soll der gesamte Prozess der Erkenntnisbildung kurz zusammengefasst werden.

Die Studie fand ihren Ausgang mit 46 Einzelfällen, die durch eine tiefenhermeneutische Analyse prinzipiell unvergleichbar schienen. Über eine spezifische, gegenstandsangemessene Systematisierung, ließ sich diese Fallzahl begründbar auf zwei reduzieren. Bei der um Ganzheitlichkeit bemühten Betrachtung zweier sozialer Mikroeinheiten ließen sich empirische Phänomene explorativ illustrieren und deren innere Logik annäherungsweise fremdverstehen (vgl. Brüsemeister 2008: 97, zit. nach Lamnek 2010: 273). Mit der Auswahl der kontrastiven Einzelfälle konnte sich über die erneute tiefenhermeneutische Auseinandersetzung zwei sehr unterschiedlichen innerfamiliären Familiendynamiken, Mustern und Lebenspraxen analytisch-explorativ und totalitär[124] genähert werden. Mit den textnahen Fallnovellen haben sich getrennt voneinander gedankliche Räume öffnen lassen, konnten sich erste Eindrücke zu validen Lesarten erhärten und sich hermeneutisch zu plausiblen, gegenstandsbezogenen Thesen verdichten lassen (vgl. Kap. II, 1.7 und 2.7). Hypothesen über das psychosoziale Erleben des Jungen konnten diese Kapitel abrunden und darauf aufmerksam machen, dass eine theoretische Kopplung notwendig ist, um die Lücken zu bearbeiten, welche die Inferenzsprünge des Fremdverstehens zwangsläufig hinterlassen.

Ziel des vorliegenden Kapitels, das als Einleitung des dritten und diskurserweiternden Kapitels gelesen werden soll, ist das Ausloten der Reichweite von Erkenntnis, von Relevanz und Konsequenz der noch fallbezogenen Thesen. In Kap. I wurden einleitend vier »Disziplinäre Bezüge« festgelegt, in denen Ergebnisse der

---

[124] Der Begriff der Totalität wird hier in Anlehnung an Witzel (1982) verwandt. »Den zentralen Vorteil der Fallanalyse […] erblickt man im allgemeinen darin, sich durch die Beschränkung auf ein Untersuchungsobjekt oder relativ wenige Personen intensiver mit mehr Untersuchungsmaterial beschäftigen zu können, und dadurch umfangreichere und komplexere Ergebnisse zu bekommen.« (Witzel 1982: 78 zit. nach Lamnek 2010: 274)

Studie diskutiert werden können. Eine A: *erziehungswissenschaftliche*, B: *gesellschaftswissenschaftlich und entwicklungspsychologische*, C: *sozialpolitische* sowie D: *wissenschaftstheoretische* In-Bezug-Setzung der Fallanalysen herauszuarbeiten ist die nun folgende Aufgabe. Dabei gilt es Erkenntnisse zu explizieren, die bislang nur stillschweigend in den Falldarstellungen, -Analysen und -Verdichtungen verhandelt wurden.

Dabei werden, über die gemeinsame Diskussion der fallspezifischen Thesen, neue Gedankenräume geöffnet, die sich weiter von der Empirie entfernen und den Weg in die Richtung (eher) formaler Theorien einschlagen (vgl. Lamnek 2010: 101f.).

Erste Explikation

Die Familien Schwarz und Fischer bilden zwei unterschiedliche Familien und somit zwei differente Lebenspraxen ab, die sich mit dem Verständnis zweier Orientierungshaltungen differenzieren lassen (vgl. Kap I, 3.8). Kann Familie Schwarz, mit dem Verständnis der Fallnovelle, als Familie verstanden werden, die eine Lebenspraxis wenig vereinbarer, essentialistisch gedachter Geschlechtsdifferenzen umsetzt und sich scheinbar an rigiden, klassisch-dualistischen Geschlechterkonzepten orientiert und von ihnen leiten lässt, so scheint Familie Fischer in ihrer familiären Alltagspraxis eher durch ein modern erscheinendes Geschlechterkonzept der Partnerschaftlichkeit und Parität[125] inspiriert. In beiden Fällen sind die Orientierungshaltungen lediglich durch die Analyse der routinemäßigen Lebenspraxis und der Identifikation der dahinter wirksamen Handlungsmotive zu verstehen.[126]

Findet der Leser im ersten Fall Schwarz fast ausschließlich Mutter-Sohn-Interaktionen beschrieben, deren Exklusivität mit einem selbstverordneten *alleinmütterlich* familiären Verantwortungsgefühl verstanden wird (vgl. Kapitel II 1.7), so begegnet dem Leser der Vater in der beobachtbaren Lebenspraxis der Familie Fischer auffallend häufig. Im Fall Tom ist der Vater symbolisch als Repräsentanz

---

[125] Die Orientierungshaltungen wurden auch durch die Aussagen aus den Elternpaarinterviews verstanden. Mit dem Wissen um Beobachtung und Interview lassen sich in der gelebten Familienpraxis nachträglich auch Bilder von Vaterschaft erkennen, die sich mit den Vatertypen von Bambey und Gumbinger 2006 fassen ließen. So zeigt sich im Fall Schwarz ein Vater, der sich gut mit dem Typ des distanzierten, traditionellen Vaters betiteln ließe. Im Fall Fischer findet der Leser einen Vater beschrieben, der sich mit dem Typ des partnerschaftlichen, traditionellen Vaters decken könnten (vgl. Bambey, Gumbiger 2006: 220 f.). Subsumtionslogisch induktiv ließe sich diese Deckung nicht erkennen. Sie lässt sich erst nachträglich über den Weg der hermeneutischen Verständnisentwicklung deduktiv herstellen.

[126] Zur Erinnerung: Frau Schwarz ist vordergründig eine Arbeitnehmerin, vielleicht sogar Teilhaberin der Firma. Sie ist in drei Verantwortungsbereichen das Sprachrohr der Familie. Die innerfamiliäre Atmosphäre ist deshalb keineswegs weniger klassisch-dualistisch und traditionell!

erfahrbar, im Fall Yannis auch körperlich. Das Fehlen des körperlich erfahrbaren Vaters im Fall Tom, welches unmittelbar auch das Fehlen des im Körper aufgehobenen Psychischen bedingt, lässt theoretische Schlussfolgerungen über den symbolischen Vater im dyadischen Erfahrungsraum von Tom zu. Die körperliche Anwesenheit des Vaters im Fall Yannis lädt hingegen zu empirisch-inspirierten Schlussfolgerungen über den körperlich-triadischen Erfahrungsraum von Yannis ein. Zur Erinnerung: Die *erziehungswissenschaftlichen* Erkenntnisinteressen dieser Studie widmen sich:

- der Beziehung zwischen innerfamiliären Lebens- und Beziehungsformen und dem psychosozialen (Selbst- und Fremd-)Erleben des Jungen.
- der Frage nach dem Erleben von Geschlechtlichkeit in der frühen Kindheit.
- der Frage nach dem Selbstagieren, -inszenieren und Ko-Konstruieren von Geschlecht in geschlechtsspezifischen, familiären Beziehungen.

Dies begründet, dass die geschlechtsspezifische Beziehungserfahrung und die Erfahrung der Körperlichkeit eine genaue Betrachtung finden sollen (vgl. Kap. III, 1).

Eng mit geschlechtsspezifischen Beziehungserfahrungen und Erfahrungen der Körperlichkeit verbunden ist die Frage nach einem in beiden Fällen beobachtbaren geschlechtsspezifischen Umgang mit aggressivem Verhalten. Beide Fälle tragen Material, das zu einer empirischen Auseinandersetzung mit der Frage einlädt, wie aggressive Selbstanteile der Jungen entfacht[127] und in den eher dyadischen (Tom) bzw. eher triadischen (Yannis) Beziehungsmodi wahrgenommen, aufgegriffen und geformt werden. Erinnert sich der Leser an Tom, der mit einer Kettensäge spielerisch den Bauch der Schwester aufschneidet, sich schreiend am Staubsaugerrohr der Mutter festklammert, oder an Yannis, der seinem kleinen Bruder Mund und Nase zuhält, so erinnert sich der Leser sicher gleichsam an die unterschiedlichen Reaktionen, die diese Aktionen auslösten. Auch sie sollen einen Fokus der weiteren Auseinandersetzung bilden. Zur Erinnerung: Ergebnisse der Studie können mit *gesellschaftswissenschaftlichen und entwicklungspsychologischen* Diskursen in einen Dialog gebracht werden, wenn gefragt wird:

- welche Beziehungserfahrungen das männliche Selbst in derart formen, dass Jungen nachweislich häufiger zu störend-auffälligem und symptomatisch-pathologischem Verhalten neigen?
- ob die Studie einen Beitrag dazu leisten kann, die Bedeutungsaufladung des Männlichen, des Vaters und des Väterlichen empirisch-kritisch zu beleuchten?

Dies begründet, dass der innerfamiliäre Umgang mit Aggression, unter dem Aspekt der Affektregulierung, eine genaue Betrachtung finden soll (vgl. Kap. III, 2).

---

[127] Der Begriff »entfacht« verweist an dieser Stelle darauf, dass dieser Arbeit ein Verständnis der Aggression zugrunde liegt, dass von keiner eigenständigen aggressiven Triebenergie ausgeht (vgl. für dieses Verständnis ausführlich Dornes 2006: 331ff.).

In einem Fall der Studie ist der Vater körperlich und psychisch präsent, in einem Fall nicht. Bedingungen für die Anwesenheit des Einen bzw. der Abwesenheit des Anderen ließen sich bis hierher nur wenig explizieren, sie werden aber in dem Material verhandelt. Das Material kann Beziehungen nicht ohne den Kontext gesellschaftlicher und sozialpolitischer Zusammenhänge erheben und analysieren. So bietet sich die Frage nach den Bedingungen und Widerständen aktiver Vaterschaft an. Zur Erinnerung: Die Studie kann zart nach *sozialpolitischen* Zusammenhängen routinemäßiger Lebenspraxis fragen. Dieses Interesse wurde eingangs so formuliert:

– Mit einem forschenden Blick auf den Aushandlungsort Familie, in dem sich Wege und Hürden aktiver Vaterschaft manifestieren, können über die Ergebnisse der Studie Wünsche und Widerstände von Müttern und Vätern aufgedeckt und kritisch reflektiert werden. Damit leistet die Studie einen Beitrag zur Bearbeitung des von Ulrich Beck aufgedeckten Phänomens »verbale(r) Aufgeschlossenheit bei weitgehender Verhaltensstarre« (1986: 169) von Männern bei der Übernahme kindbezogener Aufgaben.

Dies begründet, dass die Frage nach den inneren Bedingungen, die Möglichkeitsräume, aber auch Widerstände aktiver Vaterschaft schaffen, eine detaillierte Betrachtung finden (Kap. III, 3).

Da bei der Auseinandersetzung mit diesen fokussierten Betrachtungsweisen die Frage nach dem Weg der Erkenntnisbildung weiter forciert wird, wird abschließend die vierte Rubrik aufgegriffen und dezidiert nach dem *wissenschaftstheoretischen* Beitrag der Studie gefragt. Zur Erinnerung: Die Studie leitet ein mit einem Selbstanspruch psychoanalytischer (Sozial-)Wissenschaftlichkeit:

– Es wird ein Beitrag zur Frage nach dem Gegenstand und dem Erkenntnisinteresse der Psychoanalyse geleistet und ein neuer Impuls in die Kontroverse zwischen empirischer Beobachtungsforschung und psychoanalytisch-novellistischer Forschung eingeführt. Dieser soll einen Beitrag dazu leisten, die Verbindung zwischen psychoanalytisch-empirischer Forschung und akademischer Hochschulforschung zu sichern.

Dies begründet, dass die Reflexion des Forschungsprozesses mit der ihr inhärenten Frage, ob die Ansprüche des methodologischen Selbstverständnisses über die gewählte Forschungspraxis eingehalten werden konnten, eine nähere Betrachtung findet (vgl. Kap. III, 4).

1. Das innerfamiliäre Selbst- und Fremderleben des Jungen in der Familie

Der Einstieg in dieses Kapitel wird über den Fall Yannis gefunden. Das Material lädt dazu ein, über das Körpererleben im triadischen Erfahrungsraum von Mutter, Vater und Sohn nachzudenken. In Kap. II wurden hierzu bereits zahlreiche Gedanken formuliert, die hier eine Nachbereitung und theoretische Information erfahren können. Der Fall Tom, der durch die Fallspezifität der geschlossenen Dyade bei der Frage nach dem Selbst- und Fremderleben eine eher einseitige Perspektive ermöglicht, wird dem hinten angestellt. Abschließend erfahren beide Fälle eine gemeinsame Diskussion in Kap. III, 1.3.

1.1 Soziale Konstruktion und die Sprache der Körper

Yannis hat von seiner Geburt bis zum Beobachtungszeitraum im Alter von 3,5 Jahren die Schwangerschaften seiner Mutter und die Geburten seiner zwei jüngeren Brüder sinnlich, visuell, taktil und kinästhetisch erfahren. Die Mutter dürfte in der Wahrnehmung von Yannis in zwei beeindruckenden Modi erfahrbar sein – schwanger und nicht schwanger – und mit einem Interesse, das auch nach der Schwangerschaft eher nach innen und auf die Familie gerichtet ist (vgl. Kap. II, 2.6 und 2.7). Die Erfahrung, dass die Mutter zweimal körperlich und psychisch »belastet« (Kap. II, 2.2) durch die Schwangerschaften war und auch in der Zeit danach innerlich mit der ganzen Familie befasst bleibt (vgl. Kap. II, 2.5), kann kaum am konkreten Erleben des Jungen vorüber gegangen sein.[128] Gravidität ist nicht nur im kindlich-konkretistischen Blick eine beeindruckende Veränderung des weiblichen Körpers. Mit der sinnlichen Erfahrung des vergleichsweise körperlich von der Schwangerschaft unabhängigen Vaters kombiniert, scheint es nicht unwahrscheinlich, dass sich ein sinnsymbolisches Bild (vgl. Lorenzer 1986: 54) dualer Geschlechtlichkeit (Körper Mutter, Körper Vater) in die Innenwelt von Yannis eingeschrieben hat (vgl. Kap. II, 2.7).

---

[128] Die (Körper-)Erfahrung, 9 Monate in der Mutter gewesen zu sein, die auch durch die Schwangerschaften immer wieder aktualisiert wird, ist an dieser Stelle nur angedacht. Dass dies sicher nicht bedeutungslos ist, lässt sich mit einem Blick in die Arbeit von Gerald Hüther 2009 nachvollziehen. Die Bedeutung für die Psychostrukturierung hat Lorenzer 1972 eindrucksvoll in seiner Arbeit zur pränatal-organismischen Interaktionsform vorgelegt (vgl. 1972: 23ff.).

Auch scheint es plausibel, dass die ebenfalls im Material beschriebene, diskursive Konstruktion von Geschlechtlichkeit, »boah bist du stark«, nicht losgelöst von körpernahen Bildern, sondern in ineinandergreifender Weise von Yannis verarbeitet wird. Das sinnliche Erleben der Körper von Selbst, Mutter und Vater wird sprachlich kommentiert und duale Geschlechtlichkeit über die Wahrnehmungen zweier Symbolebenen, ko-konstruiert.

Dieses Verständnis der sinnlich sinnkonstruierenden Verarbeitung der Umwelt hat bereits Lorenzer (1986) formuliert und so den psychoanalytischen Sozialisationstheorien neue Impulse verliehen.[129] Die Bedeutung der sinnlich konkreten Wahrnehmung und Verarbeitung der Geschlechtsdifferenz und deren Nähe zu den Affekten ist im Fall Yannis gut zu erkennen und in ihrer Bedeutung für das Selbsterleben kaum zu überschätzen. Hierfür lohnt sich ein erneuter Blick in das Material, über den sich auch der Frage nach der Bedeutung des Vaters nachgehen lässt.

Yannis ist 3,5 Jahre alt und entwicklungspsychologisch in der Lage, seine Geschlechtszugehörigkeit als zeitübergreifende zu verstehen (vgl. Bischof-Köhler 2004). Er gehört körperlich zu denen, die physisch keine Kinder austragen können. Die konkrete, sinnliche Erfahrung der Geschlechtsdifferenz von Mutter und Sohn (kann schwanger werden vs. kann nicht schwanger werden) dürfte die innere Welt des Jungen durcheinandergeworfen haben, in dem Moment, als die Wahrnehmung der schwangeren Mutter mit der kontrastiven Wahrnehmung der eigenen körperlichen Männlichkeit kollidiert ist. Warum ist das bedeutsam und wird hier hervorgehoben?

Im Fall Yannis ist gut zu erkennen, von welcher Größe sich ein Junge verabschieden muss, wenn er erfährt, dass er körperlich nur einem Geschlecht angehört. Die Potenz seiner Mutter, in einer *nahezu jährlichen Taktung* (vgl. Kap. II, 2.1), Leben in sich wachsen lassen zu können, ist für Yannis allgegenwärtig. Sie färbt die Lebenserfahrung des Jungen, der vor nicht allzu langer Zeit noch körperlich und später psychisch (vgl. Mahler 1995) eins war mit seiner Mutter.[130]

---

[129] Dabei hat Lorenzer den unterschiedlichen Niveaus (szenische und sprachliche Wahrnehmung) der Verarbeitungsmöglichkeiten eine Hierarchie zugewiesen, welche der sinnlichen Erfahrung der geschlechtlichen Körper besondere Relevanz verleiht. »Die sinnlich-symbolischen Interaktionsformen sind früher angelegt und tiefer verankert in der Persönlichkeitsbildung als die Sprachsymbole. Sie stehen den Affekten und den unbewussten Praxisformen näher als die Sprachsymbole« (1986: 59). Dass das sinnliche Erleben der Körper durch eine sprachliche Konstruktion dergleichen gänzlich überschrieben werden kann, ist nach diesem Verständnis wenig plausibel und die sprachliche Dekonstruktion dualer Geschlechtlichkeit nur bedingt möglich (vgl. Schlussfolgerung in Kap. II, 2.3).

[130] Neben der Erfahrung der Potenz soll nicht vergessen werden, dass Yannis einen Ausschluss aus der mütterlichen Welt in doppelter Weise erfährt. Neben der Erfahrung der Geschlechtsdifferenz, mit der die Aufgabe der Illusion einhergeht, selbst so potent zu sein wie die Mutter und später auch ein Kind bekommen zu können, muss Yannis die Erfahrung

Diese Wahrnehmung der Differenz hat sicher eine Vielzahl affektiver Begleiter. Sie markiert ein Ende der frühen, symbiotischen Identifizierung mit der Mutter, die Neid (vgl. Greenson 2009: 154), Eifersucht (vgl. Hopf 2014: 88) und Angstgefühle, im Sinne eines Identitätsverlustes, hervorrufen kann (vgl. ebd.: 156 und Dammasch 2008b: 9). Diese affektiven Begleiter lassen sich mit einem Zitat von Dammasch gut nachvollziehen:

> Durch die frühe Identifikation mit der Mutter und der Vorstellung allumfassender Großartigkeit geht der Junge davon aus, beide Geschlechter in sich zu vereinen. So stellt er sich auch vor, wie die Mutter ein Kind zur Welt bringen zu können. Die Realisierung auf ein Geschlecht begrenzt zu sein bedeutet auch, von der Vorstellung der Gebärfähigkeit Abschied nehmen zu müssen (2009: 27).

Dieser von Dammasch beschriebene Abschied von einer dem Selbst zugehörig geglaubten Potenz, wird im Fall Yannis nun begleitet von der Erfahrung einer eigenständigen, väterlichen Potenz – einer Potenz, welche die Mutter sprach- und sinnsymbolisch anerkennt; ja begehrt. Zur Erinnerung: Als der Vater im Garten der Familie seine eigene Kraft/Potenz demonstriert und die Söhne sich an seiner Seite in identitätsstiftender Weise ausprobieren, ruft ihnen die Mutter zu: »Boah bist du stark!« (Kap. II, 2.2).[131] Männliche und weibliche Potenz stehen in der Szene in einem fruchtbaren Dialog.

Mit Hopf lässt sich diese Erfahrung der gegengeschlechtlichen Anerkennung, der Bewunderung und der Liebe, die die Szene begleiten, so beschreiben: »Die Liebe der Mutter begründet den Selbstwert des Sohnes und macht ihn fähig, das Leben zu bewältigen.« (2014: 41) Hopf lässt sich mit Blick auf die Szene sicherlich auch so lesen, dass die Anerkennung des Männlichen durch die Mutter die Erfahrung, nicht wie die Mutter zu sein, mildert und hilft, eine männliche Identität zu festigen.

Yannis erfährt durch die Erfahrung der unterschiedlichen und jeweils begrenzten Körper der Erwachsenen auch, dass diese in einer libidinösen Verbindung zueinander stehen, dass sich das Männliche des Vaters symbolisch und ganz konkret (durch die Befruchtung) auch in der Mutter finden lässt (vgl. weiterführend Dammasch 2008b: 30). Die fruchtbare und schöpferische Beziehung der Geschlechter zueinander, die sich mit dem Begriff der Heterosexualität fassen lässt, ist auf einer vorsprachlichen Ebene erfahrbar, kann sich bildlich und über die sprachliche Begleitung der Mutter in die Innenwelt des Jungen Yannis einschreiben. Dabei scheint es plausibel, dass sich durch die Erfahrung körperlicher Dualität und Differenz für den Jungen gleichsam erfahren lässt, dass diese biologische Dualität und Differenz zu

---

machen, dass der Innenraum der Mutter mit einem neuen Sohn gefüllt ist. Der Weg zur Mutter ist demnach in doppelter Weise abgebrochen.

[131] Die Lesart, dass die Inszenierung an der Klimmzugstange eine Demonstration männlich penetrierender und schwängernder Größe ist, entspringt der Diskussion des Materials mit einer Gruppe von Kinder- und ErwachsenenanalytikerInnen in Obergurgl 2015.

biologischer und sozialer Nähe führen kann. Plausibel scheint es zudem, dass es im Erleben des Jungen Yannis eine Brücke zwischen den Geschlechtern gibt und dass die Aufgabe der Omnipotenz eine neue (männliche) Potenz und eine Verbindung zur Mutter auf neuem Niveau erst entfaltet. Mit Dammasch lässt sich diese These so fassen:

> Die Bedeutung des männlichen Dritten besteht wesentlich darin, dem Kind zu ermöglichen, aus einer geschlechtsdifferenzierten Perspektive auf die Welt und die Mutter zu schauen und sich probeweise mit seinem väterlichen Blick auf eine Beziehung, in der man sich selbst befindet, zu identifizieren [...] Darüber hinaus bringt er das männliche Andere in die Beziehungswelt des Kindes ein, was bei spielerischer Beziehungskompetenz des mit der Mutter verbundenen Vaters zur libidinösen Besetzung der Differenz und der Heterosexualität führt. (2008b: 30f.)

Auch Mertens hat darauf hingewiesen, dass die Beziehung des Elternpaares und deren Miteinander eine enorme Bedeutung für die Entwicklung des Kindes hat und dass das Miteinander der Eltern ein Anreiz sein kann, es den Eltern gleichzutun (vgl. 1994a: 35). An einen ähnlichen Gedanken erinnert auch Hopf in seiner jüngst veröffentlichten Arbeit *Die Psychoanalyse des Jungen*:

> Gemäß Herzog wird vom Kind die Beziehung zwischen Mutter und Vater aufgenommen und repräsentiert. Sie ruft eine innere Resonanz hervor und wird dauernd überprüft, und sie dient als Vorläufer der Entwicklung einer klassischen triadischen, beispielsweise der ödipalen Objektbeziehung. (2014: 227, in Anlehnung an Herzog 1998: 163)

Am Fall Yannis lässt sich eindrucksvoll illustrieren, wie dieses Miteinander der Geschlechter und der Generationen gefasst werden kann. Im Garten der Familie steht der Vater seinen Söhnen körperlich und psychisch als Hilfs-Ich zur Seite und hilft, die Erfahrung der eigenen geschlechtlichen Begrenztheit in eine entwicklungsförderliche Bahn zu lenken. Hier lässt sich im Detail zeigen und näher verstehen, wie das sinnsymbolische Erleben der dualen Geschlechter und deren sexuelle Beziehung im triadischen Erfahrungsraum über die Sprache weiter ausdifferenziert und mit weiterer identitätsstiftender Bedeutung gefüllt wird. In einer Szene versucht Yannis, wie sein Vater, im Gegenüber seiner Mutter Klimmzüge zu machen.

> Herr Fischer hebt ihn an die mittlere Stange, da er dort noch nicht heran kommt. Er lässt Yannis los und fordert ihn auf sich hoch zu ziehen, schafft es jedoch nicht, sondern lässt sich hängen und lacht dabei laut. Yannis streckt seine Füße nach vorne und strampelt mit den Beinen. »Mama, guck' ma'!«, ruft er und schaut zu Frau Fischer. Diese lacht und antwortet: »Toll machst du das!« (Erstes Beobachtung: 8 S. K.)

Im Garten der Familie führt der Vater seine Söhne in sein Verständnis der Männerwelt und der männlichen Potenz ein. Die hochschwangere Mutter liegt den Männern in der Szene körperlich kontrastiv so belastet gegenüber, dass sie »lieber liegenbleiben will« (Kap. II, 2.2).

Der Vater lädt seine Söhne in der Szene ein, in seine Praxis männlicher Differenz und eigener Potenz zu folgen. So lässt sich in der Szene eine sozialisierende Förderung und Forderung einer männlichen Identifizierung und Bedeutungsaufladung in der Vater-Sohn-Beziehung beobachten. Vielleicht meint das auch Frank Dammasch, wenn er zur Bedeutung des Vaters schreibt:

> Die Erfahrung der Fremdheit zur Mutter wird milde und bekommt im weiteren Entwicklungsverlauf durch den Vater eine Bedeutung und einen identitätsstiftenden Namen: Männlichkeit. (2009: 25, siehe auch Dammasch 2010: 75ff.)

Der Vater schafft im Garten der Familie[132] eine Möglichkeit, durch die seine Söhne an seiner Seite der Mutter gegenüberstehen und diese mit ihrer Differenz begeistern können. »Ich wünschte, ich könnte wenigstens einen Klimmzug.« (Kap. II, 2.2)

Dabei stellt der Vater durch seine Initiierung und Teilnahme am Spiel/Training gleichsam her, dass seine Söhne noch keine erwachsenen Männer sind wie er. »Daneben stehen zwei weitere solcher Vorrichtungen nur viel niedriger, ich nehme an, dass diese für die Brüder gedacht sind.« (Kap II, 2.2) Er bindet die Differenz der Generationen in sein spielerisches Kräftemessen ein. Seine Klimmzugstange hängt für die Söhne zu hoch und Yannis »schafft es [den Klimmzug, M. K.] jedoch nicht« (ebd.). Die Szene zeigt eindrucksvoll, wie der Vater Identität fördert und dabei ein Gesetz umsetzt, welches bereits in Freuds »Ödipus« beschrieben ist (vgl. Freud 1984:160ff.). Die Jungs können werden wie der Vater, sind es aber im Moment des Werdens noch nicht. Am Körper des Vaters manifestieren sich ein Nein und der Verweis auf die Notwendigkeit der Entwicklung. Um es mit den Worten Borens 2007 zu sagen, vermittelt der Vater die Botschaft: »Es fehlt etwas.« (2007: 92 zit. nach Dammasch 2008b: 21)

Die spielerisch männliche Interaktion an der Klimmzugstange wird verständlich als ein Schauplatz progressiv männlicher Identitätsentwicklung. Hier wird Differenz mit Bedeutung und Potenz gefüllt. Hier fühlen sich die Jungen großartig im Hier und Jetzt und im spiegelnden Gegenüber von Mutter und Vater. Gleichzeitig erfahren sie, dass sie nicht so groß und potent sind wie der Vater. Groß-Werden und Männlich-Werden ist die Botschaft der Szene, die positiv von beiden erwachsenen Geschlechtern aufgeladen ist. Bei diesem Werden steht der Vater als Hilfs-Ich ganz konkret zur Verfügung. Probieren die Söhne wie der Vater an die Klimmzugstange zu kommen, hebt er sie hoch. Er zeigt ihnen, dass sie werden können wie er, dass er bereit ist, diesen Weg zu fördern. Und der Vater fördert dies nicht nur, er *fordert* es in einer spielerischen Art und Weise und stellt dabei die Verbindung zur Mutter her. »»Guck' ma, hier!‹, ruft er seiner Frau zu, als sein ältester Sohn Klimmzüge schafft« (Kap. II, 2.2).

---

[132] Gelegenheiten männlicher Inszenierungen finden sich nicht nur im Garten. Sie sind fest in das Wohnbild der Familie integriert. »Im Haus der Familie hat er sich Trainingsmöglichkeiten geschaffen, die das Interieur der Wohnung mitgestalten.« (Kap. II, 2.1)

An der Seite des Vaters hat Yannis Spaß im kreativen Umgang mit einem progressiven Entwicklungsanspruch des Vaters.

Die Bedeutung des realen, körperlich und psychisch erfahrbaren Vaters im Fall Yannis kann mit einem Blick auf das Konzept der frühen Triangulierung (vgl. Bürgin 1998a) und der Gendertriangulierung (vgl. Dammasch 2008b) noch weiter verstanden werden. Bürgin beschreibt in seiner Konzepterweiterung zur frühen Triangulierung, dass die Vorstellung der Eltern, sich als Teil einer Dreierkonstellation zu verstehen, die aus zwei Parteien eine Familie macht, den psychosozialen Raum bereitet, in den das Kind hineingeboren wird (vgl. Bürgin 1998a: 3f., siehe auch Dammasch 2008b: 26). Dass diese zwei Parteien keine körperlich geschlechtslosen Neutronen sind und dass das Kind, das in den psychosozialen Raum der Familie hineingeboren wird, ein Junge ist, scheint in der Vorstellung der Eltern einen Niederschlag zu finden. Im Fall Yannis scheint es ein Bewusstsein dafür zu geben, dass sich Yannis in einer Dreierkonstellation, bestehend aus geschlechtsspezifischen Parteien, denen er sich körperlich nicht dauerhaft frei zuordnen kann, erlebt. So scheint er von beiden Eltern dabei begleitet zu werden, sich in dieser Dreierkonstellation nicht als fremdes Neutrum zu erleben. Sie regen ihn an, sich progressiv mit der Herausforderung der Dualität und der eigenen Beschränktheit in identitätsstiftender Weise zu arrangieren. Er wird sowohl von der Mutter als auch vom Vater in die (bzw. ihre) Welt von Männern und Frauen, des Männlichen und Weiblichen eingeführt und bekommt als *kleiner Mann* den Weg hin zur erwachsenen Männlichkeit, als Weg zurück zur Mutter und zur Weiblichkeit, vorgestellt (vgl. Dammasch 2010: 75ff.).

Yannis findet in beiden Elternteilen eine Repräsentanz des Anderen, und so kann an diesem Fall gezeigt werden, wie die harmonischen Repräsentanzen der Eltern, des Sohnes und der Familienkonstellation sowie das Begehren die Basis einer gelingenden Triangulation bilden.

Mit einem erneuten Blick auf den Verlauf an der Klimmzugstange ist die Vorstellung leicht zu evozieren, dass Yannis an der Seite seines 5,5-jährigen Bruders und seines Vaters die Mutter aus einer sich entwickelnden, männlich-phallischen Identität wiederentdecken kann.

> Er (der Vater, M. K.) lässt Yannis los und fordert ihn auf sich hoch zu ziehen, er schafft es jedoch nicht, sondern lässt sich hängen und lacht dabei laut. Yannis streckt seine Füße nach vorne und strampelt mit den Beinen. »Mama, guck' ma'!«, ruft er und schaut zu Frau Fischer. Diese lacht und antwortet: »Toll machst du das!« (Erste Beobachtungsprotokoll: 8 S. K.)

Yannis ruft seiner Mutter zu und macht auf sich und seine männliche Inszenierung aufmerksam. Die Szene zeigt, wie die Mutter in der Lage ist, diese Wiederentdeckung durch den Sohn anzunehmen und in entwicklungsförderliche Bahnen zu lenken. »Sie lacht und antwortet: ›Toll machst du das!‹« Anerkennung und Begrenzung der kindlich-männlichen Potenz sind in einem Satz beschrieben. Die Mutter scheint anzuerkennen, dass Yannis sich an der Seite seines Vaters in identifizierender Weise ausprobiert. Die stereotyp männliche Inszenierung von Kraft (Yannis' Versuch, dem Entwicklungsanspruch seines Vaters nachzukommen) findet Anerkennung in den Augen seiner Mutter. Gleichsam markiert sie mit ihrem Lachen, dass Yannis noch nicht ist wie der Vater, sondern erst auf dem Weg. Dass er sein will wie der Vater, findet sie *toll*. Im Garten der Familie, in dem die Mutter hochschwanger die elterliche Potenz, ihre heterosexuelle Beziehung zum Vater, austrägt, kann Yannis seine Mutter an der Seite seines Vaters begeistern und dabei gleichsam der kleine Sohn von Mutter und Vater bleiben.

Mit dem Versuch eines theoretischen Begreifens der Szenen kann festgehalten werden, dass die kindliche Erfahrung, biologisch nur einem Geschlecht zugehörig zu sein, nicht dazu führen muss, dass sich die Geschlechter entfremden und in unvereinbare Dualismen verfallen. Vielmehr verleitet dieses Kapitel zu der Annahme, dass die positive Besetzung der eigenen Beschränktheit den Weg zu einer Wiedervereinigung der Geschlechter fördert.

Die hier herausgearbeitete Bedeutung des triadischen Erfahrungsraums wird umso deutlicher, zieht man die Deutungsfolie eines eher dyadischen darüber. Am Fall Tom lässt sich zeigen, wie die Erfahrung der Geschlechtsdifferenz im dyadischen Erfahrungsraum zu einer strukturell ungleich anderen Bearbeitungspraxis führt. Mit einem Blick auf den fehlenden Dritten wird die Bedeutung des Anwesenden umso deutlicher.

1.2 Differenzerfahrungen und die Sehnsucht nach dem Vater in der geschlossenen Mutter-Sohn-Dyade

Die Mutter-Sohn-Beziehung im Fall Tom kennzeichnet sich durch eine exklusive körperliche Nähe. An der Seite des Beobachtungskindes findet sich in aller Regel die Mutter.

Mit Winnicotts Bonmot »There is no such thing as a baby […] if you set out to describe a baby, you will find you are describing a baby and someone« (Winnicott 1987: 88) lässt sich dieses Strukturelement des Falls gut fassen. Wie in Winnicotts Bonmot, bei dem zwangsläufig (mindestens) eine Dyade bei dem Versuch, ein Baby zu beobachten, vor der Linse steht, ist im Fall Tom der Aufenthaltsort der Mutter für den 3,5-Jährigen aufenthaltsbestimmend.[133] Darüber hinaus ist die

---

[133] Die Verbindung zu Winnicotts säuglingsbezogenen Bonmot wird einerseits dadurch gefestigt, dass Tom noch in einem Gitterbett schläft, aus dem er bereits rausgewachsen ist (vgl. Fünftes Beobachtungsprotokoll) und andererseits durch die Identifikation des Beziehungsstils einer inneren, systemisch wirkenden Verbundenheit in der Mutter-Sohn-Beziehung (vgl. Erstes Beobachtungsprotokoll).

Aktivität der Mutter unbedingt relevant für die Aktionsmöglichkeiten des Jungen (vgl. Kap. II, 1.2.).

Der altersuntypische, symbiotisch anmutende Charakter der Mutter-Sohn-Beziehung scheint durch das Verharren in einem Gefühl endloser, mütterlicher Bedeutsamkeit einerseits und einer pragmatischen Alltagspraxis der doppelten Vergesellschaftung[134] andererseits begründet (vgl. Kap. II, 1.6). Im inneren und äußeren Umfeld der Mutter-Sohn-Beziehung scheint es keine (von der Mutter anerkannten) Dritten zu geben, denen sich Tom alternativ zuwenden kann – wenngleich in seinem Umfeld Dritte existieren. Die Beobachtungen zeigen summa summarum eine nach außen geschlossene Mutter-Sohn-Dyade, die mit einem rigiden Konzept der »Allein-Guten-Mutter« verstanden werden kann.

Dieser altersuntypische und Dritte ausschließende Beziehungsmodus ist offensichtlich nicht konfliktfrei. In der beobachtbaren, zeitlosen Zweieinheit spielen sich, so konnte es die Fallnovelle zeigen, körpernahe und sinnlich konkrete Erfahrungen von Gleichheits- und Differenz- sowie Abhängigkeits- und Ablösungsdilemma ab, deren Bearbeitungsmöglichkeiten auf die Ressourcen der geschlossenen Dyade begrenzt bleiben. Im Material wird gleich eindrucksvoll zu zeigen sein, welche Bedeutung auch der konkret abwesende Vater für die Bearbeitung dieser Dilemmata und für die Identitätsstiftung hat und wie der kleine Junge versucht, den geschlossenen dyadischen Raum um den Dritten zu erweitern. Für diese Darstellung soll der geschlossene, dyadische Erfahrungsraum noch einmal in verdichteter Weise skizziert und theoretisch begriffen werden:

Durch die Enge und Ausschließlichkeit der Mutter-Sohn-Beziehung erfährt Tom seine konkrete Lebenswelt als ausschließlichen (und ausschließenden) Wirkungsbereich der Mutter (vgl. weiterführend Amendt 1994). In Toms beobachtbaren Lebensräumen, dem Büro und der Wohnung, changieren Mutter und Sohn hin und her. Toms Liebesverhältnis mit der Welt, wie Mahler (1993) sagen würde, die interessierte Erkundung seiner Umwelt im aufrechten Gang[135], wird gelenkt und beschränkt durch die Mutter – auch die Erkundung des Selbst und der Objekte.

Dabei ist es interessant, dass die Mutter die körperliche Nähe bei ihren Bewegungen zwischen den Räumen so weit absichert, dass sie die inneren und äußeren Begegnungen mit (vor allem weiblichen) Dritten aktiv verhindert.[136] Auch Männer sind in der Familie kaum erfahrbar. Der kindliche und persönlichkeits-

---

[134] Mutter und Arbeitnehmerin (vgl. Kap. II, 1.6).

[135] Der Begriff des aufrechten Gangs verweist an dieser Stelle noch einmal darauf, dass Tom ein 3,5-jähriger Junge ist.

[136] Die Freundin des Bruders verlässt die Küche, nachdem sie von der Mutter kritisiert wurde, die Schwester soll sich aus der Erziehung heraushalten und auch in den Kindergarten, als weiblicher Erfahrungsraum, darf Tom nicht (vgl. Fünftes Beobachtungsprotokoll und Kap. II, 1.2).

prägende Erfahrungsraum wird dadurch noch klarer als absolut-mütterlicher und dyadischer erkennbar. Durch das Fehlen des Dritten erinnert die geschlossene Mutter-Sohn-Dyade grundlegend an die These Nancy Chodorows, welche die Lebenswelt des Kindes[137], im Gegensatz zu Freud, als weibliche erklärt (vgl. 1979: 196f.). Ihre Kritik an Freuds Konzept der primären Männlichkeit scheint mit dem Fall Tom doch sehr plausibel. Zwar dreht sich im Fall Tom das Leben der Familie gemäß Freuds Konzept im Kern um die Entlastung des Mannes. Denn die Mutter »arbeitet ihrem Mann und ihrem Sohn Flo in verwaltender Weise von einem Büro aus zu« (Vorstellung der Familie Kap. II, 1.1), während die Männer den Tag mit der wirtschaftlichen Absicherung der Familie zubringen. Und vielleicht lernt Tom auch »schon früh das überlegene Prestige der männlichen Erwachsenenrolle« (Tillmann 2006: 101) kennen. Doch steht diesem Kennenlernen der abstrakt prestigeträchtigen, männlichen Erwachsenenrolle offenkundig die sinnlich-konkrete Erfahrung der mächtigen Mutterrolle gegenüber, die den Tag und dessen Möglichkeiten bestimmt.

Im Fall Tom ist eine weibliche, das heißt von Frauen dominierte und gestaltete Lebenswelt beobachtbar. Die Möglichkeiten geschlechtsspezifischer, persönlichkeitsprägender Erfahrungen sind ungleich verteilt. Die konkrete Welt des Jungen Tom ist eine weibliche.

In diesem absolut-mütterlichen Wirkungsraum macht der 3,5-Jährige die Erfahrung, dass er den äußeren, aber auch den inneren Bewegungen und Positionen der Mutter folgen muss. Ihr Tag bestimmt den seinen. Dabei wird er, je nach Verfügbarkeit der Mutter, mit Gefühlen omnipotenter Wirkmächtigkeit und Gemeinsamkeit bestärkt oder mit ohnmächtiger Fremdheit, Differenz- und Ausschlusserfahrung konfrontiert. Diese Hypothesen verdienen je eine genauere Betrachtung.

Ist die Mutter innerlich auf ihren Sohn eingestellt, kann er scheinbar wortlos große Nähe und innere Verbundenheit aktiv herstellen, können Spiele affektiv aufgeladen gespielt werden und sich Momente der Einheit und des Gemeinsamen entwickeln. Der weibliche Wirkungsraum der Mutter ist dann ein gemeinsamer und Tom ist omnipotent. In diesen Momenten kann Tom Gefühle der Verbundenheit, wie in frühen Lebenstagen, erfahren. Differenz ist kein Thema (vgl. Kap. II, 1.4).

---

[137] Mit ihrer Erklärung richtete sich Nancy Chodorow gegen Freuds These, die Welt sei eine männliche. Freud hat die Welt und die Kultur bekanntermaßen gemäß seiner Epoche kulturell-abstrakt als männliche konzipiert. Das Leben in der Familie drehte sich, so Freuds Annahme, um die Entlastung des Mannes, der den Tag mit der wirtschaftlichen Absicherung der Familie zubrachte. So kam Freud zu dem Schluss, dass das Kind »schon früh das überlegene Prestige der männlichen Erwachsenenrolle« (Tillmann 2006: 101) kennenlernte. Gestützt durch die Massentheorie Piagets meinte Freud weiter zu erkennen, dass der Junge den Körper der Frau als unvollständigen wahrnehme. Aus der Perspektive des Jungen müssten demnach alle Menschen männliche sein. Jene, die einen Teil verloren haben, erscheinen als weibliche (vgl. auch die Zusammenfassung von Dammasch 2009: 15ff.).

Bewegt sich die Mutter äußerlich und innerlich allerdings auf der Seite der Arbeitnehmerin und Haushälterin, hat sie keine Zeit für Gemeinsames, Tom ist in passiv-erfahrender Weise Momenten der Differenz und des Ausschlusses ausgeliefert. Die exklusive, zweigeschlechtliche, omnipotente Dyade zerfällt dann in ein alternativloses, geschlechtsspezifisches Jeder-für-sich. Mit einem Mal wird die Mutter zur erwachsenen, weiblichen Arbeitnehmerin/Haushälterin mit einer eigenen, vom Sohn gelösten Aufgabe. Tom wird in diesen Momenten in eine überfordernde und im wahrsten Sinne des Wortes beunruhigende Selbstständigkeit[138] entlassen. Die Frauen arbeiten, die Männer sind außer Haus und Tom ist im Hier und Jetzt alleine.

Wie dringend und kreativ die Erfahrung des Ausschlusses und der Verlust der Zugehörigkeit von dem 3,5-Jährigen bearbeitet werden muss, kann im Material der ersten Beobachtung an einer Auflösung der Zweieinheit gut beobachtet werden. Sie wurde im Kapitel der ersten Beobachtung bereits ausführlich, aber ohne diese Frage an das Material, beschrieben.

In der ersten Beobachtung geht Tom gemeinsam mit seiner Mutter in das Büro der Familie. Wahrscheinlich mit der Erfahrung im Rücken, dass dieser Weg zu einem Positionswechsel der Mutter, von der Verfügbarkeit hin zur Beschäftigung, führt, geht Tom »sofort an sein Spielzeug Parkhaus welches im Büro von Frau Schwarz steht und fängt an zu spielen« (Kap. II, 1.2). Ein aktiver Ausstieg ist bekanntermaßen leichter zu bearbeiten als das passive Verlassenwerden.[139] Ein Nebeneinander, das scheinbar von Tom initiiert wird, beginnt. Doch bereits nach kurzer Zeit sucht Tom wieder einen nähestiftenden Zugang zu seiner Mutter. Die Auflösung der Dyade und des Gefühls der Zugehörigkeit fordert ihren Tribut. »Er sucht Stifte und möchte jetzt unbedingt malen. Frau Schwarz geht nach oben in die Wohnung und holt Stifte für Tom.« (ebd.) Tom versucht, die Mutter wieder in seine Zeit im Büro einzubinden und seine Selbstständigkeit zur Gemeinsamkeit zu transformieren. Vielleicht spielt er sogar in identifizierender Weise, Arbeitnehmerin zu sein, die im Büro mit Stiften hantiert. Er möchte »unbedingt« ein Wir herstellen. Sprachlich und szenisch fordert er, über den Verhandlungsgegenstand der Stifte, eine Wiederherstellung der Verbundenheit. Dass es Tom nicht um das Malen an sich geht, wird aus dem weiteren Verlauf schnell ersichtlich. »Als sie wieder runterkommt und Tom die Stifte gibt um zu malen will er nicht mehr.« (ebd.) Er beginnt, nachdem die Mutter über ein Verbot aus der Interaktion verschwindet, nach einer Schere zu suchen und »Frau Schwarz hält ihm ein altes Blattpapier hin und er schneidet ein paarmal rein verliert aber auch daran schnell wieder die Lust« (ebd.). Das Spielen mit dem Büromaterial

---

[138] Dabei verweist der Anspruch nach Selbstständigkeit auf den Vater und dessen Unabhängigkeit.

[139] Die Bearbeitung des passiven Verlassenwerdens durch ein aktives Nachspielen desgleichen hat bereits Freud in seinem bekannten Beispiel der Garnrolle beschrieben (vgl. bspw. Lorenzers 1986: 54f.).

der Mutter geht weiter, aber die Identifikations- und Interaktionsversuche wollen zu keinem längeren Miteinander führen. So sucht Tom nach drei gescheiterten Interaktionsversuchen seine Großmutter auf und bekommt auch von ihr gesagt, dass »sie gerade keine Zeit« (ebd.) habe. Die Frauen in Toms Lebenswelt haben sich ihrer Arbeit zugewandt, für den kleinen Jungen scheint keine Zeit. Von Wirkmächtigkeit kann keine Rede sein.

Da die Versuche, mit den Frauen in einen längeren Kontakt zu treten, nicht von Erfolg gekrönt sind und auch die Versuche, wie die Frauen im Büro zu arbeiten, wenig angeregt werden, wendet sich Tom dem Beobachter zu. Der allerdings verkörpert mit seiner Passivität und seiner Inszenierung des Gegenständlichen (vgl. Kap. II, 2.6.4), dass Männer im Büro nicht als konkrete Gegenüber erfahrbar sind. Der Beobachter macht keine Anstalten, in ein gemeinsames Spiel und eine Beziehung zu treten. Die Botschaft im Büro der Familie wird immer eindeutiger. Die Frauen arbeiten und die Männer sind außer Haus. Tom ist hier als kleiner Mann fremd und für die Männerwelt draußen noch zu klein. Sicherlich stellt sich ein Gefühl der Fremdheit im Hier und Jetzt ein. Und wahrscheinlich steht dieses Gefühl den drängenden Interaktionsversuchen des Jungen Pate. Interessanterweise greift Tom jetzt auf einen Dritten zurück, der noch weniger konkret greifbar ist als die Personen im Büro. Er phantasiert den Vater ins Büro und, weitergedacht, sich auf die Baustelle.

Die Erfahrung der Ausgeschlossenheit und Fremdheit im Hier und Jetzt wird von Tom kreativ bearbeitet. Das zur Verfügung stehende Material, die Repräsentanz des Vaters, ist allerdings wenig facettenreich und kaum dazu geeignet, das Gefühl der Fremdheit nachhaltig zu bearbeiten. »Er setzt sich auf die Armlehne des Schreibtischstuhls und sagt er sitze auf dem Dach wie der Papa (Familie besitzt eine Dachdecker-Firma), Frau Schwarz guckt ihn an und sagt ja das machst du wie der Papa. Tom erwidert er sei ein Dachdecker wie der Papa und lacht.« (ebd.) Über die Erfahrung des Ausschlusses identifiziert sich Tom offenbar mit einem Bild, das er von seinem Vater hat. Er spielt sich im Hier und Jetzt der Differenzerfahrung in die Welt der Männer. Eine Welt, die vor allem sprachlich vermittelt ist und der scheinbar wenig körpernahe Bilder zur Seite stehen. Zur Erinnerung das Zitat des Vaters aus dem Elterninterview, das bereits bei der Vorstellung der Familie in Kap. II, 1.1 angeführt wurde: »Als Mann hat man zu kleinen Kindern noch nicht so die Beziehung, weil man noch nichts damit anfangen kann.« (Interview: 29 M. B.)

Aufgrund der fehlenden, konkreten Vatererfahrungen muss Tom in seiner Not der Differenzerfahrung auf ein vage am Horizont erahntes Vaterimago (vgl. Hopf 2014: 74) zurückgreifen. In der Hoffnung, so zu werden/sein wie er und sich zugehörig zu fühlen. Er spielt und phantasiert sich zum Vater-Dachdecker, was in bezeichnender Weise beschränkt darauf ist, »auf dem Dach« zu sitzen.

Die Hinwendung zum Dritten muss im Fall Tom aufgrund der fehlenden Erfahrungen abstrakt verlaufen und auf die sprachlich übermittelte Berufsvorstellung vom

Vater beschränkt bleiben. Er kann sich keinem konkreten Gegenüber zuwenden, der seine Ausschlusserfahrung mindert, der möglicherweise eine Brücke zur Mutter schlägt, die jetzt konkret so wenig greifbar ist. Es ist anzunehmen, dass Tom an seiner Vaterimago festhält und »illusionäre Phantasien von seiner männlichen Größe und Potenz« (Hopf 2014: 75) herstellt, Zugehörigkeit phantasiert und die *Idee* vom Vater als Identitätsstütze nutzt.

1.3 Erkenntnis, Relevanz und Konsequenz

Über die erneute Betrachtung und das theoretische Begreifen der Fälle Tom Schwarz und Yannis Fischer, unter dem Fokus des Erlebens sprachlich-abstrakter und sinnlich-konkreter, geschlechtsspezifischer Lebenspraxis, lässt sich differenziert diskutieren, welche spezifischen Ressourcen eher dyadische und eher triadische Erfahrungsräume für die Verkörperung der eigenen Geschlechtlichkeit anbieten können.

Es ist, gerade mit einem übergreifenden Blick auf die Fälle, gut zu erkennen, wie die beiden Jungen mit sinn- und sprachsymbolischen sozialen und körperlichen Realitäten der Geschlechtlichkeit und dualistischer Geschlechtsdifferenz konfrontiert werden – beide auf eine ganz unterschiedliche Weise. Yannis erlebt dualistische Geschlechtsunterschiede konkret sinnlich und sprachsymbolisch vermittelt über die Körperbilder und die Sprechakte von Mutter und Vater. Tom erfährt sie primär über die sprachlich vermittelte Zugehörigkeit der Geschlechter zu Lebens-, Interessens- und Arbeitsbereichen. Mit einem Blick auf die Bearbeitungsansprüche dieser Erfahrungen, ist es interessant zu sehen, wie bedeutsam und identitätsstiftend sowohl der konkrete als auch der repräsentierte Vater für die Jungen zu sein scheint und wie aktiv und kreativ dieser von den Jungen gesucht und genutzt wird.

Am Fall Yannis kann illustriert werden, wie der affektive, eher trianguläre Resonanzraum der Familie eine geschlechtsspezifische und generative Erfahrungswelt körpernah zur Verfügung stellt und sich der Junge, bei der Verkörperung seiner eigenen Geschlechtlichkeit sinnsymbolisch und sprachsymbolisch, *ansprechen* lassen kann. Die Qualität der elterlichen Beziehung liefert dabei die Atmosphäre zugewandter Verbundenheit, in der Yannis, an der Seite seines Vaters und im Spiegel der Mutter, männliche und weibliche Anteile in sein Selbstkonzept integrieren kann.

Im Vergleich dazu kann der Fall Tom einen Eindruck von der Innenwelt eines 3,5-jährigen Jungen vermitteln, der in einem Dritte ausschließenden, stereotyp weiblichen Erfahrungsraum aufwächst, in dem eine rollenförmige Differenz der Geschlechter betont wird. Diesen eindimensionalen Erfahrungsraum versucht er aktiv und kreativ durch eine Vaterimago zu erweitern.

Es lässt sich leicht vorstellen, wie sich die Innenwelt des Jungen Tom mit abstrakten (stereotypen), wenig konkreten und greifbaren Vorstellungen von Männlichkeit anreichert, um die Lücke zu füllen, die zwischen Mutter und Sohn über die rollenförmige Geschlechterdifferenz und -fremdheit hergestellt wird. Und es lässt sich leicht der Junge Yannis vorstellen, der an der Seite von Mutter und Vater und im Gegenüber des Elternpaares, Geschlechtlichkeit verkörpert, die ausgestattet ist mit konkreten, körpernahen Erfahrungen sowohl mit Mutter und Vater als auch mit deren Verbindung, dem Elternpaar.

Die Erfahrung der Begrenztheit von Geschlechtlichkeit ist als psychische Arbeitsanforderung strukturell in der Lebenswelt der Jungen verankert. Ganz gleich, ob diese sozial konstruiert oder materiell vorgeformt ist. Die Begrenzung auf das männliche Geschlecht verlangt nach einer identitätsstiftenden Bearbeitung. Sie regt eine kreative Suchbewegung der kleinen Jungen an. Die innerfamiliären Strukturen stellen, ebenso wie die Qualität der innerfamiliären Beziehungen, die Weichen, die diese Suche leiten – sie stellen die Weichen männlicher Identitätsentwicklungen.

Welche erziehungswissenschaftliche Relevanz haben diese Thesen? Welche Konsequenzen lassen sich aus ihnen ableiten? Um diese Fragen zu beantworten, ist eine differenzierte Betrachtung und Bewertung dergleichen notwendig.

Die beiden Fälle unterscheiden sich A: in ihrer objektiven, familiären Struktur und B: in der Struktur innerfamiliärer Beziehungen. Diese Strukturen wurden offenkundig über ein theoretisches Begreifen der Szenen, mithilfe triangulierungstheoretischer, respektive gendertriangulierungstheoretischer Bezüge (vgl. Dammasch 2008b), herausgearbeitet. Vergleichsweise stillschweigend wurde mit der Anwendung der strukturellen Begriffe von Dyade und Triade ein Generalisierungsvollzug eingeleitet oder zumindest vorbereitet. Die dyadische Familienstruktur im Fall Tom Schwarz hat eine Abwertung, die triadische Familienstruktur im Fall Yannis hat eine Aufwertung bzw. Idealisierung erfahren.[140] Nun muss bei der Formulierung von Relevanz und Konsequenz selbstreflexiv darauf geachtet werden, dass die Strukturbegriffe nicht die Komplexität der innerfamiliären Lebenspraxis, das heißt die Qualität der Beziehungen, das Engagement der Bezugspersonen und vor allem die herausgearbeitete Bedeutung der Körperwahrnehmungen, überdecken. Andernfalls blieben Relevanz und Konsequenz auf ein kurzsichtiges und pauschalisierendes Plädoyer für die trianguläre, heterosexuelle Kernfamilie beschränkt, obgleich die obigen Thesen auf viel tiefergreifende und komplexere Erfahrungswerte rekurrieren.

Die über den Vergleich der Szenen idealisierte, triadische Familien- und Beziehungsstruktur im Fall Yannis soll hier nicht als eigenständig-funktionelle, persönlichkeitsprägende Dimension verstanden und als relevante markiert werden, wie dies etwa in Abelins Individuationstheorie (vgl. 1971) oder in Lacans *Nom du*

---

[140] Vielleicht hängt dies u. a. mit der Bewertung des kleinen Jungen Tom zusammen, der in einem kreativen Akt versucht, über die Einbindung einer Vaterimago einen triangulären Raum zu schaffen und dabei implizit auf einen Mangel in der geschlossenen Mutter-Sohn-Dyade verweist.

Pére (vgl. 2006) verhandelt wird. Sie sollen vielmehr auf die Dimension relevanter Möglichkeitsbedingungen heruntergebrochen werden, in deren Rahmen das erziehungspraktische Engagement von Mutter und Vater, deren Beziehungsqualität als Elternpaar und vor allem die Dimension des Körperlichen vom Jungen in persönlichkeitsprägender Weise erlebt werden können. Durch diese Bewertung von Familien- und Beziehungsstrukturen als *Teile* eines Konglomerats an Bedingungen, können die körperlichen, gestaltenden und inszenierenden Subjekte in den Fokus einer Bestimmung von Relevanz gestellt werden.[141]

Die Struktur einer Familie und der Beziehungen stellen primär Möglichkeitsbedingungen dar. Sind Mutter und Vater, männliche und weibliche Bezugspersonen, mitsamt ihrer Beziehung zueinander, konkret verfügbar, zugewandt und somit körperlich und psychisch erlebbar, wird der psychosoziale Erfahrungsraum des Jungen facettenreich. In diesem Erfahrungsraum kann sich der Junge bei der Ko-Konstruktion der eigenen männlichen Geschlechtlichkeit von mehreren Ebenen ansprechen lassen. Die Qualität der elterlichen Paarbeziehung bestimmt dabei die Atmosphäre, in der das facettenreiche Erfahrungsangebot für den Jungen ansprechend sein kann. Es ist naheliegend, dass die Introjektion facettenreicher Eindrücke von Geschlechtlichkeit die Flexibilität eigener Geschlechtlichkeit fördert.

Das Verständnis von Struktur als Möglichkeitsbedingung ist in der Lage, die Komplexität des psychosozialen Erfahrungsraums der Familie zu fassen. Zudem ist dieses Denken von Struktur flexibel und kann einen triangulierungstheoretischen Zugang zu innerfamiliären Erfahrungsräumen schaffen, die sich fortlaufend verändern. Gedacht ist hier unter anderem an die zunehmende Umstrukturierung von Familie und die lebenspraktische Neuverhandlung der Geschlechterverhältnisse. Funktionalistische Strukturtheorien, wie die des *Nom du Pére* (vgl. Lacan 2006), werden, zumindest in der empirischen Sozialforschung, perspektivisch an lebenspraktischer Plausibilität verlieren. Dass sie klinisch relevant bleiben, steht dabei außer Frage

Mit einem Blick auf die aktuellen Forschungsperspektiven im Nahfeld der Triangulierungsforschung ist anzunehmen, dass sich die funktionelle und symbolische Orientierung sowie die damit einhergehende Orientierung am abwesenden Vater, zunehmend erweitern wird und der Einfluss konkreter Körper- und Beziehungserfahrungen auf die psychostrukturelle Entwicklung des Kindes, respektive des Jungen, konzeptionell stärker in der Theoriebildung berücksichtigt wird. Konkrete bildliche, taktile und kinästhetische Körper- und Beziehungserfahrungen werden, durch die Erkenntnisse empirischer Väterforschung, zunehmend relevant für eine psychoanalytische Theorie des Väterlichen. Sie sind zunehmend im Begriff, funktionalistische Konzeptionen von Familienstruktur sowie die symbolische Dimension des Väter-

---

[141] Das schließt nicht aus, dass mit einem Blick auf das Subjekt wieder die Frage nach funktioneller (Psycho-)Struktur in den Fokus einer Relevanzbestimmung rückt.

lichen zu ergänzen oder gar in ihrer Bedeutsamkeit zu überholen (vgl. Kap. III, 2 sowie zum Überblick des aktuellen Forschungsstandes Aigner, Rohrmann 2012, Brandes 2011).

Die hier vorgeschlagene konkretistische Perspektive, die der Beobachtungsforschung entspringt, schließt an die Perspektive des psychoanalytischen Väterforscher James Herzog an, der bereits 1998 im Rahmen seiner Beobachtungsstudien den konkreten Vater in den Mittelpunkt seiner Überlegungen zur Triangulierung stellte: »Die frühe triadische Erfahrung hängt von der Anwesenheit des Vaters ab. Seine An- und Abwesenheit beeinflusst die Fähigkeit zu differenzieren, sich zu individuieren, Affekte zu organisieren und zu modulieren, zu repräsentieren und sich der Realität anzupassen.« (Herzog 1998: 177)

Anstatt nun an dieser Stelle die aktuellen Erkenntnisse der Väterforschung im Nahfeld der Triangulierungstheorien aufzuführen, wird das zweite Kapitel des diskurserweiternden Abschnittes eingeleitet. Dort wird der Frage nach dem konkreten körperlichen und psychischen Vater, im Kontext der Affektregulierung, dezidiert die volle Aufmerksamkeit gewidmet.

2. Aggression und Geschlecht

In Anlehnung an Freud hält Metzger 2013 fest, dass Aggressivität durch libidinöse Bindung sozialisiert werden kann (vgl. 2013: 33, vgl. auch Freud 1932: 23). Diese These ist gut geeignet, um das vorliegende Kapitel einzuleiten und die Frage nach der Bedeutung des konkreten, zugewandten Vaters, im Kontext affektregulierender Beziehungserfahrungen, zu stellen. Aggression und libidinöse Bindung sind eng miteinander verbunden.

Die Fallnovellen haben bis hierher dazu eingeladen, über die Erfahrung körperlicher Differenz in der Mutter-Sohn-Beziehung nachzudenken und triangulierungstheoretische Konzepte mit empirischen Abbildern zu diskutieren. In den vorangegangenen Kapiteln konnte so festgehalten werden, dass die Erfahrung der körperlichen Begrenztheit, die Unmöglichkeit, körperlich Mutter und Vater zu sein, strukturell in der Lebenswelt der Jungen verankert ist und mit einem plötzlichen Rauswurf aus einem mütterlich-omnipotenten Orbit vergleichbar ist, der die frühen Repräsentationen des Selbst infrage stellt.[142] Außerdem ließ sich zeigen, wie diese traumatische Erfahrung in dyadischen und triadischen Strukturen, Beziehungsmodi und in starker Abhängigkeit von Verfügbarkeit, Engagement und Körperlichkeit der Beziehungsfiguren unterschiedlich bearbeitet werden kann. Der affektive Resonanzraum der Elternpaarbeziehung wurde dabei in seiner Bedeutung herausgearbeitet (vgl. Kap. III, 1.3, siehe zudem grundlegend Dammasch 2008b: 26ff., Bürgin 1998a).

In Kapitel III, 2.1 wird nun der affektive, familiäre Resonanzraum der Familie in einen väterlichen und einen mütterlichen differenziert. Der Zoom auf das körperliche und psychische Subjekt wird feiner gestellt. Bezogen auf die mütterlichen und väterlichen, mentalen Kapazitäten lässt sich am Fall Yannis zeigen, welch unterschiedliche Resonanz aggressive Selbstanteile des Jungen in Mutter und Vater finden. Auch lässt sich der Frage nachgehen, welche Bearbeitungsmöglichkeiten im Umgang mit aggressiven Selbstanteilen Mutter und Vater ihrem Sohn zur Verfügung stellen. Unter dem Titel »Geschlechtsspezifische Formung aggressiver Selbstanteile« wird eine Szene in der dritten Beobachtung im Fall Yannis erneut analysiert. Hier tritt Yannis in aggressiv-destruktiver Weise auf und versucht, seinem neugeborenen Bruder Mund und Nase zuzuhalten.

In Kapitel III, 2.2 wird unter dem Titel »Ungeformte Aggression in der Mutter-Sohn-Beziehung«, illustriert durch den Fall Tom, einer affektiven Komponente besondere Aufmerksamkeit geschenkt, die von empirischer Seite, außerhalb klinischer Studien (vgl. Dammasch 2008a, b) oder theoretischer Überlegungen (vgl. Döller,

---

[142] Im Fall Tom geht diese Erfahrung einher mit der Konfrontation der Generationendifferenz. Er ist nicht nur nicht körperlich weiblich, er ist auch nicht körperlich erwachsen.

Weisenburger 2009: 109ff.). kaum berücksichtigt wird[143] – die Verletzung des Selbst in der frühen Mutter-Sohn-Beziehung als Auslöser von destruktiver Aggression (vgl. Hopf 2014, Kohut 1973, Ornstein, Ornstein 1997, Parens 1995)[144]. Die Erfahrung des Ausschlusses aus der Welt omnipotenter Zweigeschlechtlichkeit geht für den Jungen Tom einher mit einer Verletzung seiner Selbstrepräsentanz. Sie entfacht narzisstische Wut.[145]

Ralph Greenson hat bereits darüber geschrieben, wie die Erfahrung der Geschlechtlichkeit das Selbst, als die Repräsentation des Ich, beschädigt und den Jungen mit einer spezifischen Herausforderung der »Beendigung der Identifizierung« (vgl. Greenson 2009: 152) mit der Mutter konfrontiert. Dass diese Herausforderung für den Jungen mit dem Gefühl des Ausschlusses verbunden ist und dass Ausschluss Aggression erzeugt, scheint hingegen wenig berücksichtigt. Dabei scheint Ausschluss in der frühen Lebenswelt des Jungen strukturell verankert und Männlichkeit möglicherweise selbst eine Erklärungsfigur früher spezifischer, aggressiver Selbstanteile darzustellen. In eine ähnliche Richtung hat bereits Frank Dammasch gedacht, der bekanntermaßen die Unruhe und die Ursachen externalisierender Störungen des Jungen in der frühen Mutter-Vater-Sohn-Beziehung vermutet (vgl. Dammasch 2008b).

Der innerfamiliäre Ursprung und Umgang mit Ausschluss und Aggression soll folgend, unter dem Aspekt der Geschlechtlichkeit und der Affektregulierung, eine genaue Betrachtung finden.

2.1 Geschlechtsspezifische Formung aggressiver Selbstanteile

Die Familienbeobachtung im Fall Yannis zeigt viele affektiv aufgeladene, körperlich wilde und stürmische Interaktionen. Innerhalb der »Bruderhorde« kommt es zu Verfolgungsjagden, Kissenschlachten und Duellen an der Klimmzugstange. Konstruktiv-phallische Aggressivität und phallische Großartigkeit sind Kernelemente des Falls. Sie werden vor allem durch den Vater und die Söhne verkörpert und von Frau Fischer in anerkennender und empathischer Weise begleitet und gefördert. »Nur nicht so fest mein Schatz!« sagt sie, als die Brüder sich jagen (vgl. Kap. II, 2.2). Dabei gibt sie ihr Einverständnis für das wilde und phallische Jagen an sich. Im

---

[143] Eine Ausnahme bildet bspw. die Arbeit von Parens 1995, 2010.

[144] Die Tatsache, dass aggressives Verhalten als Verhaltensstörung, laut Heinemann, bei Jungen drei Mal so häufig diagnostiziert wird wie bei Mädchen (vgl. 2008: 9), lädt dieses Kapitel mit zusätzlicher Brisanz auf.

[145] Die frühen Objektbeziehungen und die Selbst-Identität entstehen im selben Urgrund, schreibt Parens 2010 (vgl. 2010: 19). Differenzerfahrung in der Objektbeziehung heißt, dass einem etwas genommen wird.

Material sind viele unterschiedliche Parameter des konkreten Interaktionsverhaltens von Mutter und Vater, im konkreten Umgang mit ihren Söhnen und deren aggressiven Selbstanteilen, zu sehen.

In einer Szene der dritten Beobachtung, die bereits in der Fallnovelle ausführlich analysiert wurde, findet sich allerdings auch eine aggressive Komponente, die zerstörerische, fast grausame Züge annimmt. Sie soll hier mit einem Blick auf den Ursprung und die Formung destruktiver Aggression eine erneute Betrachtung erfahren. Zur Erinnerung:

Er hat seine Beine auf einem Hocker angewinkelt stehen. Noah liegt auf seinen Oberschenkeln und Herr Fischer gibt ihm die Flasche. Yannis stellt sich auf Kopfhöhe Noahs daneben und beobachtet Noah während er trinkt. Herr Fischer streicht mit seiner Hand über Yannis Kopf. Yannis beugt sich leicht hinüber und gibt Noah einen Kuss auf die Stirn. Noah scheint keinen Hunger mehr zu haben und Herr Fischer zieht ihm die Flasche aus dem Mund. Er hält die Flasche hoch, um festzustellen wie viel Milch übrig geblieben ist. »Mama, der Noah hat fast alles leer getrinkt!«, ruft Yannis in einem doch sehr schrillen Ton. »Pssst, nicht so laut Yannis, Du stehst genau neben Noahs Ohr«, ermahnt Herr Fischer Yannis. »Darf ich den Noah ma halten?« – »Nee, der hat doch erst gegessen und muss noch sein Bäuerchen machen«, teilt Herr Fischer Yannis mit. Noah liegt immer noch auf seinen Beinen. Yannis legt Noah die Hand auf die Stirn und sagt: »Gell, der hat kein Fieber?«. Herr Fischer verneint dies mit einem Lächeln. Yannis legt nun beide Hände auf die Wangen von Noah und geht mit seinem Gesicht sehr nah an das Gesicht des Babys. Yannis drückt ihm abermals einen Kuss auf. Nun legt Yannis eine Hand auf die Augen Noahs und die andere Hand auf Mund und Nase. Herr Fischer scheint leicht zu erschrecken und schimpft Yannis: »Halt, Du kannst dem doch nicht die Nase zuhalten, er kriegt doch keine Luft!«. Yannis zieht beide Hände sofort weg und versteckt sie hinter seinem Rücken. Dabei schaut er Herr Fischer mit einem, wie mir scheint, schuldbewusstem, ratlosem Ausdruck an. »Du bist echt ein Spinner!«, sagt Herr Fischer und gibt Yannis eine leichte Kopfnuss.

Ich möchte hier bemerken, dass dies aus meinem Standpunkt nicht aussah, dass Yannis Noah die Luft nehmen wollte, sondern eher wie eine Art Liebkosung. (Drittes Beobachtungsprotokoll: 15 S. K.)

Die Beobachterin findet den Vater in der dritten Beobachtung in einer Szene, die wie »neu geboren« ist. Der Vater hat Noah auf den angewinkelten Knien liegen und gibt ihm die Flasche. Durch die Geburt Noahs scheint er seinen Bereich der Klimmzüge verlassen zu haben. Das familiäre Setting hat sich verändert. Yannis hat einen neuen, zweiten kleinen Bruder bekommen, der zum Zeitpunkt der Beobachtung, mit seinen drei Monaten, noch ein kleiner Säugling ist. Vater und Säuglings-Bruder findet Yannis, zeitgleich mit der Beobachterin, im Wohnzimmer in enger Verbundenheit.

Es konnte in Kap. II, 2.6.3 aus dem Material herausgearbeitet werden, dass Yannis seine Mutter in 18 von 41 gelebten Monaten als schwanger erlebte. Das geht sicher einher mit der Erfahrung, dass die Mutter in 18 Monaten (fast 50% der gemeinsamen Lebenszeit) innerlich durch einen Dritten besetzt war. Der Vater wurde vergleichsweise unabhängig und frei[146] erlebt. So kann mit dem Bild des stillenden Vaters sicher der Eindruck verbunden sein, dass der Körper des Vaters und dessen mentale Verfügbarkeit nun, nach der Geburt, ebenfalls besetzt sind. Mutter *und* Vater versorgen nun, wenn nicht paritätisch dann doch gemeinsam, vier Söhne und speziell den neugeborenen Noah. Erfahrungen der Exklusivität sind sicher nicht einfach herzustellen. Partizipation erscheint, in der hier gewählten Szene, als ein erfüllendes und vielleicht oberstes Maß der Verbundenheit. Und so nähert sich Yannis Vater und Bruder und stellt sich an ihre Seite.

> Yannis stellt sich auf Kopfhöhe Noahs daneben und beobachtet Noah während er trinkt. Herr Fischer streicht mit seiner Hand über Yannis Kopf. Yannis beugt sich leicht hinüber und gibt Noah einen Kuss auf die Stirn.

Möglicherweise aus einer Identifikation mit der Mutter heraus (vgl. Kap. II, 2.2 sowie 2.4) nähert sich Yannis dem Duett mit einer fürsorglichen Haltung. Er küsst seinen kleinen Bruder und versucht, die Dyade zur Triade zu erweitern. Den Platz an Noahs Stelle einzufordern, versucht er nicht. Wahrscheinlich erkennt er die Notwendigkeit der Beziehung, die Bedürftigkeit des Säuglings, an.

Die Fürsorglichkeit von Yannis scheint in dem Kopfstreicheln durch den Vater Anerkennung zu finden. Vielleicht kann er sich auch empathisch in den kleinen Jungen hineinversetzen, der in der Szene einen besetzten Vater sieht. Das Streicheln über den Kopf reicht allerdings nicht aus, um die Erfahrung, der Dritte zu sein, angemessen zu bearbeiten.

> »Mama, der Noah hat fast alles leer getrunken!«, ruft Yannis in einem doch sehr schrillen Ton. »Pssst, nicht so laut Yannis, Du stehst genau neben Noahs Ohr«, ermahnt Herr Fischer Yannis. »Darf ich den Noah ma halten?« – »Nee […].«

Yannis ruft seine Mutter dazu. Vielleicht kann sie Noah übernehmen. Vielleicht ist die Vater-Sohn-Zeit mit der leeren Flasche abgeschlossen und der Vater dann frei für Yannis? Seine Mutter kommt nicht dazu. Die Triade, mit dem eher neben-dran-stehenden Yannis, bleibt bestehen. In diese Triade kehrt jetzt Spannung ein. Der Vater ermahnt Yannis, nicht so laut zu sein, und zeigt sich ganz auf seinen neugeborenen Sohn eingestellt. Yannis soll sich anpassen, soll Rücksicht nehmen. Die Ansage, dass der, der so laut ist, bei gleichbleibender Lautstärke das Wohnzimmer verlassen muss, schwingt in der Szene mit. Wer der Dritte in der Szene ist, ist immer deutlicher zu erkennen. Die Partizipationsmöglichkeiten werden immer geringer.

---

[146] Die Formulierung »frei« bezieht sich hier einerseits auf den Bauch des Vaters sowie andererseits auf die innere Verfasstheit.

Vielleicht möchte Yannis die Struktur der Triade und die Verteilung von Nähe und Distanz verändern, als er fragt, ob er Noah mal halten kann. Möglicherweise möchte er die Position des Vaters übernehmen und selbst Teil der engeren Verbindung sein, neben der ein Anderer, der Vater, beobachtend steht. Die Bearbeitung einer Ausschlusserfahrung scheint hier weiterhin aktuell und durch die Ansage des Vaters herausfordernd zu werden. Als der Vater mit seinem »Nee« ankündigt, dass er weiter in der Vater-Sohn-Verbindung mit Noah bleiben wird, die inzwischen doch sehr exklusiv wirkt, keimt in Yannis ein destruktiver Gedanke. Er spricht ihn entschärft als Frage aus: »Gell, der hat kein Fieber?« Dass Fieber für einen drei Monate alten Säugling lebensgefährlich ist, weiß Yannis vielleicht nicht, dass es ihm Leid zufügt aber sicher. Und so zeichnet sich in der Szene ab, was weiter oben (Kap. II, 2.4) bereits vorbereitend herausgearbeitet wurde. Vielleicht hat sie (die Beobachterin) bereits in der Frage nach dem Fieber etwas beobachtet, was für eine neu gegründete Geschwisterbeziehung nicht untypisch ist – »den Wunsch und dessen Zugriff auf den Bewegungsapparat zur Wiederherstellung der Zeit ohne den Bruder« (Kap II, 2.4: 170). Yannis hält im Anschluss an die Frage Nase, Augen und Mund des kleinen Bruders zu. Wegmachen, scheint hier der motivierende, aggressiv-destruktive Gedanke. Das Aggressiv-Destruktive ist in der Szene deutlich zu erkennen. Wie reagieren nun die einzelnen Beteiligten auf diese Szene und deren aggressive Komponente? »Herr Fischer scheint leicht zu erschrecken und schimpft Yannis.« Offensichtlich hat der Vater die Handlung seines Sohnes als körperlichen Übergriff interpretiert, den aggressiven Selbstanteil in Yannis erkannt. Er erschreckt sich und scheint überrascht – überrascht vom aggressiven Motiv einer intentionalen Handlungspraxis. Er sieht, wie sein zweitgeborener Sohn seinem jüngsten die Atemwege zuhält und »schimpft«: »Halt, du kannst dem doch nicht die Nase zuhalten, er kriegt doch keine Luft!« Der Vater schimpft und erklärt zugleich. Dabei ist er eindeutig begrenzend. »Halt« ist das erste, was er sagt. Und das sagt er scheinbar in einer Weise, die Yannis »sofort« seine Hände wegziehen lässt. Er versteckt sie hinter seinem Rücken. Die Begrenzung des Vaters scheint Yannis in einer Weise wahrzunehmen, die für seine Hände gefährlich werden könnte.

Trotz seiner schreckhaften und sofortigen Reaktion, der Anerkennung der Grenze, verlässt Yannis die Szene nicht. Er bleibt stehen. »Dabei schaut er Herr Fischer mit einem, wie mir scheint schuldbewussten, ratlosen Ausdruck an.« Yannis sucht den Blick zu seinem Vater, sucht vielleicht in den Augen seines Vaters nach einer weiteren Reaktion. Vielleicht versucht er über seinen schuldbewussten Blick auch Versöhnung herzustellen. Alles in allem scheint es so, als ob Vater und Sohn hier in einem verbalen und nonverbalen Austausch über die aggressive Komponente der Handlung stehen. Ein Akt der Formung scheint hinter der Interaktion erkennbar. Herr Fischer erkennt die Handlung seines Sohnes als aggressive an. Er greift sie auf und gibt sie an seinen Sohn in einer spielerischen Distanz zurück. Er zeigt seinem

Sohn eine Grenze auf, gleichsam hält er ihn fest.»»Du bist echt ein Spinner!‹ sagt Herr Fischer und gibt Yannis eine leichte Kopfnuss.«

Dabei erinnert seine untypische Formulierung an eine Arbeit von Le Camus, der den Vätern eine ungewöhnliche und für Kinder schwierige Begriffswahl attestiert (vgl. 2001: 59). Er schreibt: »Wegen ihrer höheren Forderung wirken Väter als ›sprachliche Brücke‹ zwischen der frühen dyadischen Sprache und der späteren polyadischen, wie es im gesellschaftlichen Umfeld der Fall ist.« (ebd.) Der aus den Augen des Vaters prinzipiell lebensbedrohliche und aggressiv motivierte Akt des schuldbewussten Erdrosselns führt zu einer Etikettierung, die für eine Eltern-Kind-Kommunikation doch eher untypisch ist. Der Vater macht Yannis zum Spinner und führt ihn, mit seiner spezifischen Art der Begrenzung, in den Kommunikationsstil der Männer ein. Einen Kommunikationsstil, der in der Szene etwas Raues, gleichsam Leichtes und Zuwendendes hat. Er unterstreicht diesen Stil gleich körperlich. Er gibt Yannis eine leichte Kopfnuss und vervollständigt den stereotyp männlichen Interaktionsstil um eine körperliche Komponente. Mit seiner geschlechtsspezifischen Reaktion auf Yannis' Verhalten übergibt er ihm im übertragenden Sinne ein phallisches Zepter. Ein Initialisierungsritual zur Männlichkeit ist erkennbar. Wie mit der Klimmzugstange im Garten führt er seinen Sohn in seine Introjektion der Männlichkeit ein. Er gibt ihm eine leichte Kopfnuss unter Männern und zeigt, dass es auch in ihm eine aggressive Komponente gibt, die er spielerisch und kontrolliert dosiert einsetzen kann. So findet Yannis seine Aggressivität im Vater in verdauter Form (vgl. Bion 2006) wieder und kann sie, noch »ratlos«, seinem Vater gegenüberstehend, aufnehmen. Sie wurde geformt.

Yannis erfährt zwei Seiten von Väterlichkeit in der Szene. Einerseits erfährt er den phallischen Stolz seines Vaters, der mit seinem Jüngsten im Sessel sitzt, ihn beschützt und sogar stillen kann. Andererseits erfährt er (neben) seinem fürsorglichen und stolzen Vater einen begrenzenden Dritten mit einem eigenen Anerkennungs- und Interaktionsstil. Stereotyp männliche und weibliche Seiten findet er in einer Person und erfährt, dass der Vater im erfahrungsgemäß weiblichen Raum männlich bleiben kann. Im Rahmen dieser Erfahrung findet er eine Formung seiner aggressiven Komponente und darüber hinaus die Anerkennung seines Bindungsbedürfnisses. Der Vater kann ihn halten und begrenzen.

Nun ist es der Beobachterin zu verdanken, dass das Fallmaterial eine zweite, manifeste Interpretation der Szene enthält. Die Beobachterin, die sich von Beginn an schnell mit Frau Fischer identifizieren konnte und die, als reale und im übertragenden Sinne, als zweite Mutter im Setting der Beobachtungen bereits erkannt wurde (vgl. Kap. II, 2.6.4), kommentiert die Szene in eindrucksvoller, vielleicht mütterlicher Weise: »Ich möchte hier bemerken, dass dies aus meinem Standpunkt nicht aussah, dass Yannis Noah die Luft nehmen wollte, sondern eher wie eine Art Liebkosung.«

Die Beobachterin, die, das muss hier noch einmal betont werden, aus dem Esszimmer heraus die Szene im Wohnzimmer beobachtet, und die bislang keine Interaktionen in der Familie kommentiert hat, kommt in der Szene zu einer ganz anderen Schlussfolgerung. Wäre sie, anstelle des Vaters, die Akteurin der Szene, käme eine ganz andere Szene zustande. Die Interpretation des Vaters wird als falsche verstanden. Die Beobachterin, »die selbst Mutter und gelernte Erzieherin ist« (vgl. Kap. II, 2) und die sich schnell mit Frau Fischer identifiziert und ein Arbeitsbündnis mit ihr eingeht, hinterfragt den Vater in der Szene. Die Handlung von Yannis sieht für sie aus wie eine »Art Liebkosung«. Das schreibt sie in ihr Beobachtungsprotokoll. Die Interpretation und die Reaktion von Herrn Fischer scheint sie sehr irritiert zu haben. Die Wahrnehmungen gehen offensichtlich weit auseinander. Ihre Interpretation liest sich wie eine Verkehrung ins Gegenteil. Hände auf Mund und Nase halten sieht aus wie eine »Art Liebkosung«? Was in der Geschwisterbeziehung an der Seite des Vaters, im Rahmen einer Versorgungsszene, passiert, kann oder darf nicht aggressiv und destruktiv sein. Ein aggressiver Selbstanteil des Jungen findet in ihrem inneren Resonanzraum scheinbar keinen Widerhall. Wie geht die Szene weiter?

Herr Fischer nimmt Noah hoch und legt ihn sich auf die Brust, damit Noah sein Bäuerchen machen kann. In diesem Moment betreten Christian, Simon und Nils das Wohnzimmer. Alle drei springen auf die Couch und beginnen eine Kissenschlacht mit den Sofakissen. Yannis lacht und rennt ebenfalls auf die Couch zu. Christian stellt sich auf den Sofa-Rand und springt mit einer Art Kampfschrei auf das Sofa. (Drittes Beobachtungsprotokoll: 15 S. K.)

Nachdem der Vater mit Yannis geschimpft hat und ihn, nach der hier vorgestellten Lesart, in den Kommunikationsstil der Männerwelt eingeführt und dabei geholfen hat, seine Aggression zu formen, wendet er sich wieder ganz seinem Jüngsten zu. Yannis steht immer noch an der Seite seines Vaters. Der repressive und formende Akt scheint beendet und hat nicht zu einer Distanz, einem Ausschluss aus der Triade, geführt. Aus dieser Position heraus, sieht Yannis nun seine Brüder mit einem Freund ins Wohnzimmer laufen. »Alle drei springen auf die Couch und beginnen eine Kissenschlacht mit Sofakissen.« Das Männliche, das eben noch durch den Vater repräsentiert wurde, kommt in Form der Bruderhorde ins Wohnzimmer. Es wird rau und leicht zugleich. An der Seite des Vaters, dessen kontrolliert aggressive und wilde Seite Yannis eben noch erfahren hat, beobachtet er die Schlacht auf der Couch und lacht. Aggressivität ist auch nach der Interaktion mit dem Vater noch lustvoll besetzt. Vielleicht ist Aggression durch solche Akte der Formung in destruktive und konstruktive differenzierbar. Er rennt auf die Couch zu. Sein älterer Bruder Christian »stellt sich auf den Sofa-Rand und springt mit einer Art Kampfschrei auf das Sofa«.

Es ist interessant zu sehen, wie unterschiedlich Herr Fischer und die Beobachterin das Verhalten von Yannis interpretieren. Obgleich das Material die naheliegende Aussage nicht begründet generalisieren kann, ist in der Fallanalyse doch die Verlockung enthalten, von einem väterlichen und mütterlichen, männlichen und weiblichen Anerkennungs- und Reaktionsstil und einer geschlechtsspezifischen Formung aggressiver Selbstanteile zu sprechen, wie sie bereits Herzog 1998 formuliert hat. Dass dieser Gedanke nicht essentialistisch gedacht werden muss, wird in Kap. III, 2.3 erneut aufgegriffen.

2.2 Ungeformte Aggression in der Mutter-Sohn-Beziehung

Aggressive Selbstanteile und deren Einfluss auf die Eltern-Kind-Interaktionen sind auch im Fall Tom eindringlich beschrieben. Strukturell sind ihre Externalisierung und deren Bearbeitungsmöglichkeit, so konnte es in der Fallnovelle herausgearbeitet werden, begrenzt auf den Erfahrungsraum der geschlossenen Mutter-Sohn-Dyade. Wie sind nun die Bearbeitungsmöglichkeiten innerhalb der Beziehung?

Um gedanklich wieder in den Fall Tom einzusteigen und vor allem um sich gedanklich von dem oben beschriebenen Fall Yannis zu lösen, werden zunächst zentrale Strukturmerkmale des Falls Tom erneut in Erinnerung gerufen. Im Kern kennzeichnet sich der Fall Tom durch eine exklusive und exkludierende Mutter-Sohn-Beziehung. In Anlehnung an Nancy Chodorow (vgl. 1994) und Ralf Greenson (vgl. 2009) konnte der dyadische Erfahrungsraum von Tom als absolut-mütterlicher verstanden werden und mit einem rigiden Konzept der »Allein-Guten-Mutter« eine Erklärung finden. In Toms beobachtbaren Lebensräumen, dem Büro und der Wohnung, changieren Mutter und Sohn in kontrastiven, sich abwechselnden Beziehungsmodi der Nähe und Distanz hin und her. In dieser kontrastiven Beziehungsdynamik von Nähe und Distanz spielen sich körpernahe und sinnlich konkrete Erfahrungen von Gleichheits- und Differenz- sowie Abhängigkeits- und Ablösungsdilemma ab, deren Bearbeitungsmöglichkeiten auf die Ressourcen der geschlossenen Dyade begrenzt bleiben (vgl. Kap. III, 1.2).

Anhand einer bereits analysierten Szene (vgl. Kap. II, 1.4) aus dem fünften Beobachtungsprotokoll wird nun einerseits dargestellt, wie die Erfahrung des Ausschlusses und der Distanz destruktiv-aggressive Selbstanteile auch im Jungen Tom aktivieren und wie deren Externalisierung, die bis dahin harmonische Atmosphäre der Mutter-Sohn-Dyade, in ein aggressives und scheinbar überwältigendes Gegeneinander kippen lässt.

In der fünften Beobachtung hat Tom mit seiner Mutter gemeinsam das Meerschweinchengehege der Familie gesäubert (vgl. Kap. II, 1.4). In spielerischer Art und Weise hat ihn seine Mutter in die Bearbeitung ihrer häuslichen To-Do-Liste eingebunden. Die Zeit am Gehege ist eine gemeinsame. Flexibel kann die Mutter zwischen Arbeit und Beziehung hin und her changieren, beides miteinander verbinden. Aufeinander bezogen haben Mutter und Sohn harmonisch Zeit im Freien verbracht. Nachdem einige Zeit gemeinsam und in einem abgestimmten Tempo verbracht wurde, bei dem die Effektivität des Tuns dem Anspruch des Gemeinsamen hintenan stand, geht die Mutter wieder in die Wohnung und will sich den Staubsauger nehmen, um an ihrer To-Do-Liste weiterzuarbeiten. Tom kommt ihr zuvor, Flexibilität geht verloren.

Er fängt an zu schreien und klammert sich am Staubsaugerrohr fest. Frau Schwarz sagt ihm, dass sie es zusammen machen müssen, da sie sonst noch bis heute Abend in der Küche stehen würden um zu saugen. Seine Schwester kommt wieder in die Küche und fragt was er denn habe. Worauf Frau Schwarz zur Schwester sagt, dass sie sich bitte raushalten soll und sie das mit ihm alleine klärt. Tom hört nicht auf zu schreien und Frau Schwarz nimmt ihn und legt ihn in den Flur, wo er weiter schreit. Seine Schwester Tina geht zu ihm und legt sich neben ihn auf den Boden. Sie tröstet ihn ein bisschen und schon fängt er wieder an mit einem kleinen Lkw zuspielen den er im Flur gefunden hat. (Fünftes Beobachtungsprotokoll: 20 M. B.)

Es wurde bereits analysiert, dass das Gefühl des Ausschlusses, gepaart mit der Aufforderung, sich von gemeinsamen Momenten (Meerschweinchenszene) trennen zu müssen, Tom verärgert und beunruhigt. Vergegenwärtigt man sich, dass das Gefühl der Verbundenheit von der Selbstpsychologie als ein primäres Bedürfnis des Menschen verstanden wird (vgl. Ornstein, Ornstein 1997), ist der starke Ärger von Tom gut nachvollziehbar. Tom ist, mit seinen 3,5 Jahren, aufgrund der ausschließlichen Objektbeziehung zur Mutter, die in Kap. II, 1.2 ausführlich herausgearbeitet wurde, mit der Gleichen identifiziert. Das Gefühl der Verbundenheit betrifft die Identität, die Erfahrung des Ausschlusses verletzt das Selbst (vgl. Kohut 1973). Mit einem Blick auf Kohuts Arbeit zur narzisstischen Wut, ist Toms Ärger gut zu verstehen und auf die latente Botschaft: »Du bist nicht ich und zu klein, um es zu tun wie ich« zurückzuführen.

Die To-Do-Liste der Mutter wird als gemeinsame verstanden. Das Projekt der Hausarbeit ist aus den Augen Toms ein Projekt der potenten Zweieinheit. Er möchte, wie die große Mutter, den Boden saugen und mit dem Staubsauger durch die Wohnung laufen. Bildlich gesprochen *klammert* sich Tom an seiner Potenz, dem Staubsaugerrohr fest, will die Erfahrung der Kleinheit des Selbst nicht akzeptieren.[147] Die Kontrolle über den Staubsauger, die Illusion des omnipotenten Selbst, wird nicht kampflos aufgegeben. Den Ärger (die narzisstische Wut) über die Übernahme des Staubsaugers (die Verletzung des Selbst) durch die Mutter, trägt Tom lautstark und körperlich nach außen. Der Konflikt wird externalisiert. »Er fängt an zu schreien und klammert sich am Staubsaugerrohr fest.« Die Auseinandersetzung am Staubsauger entwickelt sich zu einem handfesten Streit und Machtkampf. Destruktive Aggressi-

---

[147] Eine alternative Lesart könnte den Kampf um den Staubsauger darin begründet sehen, dass dieser ein beeindruckendes, lautes Spielzeug darstellt, das Tom in der Szene für sich beanspruchen möchte.

on kommt in die Szene. Die Frage nach dem Staubsauger entwickelt sich zur Verhandlung aggressiver Ausdrucksformen.

Frau Schwarz setzt ihre Pläne durch und konfrontiert Tom weiter mit seiner Kleinheit. Er kann den Boden nicht in dem Sinne saugen, wie es die Mutter kann, »[...] da sie sonst noch bis heute Abend in der Küche stehen würden um zu saugen.« Wie geht die Szene aber weiter? Die Erklärung und der Kompromissversuch der Mutter führen zu keiner Einsicht. Die Übernahme des Staubsaugers bringt die Emotionen zum Überlaufen. Schreien und Klammern füllen die Szene akustisch und visuell aus und zeigen eindrucksvoll, dass Tom hier etwas verliert, was über die Aufgabe eines Spielzeugs weit hinausgeht. Die aggressiven Emotionen des Konflikts sind grandios, überschreiten die Grenze der Dyade und werden für Dritte wahrnehmbar: »Seine Schwester kommt wieder in die Küche und fragt was er denn habe. Worauf Frau Schwarz zur Schwester sagt, dass sie sich bitte raushalten soll und sie das mit ihm alleine klärt.« Die Schwester scheint die latent vermittelte Notwendigkeit eines entzerrenden Dritten erkannt zu haben. Sie kommt, möglicherweise genervt von dem Lärm oder irritier von der affektiven Aufladung, hinzu. Sie wendet sich an Tom und versucht aus einer dritten Perspektive (vgl. Bürgin 1998a) zu ergründen, »was er denn habe«.

Das Auftreten der Schwester die sich, möglicherweise um zu beruhigen, zuerst an die jüngere Konfliktpartei wendet, bleibt nicht lange unbemerkt, ihr Versuch der Entzerrung nicht unkommentiert. Sie soll sich raushalten.[148] Eine Entzerrung wird sofort unterbunden, die Dritte aus dem Konflikt verbannt. Sie will das mit ihm alleine klären. Die Redensart der Mutter ist interessant, verkörpert sie doch eine Doppelbödigkeit, die für die Mutter-Sohn-Beziehung symptomatisch ist. Einerseits hebt sie Tom auf Augenhöhe, interpretiert man die Redensart in der Weise, dass »die beiden das unter sich klären«, keiner von beiden einer Unterstützung bedarf. Andererseits kann die Redensart auch so gelesen werden, dass die Mutter mit dem kleinen Jungen alleine fertig wird. Beide Lesarten führen letztlich zu der Erwartung, dass sich die Mutter zur Klärung des Konflikts einbringt. Sie verkörpert eine Konfliktpartei. Damit geht gleichzeitig die Erwartung einher, dass es eine Klärung geben wird, die den Konflikt mit seinen affektiven Begleitern beendet, abschwächt oder verschiebt. Wie sich die Szene dann entwickelt, ist interessant. »Tom hört nicht auf zu schreien und Frau Schwarz nimmt ihn und legt ihn in den Flur, wo er weiter schreit.« Die Leseerwartung wird enttäuscht. An die Stelle einer Klärung treten die Fortsetzung einer Machtdemonstration und die Demonstration eigener Größe. Die Mutter scheint von der Aggression des Jungen wie angesteckt. Sie nimmt Einfluss auf ihren Bewegungsapparat. Tom wird wie ein Objekt weggelegt, und so bleibt die Klärung des Konflikts und die Regulation der eigenen aggressiven Affekte ihm überlassen. Über eine wütende, ungeformte Reaktion wird der Konflikt des Jungen

---

[148] Hier setzt die Mutter ihr Konzept der »Allein-Guten-Mutter«, das in Kapitel II, 1.2 bereits beschrieben wurde, wieder in Szene. Dritte sollen sich raushalten, sie sind störend.

zum Konflikt der Mutter, der beiseitegelegt wird. Möglicherweise agiert die Mutter hier präventiv. Vielleicht spürt sie die in ihr keimende aggressive Reaktion auf das Verhalten des Jungen und legt den Aggressor rechtzeitig vor die Tür, bevor sie von der eigenen Aggression überwältigt wird. Dabei beraubt sie den Jungen allerdings der Möglichkeit, eine aggressive und Aggression formende[149] Beziehungserfahrung zu erleben.[150] Aggression führt zu Trennung.

Die Externalisierung aggressiver Affekte führt zu einer Forderung nach Selbstregulation. Dabei scheint es absurd, dass Tom in der Szene gleichzeitig zum Säugling degradiert wird, der wie ein unbewegliches Objekt im Flur beiseitegelegt werden kann. Alles in allem bleibt der Ausdruck der Wut unbegleitet, wird keiner Formung unterzogen. Innerhalb einer irritierenden Doppeldeutigkeit *legt* die Mutter Tom in die Selbstständigkeit seiner Affektregulation. Zu überfordert scheint sie selbst von seiner aggressiven Seite. Sie kann sie nicht verbalisieren und gibt die narzisstische Wut des Jungen über ihren Körper unverdaut zurück. Im Flur wird das wütende Objekt nun von der Schwester gefunden, die sich nun als bessere Mutter inszeniert. Sie nimmt sich des kleinen Jungen an.[151] Sie hilft ihm, seine Wut, im Rahmen einer zugewandten und um Verstehen bemühten Beziehung, zu verdauen.

Eine Mutter in der einen Fallanalyse zu fokussieren und einen Vater in der anderen darf nun nicht zu einer Generalisierung mütterlicher und väterlicher Interaktions- und Reaktionspraxen führen. Das kann der Fallvergleich nicht leisten. Der Vergleich kann und darf aber das begründete Interesse an der Frage wecken, ob die Ergebnisse der Analyse mit dem Geschlecht der Akteure zusammenhängen.

2.3 Erkenntnis, Relevanz und Konsequenz

Die erneute Betrachtung der ausgewählten Szenen aus dem Fall Tom Schwarz und dem Fall Yannis Fischer tragen eine offensichtliche Gemeinsamkeit. In beiden Fällen sind es Erfahrungen der Differenz und des Ausschlusses, die als *Ursachen und Trigger* aggressiver Selbstanteile verstanden werden können. Eine zweite Gemeinsamkeit der Fälle ist erst auf den zweiten Blick zu erkennen. In beiden Fällen kommt dem Geschlecht der Jungen und, durch die Auswahl der Szenen, scheinbar auch dem

---

[149] Gedacht ist hier an die aggressive Beziehungserfahrung, die im Fall Yannis in Kap. II, 2.1 beschrieben wurde.

[150] Ich danke Frank Dammasch an dieser Stelle für seine hilfreichen Lesarten und verständniserweiternden Kommentare aus der Sicht des Kinder- und Jugendlichen-Psychoanalytikers.

[151] Das Konzept der »Allein-Guten-Mutter«, das die Mutter-Sohn-Dyade gegen Dritte verteidigt, scheint hier eine reale Begründung zu finden. Die Mutter wohnt mit der jüngeren Tochter zusammen, die (zumindest in dieser Szene) konkret um die Rolle der guten Mutter konkurriert.

Geschlecht der Interaktionspartner bei der *Bearbeitung* der aggressiven Selbstanteile eine beachtenswerte Bedeutung zu.

Der Fall Yannis hat einen Eindruck davon vermittelt, wie Vater und Sohn, über die Anerkennung aggressiver Selbstanteile, in einen verbalen, körpernahen Dialog unter Männern treten können. In diesem Dialog scheint der Vater seinem »ratlosen« Sohn die aggressiven Regungen seiner Innenwelt in eine Sprache zu übersetzen, die der Junge verdauen kann.

Dass der Vater in diesen Dialog eintreten kann, er die Äußerung seines Sohnes als aggressive deutet, konnte im Material darüber verstanden werden, dass die noch unverstandene Innenwelt des Jungen eine Resonanz in der verstehenden Innenwelt des Vaters gefunden hat.

Es konnte gezeigt werden, wie der Vater den aggressiven Selbstanteil seines Sohnes auch in sich findet, er ihn bearbeitet und seinem Sohn in verdauter Weise, körpernah zurückgibt. Die Reaktion des Gegenübers auf die eigene Aktion hilft dem Jungen Yannis dabei, seine Innenwelt, auch die aggressive, besser zu verstehen (vgl. Fonagy 2004: 21).

Darüber hinaus hat der Vater seinen Sohn in den Kommunikationsstil der Männer (vgl. Le Camus 2001) eingeführt und ihm gleichsam gezeigt, dass mit diesem spezifischen Stilmittel aggressive Affekte identifiziert und bearbeitet werden können (vgl. Herzog 1998).

Mit seiner geschlechtsspezifischen und körperbetont groben Interaktionsart (vgl. Le Camus 2001: 99, Brazelton, Cramer 1994) traut er seinem Sohn zu, dass dieser der Erfahrung einer Kopfnuss bereits gewachsen ist und dass er diesen Kommunikationsstil der Männerwelt bereits im Alter von 3,5 Jahren vertragen kann. Er fordert die Selbstregulation, die Affekt- und die Verhaltenskontrolle seines Sohnes heraus und hilft bei der Umsetzung (vgl. Kindler, Grossmann, Zimmermann 2002: 710).

Im Fall Tom Schwarz hat die Mutter mit ihrer Ansage an die Schwester, »dass sie sich bitte raushalten soll und sie das mit ihm alleine klärt« dazu eingeladen, ihre Reaktion auf die aggressiven Verhaltensäußerungen ihres Sohnes zu analysieren.

Dabei konnte eindrucksvoll aufgezeigt werden, dass die Mutter nicht in der Lage zu sein scheint, den aggressiven, inneren Zustand ihres Sohnes in der direkten Konfrontation zu verbalisieren und zu übersetzen.

Präventiv oder bereits übermannt von der aggressiven Komponente, hat sie den Konflikt im direkten Sinne vor die Tür gelegt. Die Formung des aggressiven Selbstanteils konnte nicht im Rahmen einer Beziehungserfahrung vollzogen werden. Mit der Erwartung einer Selbstregulation aggressiver Selbstanteile hat die Mutter in der Szene auch an ihr Männlichkeitskonzept erinnert, das bereits in Kap. II, 1.7 beschrieben wurde. Frank Dammasch hat für diese frühe Erwartung von männlicher Selbstständigkeit eine interessante Erklärung formuliert.

> In den psychotherapeutischen Elterngesprächen meiner Praxis kann ich mit alleinerziehenden Müttern manchmal rekonstruieren, wie stark ihre bewusste und unbewusste Beziehung zum männlichen Geschlecht die Betreuungs- und Affektregulierungshandlungen mit ihrem Sohn unterschwellig mitbestimmt hat. Während sie über die Ähnlichkeit zur Tochter und über deren narzisstische Besetzung eine abgestimmte Dyade der phantasierten Gleichheit herstellen kann, sieht die Mutter im Sohn zwangsläufig den Anderen, den zukünftigen Mann oder den Vater […]. (2010: 76)

Dieser geschlechtsspezifische Blick auf den noch kleinen Jungen kann dann, so Dammasch weiter, zu einer zu frühen Entlassung in eine »pseudoreife Selbstständigkeit« (ebd.: 77) führen, für die der Junge und in diesem Fall Tom noch nicht ausgerüstet ist.

Welche entwicklungspsychologische Relevanz haben diese Thesen? Welche Konsequenzen lassen sich aus ihnen ableiten?

Entwicklungspsychologisch relevant ist die Herausarbeitung der unterschiedlichen und vielleicht geschlechtsspezifischen Anerkennungs- und Regulationspraxen vor dem Hintergrund der in der Einleitung vorgestellten Datenlage über externalisierende Verhaltensstörungen bei Jungen. Dort heißt es:

> Neben den durch die *PISA-Studie 2012* (vgl. OECD 2014), die *IGLU-Studie 2011* (vgl. Bos 2012a) und die *TIMSS-Studie 2011* (vgl. Bos 2012b) gemessenen Leistungsdiskrepanzen zwischen Jungen und Mädchen, die zu Ungunsten der Jungen attestiert sind, zeigen sich bei Jungen »durchgehend höhere Raten von hyperkinetischen Störungen, von dissozialen Störungen, Störungen durch Substanzgebrauch sowie monosymptomatische Störungen wie Tics und Enkopresis« (Hopf 2008: 39). Die psychiatrische Diagnose ADHS wird bei Kindern im Grundschulalter erstaunlicherweise zu 85% an Jungen vergeben (vgl. Hopf 2014: 306, Dammasch 2008a: 9ff.). Insgesamt sind die Jungen nachweislich nicht nur Bildungsverlierer, sondern auch überrepräsentiert bei den psychosozialen Störungsbildern. (Einleitung der Studie: 15f.)

Vielleicht fehlt im frühen (familiären und öffentlichen) Sozialisationsraum zu häufig ein Resonanz*körper*, der die destruktiv-aggressiven Affekte des Jungen als solche (an-)erkennt und bei der Formung dergleichen, wie im Fall Yannis, als Hilfs-Ich zur Verfügung steht. Vielleicht finden die aggressiven Selbstanteile, wie am Fall Tom Schwarz illustriert, zu selten eine Formung durch einen verstehenden Dritten.

Vergegenwärtigt man sich die strukturelle Verankerung einer männlichen Differenzerfahrung in der Erfahrungswelt des kleinen Jungen, die in Kap. III, 2.2 als Trigger destruktiv-aggressiver Selbstanteile gefasst wurde, bekommt das Fehlen eines verstehenden Resonanzraums die Qualität eines Strukturproblems öffentlicher und familiärer Erziehung.

Wenn weiter davon ausgegangen werden kann, und so hat es Doris Bischof-Köhler anhand der Baby X-Studien dankenswerterweise zusammengefasst (vgl. 2004: 1–33), dass die inneren affektiven Zustände von Mädchen und Jungen vom ersten Tag an unterschiedlich, eben geschlechtsspezifisch-stereotyp interpretiert werden und das Verhalten von Mädchen in der Regel seltener als aggressives interpretiert wird als das der Jungen, weil das mit den kulturellen Weiblichkeits- und Männlichkeitsnormen wenig gut vereinbar ist, dann kann der Gedanke formuliert werden, dass diese geschlechtsspezifischen Anerkennungs- und Missachtungspraxen aggressiver Selbstanteile bei Jungen und Mädchen auch zu kulturell geformter geschlechtsspezifischer Symbolisierungsfähigkeit bei Männern und Frauen führt – also zu typisch männlichen und typisch weiblichen Zugängen zur aggressiv affektiven Innenwelt.

Lässt man sich auf der Basis der Fallanalysen und dieser theoretischen Kopplung zu der, sicher mit dem vorliegenden Material nicht generalisierbaren, Annahme verleiten, dass es eine geformte Geschlechtsspezifizität des hier gefragten Resonanz*körpers* geben könnte, begibt man sich bei der Formulierung einer Konsequenz in den Diskurs der »Verweiblichung der Familie und der psychosozialen Berufsfelder« der aktuell, u. a. von Rohrmann 2009, Aigner, Poscheschnik 2011 oder Brandes 2011, aus entwicklungspsychologischer Perspektive gestaltet wird. Dort schreibt Brandes auf der Grundlage experimenteller Väter- und Geschlechterforschung, dass »Männer sich in ihrem konkreten Erziehungsverhalten und in der Art und Weise, wie sie die Beziehung zu Kindern gestalten, von Frauen unterscheiden« (2011: 22f.) und plädiert damit, in einer generalisierenden Weise, für mehr Männer in der öffentlichen Erziehung (vgl. auch Budde 2009). Gleiches hat in diesem Diskurs zuletzt Garstick 2013 für die Familie gefordert, wenn er dafür plädiert »den familiären Systemen ihre Väter zu erhalten« (2013: 97).

Diese Plädoyers stützen sich nicht zuletzt auf die in dieser Studie bereits mehrfach genannten und ihr methodisch und methodologisch sehr nahestehenden Arbeiten des Triangulierungsforschers James Herzog (1991, 1998), die ebenfalls darauf hinweisen, dass die körpernahen Erfahrungen konkreter väterlicher Erziehungsbeteiligung dabei helfen, die aggressiven Affekte des Kindes, respektive des Jungen, zu formen. Seine These zur väterlichen Affektregulation findet aktuell eine Bestätigung durch die Bindungsforschung. So hat eine Studie um die Bindungsforscherin Johnson unlängst ergeben, dass es eine Verbindung zwischen fehlender väterlicher Erziehungsbeteiligung und externalisierenden, vor allem aggressiven Verhaltensweisen bei Söhnen gibt (vgl. Johnson et al. 2013).

In Kap. III, 1.3 wurde bereits darauf hingewiesen, dass die Formulierung von Konsequenzen aber nicht auf ein Plädoyer für die heterosexuelle Kernfamilie hinauslaufen soll, da dies die Komplexität der innerfamiliären Lebenspraxis mit Strukturbegriffen überdeckt. Da die vorliegende Studie auch keine Geschlechtsspezifität der Anerkennungs- und Regulationspraxen empirisch *belegen* kann, wird sie sich in der Formulierung einer Konsequenz auch nicht in die oben aufgeführten Plädoyers der Väterforscher einreihen können.

Erziehungsagenten verkörpern Resonanzkörper, die sich bezüglich der Anerkennungsmöglichkeiten destruktiv-aggressiver Äußerungen unterscheiden. Sie führen zu unterschiedlichen Reaktions- und Affektregulierungspraxen. Ob dieser Unterschied geschlechtsspezifisch ist, das heißt durch geschlechtsspezifische Anerkennungs- und Missachtungspraxis von aggressiven Innenwelten bedingt ist, müssen künftige Studien zeigen.

Neben Fivaz-Depeursing 1998 und Herzog 1998 hat Burkhardt diesbezüglich 2014 ein interessantes Studiendesign erprobt, in dem sie das Interaktionsverhalten von männlichen Erziehern audio-visuell erhoben und mikroanalytisch ausgewertet hat (vgl. 2014). Vielleicht können solche Designs künftig der Frage nachgehen, ob die in der vorliegenden Arbeit illustrierten Indizien einer geschlechtsspezifischen Affektsymbolisierung empirisch belegbar sind.

3. Männer verändern sich! Väter nicht?

In der Einleitung dieser Studie wurde unter dem Titel »Disziplinäre Bezüge« auch eine sozialpolitische Relevanz postuliert. Dort heißt es:

> Mit einem forschenden Blick auf den Aushandlungsort Familie, in dem sich Wege und Hürden aktiver Vaterschaft manifestieren, können über die Ergebnisse dieser Studie Wünsche und Widerstände von Müttern und Väter aufgedeckt und kritisch reflektiert werden. Damit leistet die Studie einen Beitrag zur Bearbeitung des von Ulrich Beck aufgedeckten Phänomens »verbale(r) Aufgeschlossenheit bei weitgehender Verhaltensstarre« (1986: 169) von Männern bei der Übernahme kindbezogener Aufgaben. (Einleitung der Studie: 21)

Die im vorangegangenen Kapitel aufgeführte Datenlage zur Relevanz erziehungspraktischer Vaterschaft hat aufgezeigt, dass die vielverhandelte Frage nach aktiver Vaterschaft (vgl. Kap. III, 2) in der empirischen Sozialforschung zunehmend aufgegriffen wird. Gleichzeitig hat das vorangegangene Kapitel die Relevanz dieser Forschungsperspektive mit der Formulierung eigener Thesen weiter begründet.

Da mit der Erforschung des konkreten Vaters auch ein Ruf nach dem gleichen im Bereich öffentlicher und familiäre Erziehung einhergeht, scheint es dringend angezeigt, empirisch auch nach den Bedingungen und Widerständen aktiver Väterlichkeit zu fragen. Denn die Frage nach der Bedeutung des *konkreten* Vaters (vgl. Bambey, Gumbinger 2006, Dammasch 2008a, b, Datler et al. 2008 Diamond 2010, Hopf 2014 Lenkitsch-Gnädiger 2006) bestimmt, ebenso wie die Frage nach der Existenz und Wirksamkeit eines väterlichen Interaktionsstils (vgl. Burkhardt 2014, Dornes 2006, Fthenakis 1988, 1999, Le Camus 2001, zur Übersicht Brandes 2011 oder Hopf 2014), den Diskurs um die Krise der Jungen im 21. Jahrhundert. Der konkrete, Vaterschaft praktizierende Vater hat dem symbolischen Vater (vgl. Lacan 2006, Lang 2011) im psychoanalytischen Jungen- und Männerdiskurs über die Jahrtausendwende seine Relevanz abgelaufen. Das ödipale Schreckgespenst (vgl. Lang 2011: 45) ist bei der Frage nach der psychosozialen und psychostrukturellen Entwicklung zum präödipalen Objekt und Wegbereiter einer männlich-reifen Geschlechtsidentität avanciert.

Eng verbunden mit der inzwischen interdisziplinär bearbeitenden *Frage* nach der Bedeutung des »genügend guten«[152] Väterlichen, ist seit den 90er Jahren das *Projekt*, Männern und Vätern im familiären und öffentlichen Raum Erziehungsverantwor-

---

[152] Die Anspielung auf Winnicorts Bonmot der »good enough mother« (1993 [1969]) wird hier verwandt, um deutlich zu machen, dass die Frage nach dem Einfluss des Väterlichen eine Frage nach Ressourcen ist.

tung zu übertragen bzw. sie ihnen zuzugestehen[153] (vgl. Jansen et al. 2011, Aigner, Rohrmann 2012, Wippermann 2013: 95f.). Aigner und Poscheschnik haben diese Parallelität bzw. das Nachlaufen der Forschung hinter der Praxis in einem Editorial zum Thema Vaterschaft pointiert begriffen: »Kinder brauchen Männer! Wozu eigentlich?« (2011: 5ff.)

Explizit verhandelt dieser Titel, dass die Frage nach dem »Wozu eigentlich?«, die mit altbekannten Spannungen (vgl. Kap. I, 1.1–1.2) kontrovers diskutiert wird, einer Männer- und Väterakquise im familiären und öffentlichen Bereich hinterherläuft, weil das Dogma »Kinder brauchen Männer!« in sozialpolitischen Programmen bereits implantiert und Umsetzungsstrategien in Anwendung sind (bspw. Elterngeld/ BEEG 2007)[154]. Eine Erklärungsfigur für die Distanz von Wirkungserkundung und Anwendungspraxis ist, laut Wippermann, darin zu finden »dass die familienpolitischen Maßnahmen zunehmend von gleichstellungspolitischen Motiven und Impulsen bestimmt waren [...]« (2013: 96). Damit drückt er aus, dass der Ruf nach dem Väterlichen im Kern aus einer Emanzipationsbestrebung und weniger einer Übersetzung von Väterforschung in Väterpraxis entspringen. Und so ist es auch wenig verwunderlich, dass in der Sozialpolitik mit dem Begriff der Egalität gearbeitet wird, während die Väterforschung die Geschlechtsspezifität des Väterlichen, also die Differenz betont (vgl. Übersicht in Brandes 2011, Hopf 2014, Fthenakis 1999). Gleichstellungsprogramme und subjektzentrierte Geschlechterforschung stehen bekanntermaßen in keinem engen Dialog (vgl. zur Vertiefung Kap. I, 1.2).

Eine andere Begründung für den Vorgriff sozialpolitischer Umsetzungsstrategien für eine engagierte Vaterschaft und professionelle Väterlichkeit findet sich in der (politisch sinnvollen und psychoanalytisch gesehen kurzsichtigen[155]) starken Rezeption der Einstellungsforschung.

Die Rezeption der Einstellungsforschung begründet, dass Männer und Väter Erziehungsverantwortung bekommen, weil sie sagen, dass sie diese wollen. Die statistische Datenlage hierzu scheint eindeutig, ihre Aussagekraft offensichtlich fragwürdig.

In den folgenden Kapiteln soll nach dem Motiv »verbale(r) Aufgeschlossenheit bei weitgehender Verhaltensstarre« (Beck 1986: 169) gefragt und dabei das Material der Studie aus einer neuen Perspektive betrachtet werden.

---

[153] Damit einher geht gleichsam das Programm, Mütter aus der alleinigen Verantwortung für die (Fehl-)Entwicklung der Nachfolgegenerationen zu holen. So beschrieben bspw. bei Sayers 1994.

[154] Vgl. zur individuellen Umsetzung Richter 2011 oder Gerhard 2011. Zur Akquise in psychosozialen Arbeitsfeldern vgl. Rohrmann 2011, Rose, May 2014.

[155] Die Psychoanalyse geht davon aus, dass sich äußere Veränderung auf der Verhaltens- und vor allem der Gefühlsebene wenig niederschlagen, wenn sie nicht auf einen Resonanzkörper im Subjekt treffen.

3.1 Ambivalente Egalität

Seitdem in den 90er Jahren Männer als »Akteure der konkreten Familienarbeit« (Wippermann 2013: 95) von familienpolitischer Seite in den Blick geraten sind, gibt es eine kaum mehr überschaubare Fülle an Einstellungsforschungen zur Vaterschaft. Unter Titeln wie *Neue Väter, Andere Kinder* (Bambey, Gumbinger 2009), *Neue Väter hat das Land* (Jansen 2011) oder *Der neue Vater. Bilder einer Figur im Wandel* (Kirchhoff 2014) firmiert dabei das Postulat einer restaurierten Männlichkeit, die sich zielstrebig auf dem Weg einer Geschlechter- und Chancengleichheit befindet. Sie begründet die Gleichstellungspolitik in besonderem Maße. Überblickt man allerdings die zahlreichen Vatertypologien, die hinter diesen Studien zu finden sind, wird deutlich, dass die titelstiftenden »Neuen Väter« im Kern eine überschaubare Gruppe abbilden (vgl. Kerschgens 2009: 24f.).

Diese These kann an einem einfachen und typischen Beispiel verdeutlicht werden: In der »Eltern unter Druck Studie« (Merkle, Wippermann 2008) geben 53% der Väter an, dass beide Elternteile die Verantwortung für die Kindererziehung übernehmen. Diese Frage ist theoretisch-abstrakt. Werden die gleichen Eltern in dieser Studie gefragt, wer zu Hause die Hauptarbeit der Erziehung übernimmt, verdünnt sich die Angabe der Parität auf 30%. 68% geben hier die Mutter an, nur 2% den Vater (ebd.: 100ff.). Die Frage ist konkret, alltagsnah. Das »Neue« scheint demnach mit zunehmender Praxisnähe der Fragen zu altern – Parität geht verloren. Wie neu sind die neuen Väter in der Praxis? Wie kann ihre Verhaltensstarre verstanden werden?

Was hier an einer Studie exemplarisch dargestellt ist, bildet den roten Faden der Einstellungsforschung. Männer *sagen*, dass sie mehr Zeit und Verantwortung für die Erziehung übernehmen oder übernehmen wollen (vgl. Grunow 2007, 2013) und dass sie auf dem Weg der Gleichstellung sind. Bei zunehmender Konkretisierung und Alltagsnähe dieser Fragen dechiffrieren sich diese Statements zum Klischee im Lorenz'schen Sinne (vgl. Lorenzer 1973: 107).[156] Ist die »verbale Aufgeschlossenheit bei weitgehender Verhaltensstarre« (Beck 1986: 169) alleine damit zu erklären, dass als nach wie vor weiblichste Beschäftigung die mit dem Kind gilt, wie Hopf

---

[156] Wie mit einer anderen Auswahl von Fragen »Der egalitäre Vater« zum größten Cluster eines Samples heranwachsen kann, kann an der Studie von Bambey und Gumbinger nachvollzogen werden: »Dieser Väter nehmen sich als partnerschaftlich, dem Kind zugewandt, geduldig und als von der Partnerin hoch akzeptiert wahr. Traditionelle Rollenklischees lehnen die egalitären Väter ab, und sie fühlen sich in ihrer Rolle sicher. Dieser Typus schreibt sich selbst ein hohes Engagement und hohe emotionale Kompetenz zu.« (2006: 29) Die hier verwandten Begriffe *selbstwahrnehmen*, *ablehnen*, *sicher fühlen* und *selbstzuschreiben* verlangen alle nicht nach einem Praxisbezug. Die Antworten können im inneren Dialog mit Ich-Idealen und Über-Ich-Ansprüchen (political-correctness) schnell gefunden werden.

2014 konstatiert (vgl. 2014: 110)? Überblickt man die publizierten, aber politisch scheinbar so wenig verwertbaren, psychodynamischen Erklärungsfiguren zur Verhaltensstarre, finden sich einige plausible Zugänge. Dass diese wenig Berücksichtigung finden, erklärt sich Dammasch wie folgt:

> Ein Grund dafür ist sicherlich, dass die Politik strukturell von der Illusion ausgehen muss, dass äußere Veränderungen auch zu inneren Einstellungsänderungen der Menschen führen. Aber das Subjekt ist widerständig. (2011: 44)

Mit seinem abschließenden Statement verweist Dammasch auf die Komplexität des Subjekts und die Uneindeutigkeit seiner Ausdrucksformen.[157] Diese Studie wird nun, nachdem sie bekannte psychodynamische Erklärungsfiguren für das verhaltensstarre, widerständige Subjekt näher beleuchtet hat, mit einem Blick auf ihr Material der Frage nachgehen, wie der Widerstand des Subjekts bei dem Projekt einer paritätischen Verteilung der Elternschaft weiter verstanden werden kann (vgl. weiterführend Kerschgens 2009: 18ff.). Zur Erinnerung:

> Auf sozialpolitischer Ebene [...] kann mit den Ergebnissen der Studie zart die Frage nach den Bedingungen aktiver Vaterschaft angeregt werden (vgl. Richter 2012), da die Studie in ihrem Design die Frage nach den innerfamiliären Sozialisationsbedingungen und daraus resultierenden Beziehungserfahrungen nicht ohne den Kontext sozialpolitischer Zusammenhänge betrachten kann. (Einleitung dieser Studie: 21)

3.2 Das widerständige Subjekt – bekannte Erklärungsfiguren

Dammaschs skeptische, psychoanalytische These, dass das Subjekt widerständig sei, lässt sich mit einem Blick auf die soziologischen, lebensphasenorientierten Arbeiten von Grunow (2007, 2013) differenzieren. Dabei kann ein Raum geöffnet werden, in dem Widerstand ausdifferenziert und das Subjekt geschlechtlich wird.

Daniela Grunow zeigt über europaweite quantitative Sekundäranalysen auf, dass Männer und Frauen nachweislich auf politische und gesellschaftliche Angleichungsstrategien reagieren und das Subjekt (Männer und Frauen) in bestimmten Lebensbereichen auf dem Weg einer Gleichstellung ist. Mit dem Fokus auf die geschlechtsspezifische Arbeitsteilung (die den Dreh- und Angelpunkt der Gleichstellungsprogrammatik bildet) findet Grunow eine prozesshafte, europaweite »Endtraditionalisierung« im Lebenslauf von Männern, Frauen und jungen Paaren empirisch belegt. Bei über 40% der kinderlosen Paare in Europa bestreiten Frauen gegenwärtig mindestens die Hälfte

---

[157] Dammasch bezog sich bei seiner Formulierung 2011 »Aber das Subjekt ist widerständig« auf Alfred Lorenzers These, dass es im Subjekt, das auch im Es ein soziales sei (vgl. Lorenzer 1972: 23 ff.), einen Widerstand geben müsse, der eine antirevolutionäre Reproduktion der Kultur verhindere (Persönliche Mitteilung vom 30.04.2015).

des Haushaltseinkommens. Diese Zahl, so Grunow, »verdeutlicht, dass die Idee von der ›Versorger‹ Ehe, in der ein männlicher Ernährer für den Familienunterhalt sorgt, kaum mehr der Lebensrealität junger Paare entspricht« (2013: 358). Widerständiges Subjekt? Auf *junge* Frauen und Männer scheint dieses Postulat nicht anwendbar zu sein. Frauen finden und beschreiben, statistisch gesehen, nachweislich den Weg in die (einst männliche) Arbeitswelt (vgl. auch Böhnisch 2008).

Parallel zu dieser progressiven Entwicklung zeigt Grunow allerdings auch auf, dass diese paritätisch wirkende Absicherung des Familienunterhalts nicht durch eine paritätische Entwicklung der Haushaltsführung begleitet wird. »In allen Ländern Europas leisten Frauen im Vergleich zu Männern nach wie vor den deutlich größeren Anteil an Hausarbeit, Kinderversorgung und Pflege unterstützungsbedürftiger Angehöriger.« (2013: 385)[158] Geht der Widerstand vielleicht vom männlichen Geschlecht aus?

Die schnell formulierte Annahme, dass sich die Rollenbilder der industrialisierten Gesellschaft (vgl. Liebold 2009) lediglich darin verändert haben, dass die Frau den Bereich des Privaten im 21. Jahrhundert verlässt, er ihr dabei aber als alleiniger Verantwortungsbereich weiter verhaftet bleibt, ist naheliegend, laut Grunow empirisch allerdings nicht haltbar. »Stattdessen zeigt der Stand der Forschung, dass eine Mehrzahl von Paaren anfänglich geschlechteregalitäre Formen der Aufteilung von Erwerbs- und Hausarbeit praktizieren und diese im Beziehungsverlauf zugunsten traditioneller, geschlechterdivergenter Arbeitsformen aufgibt.« (Grunow 2013: 386, vgl. auch Grunow 2007) Grunow spricht daher von »Retraditionalisierung als Lebensphaseneffekt«. Nach Grunow *werden* Männer und Frauen *im Beziehungsverlauf* widerständig.

Grunow fasst dieses Werden wie folgt zusammen:

> Das Gesamtbild nur geringfügig veränderter Geschlechterrollenarrangements ist zumindest teilweise darauf zurückzuführen, dass anfängliche geschlechteregalitäre Formen der Aufteilung von Erwerbs- und Hausarbeit im Beziehungsverlauf zugunsten geschlechterdivergenter Arbeitsformen aufgegeben werden. Junge Paare gehen – sozusagen auf die Realisierung egalitärer Geschlechterideale – zunächst zwei Schritte vor, im Beziehungsverlauf jedoch eineinhalb Schritte wieder zurück. (2013: 384)

Und diese Umkehr geht, wenn es bei jungen Paaren zur Familiengründung kommt, noch weiter. Den Scheidepunkt von Progression und Regression im Angleichungsprozess der Geschlechterverhältnisse findet Grunow in ihren Daten im Übergang zur Elternschaft (vgl. auch Flaake 2011: 25). Männer und Frauen *werden vor allem im Übergang in die Elternschaft* widerständig.

Die dualistische Differenzierung zwischen den Gruppen »Männer-Frauen« und »Mütter-Väter« wird somit interessant und mit ihr rollen- und identitätstheoretische

---

[158] Dass hierbei keine pragmatisch-ökonomischen Faktoren die ausschlaggebende Erklärung liefern, konnte Grunow bereits früher beweisen (vgl. Grunow 2013).

Zugänge. Bei ihren Erklärungsfiguren der »Retraditionalisierung als Lebensphaseneffekt« greift Grunow diese Zugänge auf und bietet eine sehr anschlussfähige Perspektivenerweiterung – von soziokulturellen Normansprüchen hin zu individuellen Verarbeitungsmechanismen – an. Sie markiert in diesem Kapitel einen Wegpunkt hin zu der psychodynamischen Frage nach dem widerständigen Subjekt.[159] Grunow schlussfolgert:

> Die Geburt eines Kindes stellt offenbar eine Zäsur in der geschlechtsspezifischen Arbeitsteilung von Paaren in Europa dar [...]. Das liegt unter anderem daran, dass Paare beim Übergang zur Elternschaft plötzlich mit einem erheblichen Maß an Sorgearbeit konfrontiert werden und sich gleichzeitig der Umfang an Routinehaushaltsarbeit, wie Kochen, Putzen und Wäschewaschen, erhöht [...]. Darüber hinaus treffen in dieser Phase häufig von den Partnern geteilte und bis dahin gelebte egalitäre Werte auf traditionelle Elternschaftsnormen, die sich u. a. in den strukturellen Bedingungen zur Vereinbarkeit von Erwerbs-, Haus- und Familienarbeit niederschlagen [...]. *Es kann angenommen werden, dass sich mit dem Übergang zur Elternschaft auch Identitätsproduktionsprozesse von Männern und Frauen verändern und traditionelle Familienideale aus der Kindheit gewissermaßen reaktiviert werden.* (Grunow 2013: 393, Hervorhebung M. K.)

Grunow reißt hier die Erklärungsfigur an, dass mit der Geburt eines Kindes eine Veränderung *im* Subjekt angeregt würde, die subjektiv-biografische Erfahrungen aktualisieren. Damit lässt Grunow eine Erklärungsfigur zu, die außerhalb regulativpolitischer Wirkungsbereiche liegt – die Vergangenheit und deren Spuren im Subjekt. Mit der Geburt eines Kindes werden die eigene Kindheit und die erlebten geschlechtsspezifischen Dualismen wieder aktuell.

Das ist eine Erklärung, die sehr an Sterns Arbeit zur *Mutterschaftskonstellation* aus den späten 1990er Jahren erinnert. Und so scheint es hier lohnenswert, den inneren Widerstand, der zur Retraditionalisierung führt, zu ergründen.

Daniel Stern beschreibt in seiner Arbeit zur *Mutterschaftskonstellation* (vgl. 1998) eine weiblich-geschlechtsspezifische Reorganisation der Identität. Frauen, ganz gleich, ob diese sich als emanzipiert oder traditionell begreifen, würden, so Stern, im Übergang zur Mutterschaft mit neuen inneren und äußeren Themen und Ansprüchen konfrontiert. Die Frage nach dem Selbst erfahre eine psychische Neuorganisation. Dabei unterscheidet Stern im Kern drei Fragenkomplexe, die Mütter vor, während und nach der Geburt im innersten und auf eine archaische Weise[160] beanspruchen. Kann sie das Kind am Leben lassen, ihren Nachwuchs und im weiteren Sinne ihre Art erhalten? (ebd.: 213f.) Kann sie das Kind emotional annehmen,

---

[159] Grunow selbst geht dieser subjektzentrierende Zugang im weiteren Verlauf ihrer soziologischen Auseinandersetzung verloren.

[160] Dabei scheint es plausibel, dass die Fragen der Gleichstellung und der Geschlechteregalität in den Hintergrund geraten. Stern schreibt: Die Gedanken drehen sich »mehr um das Baby als um beinahe alles andere« (Stern 1998: 210).

es lieben und es psychisch gedeihen lassen? (ebd.: 215f.) Und kann sie eine Matrix herstellen, zulassen und halten, die sie und das Kind schützend umgibt? (ebd.: 216f.) Wird die Frau auf dem Weg in die Mutterschaft über einen *inneren Dialog* widerständig?

Mit Sterns *Mutterschaftskonstellation* scheint diese Schlussfolgerung naheliegend. Sie lässt sich im Kern so lesen, dass mit der Geburt eines Kindes neue Themen die mentalen Kapazitäten der Frau (die jetzt Mutter ist) auslasten, die wenig emanzipativen und egalitären Charakter haben. Darüber hinaus scheint sie plausibel, da Stern die Erklärung mitliefern kann, warum diese Themen einen so tiefgreifenden Einfluss auf die Mütter nehmen. Stern geht davon aus, dass die Mutter mit der Geburt ihres Babys »in eine neue psychische Organisation hineingleitet« (Stern 1998: 209), die in den Müttern, so Stern weiter, »Gruppen von Handlungstendenzen, Sensibilitäten, Phantasien, Ängsten und Wünschen entstehen lassen« (ebd.). Diese »Gruppen von« bilden sich in den Müttern nach Stern, weil sie innerlich (und das gilt auch für die Mütter, die sich von Mutterschaftsnormen zu lösen versuchen) über die Geburt des Kindes mit Ansprüchen konfrontiert werden, die nach einer Bearbeitung verlangen. Diese Ansprüche würden kulturell vermittelt und biologisch argumentiert. Auch wenn die Beschreibung dieses Anspruchs heute sicher streitbar ist, könnte der innere Dialog der Mutter auch heute noch so verstanden werden, wie ihn Stern 1998 selbst formulierte:

> Die Geburt und die Versorgung des Babys waren immer »Frauensache«, bei den Menschen nicht anders als bei den meisten Primaten, während die Männchen bei fast allen Arten in eine (für das Baby) sichere Distanz verwiesen werden und nach und nach Zugang zu ihrem Nachwuchs erhalten. (ebd.: 216)

Auch wenn die Verantwortungszuschreibung im 21. Jahrhundert weniger stringent definiert ist, würden sich Mütter auch heute mit den drei zentralen Fragen (s. o.) konfrontiert sehen, da sich die (kulturellen) Erwartungen an die Mutterschaft in die Innenwelt der Mütter, auch wenn sie öffentlich zunehmend destabilisiert werden, eingeschrieben haben – nicht zuletzt durch die (subjektive) körpernahe Erfahrung der eigenen Tochter-Mutter-Beziehung.[161]

Und so lässt sich mit Stern weiter schlussfolgern, dass sich auch die emanzipierte Frau in einen inneren Dialog begibt, in dem ihr Selbstverständnis als Frau mit der Frage nach dem (Über-)Leben ihres Kindes verbunden wird und ihr Emanzipationsbestreben durch das »primäre mütterliche Präokkupiertsein« (Stern 1998: 215) konterkariert wird. Denn die gelingende Transformation des Selbstverständnisses vom

---

[161] Stern schreibt hierzu hilfreich an späterer Stelle im Text weiter: »Es ist wahrscheinlich, daß die täglichen Akte des Bemutterns […] Erinnerungen an die frühe Kindheit der Mutter selbst und gleichzeitig an die Bemutterung wecken, die ihr von ihrer eigenen Mutter zuteil wurde.« (1998: 221) Mit dem Monolog: »So wie sie für mich da war und mich hat überleben lassen, so muss ich es auch tun (können)«, ließe sich dieser Gedanke veranschaulichen.

emanzipierten Frausein zur *primären Mütterlichkeit* entscheide in der Innenwelt der Mutter letztlich über Leben und Tod des Nachwuchses (vgl. ebd.: 214).

Der Vater spielt bei Stern eine untergeordnete Rolle, wenn er schreibt, dass bei der Transformation der Frau zur Mutter die innere Mutter und die mit ihr gesammelten Erfahrungen (Selbst- und Objektrepräsentanzen) in der *Mutterschaftskonstellation* mit besonderer Bedeutung aufgeladen werden.[162]

> Die Geburt ihres Kindes zwingt die Mutter zu einer tiefgreifenden Neuanpassung. Ihre Gedanken gelten nun in höherem Maße ihrer eigenen Mutter als ihrem Vater; sie betreffen in erster Linie die Mutter als Mutter und weniger ihre Mutter als Frau oder Ehefrau; sie kreisen eher um Frauen im Allgemeinen als um Männer, drehen sich weniger beruflich um die Karriere als um Wachstum und Entwicklung, weniger um ihren Ehemann als Mann und Sexualpartner denn um ihren Ehemann als Vater und Kontext für sie und das Baby; mehr um das Baby als um beinahe alles andere. (ebd.: 210)

Mit dieser komplexen und stark verdichtenden Darstellung der inneren Position der Mutter, kann der von Grunow eröffnete psychodynamische Verstehenszugang zur Verhaltensstarre des widerständigen Subjekts angereichert werden.

Retraditionalisierung als Widerstand wird bei Stern verständlich als Bewältigungsstrategie einer Ich-Krise, die zu einer Wiederbelebung und Reaktualisierung der eigenen sinnlich-bildlichen Muttererfahrungen führt.[163] *Progressiv führt sie in eine aktive Mutter- und im weiteren Sinne Elternschaft hinein. Widerständig und regressiv wirkt sie sich auf die Programmatik der Geschlechteregalität aus. Bei Stern führt die Transformation der Frau zur Mutter zu einem Widerstand gegen die Egalität im weiblichen Subjekt selbst.*

Eine weitere Erklärungsfigur für die Retraditionalisierung, die, zur Erinnerung, im Kern eine Wiederherstellung vormals dekonstruierter Geschlechterdivergenzen meint, findet sich in der Arbeit Metzgers von 2009. Sie führt diese Studie langsam weiter zu der Frage nach dem konkreten Vater, die später in Kap. III, 3.3 am Material abgehandelt wird.

Mit einem Blick auf den Mann/Vater, schreibt Metzger auch dem inneren Dialog im Übergang in die Vaterschaft eine widerständige Bedeutung zu. Am Kristallisationspunkt der Geburt kämen, so Metzger, auch für den um Gleichstellung bemühten Mann neue Themen auf das Tableau und berührten Fragen nach dem eigenen Selbst. Dem Selbst, das zuvor vielleicht noch auf dem Weg einer Geschlechteregalität war.

---

[162] Stern schreibt hierzu: »Die Angst betrifft das Versagen ihrer biologischen Vitalität und Kreativität.« (1998: 214)

[163] Siehe hierzu weiterführend die frühere Arbeit von Lorenzer (1972), in der auf die körpernahe Sozialisierungserfahrung der Mutter durch die Mutter aufmerksam gemacht wird (vgl. ebd.: 47) und gleichsam die Triebformung durch Kultur verständlich abgehandelt wird.

Hans-Geert Metzger sieht die psychische Herausforderung des Mannes vor allem darin, sich in der Generationsstufe des Vater-Seins zu verorten, was seiner Meinung nach zu einer bedrohlichen Auseinandersetzung mit der eigenen Endlichkeit führt. Betont Stern, bezogen auf die Mutter, primär die Angst vor der Verantwortung der (Selbst-)Erweiterung, hebt Metzger, geschlechterdivergent, die männliche Angst vor der eigenen (Selbst-)Begrenzung hervor. Er schreibt:

> In der Geburt eines Kindes ist ein Paradox enthalten, das Konfliktpotential in sich trägt und oft schwer zu akzeptieren ist: Die Freude über das Kind und die Realisierung der Endlichkeit. (2009: 81)

Metzger kann bei der Frage nach einer Retraditionalisierung demnach so gelesen werden, dass Väter die Nähe zum Kind meiden, sich von Mutter und Kind distanzieren und Dualität aktiv herstellen (im Extremfall bekommen sie erst gar kein Kind), weil ihre »Unsterblichkeitsphantasie« (ebd.: 82) und die der eigenen Großartigkeit durch den Aufstieg in der Generationslinie angegriffen werden. Metzger geht davon aus, dass die Entscheidung, ein Kind zu bekommen, ähnlich archaische, das Selbst und die Identität betreffende Herausforderungen an den Vater stellt, wie sie Stern für die Mutter beschrieben hat. Doch treffen diese Herausforderungen beim Mann, im Unterschied zur Frau, auf narzisstische Selbstanteile.

In Anlehnung an Schorn (vgl. 2003) geht Metzger von einer narzisstischen Ich-Krise aus, welche die mentalen Kapazitäten des Vaters vor, während und nach der Schwangerschaft seiner Partnerin beanspruchen (vgl. ebd.: 85). Bezogen auf die Frage nach dem Widerstand kann festgehalten werden, dass Väter zur Bearbeitung ihrer Ich-Krise in eine Distanz zu Mutter und Kind flüchten.

Nach dieser ebenfalls verdichteten, aber gleichsam eindringlichen Differenzierung des Subjekts in Mütter und Väter, kann festgehalten werden, dass nicht das Subjekt widerständig ist. Auch sind es nicht Männer und Frauen und keineswegs sind sie es zeitlos. Es sind Mütter und Väter, die in dem krisenhaften Übergang zur Elternschaft einen retraditionalisierenden Widerstand in sich finden.

Ebenfalls aus psychoanalytisch-klinischer Perspektive legt Diamond eine psychodynamische Theorie der Männlichkeit vor, die bei dem Verständnis *innerer* Widerstände ebenfalls hilfreich sein kann. Seine Arbeiten werden hier als weitere Stufen hin zu Kap. III, 3.3 und der Frage nach dem Vater vorgestellt.

Michael Diamond beschreibt Männlichkeit als lebenslangen und prinzipiell unabschließbaren Arbeitsprozess, welcher Integration und Synthesenbildung zum Ziel hat (vgl. 2009, 2010). Dieser Prozess finde seinen Ausgangspunkt in der frühen Kindheit und erstrecke sich über alle Lebensphasen (vgl. weiterführend Dammasch 2009c, 2011). In der Kindheit legt Diamond, in seiner Theorie der Männlichkeit, Spuren frei, die einen nachvollziehbaren Zugang zum Innenleben des Mannes im Übergang in die Vaterschaft eröffnen. Dabei konzipiert Diamond eine Erklärung männlicher Identität als *Differenzierungsleistung* mütterlicher und väterlicher Identifikationen und Selbstrepräsentanzen (vgl. 2009: 175ff.). Wie Mahler (vgl. 1993) oder Chodorow (vgl. 1994) geht auch Diamond davon aus, dass der Junge im Zuge seiner psychosexuellen Reifung einen abrupten Bruch in der Beziehung zu seiner Mutter erlebt, die seine frühe Geschlechtsidentität grundlegend bedrohen (dieser Gedanke wurde in Kap. III, 2.2 ausführlich thematisiert). Ursprünglich überzeugt, zu sein und bleiben zu können wie die Mutter (als i. d. R. erste Identifikationsfigur), müsse der Junge seine Beschränktheit auf das männliche Geschlecht anerkennen und die frühe Identifikation mit der Mutter bearbeiten. »Dieser Verlust trifft ihn sobald er realisiert, dass er weder die Mutter sein noch ihrem weiblichen Geschlecht angehören kann […].« (Diamond 2009: 183) Um die Erfahrung der *Separation* zu seinem i. d. R. primären Identifikationsobjekt zu verarbeiten, schaffe sich der Junge ein großartiges männliches Ich-Ideal, das seinen Objekt- und Selbstverlust mildere.

Unter Bezugnahme auf die Arbeiten Michael Diamonds kann hier beschrieben werden, dass Väter mit der Erfahrung der Geburt einerseits eine Aktualisierung ihrer sexuellen Unterlegenheit (unterlegene Potenz) erfahren, die sie schon einmal schmerzlich erkennen und verarbeiten mussten. (Im Fall Yannis konnte eindrucksvoll beschrieben werden, von welcher Potenz sich der Mann verabschieden muss.) Andererseits lässt sich schlussfolgern, dass die affektive und emotionale, praktische Anteilnahme an der frühen Elternschaft das Wiederaufleben mütterlicher Selbstanteile aktiviert, die ebenfalls konfliktbehaftet sein können und die eigene Männlichkeit bedrohen. (Dieser Gedanke wird weiter unten noch einmal ausführlich aufgegriffen.)

Elternschaft aktualisiert innere, männliche Konflikte, die Widerstände begründen.

Frank Dammasch geht, aus der Perspektive eines Kinder- und Jugendlichen Psychoanalytikers, in seinen Arbeiten zur Gendertriangulierung (vgl. 2008, 2009, 2010) ebenfalls von der Aktualisierung spezifisch männlicher Konflikte aus. Im Gegensatz zu Sterns Annahme, dass die Mutter den Vater und das Männliche, im Vergleich zur (eigenen) Mutter und deren Weiblichkeit, gedanklich und konkret aus der frühen emotionalen Zeit mit dem Kind heraushalte, postuliert Dammasch ähnlich wie Diamond und Metzger, einen aktiven Selbstausschluss des Vaters in der frühen Kindheit. Die Ursache für den frühen Selbstausschluss des Vaters findet er in dessen Kindheitserfahrungen. Zwar schreibt Dammasch auch von einem mütterlichen und eher ausschließenden Raum der frühen Kindheit, bspw. wenn er über Väter schreibt:

> […] wie fremd sie sich fühlen im weiblichen Biotop, im Kreise der aktiv miteinander über die Betreuung, Gefühle und Wehwehchen ihrer kleinen Kinder kommunizierenden Mütter. Auf den emotional beweglichen Beziehungsschollen von Kleinstkindern und Müttern fühlen sich Väter oft fremd und bedroht, wie auf schwankenden Bohlen in einem Fluss. (Dammasch 2011: 45)

Dennoch sieht Dammasch den gefühlsmäßigen Dialog des Vaters, der den Ausschluss begründet, primär als inneren, die eigene Identität betreffenden. Über eine intensive Auseinandersetzung mit der *Entidentifizierungstheorie* von Ralph Greenson (vgl. 2009) geht Dammasch von einem weiblichen Selbstanteil des Jungen aus, den er im Dienste einer männlichen Identitätsentwicklung vorübergehend verleugnen müsse (vgl. Dammasch 2009c: 19). Eine kurze Darstellung der Entidentifizierungstheorie scheint hier angebracht. Eine geeignete liefert hier Diamond:

> Nach dieser Theorie kann der kleine Junge nur dann ein normales, gesundes Männlichkeitsbewusstsein entwickeln, wenn es ihm gelingt, seine Identifizierung mit der Mutter aufzulösen und eine Gegenidentifizierung mit dem Vater vorzunehmen. Auf Grundlage dieser These erklärte man fortan die Schwierigkeit des Jungen/des Mannes, sich als »männlich« zu identifizieren. (2009: 163)

Dammasch kommt, für die Frage nach dem inneren Widerstand des Vaters hier sehr interessant, zu folgender Schlussfolgerung:

> Der Mann hat Angst vor der intensiven verantwortlichen Nähe zum kleinen Kind, weil er dadurch mit den eigenen bedrohlichen frühen Abhängigkeitsgefühlen konfrontiert werden würde. (2011: 45)

Karin Flaake führt diesen Gedanken empirisch begründet weiter aus, wenn sie schreibt:

> In einigen Interviews mit Vätern wird deutlich, dass die Begegnung mit der Bedürftigkeit, Abhängigkeit und Hilflosigkeit des kleinen Sohnes oder der kleinen Tochter als Gefährdung der Männlichkeit erlebt wird, da als schwach und abhängig definierte eigene Anteile und damit auch innere Bindungen an die eigene Mutter aktiviert werden, die auf dem Wege zur Herausbildung eines Selbstbildes und Selbstverständnisses als Mann oft als wenig akzeptabel erlebt und deshalb verdrängt wurden. (2009: 28)

Mit Dammasch lässt sich schlussfolgern, dass Väter die enge Beziehung in der frühen Vaterschaft scheuen, um Abhängigkeitsgefühle zu vermeiden, die sie in die frühe Identifikation mit der eigenen Mutter zurückführen. Über den Selbstausschluss schützen sie ihre Männlichkeit und bearbeiten ihre Schwierigkeit, sich im Kern als männlich zu identifizieren.[164]

---

[164] Eine Integration der bis hierher aufgeführten Thesen findet sich in einer Arbeit von Karin Flaake. In ihrer Studie »Geteilte Elternschaft« (2006–2008) stellt sie, offensichtlich ebenfalls unter Bezugnahme der oben aufgeführten theoretischen Bezüge, einen eigenen psychodynamischen Ansatz vor (vgl. Flaake 2011: 27ff.). Sie stellt das »traditionelle Arrangement« (ebd.: 37) der Elternschaft vor, bei dem sowohl das subjektive Erleben der Mutter als auch das des Vaters umfasst wird. Flaake führt am Beispiel der frühen körpernahen Erfahrung des Stillens aus, dass Mütter über die Versorgung eine psychische Erfahrung der innigen Verbundenheit und Verantwortung sammeln, die aus der Perspektive des Vaters

Ein abschließender Blick in die Arbeiten Lothar Böhnischs (vgl. 2003, 2006) soll die Darstellungen bekannter psychodynamischer Erklärungsfiguren für die Verhaltensstarre des widerständigen Subjekts beenden. Böhnisch sieht in der Abwesenheit des Vaters in der frühen Kindheit eine Reaktionsbildung, oder besser formuliert einen Bewältigungsversuch von Männlichkeit, und nimmt die »›Tiefendynamik‹ des Mannseins« (Aigner, Poscheschnik 2011: 36) in den Blick.

Lothar Böhnisch analysiert »die vielfältigen (teils unbewussten) Kompensationsversuche von als minderwertig empfundenen männlichen Eigenschaften – wie etwa die physiologische Überlegenheit der Frau in der Sexualität« (Aigner, Poscheschnik 2011: 36, vgl. auch Böhnisch 2003, 2008, Diamond 2009). In Lebensphasen, in denen Männer in ihrer Potenz besonders bedroht sind, wie etwa in der Konfrontation mit der Potenz der gebärfähigen und stillenden Mutter, würden Männer auf Habitusmerkmale zurück fallen, die sie und ihre Umgebung für längst überwunden hielten. Dieser tiefenpsychologische Ansatz betont noch einmal die Kernbotschaft der bis hierher aufgeführten Erklärungsfiguren, dass das widerständige Subjekt *Mann* nichts rein soziokulturell Produziertes ist.

Der Widerstand im Projekt der geteilten Elternschaft kann als Bewältigungsmuster von Ich-Krisen verstanden werden.

Die Darstellungen der psychodynamischen Erklärungsversuche für das »Widerständige Subjekt« haben den Blick für das Innere und dessen Widersprüchlichkeit und Komplexität sensibilisiert. Mit diesem sensibilisierten Blick kann der Leser nun im folgenden Kapitel den Vorschlag einer integrativen Erklärungsfigur auf sich wirken lassen. Sie ist durch das Material dieser Studie angeregt und durch das theoretische Vorwissen dieses Kapitels informiert.

3.3 Die traditionalisierenden Folgen der Urszene – eine integrative Erklärungsfigur

Die psychodynamischen Erklärungsfiguren »verbale(r) Aufgeschlossenheit bei weitgehender Verhaltensstarre« (Beck 1986: 169), deren Erkundung hier ihren Ausgang in der soziologischen Arbeit Grunows (vgl. 2013) gefunden hat, konnten bei der Frage nach dem »Widerständigen Subjekt« (Dammasch 2011) den psychodyna-

---

die Erfahrung des Ausschlusses bedeuten können. Damit greift sie die hier bei Diamond beschriebene ungleiche Potenzerfahrung ganz konkret auf. Im Umgang mit dem Stillen sieht Flaake einen Kristallisationspunkt, an dem sich entscheiden kann, ob und wie aktiv der Vater sich als bedeutsame und potente Person verstehen kann und sich in die frühe Erziehungsverantwortung einbinden lässt.

mischen Blick für den »Jungen im Mann«[165] schärfen. Hier wird nun eine integrative Erklärungsfigur eingeführt: die traditionalisierenden Folgen der Urszene.

Diese Erklärungsfigur kann, um sie einer kritischen Prüfung zugänglich zu machen, auch als Hypothese formuliert werden:

Die Folgen der Urszene, die Schwangerschaft, die Geburt und die Zeit danach, wecken frühe, sinnsymbolische Geschlechterkonzepte im Vater. Sie haben ihren Ursprung in den eigenen körpernahen Beziehungserfahrungen der frühen Kindheit. Mit dem Übergang in die Elternschaft erfahren traditionelle Geschlechterkonzepte eine bildhafte Wiederauflage. Einher geht dieser Effekt mit einer Aktualisierung biologisch-genetischer Geschlechterkonzepte insgesamt. Sie erzeugen Widerstand im gesellschaftlichen Projekt einer praktizierbaren Geschlechteregalität.

Diese Hypothese entspringt dem Material und lässt sich an ihm illustrieren und plausibilisieren. Den Einstieg kann ein Blick auf ein interessantes Nebenergebnis der Vorstudie machen, bei der die Elternpaarinterviews qualitativ-inhaltsanalytisch ausgewertet wurden (vgl. Dammasch, Kratz 2012).

Über die Analyse der Einstellungen der befragten Eltern lässt sich abbilden, dass, mit nur wenigen Ausnahmen, fast alle Mütter und Väter mit Kindern im Alter zwischen ein und vier Jahren der These zuneigen, dass die Verhaltens- und Erlebnisweisen ihrer Söhne wesentlich von der Biologie bestimmt werden. Das erinnert sehr an Grunows Fazit, dass (Eltern-)Paare »zunächst zwei Schritte vor, im Beziehungsverlauf jedoch eineinhalb Schritte wieder zurück [gehen, M. K.]« (2013: 384).

Die meisten, auch die modern aufgeklärten Eltern, formulieren ein klares Konzept: Männliche Vorstellungen und Verhaltensweisen sind vor allem biologisch bestimmt und können im Kern durch die Erziehungs- und Beziehungserfahrungen kaum verändert werden. Diese Eltern würden wahrscheinlich die Annahme der Entwicklungspsychologin Doris Bischof-Köhler hilfreich finden:

> Die Wirkung natürlicher Dispositionen ist appellativer Art; sie legen bestimmte Verhaltensweisen näher als andere. Bestimmte Tätigkeiten und Aufgabenbereiche kommen einfach den im Durchschnitt vorherrschenden Neigungen, Interessen und Begabungen des einen Geschlechtes mehr entgegen als denen des anderen, verschaffen jenem daher mehr Befriedigung, lassen sich bequemer realisieren und tragen besser zum Gefühl der Erfüllung bei. (2006: 40 zit. nach Dammasch, Kratz 2012: 9)

Diese Haltung ist allerdings nicht zeitlos und in ihrer Überzeugung konsistent. Vielmehr greift hier die oben aufgeführte These einer Bestätigung oder Wiederauflage traditioneller Geschlechterkonzepte im Übergang in die Elternschaft (vgl. Kap. III, 3.2).

---

[165] Die Formulierung ist in Anlehnung an Segal (vgl. 1974) gewählt, die an Melanie Kleins Verdienst erinnert, auf das »Kleinkind im Kind« aufmerksam gemacht zu haben.

Mehrere Mütter und Väter geben an, dass sie vor der Geburt ihrer Kinder eigentlich davon ausgingen, dass geschlechtsspezifisches Verhalten durch Erziehung geformt würde, dass sie aber im Lauf der Entwicklung ihrer Kinder doch immer stärker zu der Überzeugung gekommen seien, dass »viel wohl auch biologisch« oder »hormonell« festgelegt sei. Eine typische Aussage einer Mutter zu der Frage, ob es Unterschiede zwischen Mädchen und Jungen gäbe, lautet: »Also bevor ich Kinder hatte, hätt' ich Nein gesagt. Seit dem ich Kinder habe, sag' ich ja.« (Dammasch, Kratz 2012: 133)

Eine erste Erklärungsfigur kann der expliziten Äußerung dieser Eltern, »seit dem ich Kinder habe [...]«, auch mit Sparsamkeit der Lesarten entnommen werden:

Das Verhalten des Jungen, dessen (auch) geschlechtsspezifische Aktionen/Reaktionen, die sich Eltern über die eigene Erziehung (Prägung) nicht erklären können, verleitet die Eltern zur Annahme biologischer Veranlagungen (vgl. Quindeau 2014). Sie greifen auf das zurück, was sie im sekundären Sozialisationsprozess aus der Perspektive von Mann und Frau (in Abgrenzung zu Kind oder Eltern) überschrieben haben. Sie rekurrieren dann auf biologisch-genetische Erklärungsfiguren.[166]

Die Hypothese, um deren Prüfung es hier geht, postuliert im Kern eine Doppelbödigkeit innerer Geschlechterkonzepte und zielt ebenfalls darauf ab, »die hinter den Phänomenen liegenden Kräfte zu ermitteln« (Lorenzer 1972: 46). Wo finden die biologisch-genetischen Erklärungsfiguren ihren Ursprung, damit auf sie zurückgegriffen werden kann? Und warum können sie eine Überzeugung auf höherem Niveau entkräften?

Die Hypothese findet ihre Orientierung in der materialistischen Sozialisationstheorie Lorenzers (vgl. 1972) und ist geleitet vom Blick des Jungen auf seine Eltern, welcher im Fall Yannis ausführlich analysiert wurde.

Am Fall Yannis konnte nachvollzogen werden, wie sich ein körpernahes, bildhaftes Konzept dualer Geschlechtlichkeit in die Innenwelt des Jungen einschreibt. Die konkreten und körpernahen Beziehungserfahrungen zu Mutter, Vater und dem Elternpaar »dürften Eindruck hinterlassen haben« (Kap. II, 2.7). Die körperliche Differenz von Mutter und Vater, die Folgen der Urszene, sind nicht am Erleben des Jungen vorbeigegangen (ebd.).

---

[166] Sicher lässt sich hier die Frage stellen, ob Eltern das Verhalten ihrer Kinder nicht über geschlechtsspezifische Interaktionsformen so präformieren, dass sie das quasibiologische Verhalten ihrer Kinder als biologisches wiedererkennen, nachdem sie es selbst implantiert haben. Diese Kritik wurde bereits von Quindeau formuliert, wenn sie anmerkt: »Solche Beobachtungen finden sich in der Tat häufig in Familien und sie werden problematischerweise oft als Bestätigung einer biologischen Prägung des Geschlechts gewertet. So zutreffend die Beobachtungen auch sind, so unzutreffend ist allerdings die zugrundeliegende alltagspraktische Vorstellung, dass alles, was durch bewusste Absichten nicht veränderbar erscheint, ›biologisch‹ bzw. genetisch angelegt sein muss.« (Quindeau, Dammasch 2014: 25)

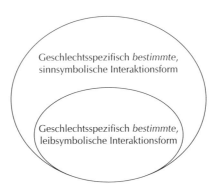

*Abb. 7: Die Ebenen leibsymbolischer-
und sinnsymbolischer Interaktionsformen*

Mit Lorenzers materialistischer Sozialisationstheorie (vgl. 1972, siehe auch Reinke 2013), bei der kindliche Sozialisation als Naturprozess und zugleich als soziale Bildungsgeschichte konzipiert wird (vgl. Lorenzer 1972: 7), kann dieses Bild gefasst werden. Von besonderer Bedeutung ist dabei Lorenzers These, dass der Ausgangspunkt der menschlichen Entwicklung nicht in erster Linie Sprachsymbole sind, sondern bestimmte, das heißt körperlich konkrete Interaktionsformen. Den Beginn der Subjektivität sieht Lorenzer in körpernahen Erfahrungen, die, wenn man es genau nimmt, geschlechtsspezifisch sind. Der Körper der Mutter eröffnet den subjektivierenden Dialog mit dem Embryo, dem Säugling, dem Jungen (innerer Kreis). Hinter diesem esoterischen Element seiner Sozialisationstheorie findet sich die plausible Schlussfolgerung, dass es eine Frau ist, die den Jungen austrägt, ihn stillt und betrachtet. Das nimmt der Junge noch unwissend wahr, wofür der, hier von Leuzinger-Bohleber (vgl. 2009) übernommene, Konzeptbegriff des Embodiment herangezogen werden kann. Die ersten Erfahrungen sind geschlechtsspezifische, spezifisch-körperliche. Die Erfahrungen mit dem weiblichen Körper hinterlassen Spuren im Subjekt. Die frühe Erfahrung des weiblichen Körpers der Mutter bleibt einzigartig geschlechtsspezifisch. Siri Hustvedt findet für die körpernahen, bildhaften Erfahrungen die passenden Worte:

> Es gibt eine Distanz zur Vaterschaft, von der die Mutter nicht betroffen ist. In unseren allerfrühsten Tagen sind Väter zwangsläufig einen Schritt entfernt. Wir teilen kein intrauterines Leben mit unseren Vätern, werden bei der Geburt nicht aus ihren Körpern ausgestoßen, saugen nicht an ihren Brüsten. Wenn unsere frühe Kindheit auch vergessen ist, die Prägung durch jene Tage bleibt in uns: der erste Austausch zwischen Mutter und Baby, das Hin und Her, das Wiegen, Trösten, das Halten und Ansehen. Väter dagegen betreten die Bühne von anderswoher. (2014: 95, zit. nach Aigner 2015: 6)

Der Fall Yannis kann zur Illustration herangezogen werden:

> Die Erfahrung, dass die Mutter in seinen jungen 3,5 Jahren zweimal »belastet« durch die Schwangerschaften war und zwei weitere Söhne geboren hat, kann kaum am Erleben des Jungen vorübergegangen sein. [Die 9 Monate geschlechtsspezifische Erfahrung seien mitgedacht, M. K.] Besonders weil diesem Erleben der Körper des Vaters in kontrastiver Weise gegenüberstand. Die geschlechtsspezifischen Auswirkungen der Reproduktion auf die Körper von Mutter und Vater dürften Eindruck hinterlassen haben. [...] Damit stellt sich die Frage, was dieses Erleben der Geschlechter mit dem Erleben und den Phantasien, bezogen auf den eigenen Körper, macht? Der Gedanke, dass dies zu vordiskursiven inneren [bildhaften, M. K.] Modellen geschlechtlicher Dualität führt, wird durch das Material angeregt. (Kap. II, 2.7)

Die körperlichen und bildhaften Erfahrungen bilden ein vorsprachliches leib- und sinnsymbolisches Konzept dualer Geschlechtlichkeit (äußerer und innerer Kreis). Ausgangspunkt der menschlichen Entwicklung sind nicht in erster Linie Sprachsymbole, sondern bestimmte, das heißt körperlich konkrete Interaktionsformen (vgl. König 1993: 193ff.).

Was aber passiert im sekundären Sozialisationsprozess, dass Eltern, um es wieder mit Daniela Grunow zu sagen »zwei Schritte nach vorne gehen« (s. o.)? Wie werden die frühen Konzepte überschrieben? »Also bevor ich Kinder hatte, hätt' ich Nein gesagt.« (s. o.) Die konkreten, bildhaften Konzepte werden überschrieben durch ein Primat der Sprachsymbole. Es soll hier näher betrachtet werden.

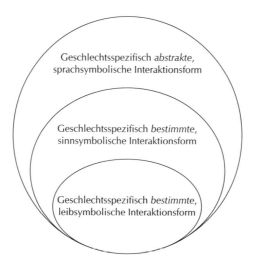

Abb. 8: Die Ebene der sprachsymbolischen Interaktionsformen

Abstraktion und Dekonstruktion wird durch die Nutzung von Sprachsymbolen möglich. Durch die Fähigkeit der Sprachsymbolisierung kann sich gedanklich von der konkreten Erfahrung gelöst und die (einst unmittelbare) Bedeutungszuschreibung der Geschlechter hinterfragt werden. Mit der Sprache und dem hohen Niveau der Ich-Bildung geht eine erstaunliche Möglichkeit einher, »Probehandeln im Kopf, Reflexion der Lebenspraxis und eine Einbindung in größere Zusammenhänge wird möglich« (Klein 2004: 625). Hier greift nun die Möglichkeit, die konkreten Körpererfahrungen und die *bestimmten* Bilder von Mutter oder Vater mit dem *abstrakten Wort* Mutter oder Vater zu verbinden, *aber auch zu trennen*. Auf dieser Ebene wird der Kulturismus, der bereits bei Horney in Kap. I, 1.1.3 beschrieben wurde, möglich. Dem Subjekt wird möglich, was Lorenzer als die »unverblümte Preisgabe des Freudschen Materialismus« (1972: 20) versteht. Mutterschaft und Vaterschaft kann mithilfe der Sprachsymbolisierung aus der reflektierenden Perspektive der Frauen und Männer betrachtet und dekonstruiert werden (vgl. Abb. 9).

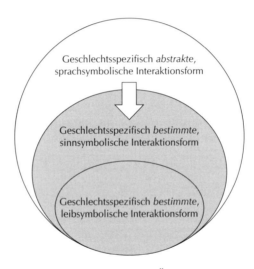

Abb. 9: Die sprachliche Überlagerung der leib- und sinnsymbolischen Interaktionsformen

Becker greift diese Fähigkeit, die im Gleichstellungsdiskurs ihre akademische Umsetzung finden, skeptisch auf, wenn sie schreibt: »Der poststrukturalistische Diskurs hat die Geschlechterdifferenz völlig entkörperlicht. Übrig geblieben ist nur Sprache, Diskurs, symbolische Konstruktion und ›doing gender‹, das heißt Darstellung, Inszenierung und Performance des Geschlechts.« (2013: 9, zit. nach Aigner 2015: 4) Auch Becker scheint davon auszugehen, dass das Subjekt eine Doppelbödigkeit der Geschlechterkonzepte verkörpert.

Die körpernahen, grundlegenden Erfahrungen, die körpernahen Bilder und deren einst unmittelbare Bedeutung in der eigenen Kindheit werden im sekundären Sozialisationsprozess einer »Skotomisierung« (Lorenzer 1972: 118) unterzogen, aber nicht aufgelöst (vgl. Abb. 10). Durch die Konfrontation mit den Folgen der Urszene werden sie aktualisiert, erhalten ihre unmittelbare und *bestimmte* Bedeutung zurück. »Seit dem ich Kinder habe sage ich ja.« (s. o.) Das *Bestimmte*, die konkrete Erfahrung der Körper im Übergang in die Elternschaft, setzt möglicherweise eine konfrontative Grenze der sprachlichen Dekonstruktion. Geschlecht wird wieder vorsprachlich auf der Ebene der Körpererfahrung mit traditioneller, biologischer Bedeutung gefüllt. Das Subjekt spürt einen inneren Widerstand, bezogen auf seine vorherige Überzeugung der ausschließlichen Formbarkeit. Die Ebenen kommen wieder in einen Dialog und bilden zusammen eine flexible Grauzone.

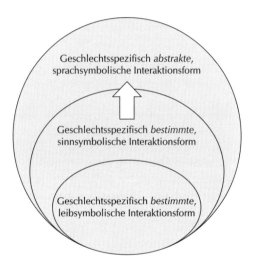

Abb. 10: Die Aktualisierung der leib- und sinnsymbolischen Interaktionsformen

Zusammenfassen lassen sich die Bewegungen im Subjekt wie folgt: Waren Mutter und Vater einst das Resultat einer Familiengründung, so transformieren sie beim Übergang in die eigene Elternschaft selbst zu Schöpfern einer *bestimmten* Nachfolge. Nun sind sie die Urheber eines vertrauten, körpernahen Erfahrungsraums (vgl. Stern 1998). Dazwischen kann eine Phase der Dekonstruktion, der Errichtung einer abstrakten neuen (egalitären?) Haltung liegen. Als Männer und Frauen sind sie in der Lage, biologische Geschlechtlichkeit sprachlich zu dekonstruieren. Mit der Geburt eines Kindes wird die poststrukturalistische, akademische Haltung mit einer biologisch lebendigen Praxis konfrontiert. »Also bevor ich Kinder hatte, hätt' ich Nein gesagt. Seit dem ich Kinder habe, sag' ich ja.« (s. o.)

Die Folgen der Urszene (»seit dem ich Kinder habe«) aktivieren ein körperlich bildhaftes Konzept dualer Geschlechtlichkeit, das seinen Ursprung in der frühen Kindheit, in den Blicken auf die Geschlechter und den körpernahen Erfahrungen mit Mutter und Vater hat.

Nachdem die bekannten, psychodynamischen Erklärungsfiguren dargestellt und in der integrativen Erklärungsfigur verbunden sind, kann der sozialpolitisch-relevante Beitrag dieser Studie expliziert werden.

Festgehalten wurde, dass sich die Sozialpolitik von einer Überschätzung der Aussagekraft von Einstellungsforschungen und den dort gefundenen Einstellungsveränderungen ausrichten lässt. Vom Subjekt formulierte geschlechteregalitäre Aussagen sind leitend. Die integrative Erklärungsfigur dieser Studie kann eine Kritik an dieser zu kurz greifenden Orientierung bekräftigen und die Forderung von Lothar Böhnisch unterstreichen, tiefenpsychologische und psychodynamische Forschungsergebnisse vermehrt in sozialpolitischen Überlegungen zu berücksichtigen (vgl. Böhnisch 2003).

Wenn das Subjekt in seiner Komplexität und Widersprüchlichkeit nicht verstanden wird, können sich sozialpolitische Steuerungsmechanismen nicht adäquat an ihm ausrichten. Über eine möglichst lebensnahe, psychoanalytische Auseinandersetzung mit dem Subjekt, können tiefer liegende latente Einstellungen und Meinungen, Ängste und Wünsche in Bezug auf familiäre Lebenspraxen und Selbstkonzepte identifiziert werden. Die integrative Erklärungsfigur, die eine soziologische und psychoanalytische Perspektive verbindet, kann einen Eindruck davon vermitteln, wie wichtig es ist, »das Zusammenwirken äußerer Strukturierung und innerer Prozesse zu differenzieren« (Kerschgens 2009: 23), wie dies unlängst von Anke Kerschgens betont wurde. Durch die Analyse dieses Zusammenwirkens lässt sich möglicherweise vermeiden, dass der Widerstand des Subjekts erst auffällt, wenn es den inneren Widerstand in Verhaltensstarre übersetzt.

4. Psychoanalyse in der empirischen Hochschulforschung

Der letzte disziplinäre Bezug, der in der Einleitung dieser Studie angekündigt wurde, ist ein wissenschaftstheoretischer. Dort heißt es:

> Es wird ein Beitrag zur Frage nach dem Gegenstand und dem Erkenntnisinteresse der Psychoanalyse geleistet und ein neuer Impuls in die Kontroverse zwischen empirischer Beobachtungsforschung und psychoanalytisch-novellistischer Forschung eingeführt. Dieser soll einen Beitrag dazu leisten die Verbindung zwischen psychoanalytisch-empirischer Forschung und akademischer Hochschulforschung zu sichern. (Kap. I: 22)

Der Anlass für diesen Anspruch wird dabei in der Beobachtung gefunden, dass die Psychoanalyse als akademische Disziplin nach ihrer »Blütezeit in den 1970er und 1980er Jahren« (Leuzinger-Bohleber 2014: 23) an den Universitäten zunehmend marginalisiert wird. Das muss aktuell zwangsläufig auch zu der Erkenntnis führen, dass das forschende Selbstverständnis der Psychoanalyse als sinnverstehende Erfahrungswissenschaft (vgl. Gerspach et al. 2014: 8) in der Hochschulforschung verloren geht (vgl. Kap I: 22). Psychoanalytische Forschung muss sich dort, wenn sie auch außerhalb ihrer psychoanalytischen Schulen relevant bleiben will, künftig an den gleichen Fragen messen lassen können, wie sie auch für andere akademische Disziplinen gelten. Damit ist wiederum verbunden, dass Subjektivität, Sexualität und Begehren als einflussnehmende Größe und Raum der Sinnkonstruktion in der Hochschulforschung durch Anpassungsprozesse an die Ansprüche bspw. einer Interrater-Reliabilität verloren gehen könnte. Die vorliegende Studie hat sich diesbezüglich der Herausforderung angenommen, ein Festhalten am subjektiven Element auch im Forschungsprozess zu argumentieren.[167] Welchen Beitrag kann die Studie hier leisten?

Eine Besonderheit dieser Studie ist ihr sehr offenes, exploratives Vorgehen. Zu Beginn der Studie sind die Möglichkeiten der Erkenntnis noch unklar, die Frage nach behandelbaren Inhalten eine offene. Beides entfaltet sich sukzessive im Rahmen der qualitativ-zirkulären Forschungsstrategie. Die Studie findet ihre Ausgangslage lediglich über ein Erkenntnisinteresse am Phänomen der »Unruhigen Jungen«, dem sie im Setting der Familie nachgehen will, sowie über eine offengelegte Erwartungshaltung an das Methodendesign und eine vorläufige, sehr wenig begrenzende

---

[167] Übergeordnet versteht sich diese Studie auch als Wegbegleiter einer Bewegung, die darum bemüht ist, eine wissenschaftliche und anschlussfähige Psychoanalyse vorzulegen. (Verwiesen sei an dieser Stelle auf die hier relevanten Beiträge von Leuzinger-Bohleber, Haubel 2011.)

Fallkonstruktion. Ein wesentliches Gütekriterium qualitativer Sozialforschung, das der *Offenheit*, ist gegeben – auf das Material, die methodologische Auseinandersetzung, die Anwendbarkeit der Methode und die Inhalte bezogen. Die Studie ist uneingeschränkt als explorative Pilotstudie gekennzeichnet und nachweislich in die empirische Sozialforschung integriert (vgl. Kap. I, 2).

Über die historische Hinführung wird sich, unter anderem durch die Berücksichtigung der Arbeit von Georg Devereux über »Angst und Methode in den Verhaltenswissenschaften« (1976), kritisch mit der Frage befasst, wie Prozesse der Erkenntnisgewinnung, im Kontext von Geschlechterfragen, von der eigenen Besetzung der Geschlechtlichkeit eingeengt und subjektiv verzerrt werden können. Dabei ließen sich methodologische Herausforderungen entziffern, denen über einen reflektierten und supervidierenden Forschungsprozess begegnet werden konnte (vgl. Kap. I, 1.2 sowie I, 2 und 3). Alle Auswertungsschritte und Wegpunkte in der Auseinandersetzung mit dem Material wurden in mehrgliedrigen Prozessen und in gemischtgeschlechtlichen Gruppen kritisch diskutiert. Alle Gruppensitzungen wurden dokumentiert und sind in die Ergebnisformulierungen eingeflossen. Erzielte (Zwischen-)Ergebnisse wurden so »transparent und intersubjektiv nachvollziehbar« (Rohrmann et al. 2012: 142) und einer kritischen Diskussion zugänglich gemacht. Die Gütekriterien der *Intersubjektivität* und der *Verfahrensdokumentation* wurden sorgfältig bedient.

Im Rahmen einer methodologischen Auseinandersetzung um spezifische Herausforderungen psychoanalytischer Forschung, hat die Studie eigene Umgangsformen vorgeschlagen und begründet. So wurde bspw. das *Unbewusste* als genuin psychoanalytische Prämisse aufgefasst und in das Erkenntnisinteresse einer sozialwissenschaftlichen Studie *integriert* (vgl. Kap. I, 2.1).

Auch das ausgearbeitete und bislang wenig erprobte Methodeninventar, das sich aus der methodologischen Standortbestimmung ableiten ließ, wurde auf seine wissenschaftliche Güte geprüft. Eine augenscheinliche Distanz zwischen psychoanalytischer und sozialwissenschaftlicher Forschung konnte über eine Verbindung der methodologischen Arbeiten von Lorenzer (vgl. 1986) und Kleining (vgl. 1982) verringert werden (vgl. Kap. I, 2.2). Dabei wurde das Instrument des »Szenischen Verstehens« als *disziplinierte Alltagstechnik* eingepflegt, in das Inventar bereits integrierter sozialwissenschaftlicher Methoden.

Das Gütekriterium der *argumentativen Absicherung* konnte durch Transparenz, Regelgeleitetheit und einer Stufenabfolge (erst logisches-, dann psychologisches- und letztlich szenisches Verstehen) im Prozess der Erkenntnisdarstellung bedient werden (vgl. Kap. III). Dabei wurde gezeigt, dass empirische Beobachtungsforschung und poetisch-novellistische Falldarstellung sinnstiftend zusammenkommen können.

Über die kontinuierliche Nähe zum empirischen Material, im Prozess der Auswertung und der Ergebnisdarstellung, die über eine besondere Berücksichtigung des Wörtlichen sichergestellt wurde, konnte psychoanalytisches Verstehen für Dritte nachvollziehbar gemacht werden. Es konnte sich für die Blicke Dritter (Disziplinen) öffnen, kann nachvollziehbare Beiträge für Dritte leisten und wird methodische Kritik durch diese erfahren können.

Fallspezifische Thesen, die sorgfältig aus dem Material herausgearbeitet wurden, konnten, wieder orientiert am disziplinierten Methodenstil der Objektiven Hermeneutik, an kontrastiven Szenen überprüft, gefestigt oder limitiert werden. Diese Thesen wurden schließlich in nachvollziehbaren, textnahen Fallnovellen poetisch-novellistisch verarbeitet. Eine eineinhalbstündige Diskussion dieser Fallnovellen mit einer Gruppe von 50 Analytikern hat diese Absicherung beendet (vgl. Kap. I: 94). So wurden in der vorliegenden Studie ausschließlich Ergebnisse dargestellt und in einen Dialog mit relevanten theoretischen Bezügen gesetzt, die diese Absicherungen überstanden haben. Sie konnten sich entwickeln, von ersten Lesarten zu validen Hypothesen, »nicht anders als bei anderen Methoden der qualitativen Sozialforschung – in einem mehrgliedrigen, regelgeleiteten Prozess« (Rohrmann et. al. 2012: 142).

Über die Zusammenarbeit mit studierenden Forscherinnen und Forschern, die Deutungsfolien des Alltags an die Familien und das Material herangetragen haben, konnte über das Erkenntnisinteresse am psychosozialen Jungen kritische Kulturforschung betrieben werden. Was haben die Alltagsmenschen, die Sozialwissenschaftler/-innen oder Psychoanalytiker/-innen für Wahrnehmungsschemata? Was kann er oder sie sehen, welche Normen und Antizipationen helfen ihm oder ihr beim *Erkennen* (vgl. Kap. I, 2.2.3)? Dabei konnten u. a. herausgearbeitet werden, dass der forschende Blick dieser Studie von einer tief im Subjekt verankerten Gleichung gelenkt wird. Familie und Kinder sind auch heute mit Frau und Mutter assoziiert. Diese Gleichung engt die Räume der Erkenntnisbildung erheblich ein. Vergleichbare Deutungsfolien von Väterlichkeit müssen sich erst noch in das Subjekt einschreiben und ein Wahrnehmungsschema für das *Erkennen* des Väterlichen schaffen (vgl. weiterführend Kerschgens 2009: 64f.).

> Psychoanalytisch orientierte Forschung kann als empirische Sozialforschung an der Hochschule begründet und angewandt werden. Sie unterscheidet sich im Bereich der Gütekriterien, bei gebotener Sorgfalt und Disziplinierung, nicht von anderen Methoden und Verfahren der empirischen Sozialforschung.

Es gilt zudem festzuhalten, dass Heteronormativität beim Lesen dieser Studie als leitende Deutungsfolie identifiziert werden kann. Sie wird in die Lebenspraxis hineingelesen, gleichzeitig aber auch durch die Organisation der familialen Lebenspraxis aus dem Material abgeleitet.

Das forschende Subjekt ist Produkt und gleichzeitig (Re-)Produzent seiner Umwelt, die dualistisch geschlechtlich und heteronormativ vorstrukturiert ist. Männer und Frauen reproduzieren diese Strukturen auch im Forschungsprozess. Dies wurde in einer Fußnote auf Seite 150, im Rahmen der Fallnovelle Yannis Fischer, bereits angerissen:

Es ist hier interessant zu erwähnen, dass die Tatsache, dass der Vater während den Beobachtungen, im Angesicht der Beobachterin, weiter trainiert, bei vielen (ausschließlich weiblichen) Interpretinnen abgewertet wird. Hier wird Herr Fischer als Macho betitelt, der angeben will. Ihm wird Kompensation als Motiv für sein Training unterstellt. Krafttraining wird von den Akademikerinnen als hohles Stählern des Körpers kollektiv abgewertet. Gleichzeitig wird thematisiert, dass der eigene Freund oder Mann zu Hause schon Kraft haben darf und soll. Das kollektive Bewerten und subjektive Begehren des männlichen Körpers scheint widersprüchlich (Kap. II, 2.2: 150).

Es ist offensichtlich, dass die Lesarten der Frauen hier mit deren Heterosexualität zusammenhängen. Körperliches Begehren, die Besetzung des eigenen und des gegengeschlechtlichen Körpers beeinflussen den Interpretationsprozess. Ebenso ist ein milieuspezifischer, kollektiver Blick zu erkennen. Nun macht es einen Unterschied, ob eine Interpretationsgruppe aus Männern, Frauen oder Männern und Frauen besteht, ebenso wie es einen Unterschied macht, welches Milieu und welche sexuellen Ausrichtungen die Interpretinnen und Interpreten verkörpern. Auch die eigene Sexualität, das Begehren, formt Wahrnehmungsschemata mit und beeinflusst Prozesse der Erkenntnisbildung. Wird von einer Überwindbarkeit des Subjektiven, von einer Egalität der Geschlechtlichkeit und der Sexualität im Forschungsprozess ausgegangen, können in Prozessen der Erkenntnisbildung Wünsche, Ängste und deren kulturelle Formung ungesehen Einfluss nehmen. Das subjektive Element, das Begehren und die Sexualität als sinnerzeugende Größe, muss in Forschungsprozessen berücksichtigt werden. Welche Disziplin kann hier einen besseren Beitrag leisten als eine disziplinierte, sinnverstehende Erfahrungswissenschaft der Psychoanalyse?

5. Fazit und Ausblick

Dem bereits bekannten Systematisierungsstil von Ergebnissen folgend, werden die zentralen Thesen im Kontext ihrer disziplinären Bezüge, Relevanzen und Konsequenzen erneut in verdichtender Weise betrachtet. Dabei kann die Darstellung der Anschlussfähigkeit der Thesen an aktuelle Diskurse als Anspruch des Kapitels gelesen werden.

5.1 Erziehungswissenschaftliche Relevanz der Studie

These: Die Strukturen der Familie und der innerfamiliären Beziehungen stellen Möglichkeitsbedingungen dar, in denen die Qualität von körpernahen Beziehungserfahrungen die Weichen männlicher Identitätsentwicklungen stellen.

In Kap. III, 1 wurde diese These wie folgt ausdifferenziert:
Die Erfahrung der Begrenztheit von körperlicher Geschlechtlichkeit ist als psychische Arbeitsanforderung strukturell in der Lebenswelt der Jungen verankert – ganz gleich, ob diese sozial konstruiert oder materiell vorgeformt ist. Die Begrenzung auf das männliche Geschlecht verlangt nach einer identitätsstiftenden Bearbeitung. Sie regt eine kreative *Suchbewegung* der kleinen Jungen an. Die innerfamiliären Strukturen stellen, ebenso wie die Qualität der innerfamiliären Beziehungen, die Weichen, die diese Suche leiten – sie stellen die Weichen männlicher Identitätsentwicklungen. Sind Mütter und Väter, männliche und weibliche Bezugspersonen, mitsamt ihrer Beziehung zueinander, konkret verfügbar, zugewandt und somit körperlich und psychisch erlebbar, wird der psychosoziale Erfahrungsraum des Jungen facettenreich. In diesem Erfahrungsraum kann sich der Junge bei der Ko-Konstruktion der eigenen männlichen Geschlechtlichkeit von mehreren Ebenen *ansprechen* lassen. Die Qualität der elterlichen Paarbeziehung bestimmt dabei die Atmosphäre, in der das facettenreiche Erfahrungsangebot für den Jungen *ansprechend* sein kann. Es ist naheliegend, dass die Introjektionen facettenreicher Eindrücke von Geschlechtlichkeit, im Rahmen einer zugewandten und gewährenden Umwelt, die Flexibilität eigener männlicher Geschlechtlichkeit fördert.

Welche Relevanz haben diese Ergebnisse für die Frage nach einer geschlechterbewussten Jungenpädagogik? Die Suchbewegung der kleinen Jungen, von der in der vorliegenden Studie gesprochen wird, ist im Kern eine Suchbewegung nach Subjekten und Objekten, die vom Jungen als Träger der anderen Geschlechtlichkeit, der Männlichkeit, wahrgenommen werden. Die *Suche* nach dem Vater, die am Fall

Tom Schwarz eindrucksvoll illustriert werden konnte, entspringt einer *Sehnsucht nach dem Vater* – einer Sehnsucht nach identitätsstiftender Männlichkeit.

Wenn Rohrmann und Wanzeck-Sielert davon sprechen, dass vor allem Kinder alleinerziehender Mütter davon profitieren, wenn in ihrem Nahfeld zugewandte männliche Bezugspersonen verfügbar sind (vgl. 2014: 104), kann die Fallnovelle Tom als Differenzierung dieser These gelesen werden. Der Fall zeigt eindrucksvoll, wie auch eine Familienstruktur, die objektiv aus Mutter-Vater und Kindern besteht, auf der Ebene der Beziehungserfahrungen vaterlos sein kann. Auf der Suche nach Männlichkeiten spielt Tom mit der Kettensäge, der Schubkarre, seinen Autos und Ähnlichem (vgl. Blank-Mathieu 2008: 78f.). Nun ist es für eine geschlechterbewusste Jungenpädagogik essenziell, dieses Spiel der Jungen und ihre Orientierung an stereotypen Trägern von Männlichkeit (Schwert, Auto), primär als kreative und identitätsstiftende Leistung und weniger als Probehandeln späterer Rigidität und Introjektion eindimensionaler Männlichkeit o. ä., zu interpretieren.

So gesehen wird hier ein Plädoyer für eine Jungenpädagogik formuliert, die es dem Jungen ermöglicht, sich bei der Erforschung seiner Geschlechtlichkeit an Trägern von Männlichkeit zu orientieren, um die in der Lebenswelt des Jungen strukturell verankerte Anforderung einer identitätsstiftenden Selbstverortung zu ermöglichen (vgl. Rohrmann 1998: 29). Steht hierfür eine zugewandte männliche Identifikationsfigur psychisch *und* körperlich zur Verfügung, die in einer liebevollen und anerkennenden Beziehung zur Weiblichkeit steht, ist dies für die flexible Identitätsentwicklung des Jungen sicher förderlich. Der Fall Yannis Fischer konnte hiervon einen guten Eindruck vermitteln.

5.2 Entwicklungspsychologische Relevanz der Studie

These: Erziehungsagenten verkörpern Resonanzkörper, die sich bezüglich der Anerkennungsmöglichkeiten destruktiv-aggressiver Äußerungen unterscheiden. Sie führen zu unterschiedlichen Reaktions- und Affektregulierungspraxen.

In Kap. III, 2 wird diese These als entwicklungspsychologisch relevante herausgearbeitet, weil sie die Bedeutungsaufladung des Vaters bei der Affektregulierung destruktiv-aggressiver Selbstanteile (vgl. Herzog 1998) mit empirischer Plausibilität auflädt. Am Fall Yannis wird gezeigt, wie Vater und Sohn in einen geschlechtsspezifisch anmutenden Dialog treten. In diesem Dialog scheint der Vater seinem *ratlosen* Sohn die aggressiven Regungen seiner Innenwelt in eine Sprache zu übersetzen, die der Junge verdauen kann. Es wird dort gezeigt, wie der Vater den aggressiven Selbstanteil seines Sohnes auch in sich findet, er ihn bearbeitet und seinem Sohn in verdauter Weise körpernah zurückgeben kann. Ein glücklicher Zufall ermöglicht es, die gleiche Szene im Material aus der Perspektive einer Frau/Mutter interpretiert zu sehen. Über den Vergleich der beiden Interpretationen ließen sich Indizien aufspüren, die zart auf einen männlichen Stil der Affekterkennung und Regulationshilfe schließen lassen. Ob dieser Unterschied tatsächlich geschlechtsspezifisch ist, ob und wie diese Geschlechtsspezifität mit kulturellen Formungspraxen von Innenwelten zusammenhängen, müssen künftige Studien zeigen. Denn der geschlechtsspezifisch anmutende Charakter der Affektregulation ist auf die Analyse zweier Einzelfälle und den Vergleich von zwei Subjekten begrenzt. Die Studie ist nicht in der Lage, einen Affektregulationsstil als männlichen zu generalisieren. Vor allem wenn sie kritisch reflektiert, dass sie im Rahmen der Väterforschung forscht und für das *Entdecken des Väterlichen und der Differenz* sensibilisiert ist. Sie muss ihre Schlussfolgerungen kritisch auf die Waage legen.

So kann die Studie dazu anregen, der entwicklungspsychologisch relevanten Frage weiter nachzugehen, die Aigner und Poscheschnik 2011 aufgeworfen haben: »Kinder brauchen Männer! Wozu eigentlich?«. Brauchen Jungen Männer zur Regulierung aggressiver Selbstanteile? Ist ein zugewandter Vater tatsächlich das beste »Anti-Gewalt-Programm« wie Matzner und Tischer 2008 konstatieren (vgl. 2008: 391)? Eine mikroanalytisch-systematische Analyse destruktiv-aggressiver Interaktionssegmente könnte sich der aufgeworfenen Frage der Studie annehmen. Das jüngst erprobte Forschungskonzept von Laura Burkhardt (vgl. 2014) könnte hier eine Anwendung finden. Sollte sich die These geschlechtsspezifischer Affektregulation belegen lassen, könnte dies einen Beitrag zum Diskurs um die »Verweiblichung« psychosozialer Berufsfelder leisten und dem Ruf nach mehr Männern eine (weitere) empirische Begründungsfigur liefern – sofern diese mikroanalytischen Studien denn im sozialpolitischen Diskurs Berücksichtigung fänden. Das leitet über zum nächsten disziplinären Bezug.

5.3 Sozialpolitische Relevanz der Studie

These: Die Folgen der Urszene, die Schwangerschaft, die Geburt und die Zeit danach, wecken frühe bildhafte Geschlechterkonzepte im Vater. Sie haben ihren Ursprung in den eigenen körpernahen Beziehungserfahrungen der frühen Kindheit. Mit dem Übergang in die Elternschaft erfahren traditionelle Geschlechterkonzepte eine bildhafte Wiederauflage. Einher geht dieser Effekt mit einer Aktualisierung biologisch-genetischer Geschlechterkonzepte insgesamt. Sie erzeugen Widerstand im gesellschaftlichen Projekt einer praktizierbaren Geschlechteregalität.

Im Text wird die Einführung einer integrativen, (auch) materialistischen Erklärungsfigur vorgestellt. Sie erweitert den psychodynamischen Blick auf die Widerstände und Widersprüchlichkeit des Subjekts. Damit richtet sie sich an den vielfach formulierten Vorwurf, dass gleichstellungspolitische Umsetzungsstrategien das Subjekt nur peripher erreichen (vgl. Kap. III, 3). Die Studie regt dazu an, den Blick bei sozialpolitischen Überlegungen nicht primär auf die Einstellungsforschung zu richten, deren Antworten immer auch im sozialen Zwang zu verorten und nie eindeutig sind. Die integrative Erklärungsfigur begründet eine Forderung, psychodynamische Forschungsarbeiten bei sozialpolitischen Überlegungen und Umsetzungsstrategien stärker zu berücksichtigen. Diese können nachweislich die Tiefenstrukturen der Subjekte in den Blick nehmen und die Widersprüchlichkeit und Ambivalenz des Subjekts offenlegen, bevor sich das Subjekt über seine Zurückhaltung bei der Umsetzung sozialpolitischer Programme in seiner Doppelbödigkeit zu erkennen gibt.

5.4 Wissenschaftstheoretische Relevanz der Studie

These: Psychoanalytisch orientierte Forschung kann als empirische Sozialforschung an der Hochschule begründet und angewandt werden. Sie unterscheidet sich im Bereich der Gütekriterien, bei gebotener Sorgfalt und Disziplinierung, nicht von anderen Methoden und Verfahren der empirischen Sozialforschung.

Im Text stellt die Studie eine psychoanalytische Forschungsarbeit in der akademischen Hochschulforschung vor, die in ihrer methodologischen Begründung und ihrer Forschungspraxis nachweislich den Gütekriterien der qualitativen Sozialforschung entspricht. Damit legt sie ein bislang wenig beschriebenes und nun erprobtes Design an der Hochschule vor. Methodologische Herausforderungen werden dabei nicht vermieden. So kann diese Studie einen Orientierungspunkt bei der Frage nach dem Wissenschaftsstatus *einer* Psychoanalyse anbieten. Auf methodologischer Ebene hat die Studie einen Beitrag dazu geleistet, die Erkenntnismöglichkeiten einer psychoanalytischen Beobachtungsforschung auszuloten und einen Vorschlag formuliert, wie die Beziehung zwischen innerer und äußerer Realität im Forschungsprozess gefasst werden kann. Auf forschungspraktischer Ebene hat die Studie Gedanken formuliert, wie das Setting der Familie bei der teilnehmenden Beobachtung verändert wird, und Parallelen zwischen dem psychoanalytischen Erstgespräch und der ersten Begegnung im Beobachtungsprozess herausgearbeitet. Das Verfahren der Studie ist ausführlich reflektiert worden. Es ist für die Anwendung im Rahmen qualitativer Sozialforschung geeignet.

Forschungspraktische Limitationen sind vor allem in den Bedingungen zu finden. Tiefenhermeneutische Verfahren sind unbedingt auf Gruppen angewiesen und verlangen, auch nach der Auswertung und dem Schreibprozess der poetisch-novellistischen Fallanalysen, eine kritische Leserschaft und kritische Kommentierung. Die kritische Leserschaft muss dabei helfen, die subjektive Verzerrung, die im Akt des Schreibens zwangsläufig wieder stattfindet, aufzuzeigen. Die Wahrnehmungsschemata des Schreibenden sortieren die Ergebnisse einer Analyse beim Verfassen der

Novelle. Dieser Aufwand kann damit gerechtfertigt werden, dass mit dem Verfahren tiefenhermeneutischer Analysen Fragestellungen bearbeitet werden können, denen sich mit keinem anderen Methodeninventar und wissenschaftstheoretischem Gerüst angenähert werden kann. Wer das handelnde Subjekt in seiner Subjektivität verstehen will, muss dem Anspruch folgen, dessen Perspektive einzunehmen, um »die Beziehungssituation der Subjekte zu ihren Objekten und die Interaktion der Subjekte zu verstehen« (Lorenzer 1995: 141).

Die Studie abschließend soll hier die Frage beantwortet werden, ob die Elterninterviews nicht systematischer hätten herangezogen werden können, um die Hypothesen aus den Erfahrungsprotokollen abzusichern oder vor dem Hintergrund dieser Primärdaten weiter zu plausibilisieren. Mit George Devereux will hier darauf verwiesen werden, dass damit nur der Ort der subjektiven Verzerrung verschoben worden wäre. Dem Erleben des Jungen und den lebenspraktischen Sozialisationsbedingungen in der Familie kann sich auch über die Worte, die Eltern im Elternpaarinterview finden, nicht weiter genähert werden. Diese Worte zeichnen nur wieder einen neuen Jungen und eine neue Lebenspraxis. Sie zeichnen ein neues Protokoll voller Lücken und Untiefen, das dann über das gleiche, aufwändige Verfahren wieder zu schließen ist.

Literatur

Abelin, E. (1971): Role of father in the seperation and individuation process. In: J. B. McDevitt; C. F. Settlage. (Hrsg.): *Seperation-Individuation. Essays in Honour of Margaret Mahler*. Unter Mitarbeit v. E. Abelin. New York: Int. Univ. Press.

Aigner, J. C. (2001): *Der ferne Vater. Zur Psychoanalyse von Vatererfahrung, männlicher Entwicklung und negativem Ödipuskomplex*. 2. Aufl. Gießen: Psychosozial.

Aigner, J. C. (2015): *Differenz-Geschlecht-Angst. Vom Umgang mit dem Anderen*. Unveröffentlichtes Dokument.

Aigner, J. C.; Poscheschnik, G. (Hrsg.) (2011): *Kinder brauchen Männer. Psychosozial (34/4)*.

Aigner, J. C.; Rohrmann, T. (Hrsg.) (2012): *Elementar – Männer in der pädagogischen Arbeit*. Opladen: Verlag Barbara Budrich.

Amendt, G. (1994): *Wie Mütter ihre Söhne sehen*. Ungekürzte Ausg. Frankfurt a. M.: Fischer.

Argelander, H. (1968): Der psychoanalytische Dialog. *Psyche (5/22)*, S. 326–339.

Argelander, H. (1999): *Das Erstinterview in der Psychotherapie*. 6. unveränd. Aufl. Darmstadt: Primus.

Bambey, A.; Gumbinger, H.-W. (2006): Der randständige Vater. Sozialwissenschaftliche Erkundung einer prekären Familienkonstellation. In: F. Dammasch & H.-G. Metzger (Hrsg.): *Die Bedeutung des Vaters. Psychoanalytische Perspektiven*. Frankfurt a. M.: Brandes & Apsel, S. 218–254.

Bambey, A.; Gumbinger, H.-W. (2009): *Neue Väter, andere Kinder. Das Vaterbild im Umbruch – zwischen gesellschaftlichen Erwartungen und realer Umsetzung*. Frankfurt a. M. Online: http://publikationen.ub.uni-frankfurt.de/frontdoor/index/index/docId/6386 [zuletzt geprüft am 7. Juli 2015].

Baron-Cohen, S. (2004): V*om ersten Tag an anders. Das weibliche und das männliche Gehirn*. Düsseldorf, Zürich: Walter, Patmos.

Baron-Cohen, S. (2009): F*rauen denken anders – Männer auch. Wie das Geschlecht ins Gehirn kommt*. München: Heyne.

Bayer, L. (Hrsg.) (2004): *Die unbewusste Botschaft der Verführung. Interdisziplinäre Studien zur Verführungstheorie Jean Laplanches*. Gießen: Psychosozial.

Beauvoir, S. de (2000 [1951]): *Das andere Geschlecht. Sitte und Sexus der Frau*. Neuausg. Reinbek bei Hamburg: Rowohlt.

Beck, U. (1986): *Risikogesellschaft. Auf dem Weg in eine andere Moderne*. Frankfurt a. M.: Suhrkamp.

Becker, S. (2013): Bisexuelle Omnipotenz als Leitkultur? Sexuelle Verhältnisse im Wandel. *Psychoanalyse im Widerspruch (49)*, S. 7–25.

Benjamin, J. (1996): *Phantasie und Geschlecht. Psychoanalytische Studien über Idealisierung, Anerkennung und Differenz*. Frankfurt a. M.: Fischer.

Bereswill, M. (Hrsg.) (2013): *Geschlecht (re)konstruieren. Zur methodologischen und methodischen Produktivität der Frauen- und Geschlechterforschung*. Münster, Westf.: Westfälisches Dampfboot.

Bertelsmann Stiftung; Institut für Schulentwicklungsforschung (Hrsg.) (2012): *Chancenspiegel. Zur Chancengerechtigkeit und Leistungsfähigkeit der deutschen Schulsysteme.* Gütersloh: Verlag Bertelsmann Stiftung. Online: https://dmv.mathematik.de/index.php/aktuell-presse/studien/a/324-bertelsmann-stiftung-chancenspiegel/file [zuletzt geprüft am: 01. September 2016]

Bick, E. (2009): Bemerkungen zur Säuglingsbeobachtung in der psychoanalytischen Ausbildung. In: G. Diem-Wille (Hrsg.): *Ein-Blicke in die Tiefe. Die Methode der psychoanalytischen Säuglingsbeobachtung und ihre Anwendungen.* Stuttgart: Klett-Cotta, S. 19–36.

Binneberg, K. (1997): *Pädagogische Fallstudien.* Frankfurt a. M., New York: P. Lang.

Bion, W. R. (2006 [1962]): *Lernen durch Erfahrung.* Frankfurt a. M.: Suhrkamp (Suhrkamp Taschenbuch Wissenschaft, 1021).

Bischof-Köhler, D. (2004): *Von Natur aus anders. Die Psychologie der Geschlechtsunterschiede.* 2. Aufl. Stuttgart: Kohlhammer.

Blank-Mathieu, M. (2008): Jungen im Kindergarten. In: M. Matzner & W. Tischner (Hrsg.): *Handbuch Jungen-Pädagogik.* Weinheim: Beltz, S. 78–91.

Boessmann, U.; Remmers, A.; Reimer, C.; Peseschkian, H.; Christ, C.; Hübner, G.; Teller, D. (2011): *Das Erstinterview. Praxis der psychodynamischen Anamneseerhebung, Diagnostik, Indikationsstellung und Therapieplanung.* Berlin: Dt. Psychologen Verlag.

Böhnisch, L. (2003): *Die Entgrenzung der Männlichkeit. Verstörungen und Formierungen des Mannseins im gesellschaftlichen Übergang.* Opladen: Leske + Budrich.

Böhnisch, L. (2008): Soziale Konstruktion von Männlichkeit und Kristallisationspunkte männlicher Sozialisation. In: M. Matzner & W. Tischner (Hrsg.): *Handbuch Jungen-Pädagogik.* Weinheim: Beltz, S. 63–78.

Bos, W. (2012a): *IGLU 2011. Lesekompetenzen von Grundschulkindern in Deutschland im internationalen Vergleich.* Münster: Waxmann.

Bos, W. (2012b): *TIMSS 2011. Mathematische und naturwissenschaftliche Kompetenzen von Grundschulkindern in Deutschland im internationalen Vergleich.* Münster, München: Waxmann.

Bosse, H.; King, V. (Hrsg.) (2000): *Männlichkeitsentwürfe. Wandlungen und Widerstände im Geschlechterverhältnis.* Frankfurt: Campus.

Bosse, H. (2010). *Der fremde Mann. Angst und Verlangen – Gruppenanalytische Untersuchungen in Papua-Neuguinea.* 2. Aufl. Gießen: Psychosozial.

Brandes, H. (2001): *Männer unter sich. Männergruppen und männliche Identitäten.* Opladen: Leske + Budrich (Der männliche Habitus, 1).

Brandes, H. (2002): *Männerforschung und Männerpolitik.* Opladen: Leske + Budrich (Der männliche Habitus, 2).

Brandes, H. (2011): Was bringen Männer in Kitas ein? Zum Stand wissenschaftlicher Forschung zu geschlechtsspezifischem Erziehungsverhalten. *Psychosozial (4/34),* S. 21–31.

Brazelton, T. B.; Cramer, B. G. (1994): *Die frühe Bindung. Die erste Beziehung zwischen dem Baby und seinen Eltern.* 2. Aufl. Stuttgart: Klett-Cotta.

Brisch, K. H. (Hrsg.) (2010): *Bindung, Angst und Aggression. Theorie, Therapie und Prävention.* Stuttgart: Klett-Cotta.

Brückner, M. (1996): *Frauen- und Mädchenprojekte. Von feministischen Gewissheiten zu neuen Suchbewegungen*. Opladen: Leske + Budrich.

Brunner, M.; Burmeister, N.; Lohl, J.; Schwietring, M.; Winter, S. (2012): Psychoanalytische Sozialpsychologie im deutschsprachigen Raum. Geschichte, Themen, Perspektiven. *Freie Assoziation. Zeitschrift für das Unbewusste in Organisation und Kultur 15 (3/4)*, S. 15–78.

Budde, J. (2009): *Männer und soziale Arbeit?* Online: http://www.fk12.tudortmund.de/cms/ISO/de/arbeitsbereiche/soziologie_der_geschlechterverhaeltnisse/Medienpool/AIM-Beitraege_sechste_Tagung/budde.pdf. [zuletzt geprüft am 30. August 2016]

Bürgin, D. (Hrsg.) (1998a): *Triangulierung. Der Übergang zur Elternschaft*. Stuttgart: Schattauer.

Bürgin, D. (1998b): Vater als Person und Vater als Prinzip. In: D. Bürgin (Hrsg.): *Triangulierung. Der Übergang zur Elternschaft*. Stuttgart: Schattauer, S. 179–214.

Burkhardt, L. (2014): *Pädagogisch relevante Beziehungsmuster zwischen Männern und Kindern. Eine videoanalytische Studie zu den Interaktionsmustern männlicher Kindergartenpädagogen*. Diplomarbeit. Leopold-Franzens-Universität Innsbruck, Innsbruck. Institut für Psychosoziale Intervention und Kommunikationsforschung.

Butler, J. (1990): *Gender trouble. Feminism and the subversion of identity*. New York: Routledge.

Butler, J. (1995): *Körper von Gewicht. Die diskursiven Grenzen des Geschlechts*. Berlin: Berlin-Verlag.

Bütow, B.; Nentwig-Gesemann, I. (2002): Mädchen – Cliquen – Öffentliche Räume. In: V. Hammer & R. Lutz (Hrsg.): *Weibliche Lebenslagen und soziale Benachteiligung. Theoretische Ansätze und empirische Beispiele*. Frankfurt a. M.: Campus, S. 192–237.

Camus, J. le (2001): *Väter. Die Bedeutung des Vaters für die psychische Entwicklung des Kindes*. Weinheim: Beltz.

Chodorow, N. (1994): *Das Erbe der Mütter. Psychoanalyse und Soziologie der Geschlechter*. 4. Aufl. München: Frauenoffensive.

Connell, R. W. (2006): *Der gemachte Mann. Konstruktion und Krise von Männlichkeiten*. Wiesbaden: Springer VS.

Dammasch, F. (2000): *Die innere Erlebniswelt von Kindern alleinerziehender Mütter. Eine Studie über Vaterlosigkeit anhand einer psychoanalytischen Interpretation zweier Erstinterviews*. Frankfurt a. M. : Brandes & Apsel.

Dammasch, F. (Hrsg.) (2008a): *Jungen in der Krise. Das schwache Geschlecht? Psychoanalytische Überlegungen*. Frankfurt a. M.: Brandes & Apsel.

Dammasch, F. (2008b): Triangulierung und Geschlecht. Das Vaterbild in der Psychoanalyse und die Entwicklung des Jungen. In: F. Dammasch, D. Katzenbach & J. Ruth (Hrsg.): *Triangulierung. Lernen, Denken und Handeln aus psychoanalytischer und pädagogischer Sicht*. Frankfurt a. M.: Brandes & Apsel, S. 13–40.

Dammasch, F. (2009a): Der umklammerte Junge, die frühe Fremdheitserfahrung und der abwesende Vater. *Kinderanalyse (4/17)*, S. 312–334.

Dammasch, F. (2009b): *Die Entwicklung des Jungen und seine frühen Beziehungserfahrungen*. Projektantrag. Unter Mitarbeit v. U. Zach. Universtity of Applied Sciences.

Dammasch, F. (Hrsg.) (2009c): *Männliche Identität. Psychoanalytische Erkundungen.* Unter Mitarbeit v. H.-G. Metzger &. J. C. Aigner. Frankfurt a. M.: Brandes & Apsel.

Dammasch, F. (2010): Ritter ohne Schwert. Unruhig-aggressive Jungen und ihre inneren Beziehungsmuster. In: K. H. Brisch (Hrsg.): B*indung, Angst und Aggression. Theorie, Therapie und Prävention.* Stuttgart: Klett-Cotta, S. 72–83.

Dammasch, F. (2011): Die Bedeutung des Vaters für die psychische Entwicklung des Kindes. In: M. M. Jansen (Hrsg.): *Neue Väter hat das Land?!* Wiesbaden: Hessische Landeszentrale für politische Bildung (Polis, 54), S. 44–57.

Dammasch, F.; Katzenbach, D. (2004): *Lernen und Lernstörungen bei Kindern und Jugendlichen. Zum besseren Verstehen von Schülern, Lehrern, Eltern und Schule.* Frankfurt a. M.: Brandes & Apsel (Schriften zur Psychotherapie und Psychoanalyse von Kindern und Jugendlichen, 7).

Dammasch, F.; Katzenbach, D.; R., Jessica (Hrsg.) (2008): *Triangulierung. Lernen, Denken und Handeln aus psychoanalytischer und pädagogischer Sicht.* Frankfurt a. M.: Brandes & Apsel.

Dammasch, F.; Kratz, M. (2012): *Abschlussbericht. Die Entwicklung des Jungen und seine frühen Beziehungserfahrungen.* Unveröffentlichtes Manuskript.

Dammasch, F.; Kratz, M. (2014): Tiefenhermeneutisch orientierte Familienbeobachtungsstudien und narrative Interviews im Modul des Forschenden Lernens an der FH Frankfurt. Ein Erfahrungsbericht. In: M. Gerspach (Hrsg.): *Psychoanalyse lehren und lernen an der Hochschule. Theorie, Selbstreflexion, Praxis.* Stuttgart: Kohlhammer, S. 317–336.

Dammasch, F.; Metzger, H.-G. (Hrsg.) (2006): *Die Bedeutung des Vaters. Psychoanalytische Perspektiven.* Frankfurt a. M.: Brandes & Apsel.

Datler, W. (Hrsg.) (2004): *Sie sind wie Novellen zu lesen... Zur Bedeutung von Falldarstellungen in der Psychoanalytischen Pädagogik.* Gießen: Psychosozial (Jahrbuch für psychoanalytische Pädagogik, 14).

Datler, W. (2008): Zweisamkeit vor Dreisamkeit? Infant Observation als Methode zur Untersuchung früher Triangulierungsprozesse. In: F. Dammasch, D. Katzenbach & J. Ruth (Hrsg.): *Triangulierung. Lernen, Denken und Handeln aus psychoanalytischer und pädagogischer Sicht.* Frankfurt a. M.: Brandes & Apsel, S. 85–109.

Datler, W. (2009): Von der akademischen Entwicklungspsychologie zur psychoanalytischen Säuglingsbeobachtung: Über Esther Bick, die Methode des Infant Observation und die Entwicklung von psychosozialen Kompetenzen. In: G. Diem-Wille (Hrsg.): *Ein-Blicke in die Tiefe. Die Methode der psychoanalytischen Säuglingsbeobachtung und ihre Anwendungen.* Stuttgart: Klett-Cotta, S. 41–66.

Devereux, G.; Neubaur, C.; Kersten, K. (1998): *Angst und Methode in den Verhaltenswissenschaften.* 4. Aufl. Frankfurt a. M.: Suhrkamp.

Diamond, M. J. (2009): Das Unbehagen an der Männlichkeit. Die Internalisierung und Anerkennung der »Mutter« im Mann – ein wesentlicher Schritt in der Entwicklung einer gesunden männlichen Geschlechtsidenität. In: F. Dammasch (Hrsg.): *Männliche Identität. Psychoanalytische Erkundungen.* Unter Mitarbeit v. H.-G. Metzger &. J. C. Aigner. Frankfurt a. M.: Brandes & Apsel, S. 161–199.

Diamond, M. J. (2010): *Söhne und Väter. Eine Beziehung im lebenslangen Wandel.* Frankfurt a. M.: Brandes & Apsel.

Diefenbach, H. (2008): Jungen und schulische Bildung. In: M. Matzner & W. Tischner (Hrsg.): *Handbuch Jungen-Pädagogik.* Weinheim: Beltz, S. 92–108.

Diem-Wille, G. (Hrsg.) (2009): *Ein-Blicke in die Tiefe. Die Methode der psychoanalytischen Säuglingsbeobachtung und ihre Anwendungen.* Stuttgart: Klett-Cotta.

Diem-Wille, G.; Turner, A. (Hrsg.) (2012): *Die Methode der psychoanalystischen Beobachtung. Über die Bedeutung von Containment, Übertragung, Abwehr und anderen Phänomenen in der psychoanalytischen Beobachtung.* Wien: Facultas.

Döller, N.; Weisenburger, M. (2009): Männlichkeitsentwicklung zwischen konstruktiver und destruktiver Aggression. Annäherungen an psychoanalytische Theorien. In: F. Dammasch (Hrsg.): *Männliche Identität. Psychoanalytische Erkundungen.* Unter Mitarbeit v. H. G. Metzger & J. C. Aigner. Frankfurt a. M.: Brandes & Apsel, S. 109–129.

Dornes, M. (2005): Ist die Kleinkindforschung irrelevant für die Psychoanalyse? Anmerkungen zu einer Kontroverse und zur psychoanalytischen Epistemologie. In: G. Poscheschnik (Hrsg.): *Empirische Forschung in der Psychoanalyse. Grundlagen – Anwendungen – Ergebnisse.* Gießen: Psychosozial, S. 145–175.

Dornes, M. (2006): *Die Seele des Kindes. Entstehung und Entwicklung.* Frankfurt a. M.: Fischer (Fischer, 17051).

Dornes, M. (2008): Frißt die Emanzipation ihre Kinder? Mütterliche Berufstätigkeit und kindliche Entwicklung: Eine Neubetrachtung aus aktuellem Anlaß. *Psyche (2/62)*, S. 182–201.

Dornes, M. (2011): *Der kompetente Säugling. Die präverbale Entwicklung des Menschen.* 13. Aufl. Frankfurt a. M.: Fischer.

Fausto-Sterling, A. (2000): *Sexing the body. Gender politics and the construction of sexuality.* 1. Aufl. New York: Basic Books.

Fivaz-Depeursing, E. (1998): Mikro-Übergänge in der affektiven Kommunikation zwischen Vater, Mutter und Kind und ihre klinische Bedeutung. In: D. Bürgin (Hrsg.): *Triangulierung. Der Übergang zur Elternschaft.* Stuttgart: Schattauer, S. 80–96.

Flaake, K. (2011): Wandel der Geschlechterrollen und Väterhandeln im Alltag (Change of Gender Roles and Father's Involvement in Everyd ay Life). In: M. M. Jansen (Hrsg.): *Neue Väter hat das Land?!* Wiesbaden: Hessische Landeszentrale für politische Bildung (Polis, 54), S. 23–43.

Flaake, K. (2014): *Neue Mütter – neue Väter. Eine empirische Studie zu veränderten Geschlechterbeziehungen in Familien.* Gießen: Psychosozial.

Fonagy, P.; Gergely, G.; Jurist, E. L. u. a. (2004): *Affektregulierung, Mentalisierung und die Entwicklung des Selbst.* 4. Aufl. Stuttgart: Klett-Cotta.

Freud, A. (Hrsg.) (1952): S*igmund Freud. Gesammelte Werke I.* Frankfurt a. M.: Fischer.

Freud, A. (1973): *Einführung in die Technik der Kinderanalyse.* München: Kindler.

Freud, A. (1992 [1936]): *Das Ich und die Abwehrmechanismen.* Frankfurt a. M.: Fischer.

Freud, A.; Burlingham, D. (1980): *Die Schriften der Anna Freud. Band 2. 1939–1945: Kriegskinder. Berichte aus den Kriegskinderheimen »Hampstead Nurseries« 1941 und 1942.* Frankfurt a. M.: Fischer

Freud, S. (1952 [1896]): *Zur Ätiologie der Hysterie*. In: GW I. Frankfurt: Fischer, S. 425–459.

Freud, S. (1984): *Drei Abhandlungen zur Sexualtheorie und verwandte Schriften*. Frankfurt a. M.: Fischer.

Freud, S. (2000 [1925]): *Einige psychische Folgen des anatomischen Geschlechtsunterschieds*. Studienausgabe Bd. 5. Frankfurt a. M.: Fischer.

Freud, S. (2004 [1938]): *Abriß der Psychoanalyse. Einführende Darstellungen*. Frankfurt a. M.: Fischer.

Freud, S. (2009): *Das Unbehagen in der Kultur und andere kulturtheoretische Schriften*. Frankfurt a. M.: Fischer.

Freud, S.; Breuer, J. (Hrsg.) (2000 [1895]): *Studien über Hysterie*. 4. Aufl. Frankfurt a. M: Fischer (Fischer. Psychologie, 10446).

Freyberg, T. v.; Wolff, A. (2006): *Störer und Gestörte. Konfliktgeschichten als Lernprozesse*. Bd. 2. Frankfurt a. M.: Brandes & Apsel.

Friebertshäuser, B. (1997): Feldforschung und teilnehmende Beobachtung. In: B. Friebertshäuser & A. Prengel (Hrsg.): *Handbuch qualitative Forschungsmethoden in der Erziehungswissenschaft*. Weinheim: Juventa, S. 503–534.

Friebertshäuser, B.; Prengel, A. (Hrsg.) (1997): *Handbuch qualitative Forschungsmethoden in der Erziehungswissenschaft*. Weinheim: Juventa.

Friedrichs, J. (Hrsg.) (1973): *Teilnehmende Beobachtungen abweichenden Verhaltens*. Stuttgart: Enke.

Fthenakis, W. E. (1988): *Zur Vater-Kind-Beziehung in verschiedenen Familienstrukturen*. München: Dt. Taschenbuch Verlag.

Fthenakis, W. E. (1999): *Engagierte Vaterschaft. Die sanfte Revolution in der Familie*. Opladen: Leske + Budrich.

Garstick, E. (2013): *Junge Väter in seelischen Krisen. Wege zur Stärkung der männlichen Identität*. Stuttgart: Klett-Cotta.

Gerhard, U. (2011): Familienpolitik für Väter? Strukturelle Barrieren und Verhaltensmuster. In: M. M. Jansen (Hrsg.): *Neue Väter hat das Land?!* Wiesbaden: Hessische Landeszentrale für politische Bildung (Polis, 54), S. 7–22.

Gerner, S. (2011): *Trennung und Transformation. Biografische Bildungs- und familiäre Wandlungsprozesse im Kontext von Migration, Scheidung und Adoleszenz*. Marburg: Tectum (Schriftenreihe der Marburger Arbeitsgruppe für Tiefenhermeneutik und Kulturanalyse, Bd. 4).

Gerspach, M. (Hrsg.) (2014): *Psychoanalyse lehren und lernen an der Hochschule. Theorie, Selbstreflexion, Praxis*. Stuttgart: Kohlhammer.

Glinka, H.-J. (2003): *Das narrative Interview. Eine Einführung für Sozialpädagogen*. Weinheim: Juventa (Edition Soziale Arbeit).

Göppel, R. (2013): Haben Kinder und Jugendliche größere emotionale Defizite und psychosoziale Störungen als früher? In: F. Dammasch & M. Teising (Hrsg.): *Das modernisierte Kind*. Frankfurt a. M.: Brandes & Apsel, S. 52–83.

Green, A. (2000): Science und Science-fiction in der Säuglingsforschung. *Zeitschrift für psychoanalytische Theorie und Praxis (XV)*, S. 348–465.

Greenson, R. (2009): Die Beendigung der Identifizierung mit der Mutter und ihre besondere Bedeutung für den Jungen. In: F. Dammasch (Hrsg.): *Männliche Identität. Psychoanalytische Erkundungen*. Unter Mitarbeit v. H.-G. Metzger &. J. C. Aigner. Frankfurt a. M.: Brandes & Apsel, S. 151–160.

Grossmann, K. E.; Grossmann, K. (2003): *Bindung und menschliche Entwicklung. John Bowlby, Mary Ainsworth und die Grundlagen der Bindungstheorie*. Stuttgart: Klett-Cotta.

Grunow, D. (2007): Wandel der Geschlechterrollen und Väterhandeln im Alltag (Change of Gender Roles and Father's Involvement in Everyday Life. In: T. Mühling & H. Rost (Hrsg.): *Väter im Blickpunkt. Perspektiven der Familienforschung*. Opladen, Farmington Hills: Budrich, S. 49–76.

Grunow, D. (2013): Zwei Schritte vor, eineinhalb Schritte zurück. Geschlechtsspezifische Arbeitsteilung und Sozialisation aus Perspektive des Lebensverlaufs. *Zeitschrift für Soziologie der Erziehung und Sozialisation (4/33)*, S. 384–398.

Hammer, V.; Lutz, R. (Hrsg.) (2002): *Weibliche Lebenslagen und soziale Benachteiligung. Theoretische Ansätze und empirische Beispiele*. Frankfurt a. M., New York: Campus.

Heinemann, E. (2008): *Männlichkeit, Migration und Gewalt. Psychoanalytische Gespräche in einer Justizvollzugsanstalt*. Stuttgart: Kohlhammer.

Herzog, J. M. (1991): Die Muttersprache lernen. Aspekte des Entwicklungsdialogs zwischen Vater und Tochter. *Jahrbuch der Psychoanalyse Bd. 27*, S. 29–41.

Herzog, J. M. (1998): Frühe Interaktionen und Repräsentanzen: Die Rolle des Vaters in frühen und späten Triaden; der Vater als Förderer der Entwicklung von der Dyade zur Triade. In: D. Bürgin (Hrsg.): *Triangulierung. Der Übergang zur Elternschaft*. Stuttgart: Schattauer, S. 162–178.

Hopf, H. (2008): Die unruhigen Jungen, Externalisierende Störungen, Philobatismus und Männlichkeit. In: F. Dammasch (Hrsg.): *Jungen in der Krise. Das schwache Geschlecht? Psychoanalytische Überlegungen*. Frankfurt a. M.: Brandes & Apsel, S. 39–60.

Hopf, H. (2014): *Die Psychoanalyse des Jungen*. Stuttgart: Klett-Cotta.

Horney, K. (1977 [1948]): *Die Psychologie der Frau*. München: Kindler.

Horney, K. (1977 [1951]): *Neue Wege in der Psychoanalyse*. 2. Aufl. München: Kindler.

Hustvedt, S. (2014): *Leben, denken, schauen. Essays*. Unter Mitarbeit v. U. Aumüller. Reinbek bei Hamburg: Rowohlt.

Hüther, G. (2004): *Die Macht der inneren Bilder. Wie Visionen das Gehirn, den Menschen und die Welt verändern*. Göttingen: Vandenhoeck & Ruprecht.

Hüther, G. (2008): Das schwache Geschlecht und sein Gehirn. In: F. Dammasch (Hrsg.): *Jungen in der Krise. Das schwache Geschlecht? Psychoanalytische Überlegungen*. Frankfurt a. M.: Brandes & Apsel, S. 29–39.

Hüther, G. (2009): *Männer. Das schwache Geschlecht und sein Gehirn*. Göttingen: Vandenhoeck & Ruprecht.

Ihle, W.; Esser, G. (2002): Epidemiologie psychischer Störungen im Kindes- und Jugendalter: Prävalenz, Verlauf, Komorbidität und Geschlechtsunterschiede. *Psychologische Rundschau (4/53)*, S. 159–169.

Jansen, M. M. (Hrsg.) (2011): *Neue Väter hat das Land?!* Wiesbaden: Hessische Landeszentrale für politische Bildung (Polis, 54).

Jauch, A. (2011): *Aktionsforschung. Action research. Handlungsforschung im Spannungsbogen von Theorie und selbsterlebter Praxis als Symbol der deutschen Wiedervereinigung.* München: AVM.

Johnson, S.; Jianghong, L. I.; Kendall, C.; Strazdins, L.; Jacoby, P. (2013): Mothers' and Fathers' Work Hour, Children Gender, and Behavior in Middle Childhood. *Journal of Marriage and Family 75*, S. 56–74.

Kandel, Eric R. (2006): *Auf der Suche nach dem Gedächtnis. Die Entstehung einer neuen Wissenschaft des Geistes.* München: Siedler.

Kandel, E. R. (2008): *Psychiatrie, Psychoanalyse und die neue Biologie des Geistes.* Frankfurt a. M.: Suhrkamp (Suhrkamp-Taschenbuch Wissenschaft, 1860).

Kardorff, E. v.; Steinke, I.; Flick, U. (Hrsg.) (2008): *Qualitative Forschung. Ein Handbuch.* 6. durchges. u. akt. Aufl. Reinbek bei Hamburg: Rowohlt.

Katzenbach, D. (1992): *Die soziale Konstitution der Vernunft. Erklären, Verstehen und Verständigung bei Freud, Piaget und Habermas.* Heidelberg: Asanger.

Katzenbach, D. (Hrsg.) (2015): *Qualitative Methoden in sonderpädagogischen Forschungsfeldern.* Frankfurt a. M.: Kohlhammer.

Kaufmann, M.; Kimmel, M. S. (2011): *The guy's guide to feminism.* Berkeley, CA: Seal Press; Distributed by Publishers Group West.

Kelle, U.; Kluge, S. (1999): *Vom Einzelfall zum Typus. Fallvergleich und Fallkontrastierung in der qualitativen Sozialforschung.* Opladen: Leske + Budrich (Qualitative Sozialforschung, Bd. 4).

Kerschgens, A. (2009): *Die widersprüchliche Modernisierung der elterlichen Arbeitsteilung. Alltagspraxis, Deutungsmuster und Familienkonstellation in Familien mit Kleinkindern.* Wiesbaden: VS Verlag für Sozialwissenschaften / GWV Fachverlage GmbH.

Kindler, H.; Grossmann, K.; Zimmermann, P. (2002): Kind-Vater-Bindungsbeziehungen und Väter als Bindungspersonen. In: H. Walter (Hrsg.): *Männer als Väter. Sozialwissenschaftliche Theorie und Empirie.* Gießen: Psychosozial, S. 685–742.

Kirchhoff, N. (2014): *Der neue Vater. Bilder einer Figur im Wandel.* Marburg: Tectum.

Klein, M. (2011): *Das Seelenleben des Kleinkindes und andere Beiträge zur Psychoanalyse.* 9. Aufl. Hrsg. v. H. A. Thorner. Stuttgart: Klett-Cotta.

Klein, R. (2004): Tiefenhermeneutische Zugänge. In: E. Glaser, D. Klika & A. Prengel (Hrsg.): *Handbuch Gender und Erziehungswissenschaft.* Bad Heilbronn: Klinkhardt, S. 622–635.

Kleining, G. (1982): Umriss zu einer Methodologie qualitativer Sozialforschung. *Kölner Zeitschrift für Soziologie und Sozialpsychologie (2/34)*, S. 224–253.

Klitzing, K. v. (1998): Wenn aus zwei drei werden. Ergebnisse einer prospektiven Studie zur Enstehung der Eltern-Kind-Beziehung. In: D. Bürgin (Hrsg.): *Triangulierung. Der Übergang zur Elternschaft.* Stuttgart: Schattauer, S. 104–115.

Klitzing, K. v. (2000): Repräsentanzen der Vaterschaft. Triadische Fähigkeit und kindliche Entwicklung. In: H. Bosse & V. King (Hrsg.): *Männlichkeitsentwürfe. Wandlungen und Widerstände im Geschlechterverhältnis.* Frankfurt: Campus, S. 155–167.

Klitzing, K. v. (2002): Frühe Entwicklung im Längsschnitt: Von der Beziehungswelt der Eltern zur Vorstellungswelt des Kindes. *Psyche (9/10/56)*, S. 863–887.

Klitzing, K. v. (2005): Psychoanalyse und Kleinkindforschung. Sind Psychoanalyse und Kleinkindforschung füreinander relevant? In: G. Poscheschnik (Hrsg.): *Empirische Forschung in der Psychoanalyse. Grundlagen – Anwendungen – Ergebnisse.* Gießen: Psychosozial, S. 175–198.

Klitzing, K. v. (2008): Du bist wie dein Vater! Die Bedeutung früher Familienbeziehungen für die Identitätsentwicklung des Jungen. In: F. Dammasch (Hrsg.): *Jungen in der Krise. Das schwache Geschlecht? Psychoanalytische Überlegungen.* Frankfurt a. M.: Brandes & Apsel, S. 83–102.

Koellreuter, A. (2000): *Das Tabu des Begehrens. Zur Verflüchtigung des Sexuellen in Theorie und Praxis der feministischen Psychoanalyse.* Gießen: Psychosozial (Edition Psychosozial).

Köhler-Weisker, A. (1980): Teilnehmende Beobachtung der frühen Kindheit in der psychoanalytischen Ausbildung. *Psyche (7/34)*, S. 625–651.

Kohut, H. (1973): Überlegungen zum Narzißmus und zur narzißtischen Wut. *Psyche (6/27)*, S. 513–554.

König, H.-D. (1988): *Kultur-Analysen.* Frankfurt a. M.: Fischer.

König, H.-D. (1993): Die Methode der tiefenhermeneutischen Kultursoziologie. In: T. Jung & S. Müller-Doohm (Hrsg.): *»Wirklichkeit« im Deutungsprozess. Verstehen und Methoden in den Kultur- und Sozialwissenschaften.* Frankfurt a. M.: Suhrkamp, S. 190–222.

König, H.-D. (2008): Tiefenhermeneutik. In: E. v. Kardorff, I. Steinke & U. Flick (Hrsg.): *Qualitative Forschung. Ein Handbuch.* 6. durchges. u. akt. Aufl. Reinbek bei Hamburg: Rowohlt, S. 556–569.

König, H.-D.; Lorenzer, A. (Hrsg.) (1986): *Kulturanalysen. Psychoanalytische Studien zur Kultur.* Frankfurt a. M.: Fischer.

Kratz, M.; Ruth, J. (2016): Tiefenhermeneutik als Interpretationsmethode psychoanalytischer Sozial- und Kulturforschung. In: D. Katzenbach (Hrsg.): *Qualitative Methoden in sonderpädagogischen Forschungsfeldern.* Frankfurt a. M.: Kohlhammer, S. 241–253.

Kuby, G. (2007): *Auf dem Weg zum neuen Gender-Menschen. Verstaatlichung der Erziehung.* Kißlegg: Fe-Medienverlag.

Kuby, G. (2012): *Die globale sexuelle Revolution. Zerstörung der Freiheit im Namen der Freiheit.* Kißlegg: Fe-Medienverlag.

Kucklick, C. (2008): *Das unmoralische Geschlecht. Zur Geburt der negativen Andrologie.* Frankfurt a. M.: Suhrkamp.

Kucklick, C. (2014): *Die granulare Gesellschaft. Wie das Digitale unsere Wirklichkeit auflöst.* Berlin: Ullstein.

Kuhlmann, C. (2002): Sind Mädchen heute noch benachteiligt? Zum Diskurs von gleichen Chancen und benachteiligten Lebenslagen in der Jugendhilfe. In: V. Hammer & R. Lutz (Hrsg.): *Weibliche Lebenslagen und soziale Benachteiligung. Theoretische Ansätze und empirische Beispiele.* Frankfurt a. M.: Campus, S. 237–249.

Kuhn, T. S. (1973): *Die Struktur wissenschaftlicher Revolutionen.* Frankfurt a. M.: Suhrkamp.

Kutter, P. (2000): *Moderne Psychoanalyse. Eine Einführung in die Psychologie unbewusster Prozesse.* 3. völlig überarb. Aufl. Stuttgart: Klett-Cotta.

Kutter, P. (2004): Psychoanalytische Interpretation und empirische Methoden. Auf dem Weg zu einer empirisch fundierten Psychoanalyse. Gießen: Psychosozial.

Kutter, P.; Müller, T. (2008): *Psychoanalyse. Eine Einführung in die Psychologie unbewusster Prozesse*. Stuttgart: Klett-Cotta.

Lacan, J. (2006): *Namen-des-Vaters*. Unter Mitarbeit v. H.-D. Gondek. Wien: Turia & Kant (Lacans Paradoxa).

Laimböck, A. (2000): *Das psychoanalytische Erstgespräch*. Tübingen: edition diskord. Neuauflage: Laimböck, A. (2011): *Das psychoanalytische Erstgespräch*. Frankfurt a. M.: Brandes & Apsel.

Laimböck, A. (2015): *Die Szene verstehen. Die psychoanalytische Methode in verschiedenen Settings*. Frankfurt a. M.: Brandes & Apsel.

Lamnek, S. (2010): *Qualitative Sozialforschung. Lehrbuch*. 5. Aufl. Weinheim: Beltz.

Lang, H. (2011): *Die strukturale Triade und die Entstehung früher Störungen*. Stuttgart: Klett-Cotta.

Laplanche, J.; Pontalis, J. B. (1973): *Das Vokabular der Psychoanalyse*. Frankfurt a. M.: Suhrkamp.

Laplanche, J. (1975): *Hölderlin und die Suche nach dem Vater*. Stuttgart: frommann-holzboog.

Laplanche, J. (1988): *Die allgemeine Verführungstheorie und andere Aufsätze*. Tübingen: edition diskord.

Laplanche, J. (1996): *Die unvollendete kopernikanische Revolution in der Psychoanalyse*. Frankfurt a. M.: Fischer.

Laplanche, J.; Pontalis, J.-B. (1992): *Urphantasie. Phantasien über den Ursprung, Ursprünge der Phantasie*. Frankfurt a. M.: Fischer.

Lazar, R. A. (1986): Die psychoanalytische Behandlung von Babys innerhalb der Familie. In: J. Stork (Hrsg.): *Zur Psychologie und Psychopathologie des Säuglings. Neue Ergebnisse in der psychoanalytischen Reflexion*. Stuttgart: frommann-holzboog, S. 185–211.

Lazar, R. A. (2000): Erforschen und Erfahren: Teilnehmende Säuglingsbeobachtung – Emphathietraining oder empirische Forschungsmethode? *Analytische Kinder-und Jugendlichen-Psychotherapie (4/31)*, S. 399–417.

Lehner, B.; Sengschmied, J. (2009): »Oliver wendet sich von seiner Mutter ab«. Lernerfahrungen einer Babybeobachtung. Vom Wegschauen bis zur Reflexion von bedrohlichen Erlebnisinhalten. In: G. Diem-Wille (Hrsg.): *Ein-Blicke in die Tiefe. Die Methode der psychoanalytischen Säuglingsbeobachtung und ihre Anwendungen*. Stuttgart: Klett-Cotta, S. 41–66.

Lenkitsch-Gnädiger, D. (2006): Zur Bedeutung des Vaters im ersten Lebensjahr. Bericht aus einem psychoanalytischen Forschungsprojekt. In: F. Dammasch & H.-G. Metzger (Hrsg.): *Die Bedeutung des Vaters. Psychoanalytische Perspektiven*. Frankfurt a. M.: Brandes & Apsel, S. 255–284.

Leuzinger-Bohleber, M. (Hrsg.) (2006): *ADHS – Frühprävention statt Medikalisierung. Theorie, Forschung, Kontroversen*. Göttingen: Vandenhoeck & Ruprecht.

Leuzinger-Bohleber, M. (2009): *Frühe Kindheit als Schicksal? Trauma, Embodiment, soziale Desintegration*. Stuttgart: Kohlhammer.

Leuzinger-Bohleber, M. (2014): Psychoanalyse in Bildung und Forschung. Persönliches Nachdenken über Transformationen. In: M. Gerspach (Hrsg.): *Psychoanalyse lehren und lernen an der Hochschule. Theorie, Selbstreflexion, Praxis*. Stuttgart: Kohlhammer, S. 23–42.

Leuzinger-Bohleber, M.; Haubl, R. (2011): *Psychoanalyse. Interdisziplinär – international – intergenerationell. Zum 50-jährigen Bestehen des Sigmund-Freud-Instituts*. Göttingen: Vandenhoeck & Ruprecht (Schriften des Sigmund-Freud-Instituts. Reihe 2, Psychoanalyse im interdisziplinären Dialog, Bd. 16).

Liebold, R. (2001): *»Meine Frau managt das ganze Leben zu Hause«. Partnerschaft und Familie aus der Sicht männlicher Führungskräfte*. Wiesbaden: Westdeutscher Verlag.

List, E. (2009): *Psychoanalyse. Geschichte, Theorien, Anwendungen*. Wien: Facultas.

Lorenzer, A. (1972): *Zur Begründung einer materialistischen Sozialisationstheorie*. Frankfurt a. M.: Suhrkamp.

Lorenzer, A. (1973): *Über den Gegenstand der Psychoanalyse oder: Sprache und Interaktion*. 2. Aufl.. Frankfurt a. M.: Suhrkamp.

Lorenzer, A. (1976): *Die Wahrheit der psychoanalytischen Erkenntnis. Ein historisch-materialistischer Entwurf*. Frankfurt a. M.: Suhrkamp.

Lorenzer, A. (1984): *Intimität und soziales Leid. Archäologie der Psychoanalyse*. Frankfurt a. M.: Fischer.

Lorenzer, A. (1986): Tiefenhermeneutische Kulturanalyse. In: H.-D. König & A. Lorenzer (Hrsg.): *Kulturananlysen. Psychoanalytische Studien zur Kultur*. Frankfurt a. M.: Fischer, S. 11–99.

Lorenzer, A. (1995): *Sprachzerstörung und Rekonstruktion. Vorarbeiten zu einer Metatheorie der Psychoanalyse*. 4. Aufl. Frankfurt a. M.: Suhrkamp.

Lorenzer, A. (2006): *Szenisches Verstehen. Zur Erkenntnis des Unbewussten*. Marburg: Tectum.

Lorenzer, A.; Prokop, U.; Görlich, B.; Leuzinger-Bohleber, M. (2002): *Die Sprache, der Sinn, das Unbewusste. Psychoanalytisches Grundverständnis und Neurowissenschaften*. Stuttgart: Klett-Cotta.

Maccoby, E. E.; Vorspohl, E. (2000): *Psychologie der Geschlechter. Sexuelle Identität in den verschiedenen Lebensphasen*. Stuttgart: Klett-Cotta.

Mahler, M. S.; Pine, F.; Bergman, A. (1993 [1954]): *Die psychische Geburt des Menschen. Symbiose und Individuation*. Frankfurt a. M.: Fischer.

Martenstein, H. (2013): *Genderforschung: Schlecht, schlechter, Geschlecht*. Hrsg. v. Zeit Online. Online: http://www.zeit.de/2013/24/genderforschung-kulturelle-unterschiede [zuletzt geprüft am 24. August 2015].

Masson, J. M. (1984): *Was hat man dir, du armes Kind, getan? Sigmund Freuds Unterdrückung d. Verführungstheorie*. Reinbek bei Hamburg: Rowohlt.

Matussek, M. (2006): *Die vaterlose Gesellschaft. Eine Polemik gegen die Abschaffung der Familie*. Frankfurt a. M.: Fischer.

Matzner, M. (2008): Jungen brauchen Väter. In: M. Matzner & W. Tischner (Hrsg.): *Handbuch Jungen-Pädagogik*. Weinheim: Beltz, S. 316–331.

Matzner, M.; Tischner, W. (Hrsg.) (2008): *Handbuch Jungen-Pädagogik*. Weinheim: Beltz.

Matzner, M.; Wyrobnik, I. (Hrsg.) (2010): *Handbuch Mädchen-Pädagogik. Berufswahl, Sexualität, Lernverhalten, Essstörungen, Technikinteresse.* Weinheim: Beltz.

Mentzos, S. (2000 [1895]): Einleitung von Stavros Mentzos. In: S. Freud & J. Breuer (Hrsg.): *Studien über Hysterie.* 4. Aufl. Frankfurt a. M: Fischer, S. 7–23.

Merkens, H. (2008): Auswahlverfahren, Sampling, Fallkonstruktion. In: E. v. Kardorff, I. Steinke & U. Flick (Hrsg.): *Qualitative Forschung. Ein Handbuch.* 6. durchges. u. akt. Aufl. Reinbek bei Hamburg: Rowohlt, S. 286–298.

Merkle, T.; Henry-Huthmacher, C.; Wippermann, C. (2008): *Eltern unter Druck. Selbstverständnisse, Befindlichkeiten und Bedürfnisse von Eltern in verschiedenen Lebenswelten. Eine sozialwissenschaftliche Untersuchung von Sinus Sociovision GmbH im Auftrag der Konrad-Adenauer-Stiftung e. V.* Stuttgart: Lucius & Lucius.

Mertens, W. (1994a): *Entwicklung der Psychosexualität und der Geschlechtsidentität. Bd.1: Geburt bis 4. Lebensjahr.* 2. Aufl. Stuttgart: Kohlhammer.

Mertens, W. (1994b): *Entwicklung der Psychosexualität und der Geschlechtsidentität. Bd.2: Kindheit und Adoleszenz.* Stuttgart: Kohlhammer.

Mertens, W. (2000): *Einführung in die psychoanalytische Therapie.* 3. Aufl. Stuttgart: Kohlhammer.

Metzger, H.-G. (2000): *Zwischen Dyade und Triade. Psychoanalytische Familienbeobachtungen zur Bedeutung des Vaters im Triangulierungsprozess.* Tübingen: edition diskord.

Metzger, H.-G. (2005): Über die Angst der Väter vor der frühen Kindheit – psychoanalytische Überlegungen. *Psyche (7/59),* S. 611–628.

Metzger, H.-G. (2008): *Psychoanalyse des Vaters. Klinische Erfahrungen mit realen, symbolischen und phantasierten Vätern.* Frankfurt a. M.: Brandes & Apsel.

Metzger, H.-G. (2009): Der Übergang vom Mann zum Vater und die Phantasie der Unsterblichkeit. In: F. Dammasch (Hrsg.): *Männliche Identität. Psychoanalytische Erkundungen.* Unter Mitarbeit v. H.-G. Metzger &. J. C. Aigner. Frankfurt a. M.: Brandes & Apsel, S. 81–90.

Metzger, H.-G. (2013): *Fragmentierte Vaterschaften. Über die Liebe und die Aggression der Väter.* Frankfurt a. M.: Brandes & Apsel.

Metzger, H.-G. (2015): *Konflikte zwischen Psychoanalyse und Gendertheorien-Väter und die neuen Formen der Elternschaft.* Unveröffentlichtes Manuskript.

Morgenroth, C. (1990): *Sprachloser Widerstand. Zur Sozialpathologie der Lebenswelt von Arbeitslosen.* Frankfurt a. M.: Fischer.

Morgenroth, C. (2010): *Die dritte Chance. Therapie und Gesundung von jugendlichen Drogenabhängigen.* Wiesbaden: VS Verlag für Sozialwissenschaften / GWV Fachverlage.

Müller-Commichau, W. (1995): *Neue Männer – neue Väter. Liebe, Verantwortung, Dialog – mit Freude Vater sein.* München: Gräfe und Unzer.

Nagel, U. (1997): *Engagierte Rollendistanz. Professionalität in biographischer Perspektive.* Opladen: Leske + Budrich.

OECD (2014): *PISA 2012 Ergebnisse: Exzellenz durch Chancengleichheit.* Bielefeld: Bertelsmann.

Oevermann, U. (1972): *Sprache und soziale Herkunft. Ein Beitrag zur Analyse schichtenspezifischer Sozialisationsprozesse und ihrer Bedeutung für den Schulerfolg.* 2. Aufl. Frankfurt a. M.: Suhrkamp.

Oevermann, U. (Hrsg.) (2002): *Klinische Soziologie auf der Basis der Methodologie der objektiven Hermeneutik – Manifest der objektiv hermeneutischen Sozialforschung*. Hrsg. v. Institut für Hermeneutische Sozial- und Kulturforschung.

Ornstein, P. H.; Ornstein, A. (1997): Selbstbehauptung, Ärger, Wut und zerstörerische Aggression: Perspektiven des Behandlungsprozesses. *Psyche (4/51)*, S. 289–310.

Osten, P. (2000): *Die Anamnese in der Psychotherapie. Klinische Entwicklungspsychologie in der Praxis*. 2. neubearb. Aufl. München: Reinhardt.

Parens, H. (1995): *Kindliche Aggressionen. Wie wir Grenzen setzen und den konstruktiven Umgang mit Gefühlen unterstützen können*. München: Kösel.

Parens, H. (2010): Bindung, Aggression und die Prävention bösartiger Vorurteile. In: K. H. Brisch (Hrsg.): *Bindung, Angst und Aggression. Theorie, Therapie und Prävention*. Stuttgart: Klett-Cotta, S. 12–46.

Piaget, J.; Fatke, R.; Kober, H. (2003 [1970]): *Meine Theorie der geistigen Entwicklung*. Weinheim: Beltz.

Piaget, J.; Inhelder, B. (2009): *Die Psychologie des Kindes*. 10. Aufl. München: Klett-Cotta im Dt. Taschenbuch Verlag.

Pinker, S. (2008): *Das Geschlechterparadox. Über begabte Mädchen, schwierige Jungs und den wahren Unterschied zwischen Männern und Frauen*. Bonn: Bpb (Schriftenreihe der Bundeszentrale für Politische Bildung, Bd. 748).

Poscheschnik, G. (Hrsg.) (2005a): *Empirische Forschung in der Psychoanalyse. Grundlagen – Anwendungen – Ergebnisse*. Gießen: Psychosozial.

Poscheschnik, G. (2005b): Empirische Forschung in der Psychoanalyse – Einige Gedanken zur wissenschaftstheoretischen und methodologischen Standortbestimmung. In: G. Poscheschnik (Hrsg.): *Empirische Forschung in der Psychoanalyse. Grundlagen – Anwendungen – Ergebnisse*. Gießen: Psychosozial, S. 11–59.

Quindeau, I. (2008a): Das andere Geschlecht. Psychoanalytischer Diskurs über die psychosexuelle Entwicklung des Jungen. In: F. Dammasch (Hrsg.): *Jungen in der Krise. Das schwache Geschlecht? Psychoanalytische Überlegungen*. Frankfurt a. M.: Brandes & Apsel, S. 177–194.

Quindeau, I. (2008b): *Verführung und Begehren. Die psychoanalytische Sexualtheorie nach Freud*. Stuttgart: Klett-Cotta.

Quindeau, I. (2014): *Sexualität*. Gießen: Psychosozial (Analyse der Psyche und Psychotherapie, Bd. 8).

Quindeau, I.; Dammasch, F. (2014): *Männlichkeiten. Wie weibliche und männliche Psychoanalytiker Jungen und Männer behandeln*. Stuttgart: Klett-Cotta.

Radebold, H. (2001): *Abwesende Väter. Folgen der Kriegskindheit in Psychoanalysen*. 2. Aufl. Göttingen: Vandenhoeck und Ruprecht.

Radebold, H. (2009): *Die dunklen Schatten unserer Vergangenheit. Hilfen für Kriegskinder im Alter*. 3. akt. u. erw. Aufl. Stuttgart: Klett-Cotta.

Reiche, R. (1997): Gender ohne Sex. Geschichte, Funktion und Funktionswandel des Begriffs Gender. *Psyche (9/51)*, S. 926–957.

Reinke, E. K. (Hrsg.) (2013): *Alfred Lorenzer. Zur Aktualität seines interdisziplinären Ansatzes*. Gießen: Psychosozial.

Richter, R. (2012): *Väter in Elternzeit – Umsetzungen und Strategien zwischen Familie und Beruf*. Paderborn: Univ. Diss.

Rohe-Dachser, C. (1990): Weiblichkeitsparadigmen in der Psychoanalyse. *Psyche (1/44)*, S. 30–52.

Rohrmann, T. (2009): G*ender in Kindertageseinrichtungen. Ein Überblick über den Forschungsstand*. München: Deutsches Jugendinstitut.

Rohrmann, T.; Poscheschnik, G.; Schwaizer, C.; Koch, B. (2012): Methodik der empirischen Studie. In: J. C. Aigner & T. Rohrmann (Hrsg.): *Elementar – Männer in der pädagogischen Arbeit*. Opladen: Verlag Barbara Budrich.

Rohrmann, T.; Thoma, P. (1998): J*ungen in Kindertagesstätten. Ein Handbuch zur geschlechtsbezogenen Pädagogik*. Freiburg i. B.: Lambertus.

Rohrmann, T.; Wanzeck-Sielert, C.; Holodynski, M.; Gutknecht, D.; Schöler, H. (2014): *Mädchen und Jungen in der KiTa. Körper, Gender, Sexualität*. Stuttgart: Kohlhammer.

Rose, L. (2005): Starke Mädchen – arme Jungen. Reden und was sie auslösen. In: L. Rose & U. Schmauch (Hrsg.): *Jungen, die neuen Verlierer? Auf den Spuren eines öffentlichen Stimmungswechsels*. Königstein i. Ts.: Helmer (Unterschiede Diversity, Bd. 4), S. 11–26.

Rose, L.; May, M. (Hrsg.) (2014): *Mehr Männer in die soziale Arbeit!? Kontroversen, Konflikte und Konkurrenzen*. Opladen: Verlag Barbara Budrich.

Rose, L.; Schmauch, U. (Hrsg.) (2005): *Jungen, die neuen Verlierer? Auf den Spuren eines öffentlichen Stimmungswechsels*. Königstein i. Ts.: Helmer.

Roth, G.; Strüber, N. (2014): *Wie das Gehirn die Seele macht*. Stuttgart: Klett-Cotta.

Sahhar, N. (2012): Adult Attachment Interview (AAI). Entwicklung, theoretischer Hintergrund und Anwendung. In: M. Stokowy & N. Sahhar (Hrsg.): *Bindung und Gefahr. Das dynamische Reifungsmodell der Bindung und Anpassung*. Gießen: Psychosozial, S. 141–162.

Sayers, J.; Mertens, W.; Rohde-Dachser, C.; Mertens, K. (1994): *Mütterlichkeit in der Psychoanalyse. Helene Deutsch, Karen Horney, Anna Freud, Melanie Klein*. Stuttgart: Kohlhammer.

Schaich, U. (2011): *Schwierige Übergänge. Trennungserfahrungen, Identität und Bildung in der Kinderkrippe Risiko- und Bewältigungsfaktoren aus interkultureller Perspektive*. Frankfurt a. M.: Brandes & Apsel.

Scharlau, I. (1996): *Jean Piaget zur Einführung*. Hamburg: Junius.

Scheidt, C. E.; Waller W. (2007): Geschlechtsspezifische Entwicklungsverläufe aus Sicht der Bindungstheorie. *Die Psychodynamische Psychotherapie (1)*, S. 16–26.

Schlücker, Karin (2008): *Vom Text zum Wissen. Positionen und Probleme qualitativer Forschung*. Konstanz: UVK.

Schmauch, U. (1987): *Anatomie und Schicksal. Zur Psychoanalyse der frühen Geschlechtersozialisation*. Frankfurt a. M.: Fischer.

Schon, L. (2000): *Sehnsucht nach dem Vater. Die Dynamik der Vater-Sohn-Beziehung*. Stuttgart: Klett-Cotta.

Schorn, A. (2003): *Männer im Übergang zur Vaterschaft. Das Entstehen der Beziehung zum Kind*. Gießen: Psychosozial.

Segal, H. (1974): *Melanie Klein. Eine Einführung in ihr Werk*. München: Kindler.

Solms, M.; Sacks, O.; Turnbull, O.; Vorspohl, E. (2007): *Das Gehirn und die innere Welt. Neurowissenschaft und Psychoanalyse*. Düsseldorf: Patmos.

Spitz, R. A. (1976): *Vom Säugling zum Kleinkind. Naturgeschichte der Mutter-Kind-Beziehungen im 1. Lebensjahr*. 5. Aufl. Stuttgart: Klett.

Stern, D. N. (1998): *Die Mutterschaftskonstellation. Eine vergleichende Darstellung verschiedener Formen der Mutter-Kind-Psychotherapie*. Stuttgart: Klett-Cotta.

Stern, D. N. (2000): Die Relevanz der empirischen Säuglingsforschung für die psychoanalytische Theorie und Praxis. *Zeitschrift für psychoanalytische Theorie und Praxis (XV)*, S. 467–483.

Stern, D. N.; Krege, W.; Vorspohl, E. (2010): *Die Lebenserfahrung des Säuglings*. 10. Aufl. Stuttgart: Klett-Cotta.

Stigler, H.; Reicher, H. (Hrsg.) (2012): *Praxisbuch empirische Sozialforschung in den Erziehungs- und Bildungswissenschaften*. 2. akt. u. erw. Aufl. Innsbruck, Wien, Bozen: StudienVerlag.

Stokowy, M.; Sahhar, N. (Hrsg.) (2012): *Bindung und Gefahr. Das dynamische Reifungsmodell der Bindung und Anpassung*. Gießen: Psychosozial.

Storr, A. (2004): *Freud*. Wiesbaden: Panorama.

Strüber, D. (2008): Geschlechtsunterschiede im Verhalten und ihre hirnbiologischen Grundlagen. In: M. Matzner & W. Tischner (Hrsg.): *Handbuch Jungen-Pädagogik*. Weinheim: Beltz, S. 34–49.

Tillmann, K.-J. (2006): *Sozialisationstheorien. Eine Einführung in den Zusammenhang von Gesellschaft, Institution und Subjektwerdung*. Reinbek bei Hamburg: Rowohlt.

Turner, P. J. (1991): Relations between Attachment, Gender, and Behavior with Peers in Preschool. *Child Development (62)*, S. 1475–1488.

Unger, H. (2014): *Partizipative Forschung. Einführung in die Forschungspraxis*. Wiesbaden: Springer VS.

Weinberg, W.; Williams, C. J. (1973): Soziale Beziehung zu devianten Personen bei der Feldforschung. In: J. Friedrichs (Hrsg.): *Teilnehmende Beobachtungen abweichenden Verhaltens*. Stuttgart: Enke, S. 83–108.

Winnicott, D. W. (2003 [1987]): *The child, the family, and the outside world*. Cambridge, MA: Perseus.

Winnicott, D. W. (1998): *Die menschliche Natur*. 2. Aufl. Stuttgart: Klett-Cotta.

Winnicott, D. W. (2002): *Reifungsprozesse und fördernde Umwelt*. Unveränd. Neuaufl. der dt. Ausg. von 1974. Gießen: Psychosozial.

Winter, S. (2014). Das Unbewusste sitzt im Fleisch. Einige psychoanalytisch-sozialpsychologische Überlegungen zum affective turn in der Geschlechterforschung. *Freiburger Zeitschrift für Geschlechterstudien. (2/20)*, S. 43–58.

Wippermann, C. (2013): *Jungen und Männer im Spagat: Zwischen Rollenbildern und Alltagspraxis. Eine sozialwissenschaftliche Untersuchung zu Einstellung und Verhalten*. Hrsg. v. Bundesministerium für Familie, Senioren, Frauen und Jugend. Rostock.

Würker, A. (2007): *Lehrerbildung und szenisches Verstehen. Professionalisierung durch psychoanalytisch orientierte Selbstreflexion*. Baltmannsweiler: Schneider Hohengehren.

Abbildungen

Abb. 1: Der Forschungsprozess im Überblick — 59
Abb. 2: Deutungsfolien im Erhebungsprozess — 61
Abb. 3: Assimilations- und Akkommodationsprozesse im Zuge einer bestimmten Erfahrung — 65
Abb. 4: Assimilations- und Akkommodationsprozesse im Zuge wiederholter Erfahrungen — 67
Abb. 5: Deutungsfolien im Auswertungsprozess — 85
Abb. 6: Systematisierungsachse mit Polen von Tendenzen — 93
Abb. 7: Die Ebenen leibsymbolischer- und sinnsymbolischer Interaktionsformen — 230
Abb. 8: Die Ebene der sprachsymbolischen Interaktionsformen — 231
Abb. 9: Die sprachliche Überlagerung der leib- und sinnsymbolischen Interaktionsformen — 232
Abb. 10: Die Aktualisierung der leib- und sinnsymbolischen Interaktionsformen — 233

Tabellen

Tab. 1: Empirisches Fundament — 20
Tab. 2: Erhobenes Datenmaterial — 75

Brandes & Apsel

Ann Horne
Monica Lanyado (Hrsg.)

Übergangsobjekt und Möglichkeitsraum

Die Kreativität Winnicott'schen Denkens für die klinische Praxis

Der Fokus liegt auf den frühen Erfahrungen des Kindes, den Folgen für seine Entwicklung sowie darauf, wie wir als hinreichend gute Mütter oder Therapeuten mit Kindern in Beziehung treten.

Beitr. v. L. Alexander, J. Browner, L. Caldwell, A. Colloms, D. Dowling, A. Horne, A. Joyce, J. Kitchener, M. Lanyado, R. Melville-Thomas, C. Onions, A. Phillips, G. Philipps, H. T. Robinson, M. Vastardis

308 S., Pb. Großoktav, € 34,90
ISBN 978-3-95558-178-7

Peter Bründl
Manfred Endres
Susanne Hauser (Hrsg.)

Elternschaft: klinische und entwicklungspsychologische Perspektiven

Jahrbuch der Kinder- und Jugendlichen-Psychoanalyse, Band 5

Die internationalen Autoren stellen Behandlungsresultate psychoanalytischer Therapien vor, die die neuen Formen der Elternschaft mit konzipieren.

Beitr. v. T. Baradon, J. Bründl, P. Bründl, A. Grotta, J. Herzog, P. Heymann, A. Lieberman, M. Mögel, P. Morra, J. Novick, K. K. Novick, F. Pedrina, E. Rass, G. Roth, B. Saegesser, D. Schechter, K. Schier, H. Timmermann, E. Willheim, A. Zeiler

292 S., geb. mit Fadenheftung und Lesebändchen
€ 29,90, ISBN 978-3-95558-182-4

Bernd Traxl (Hrsg.)

Körpersprache, Körperbild und Körper-Ich

Zur psychoanalytischen Therapie körpernaher Störungsbilder im Säuglings-, Kindes- und Jugendalter

Die Bedeutung des körperlich-psychischen Zusammenspiels zeigt sich entlang aller Entwicklungsstadien.

Beitr. v. E. Brainin, S. Hauser, A. Israel, S. Klemz, M. Rhode, C. Salamander, K. Schier, V. Schmid-Arnold, C. Schubert, M. Singer, A. Staehle, B. Traxl

236 S., Pb. Großoktav, € 29,90
ISBN 978-3-95558-181-7

C. Burkhardt-Mußmann
F. Dammasch (Hrsg.)

Migration, Flucht und Kindesentwicklung

Das Fremde zwischen Angst, Trauma und Neugier

Die traumatischen Auswirkungen von Migration und Flucht werden psychoanalytisch, pädagogisch und soziologisch betrachtet. Präventive Hilfsmöglichkeiten werden diskutiert.

Beitr. v. C. Burkhardt-Mußmann, M. Charlier, F. Dammasch, H. Eickmann, M. Erdheim, G. Jullian, A. Karatza-Meents, M. Kratz, P. Meurs, I. Odag-Wieacker, M. Rauwald, U. Schaich, H. Schott-Leser, S. Vogel, R. Wiedmann-Tipoweiler

272 S., Pb. Großoktav, € 24,90
ISBN 978-3-95558-169-5

Unseren Psychoanalysekatalog erhalten Sie kostenlos:

Brandes & Apsel Verlag • Scheidswaldstr. 22 • 60385 Frankfurt am Main
info@brandes-apsel.de • www.brandes-apsel.de